Johannes Wernicke

System der nationalen Schutzpolitik nach Aussen

Nationaler Handel insbesondere auch Getreide

Johannes Wernicke

System der nationalen Schutzpolitik nach Aussen
Nationaler Handel insbesondere auch Getreide

ISBN/EAN: 9783743465954

Hergestellt in Europa, USA, Kanada, Australien, Japan

Cover: Foto ©ninafisch / pixelio.de

Weitere Bücher finden Sie auf **www.hansebooks.com**

System

der

nationalen Schutzpolitik nach Außen.

Nationale Handels- (insbesondere auch Getreide-), Kolonial-, Währungs-, Geld- und Arbeiter-Schutz-Politik.

Ein Handbuch für die Gebildeten aller Stände

von

Dr. Johannes Wernicke.

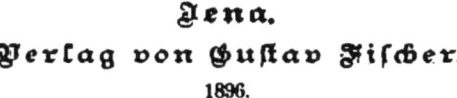

Jena.

Verlag von Gustav Fischer.

1896.

Vorwort.

Die Politik des Gehenlassens ist ein überwundener Standpunkt. Das sog. Manchester=Wirtschaftssystem, das von den Physiokraten in seinen Ideen vorgearbeitet, von A. Smith in ein theoretisches System gebracht, von den meisten Ländern nach manchen Richtungen hin in die Praxis übersetzt wurde, war notwendig als Reaktion gegen das weitgehende Bevormundungssystem, gegen die Fesselung der wirtschaftlichen Kräfte, gegen den Zustand der Unfreiheit. Was es in dieser Beziehung geleistet hat, die Wegräumung der Schranken für Handel und Wandel, die Entfesselung der Konkurrenz als notwendigen Hebel der Entwickelung, das wird von der Geschichte dankbar anerkannt werden.

Aber es wurde von diesem System, d. h. von seinen extremsten Anhängern, nicht erkannt, daß dieser Politik des Gehenlassens ein notwendiges Korrelat des positiven Ordnens zur Seite gehen müsse. Es gibt Dinge und Aufgaben, denen gegenüber der Einzelne machtlos ist. Die Kräfte und Gaben und die wirtschaftliche Macht sind sehr verschieden verteilt. Die Möglichkeit der Entfaltung aller Kräfte ist nicht Allen gegeben, so zunächst nicht denen, welchen überhaupt die Kräfte fehlen. Soll nicht zuletzt die Entwickelung beim Zustande völlig freier Konkurrenz dahin führen, daß nur die Begabtesten, Tüchtigsten, Rücksichtslosesten und Besitzenden alles an sich reißen und alle Anderen unterdrücken, dann müssen gewisse Schranken für den Wettbewerb gezogen, dann muß den Schwachen positiver Schutz zu teil werden.

Wie zwischen Einzelnen, so spielen sich aber auch zwischen den Völkern und Nationen als Ganzen dieselben Konkurrenzvorgänge ab. Der Mensch lebt nicht für sich als Individuum; was er ist, verdankt er seiner Nation,

und zwar vielen voraufgegangenen Geschlechtern. Will man den nachfolgenden
Generationen und vielfach auch der nächsten Zukunft den Konkurrenzkampf in
der Welt erleichtern oder überhaupt möglich machen, will man die Selbständig=
keit der Nation erhalten, dann heißt es fort und fort, die Kraft und Macht
derselben stärken. In der ganzen Welt ist Alles und Jedes Machtfrage. Die
Macht der Nation kann nicht der Einzelne bilden und stärken, das muß die
Nation als solche thun, die Gesamtheit. Wer die Macht der Nation dagegen
zu schwächen versucht, wer dem Repräsentanten der Nation, dem Staat, nur
eine Nachtwächterrolle zuerteilen will, der braucht sich ja nur die Zustände in
Deutschland vor 1866 vor Augen zu führen, um den Wert der Macht und
Ohnmacht eines Staates beurteilen zu können. — Innerhalb des Staates
spielt wieder die Machtfrage bei den einzelnen und bei den verschiedenen
Ständen und Klassen die Hauptrolle. Eine richtige Politik muß das
Gleichgewicht derselben erstreben, sie darf einzelne wichtige Stände nicht zu
Grunde gehen lassen. Sie sind gegen innere und äußere Übermacht zu
schützen. —

Es gibt eine ganze Reihe von Mitteln, welche zum Schutze der natio=
nalen Arbeit nach Außen angewandt werden — Zölle, Handelsver=
träge, Ausfuhrprämien, Bimetallismus, Antrag Kaniß ꝛc.
— Leider sind alle diese Mittel mehr oder weniger Parteifrage geworden.
Für den Gebildeten, welcher sich nicht selbst mit einem gründlichen Studium
dieser Fragen befassen kann, ist es sehr schwer, sich ein richtiges Urteil darüber
zu bilden. Verfasser hat daher jeglichen Parteistandpunkt bei Seite gesetzt
und eine streng objektive und wissenschaftliche Darstellung dieser wichtigen
Dinge zu geben versucht.

Das vorliegende Buch, das Resultat mehrjähriger Beschäftigung mit
diesem Gebiete, enthält eine Reihe von selbständigen Einzel=
forschungen, welche aber systematisch zu einem Ganzen verbunden sind.
Der Verfasser will nicht nur die bisherigen Resultate der Litteratur zu=
sammenfassen, sondern er bringt überall neue Ideen und neues Material
hinzu.

Auf vollständige, bis in die neueste Zeit fortgeführte Statistik ist be=
sonderer Wert gelegt, da ohne das nötige statistische Material kein richtiges
Urteil über wirtschaftliche Dinge möglich ist. Namentlich in der Behandlung

der Währungsfrage hat der Verfasser das ganze vorhandene Material verarbeitet.

Zur Illustration der Wirkungen der Silberentwertung hat Verfasser die Verhältnisse Japans, wo er drei Jahre (1889 92) als Lehrer der Staatswissenschaften thätig war, beleuchtet. Er ist zu dem Resultat gekommen, daß die für die Goldländer nachteiligen Wirkungen der Silberentwertung auf die Silberländer bereits ganz oder teilweise ausgeglichen sind.

In die Statistik der Goldbewegung ist eine eingehendere Untersuchung über die Höhe des Goldvorrats des deutschen Reiches eingefügt, welche ergibt, daß derselbe bisher doch etwas überschätzt wurde.

Dem Werk ist ein ausführliches Litteraturverzeichnis, eine Vergleichung verschiedener Zolltarife, einige Tabellen über den auswärtigen Handel der Haupthandelsländer und eine Preisstatistik der letzten Jahre angefügt.

Um ein übermäßiges Anschwellen des Stoffes zu vermeiden, hat der Verfasser es sich versagt, auf litterarische Polemik einzugehen; die betreffende Litteratur ist deshalb anhangsweise als Ganzes zusammengestellt.

Die Namen der wichtigsten Werke sind gesperrt gedruckt.

Charlottenburg, August 1896.

Inhaltsverzeichnis.

                                                Seite

Vorwort III

Kapitel I. Theorie des Schutzes der nationalen Arbeit nach Außen . . . 1

    I. Begriff, Begründung, Grenzen und Arten des Schutzes.
    II. Einfluß einer starken Staatsgewalt. Schutz und Frei=
    handel.
    III. Innerer und äußerer Schutz der nationalen Arbeit.

Kapitel II. Der Zollschutz 27

    Entwickelung des Zollschutzes. — Begründung, Höhe, Dauer, Arten, Wir=
    kung der Zölle.

Kapitel III. Handelsverträge 51

    Begründung der Vertragspolitik. — Tarifverträge und Meistbegünstigungs=
    verträge. — Frage der Meistbegünstigungsklausel. — Die Reziprozitäts=
    klausel. — Die Tarifermäßigungen in den Handelsverträgen. — Dauer
    der Handelsverträge.

Kapitel IV. Die Ausfuhrprämien 74

    Die Rückvergütungen. — Die reinen Exportprämien.

Kapitel V. Freihäfen. Schiffahrt. Eisenbahntarife 83

Kapitel VI. Konsulatwesen. Kolonialpolitik 98

Kapitel VII. Währungstheorie und -politik 126

    Allgemeiner Überblick. — Statistik. — Wirkung der Silberentwertung in
    den Silberländern, Ausgleich durch Preissteigerung in denselben. — Wir=
    kung der Silberentwertung in den Goldwährungsländern. — Widerlegung
    der Behauptungen der Bimetallisten. — Die thatsächlichen Wirkungen der
    Silberentwertung. — Die Frage der Durchführbarkeit des Bimetallismus.

Kapitel VIII. Äußere Bank= und Geldpolitik 200

    Der monetäre Edelmetallgeldvorrat des deutschen Reiches. — Goldbewegungs=
    statistik. — Richtige Bemessung des Papiergeldumlaufes. — Wechselkurs-,

Seite

Diskont- und Prämienpolitik der Banken. — Verhütung der Kapitalverschleuderungen ans Ausland.

Kapitel IX. Besondere Schutzmittel für die Landwirtschaft 217

   I. Reform der Produktenbörsen, insbesondere des Getreidetermin-
    handels. — Die Frage der Abschaffung des Getreideterminhandels.

  II. Die Beschränkung des Zollkredits für den Getreide-
    handel. — Transit- und Mühlenläger.

 III. Der Antrag Kanitz. — Historischer Rückblick. — Ausführungs-
    entwurf des Grafen v. Schwerin-Löwitz. — Reichstagsverhandlungen
    vom 16. und 17. Januar 1896, insbesondere die Reden der Frhrn.
    v. Marschall und v. Hammerstein Loxten. — Die handelspolitische
    und sozialpolitische Unmöglichkeit des Antrag Kanitz, insbesondere die
    Frage der Brodverteuerung durch denselben.

Kapitel X. Schutz der heimischen Arbeiter. Abhaltung fremder Arbeiter.
Innere Kolonisation 291

Anhang I.   Litteraturangaben 307

Anhang II. A. Zolltarife von Deutschland, Rußland, den Verein. Staaten,
    Frankreich und Spanien. — B. Russischer und österreichischer
    Vertragstarif 213

Anhang III. Tabellen über den Außenhandel der Haupthandelsstaaten . 321

Anhang IV. Preisstatistik der letzten Jahre 326

Kapitel I

Theorie des Schutzes der nationalen Arbeit nach Außen.

I. Begriff, Begründung, Grenzen und Arten des Schutzes der nationalen Arbeit.

In die Natur des Menschen tief eingepflanzt ist der Drang nach Vervollkommnung, der Veredelungstrieb, der Entwickelungstrieb. Die ganze Geschichte ist ja der Verlauf der Evolution der menschlichen Gesellschaft.

Hat die Natur dem Menschen einmal diesen Trieb mit auf den Weg gegeben, so ist es nicht minder naturgemäß, daß er alle Mittel anwendet, um die Entwickelung auf immer höhere Stufen zu bringen.

Der Mensch lebt nun seit Menschen-Gedenken in Gemeinschaft, in Staaten oder staatlichen Organisationen. Die naturrechtliche Doktrin, welche im Manchestertum einen politisch-, sozialen- und ökonomischen Niederschlag erfahren hat, betrachtete den Menschen nur als Einzelindividuum, den Staat nur als eine Summe solcher Individuen, welche ihn durch einen Vertrag gebildet haben.

Dem Staat, der Nation wurde nur eine Nachtwächterrolle zuerteilt; er verschwindet darnach völlig im Verkehr aller Menschen untereinander; die Volkswirtschaft ist keine nationale mehr, sondern eine — fingierte — Weltwirtschaft.

Daß diese Auffassung der Nation eine völlig unhistorische ist, die den wirklichen Thatsachen keineswegs gerecht wird, sondern ihnen schnurstracks zuwiderläuft, bedarf keines Beweises. Die ganze Kulturentwickelung vollzieht sich im Rahmen der Nation, vielfach in scharfem Gegensatze zu anderen Nationen.

Die Nation ist das a priorische, das Einzelindividuum aber ist erst a posteriori.

Die Nation ist der Träger aller Errungenschaften des Geistes, der

Kultur, in welche der Einzelne erst hineingeboren wird. Der Einzelne ist nichts ohne seine Nation. Je mehr daher das Wohl der Nation als solcher gefördert wird, um so mehr kommt das auch den Einzelnen zu gute. Zwar sind die Angehörigen nicht des Staates wegen da — nach Platonischer Auffassung —, denn die Nation, der Staat besteht ohne Frage im Interesse der Einzelnen, aber wo die Interessen der Gesamtheit und Einzelner kollidieren, müssen erstere obsiegen. Der ideale Zustand wäre nun der, wo die Bürger sich mit dem Staate so solidarisch fühlen, daß die beiderseitigen Interessen als völlig gemeinsame anerkannt werden und sich decken. Dieser Zustand wird um so mehr erreicht, je mehr der Einzelne sich an der Erfüllung der gemeinsamen Aufgaben beteiligt, je mehr das National- und Solidaritätsgefühl gepflegt wird.

Zu gewissen Zeiten und auf gewissen Gebieten tritt diese Kongruenz der Interessen flagrant hervor, so in Kriegszeiten, wo das ganze Volk wie ein Mann aufsteht und die nationale Ehre, das gemeinsame Vaterland verteidigt. Die Nation wie jeder Einzelne hat das gleiche Interesse daran, die Wehrkraft so zu stärken, daß die Nation keinen Feind zu fürchten braucht. Denn häufig haben verlorene Kriege auch den Verlust der Nationalität zur Folge gehabt.

Die Aufrechterhaltung und Stärkung der Nationalität ist darum der oberste Grundsatz jeglicher Politik. Mit ihm sind alle Maßnahmen in Einklang zu bringen, welche von der auswärtigen oder inneren Politik ergriffen werden.

Die innere Politik hat ihr Hauptaugenmerk darauf zu richten, daß die Grundlagen des Staates, der Nation stets stark und kräftig erhalten werden. Die Grundsäulen des Staates sind die einzelnen Klassen und Stände, die sich gegenseitig ergänzen in der Arbeit an einer Aufgabe, nämlich der Befriedigung der leiblichen und geistigen Bedürfnisse, der Erhaltung und Förderung der Kultur. Jeder Stand ist wichtig und nötig, besonders aber der landwirtschaftliche, weil er der größte ist und das Volk mit Nahrung und anderen Stoffen versorgt. Er ist aber insofern ungünstiger gestellt, als er wie kein anderer an die Mitwirkung der Natur gebunden und von ihr abhängig ist und daher an Beweglichkeit und Anpassung an die Verhältnisse hinter allen anderen zurücksteht.

Aus der Landwirtschaft ist jedes Volk herausgewachsen, aus derselben zieht es seine Kraft und Nahrung und seinen steten Nachwuchs, und diese Landwirtschaft ist in ihren Lebensbedingungen ungünstiger gestellt wie andere Berufsstände. Daraus erklärt sich denn auch zur Genüge die stete Fürsorge und der Schutz, den man ihr zu allen Zeiten hat angedeihen lassen.

Ein Volk, welches seine Unabhängigkeit nach jeder Richtung hin wahren will, bedarf nun neben der Landwirtschaft einer Industrie, welche die Rohstoffe veredelt und zu brauchbaren Gütern umformt.

Das Ideal einer Volkswirtschaft ist die Versorgung des Volkes mit möglichst allen Gütern aus eigener Produktion. Je mehr eine Volkswirtschaft dies Ideal erreicht, um so unabhängiger wird sie vom Auslande. Im Kriegsfalle tritt die praktische Seite dieses Ideals sehr deutlich hervor; es wird dann vielleicht weniger erzeugt, aber völliger Mangel in irgendwelchen Dingen kann dann nicht eintreten. Darum sehen wir auch alle Länder sich bestreben, ihre Industrien zu entwickeln und zu fördern. Ist die Landwirtschaft der Nährstand, das Fundament des Staates, so schafft die Industrie eine Mobilisierung der Werte, das bewegliche Kapital, den Reichtum. Die Landwirtschaft stellt der Nation Nachwuchs und Soldaten und Nahrung, die Industrie und der Handel vor allem Geld.

Und Geld ist auch Macht. An der Kräftigerhaltung und dem Blühen aller Stände hat also der Staat ein direktes Interesse, das der Selbsterhaltung. Darum hat er darüber zu wachen, daß die einzelnen Stände, insbesondere die Erwerbsstände nicht Schaden erleiden, nicht verkümmern.

Eine solche Schädigung kann von Außen oder von Innen kommen. Ein Stand kann einen anderen überflügeln, in die Enge drängen, ihn aufreiben. Diese Erscheinung sehen wir z. B. gegenwärtig bei einzelnen Teilen des Handwerks, dem die Fabriken und das Handelskapital manche Gebiete entreißen. Da heißt es denn, Mittel und Wege finden, den lebenskräftigen Teil des Handwerks zu stärken und zu erhalten.

Die Schädigung kann aber auch von Außen kommen. Das Ausland kann gewisse Waren billiger produzieren wie das Inland; die auswärtigen Waren drücken die Preise der inländischen Produkte tief herab, sodaß die betr. inländischen Gewerbezweige dabei nicht bestehen können. Hier gilt es, die übermäßige Konkurrenz des Auslandes fern zu halten, damit die inländischen Preise wieder steigen können und wieder lohnend werden, so besonders durch Zölle.

Aber auch die inländische Arbeit selbst, die Arbeiter, namentlich die gewöhnlichen Handarbeiter, bedürfen des Schutzes gegen tieferstehende Arbeiter anderer Nationalitäten, wie Polen, Chinesen, Tschechen, Italiener. Diese können wegen ihrer niedrigen Lebenshaltung billiger arbeiten und nehmen daher unseren eigenen Arbeitern Arbeitsgelegenheiten fort.

Daher gilt es auch hiergegen Schutzmaßregeln zu finden.

Dieser Schutz hat sonach zum Zweck die Erhaltung eines Erwerbsstandes, welcher entweder von innerer oder äußerer Übermacht bedrängt wird — er besteht in der Abwehr ungünstiger innerer oder äußerer Einflüsse, er ist negativer Natur. Damit aber erschöpft sich der Schutz der nationalen Arbeit bei weitem noch nicht. Der Abwehr muß eine positive Förderung zur Seite gehen. Es müssen alle Hindernisse hinweggeräumt werden, welche der Entfaltung der wirtschaftlichen Kräfte der

1*

Nation im Wege stehen, wie unnötige Erschwerungen des Verkehrs ꝛc. Andererseits sehen wir viele positive Einrichtungen geschaffen, welche den Er= werbsständen nützen sollen, so die Arbeiterversicherungen, so die Einrichtungen zur Förderung der Technik, der Landeskultur, des Verkehrs, des Kredits ꝛc. Diesen inneren Förderungsmitteln stehen wichtige nach Außen hin gegenüber. Soll ein Industriezweig erst emporgezogen werden, so bedarf er des Zoll= schutzes, wenn er mit ausländischen Industrien zu konkurrieren hat. Eine schon bestehende Industrie bedarf der Unterstützung zur Erweiterung ihres Absatzes im Auslande, so durch Handelsverträge, durch Ausfuhrprämien, durch Förderung des Schiffahrts= und Verkehrswesens, durch Kolonialpolitik ꝛc.

Der Schutz der nationalen Arbeit besteht sonach einmal negativ in der Verhütung der Ausbeutung, Unterdrückung, Schädigung eines Erwerbszustandes von Innen oder von Außen, und zweitens positiv in der Verbesserung der Pro= duktions=Bedingungen und =Faktoren und sonstigen Ver= hältnissen der Erwerbsstände und in der Erweiterung und Vermehrung des Absatzes nationaler Produkte durch Aus= dehnung der Einflußsphäre des Staates nach Außen hin.

Begründet ist dieser Schutz in der Pflicht der Selbsterhaltung der Nation, deren Kraft nur dann stark erhalten bleibt, wenn die einzelnen Teile und Glieder des Ganzen blühen.

Wie weit aber hat dieser Schutz zu gehen, gibt es gewiße Grenzen für denselben?

Sobald wir die Individualität der Menschen, ihre freie Selbst= bestimmung anerkennen, müssen wir ihnen die Freiheit im Handeln und die Selbstverantwortung überlassen. Nur in der Freiheit entwickelt der Mensch alle seine Kräfte, und nur dadurch ist ein Fortschritt möglich.

Der Sozialismus will diese Freiheit nehmen, die Selbstbestimmung und die Selbstverantwortung; er wirkt dadurch nivellierend, retardierend, kulturfeindlich. Außerdem will er nicht für alle Volksangehörigen ein Schutz= system bilden, sondern nur für die unteren Klassen. Den höheren Klassen tritt er sogar feindlich gegenüber, bekämpft sie, will sie beseitigen. Auch dem Schutze nach Außen hin steht er feindlich gegenüber. Er hat kein Verständnis für Stärkung der Nationalität, der Macht des Staates, für die Ausdehnung derselben durch Erwerb an Kolonien ꝛc.

Der Sozialismus würde also, wenn wirklich einmal zur Durchführung gelangt, die Herrschaft des vierten Standes, die schlimmste Klassenherrschaft, die Unterdrückung aller höheren Stände und höheren Kultur, die Schwächung der Macht des Staates, ja schließlich dessen Untergang bewirken.

Er scheidet daher für unsere Erörterungen aus.

Die Grenze des Schutzsystems wird durch die freie Selbst=

bestimmung der Einzelindividuen gezogen, vielmehr das Schutzsystem findet an derselben seine Grenze. Der Protektionismus der früheren
Zeiten, besonders des Merkantilsystems, die weitgehende polizeiliche Bevor-
mundung, gingen weit über diese Grenze hinaus.

Das Schutzsystem soll nur der Ausbeutung und Unterdrückung von
Außen und Innen Schranken ziehen im Interesse der Schwächeren, während
es andererseits positiv sogar die Thatkraft der Einzelnen stärken und unterstützen will.

Von einer Grenze kann also eigentlich nur im negativen Sinne
die Rede sein, wo die Bewegungsfreiheit der Einen gegen die Übermacht
Anderer geschützt werden soll. Die positiven Maßregeln dagegen bilden
keine Grenze für die Handlungsfreiheit der Einzelnen, sondern vielmehr
Stützpunkte, Waffen, Hülfsmittel für dieselben. Steht die Benützung derselben
nun noch sogar frei, so liegt eine Beschränkung der Freiheit überhaupt nicht
mehr vor. Eine Grenze für die positive Schutzthätigkeit wird dann nur für
die Gesamtheit durch den Gesichtspunkt der Zweckmäßigkeit gezogen.
Überflüssige oder sogar schädliche Schutzmittel sind zu vermeiden. Schädlich sind solche, welche die Thatkraft der Einzelnen lähmen. Die besten
sind die, welche — außer etwaigen direkten Vorteilen — den Unternehmungsgeist, die Tüchtigkeit der Bürger stärken.

Die Grenze für die — negativen — Schutzmittel der
Schwächeren gegen die Stärkeren liegt da, wo sie wieder ein Gleichgewicht
der Kräfte herbeiführen. Sie sollen, neben den positiven Schutzmitteln der
Schwächeren, die Bewegungsfreiheit der Stärkeren nur soweit beschränken, daß
dieselbe den Schwächeren nicht mehr schädlich wird, sie sollen also namentlich
die Auswüchse der Kapitals- oder sonstigen Übermacht be-
schneiden.

Im allgemeinen wächst die Schutzthätigkeit mit der Kultur, sie wird
immer vielseitiger und komplizierter und ist steter Veränderung unterlegen.

Die Dauer der Schutzmittel ist ganz verschieden. Manche sind als
bleibende Institutionen geschaffen, die nur von Zeit zu Zeit vielleicht um-
geformt werden müssen; andere tragen nur einen vorübergehenden Charakter.
Als dauernd gedacht sind z. B. Kolonien, die Berufsorganisationen,
Kreditinstitutionen, Arbeitergesetzgebung ꝛc., als vorübergehend z. B. die meisten
Schutzzölle, Unterstützung der Schiffahrt. So haben wir die Schutzmittel nach
drei verschiedenen Richtungen hin unterschieden in:

1. innere — äußere,
2. positive — negative,
3. dauernde — vorübergehende.

Der vorübergehende Charakter wird namentlich durch wirtschaftliche
Krisen bedingt, welche periodisch wiederkehren, oder vielmehr in der Gegen-

wart eigentlich die Regel bilden, während Blütezeiten mehr und mehr den Charakter von Ausnahmen annehmen.

Natürlich bedürfen nicht alle Stände und Klassen des Schutzes. Im Innern sind nur die den anderen Erwerbsständen nicht gewachsenen zu schützen. Die kapitalreichen und gebildeten Stände, wie Handel und Industrie, haben in der Regel keinen Schutz nötig, dagegen die Arbeiter und das Handwerk, sowie die Landwirtschaft sind in mancher Beziehung zu schützen und zu unterstützen.

Nach Außen hin aber bedürfen alle Staatsangehörigen eines Schutzes, falls sie nicht ihren Konkurrenten auf dem Weltmarkte gewachsen oder überlegen sind, oder überhaupt ein Monopol besitzen. Es bedürfen also eines Zollschutzes nur diejenigen Erwerbsstände, welche ihren ausländischen Konkurrenten unterlegen sind. Die Landwirtschaft z. B. der Getreideexportländer hat keinen Zollschutz nötig. Die englische Industrie ebenfalls nicht. Die deutsche Industrie hingegen, welche durch die soziale Gesetzgebung weit stärker belastet wie diejenige anderer Länder, welche außerdem noch an teuren Frachtkosten leidet, ist der englischen vielfach noch nicht gewachsen. Sie hat außerdem auch noch immer mit dem Vorurteil zu kämpfen, daß ausländische Waren an Qualität die unsrigen übertreffen. Unsere Landwirtschaft kann nicht so billig produzieren wie die meisten Getreideexportländer, wegen der höheren sozialen Lasten, der hohen Bodenpreise und des kälteren Klimas.

Es ist daher Aufgabe der Regierungen, die wirtschaftlichen Machtverhältnisse genau zu verfolgen, um sich stets Klarheit über die Notwendigkeit und die Höhe eines Zollschutzes zu verschaffen.

Abgesehen aber von den notwendigen Schutzmaßregeln muß möglichste Handels- und Verkehrsfreiheit herrschen. Nur in der Freiheit entfalten sich die Kräfte. Je weniger der Handel und die Gewerbe von staatlicher Kontrolle 2c. belästigt werden, um so energischer können sie ihre Flügel regen und die Produkte der vaterländischen Produktion in der weiten Welt verwerten. Und auch das wollen wir hier mit aller Entschiedenheit betonen: Der nationale Schutz soll und darf den Einzelnen nicht in Schlaf wiegen; der einzelne Bürger soll sich nicht auf den Staat und seine Fürsorge verlassen. Wenn die Schutzmaßregeln das bewirken, anstatt den Unternehmungsgeist zu stärken und die Tüchtigkeit zu befördern, — dann ziehen wir allerdings den harten Kampf ums Dasein ohne staatlichen Schutz dem Schutze vor. Aber diese Gefahr liegt in unserer werkthätigen Zeit wohl nicht mehr vor.

II. Der Einfluß einer starken Staatsgewalt.[*] Schutz und Freihandel.

Der Schutz der nationalen Arbeit nach Innen und nach Außen, der gesamten Nation als solcher und der einzelnen Klassen und Stände und Berufsarten wird bedingt durch die verschieden entwickelte Kraft und Macht der Nationen und der einzelnen Stände und Klassen.

Eine in wirtschaftlicher Beziehung noch schwache Nation muß das Bestreben haben, die wirtschaftlichen Kräfte zu entfalten und zu stärken. Jede einzelne Nation muß aber stets auf der Hut sein, um das Gleichgewicht der Kräfte im Innern zu erhalten, der Unterdrückung einzelner Klassen und Stände durch andere vorzubeugen. Neben der Abwehr ungünstiger Einflüsse von Außen und Innen ist aber das Hauptgewicht auf die positive Förderung zu legen.

Diese positive Förderung besteht nun vor allem nach Innen einmal in der möglichst hohen geistigen Ausbildung aller Staatsangehörigen in allgemeiner, wie kaufmännischer und technischer Beziehung, um sie für den Kampf des Lebens tauglich zu machen, sodann aber auch in der möglichst höhen moralischen Ausbildung möglichst Aller. Auf letztere, was man kurz „Erziehung" nennt, wird bei uns noch viel zu wenig Gewicht gelegt. Gerade aber durch sie waren uns die Engländer früher weit überlegen. Sie besteht in der Erreichung von Charakterfähigkeit, Zähigkeit, Energie, Tüchtigkeit kurz Moralität in allen Dingen. Ein Volk, das sich diese Eigenschaften erworben hat, bringt sich von selbst weiter, es bedarf kaum noch eines Schutzes nach Außen. Jeder Einzelne wahrt dann seine Interessen selbst. Hätten die Engländer diese Eigenschaften nicht schon sehr früh entwickelt, so hätten sie weder die energische Staats- und Kolonialpolitik betrieben, noch sich die Weltmachtstellung erworben und den Welthandel in die Hand bekommen.

Andererseits war uns Deutschen mit der Schwächung der Zentralgewalt, mit der Erstarrung der Interessenpolitik der Stände, mit der Zerstückelung des Reiches in 1500 Reichsunmittelbare, mit dem wirtschaftlichen Niedergang durch die Kriege der nationale Sinn, die Selbständigkeit, kurz alle Eigenschaften, durch welche die Engländer damals hoch kamen, verloren gegangen. Mit der Ohnmacht des Reiches und der Einzelstaaten fiel auch der nationale Schutz der Reichsangehörigen nach Außen fort. Die Hansa, welcher das national erstarkte England überall Konkurrenz

---

[*] c. f. Ehrenberg, Hamburg und England ꝛc.

und Schwierigkeiten machte, wurde von den staatlich geschützten englischen
Kaufleuten aus einer Position nach der anderen verdrängt, da keine staatliche
Schutzmacht hinter ihr stand.

So verlor Deutschland, das durch seine Kaufleute, seine Hansa bisher
den Welthandel in seiner Hand gehabt hatte, durch das Aufkommen Englands und durch seine eigene Schuld seine Weltmachtstellung. Während die
anderen Nationen Kolonien erwarben, zerfleischte es sich bis zu völliger poli-
tischer Ohnmacht durch seine Bürgerkriege, und es wäre heute wohl nur noch
ein geographischer Begriff, wenn nicht das aufstrebende Preußen durch
seine thatkräftigen Herrscher ein nationales Kraftzentrum gebildet
hätte, das schließlich ganz Deutschland durchdrang und zu einem Reiche
wieder zusammenschloß.

Jeder, der historisch denken kann, muß einsehen, daß die nationale
Kraft nur durch eine starke Staatsmacht entwickelt und ausgebildet werden kann, daß der einzelne Bürger nur durch diese staatliche Schulung und den staatlichen Hinterhalt zu einem thatkräftigen, energischen
Weltbürger, d. h. hier in gutem Sinne, einem Manne mit einem Weltblick und unternehmendem Geiste, werden kann. Der englische Kaufmann,
der früher an Weltblick und Unternehmungslust, im Durchschnitt alle anderen
weit überragte, wäre das nicht geworden, wenn England nicht frühzeitig
seine Seemacht ausgebildet, Kolonien erworben, eine energische äußere Politik
betrieben hätte.

Der Grund zu Englands Macht ist nicht durch den seit etwa
Mitte des Jahrhunderts in England durchgeführten teilweisen Freihandel
gelegt, der Grund derselben datiert seit den Zeiten der Königin Elisabeth,
seit den Kolonialerwerbungen, seit der Entwickelung der Flotte und der
Handelsmarine durch die Schutzmaßregeln für dieselbe, welche 1651 ihren
Abschluß in den Cromwellschen Navigationsakten fanden.

Zu einer Zeit, da ein deutscher Kaiser noch das platte Motto führen
konnte, „besser kein Geld haben und ein tapferer Ritter sein, als feige
sein und viel Geld haben", ließen sich die englischen Könige auf solche Haar-
spaltereien nicht ein, sondern sorgten neben der Tapferkeit auch für Geld
und materielle Interessen. Königin Elisabeth und Cromwell führten aus
diesen Bausteinen schon ein stattliches und festes Haus auf. Der Wohlstand
des Volkes ward Leitmotiv und schon damals machten scharfblickende Geister
in England die für England heilsame, aber für den Kontinent verderbliche
Entdeckung, daß nichts den Handel, die Industrie, den Reichtum und die
Macht Englands rascher und sicherer fördern könne als Kriege auf dem Festlande. „Während Kriege für die Völker des Festlandes — so sagt Peez —
in der Regel Stillstand der Produktion, Abbruch der Handelsbeziehungen,
Stocken der Ausfuhr, Verlust der besten Arbeiter, unwiederbringlich ver-

lorene Kapitalien, zerstörte Städte, Landgüter, Fabriken, Häfen und Schiffe
bedeuten, und bei der Gleichartigkeit der Grundkräfte der europäischen Fest-
landstaaten mit beiderseitiger Erschöpfung, aber ohne endgiltige Änderung
der beiderseitigen Gebiete enden, sieht England gerade in Zeiten europäischer
Kriege seine Produktionsstätten in voller Thätigkeit und mit Monopolpreisen
für ihren Absatz begnadet, seinen Handel und seine Schiffahrt blühend,
Unternehmungsgeist und Kapitalien ihm, als der sicheren Insel, zuströmend;
und bei dem Ende des Krieges ist England soweit geschont, daß es den er-
schöpften Festlands-Kämpfern seinen Willen diktiert und seine Wünsche, die
sich meist auf Kolonialbesitz und Handelsvorteile beziehen, im Friedensschlusse
zu leichter Anerkennung bringt. Wie im Frieden von Utrecht 1713 weder
Frankreich noch Deutschland Sieger waren, sondern England, so erging es
auch bei den Friedensschlüssen von Aachen 1748 und den beiden Pariser
Frieden 1763 und 1815. Die festländischen Staaten schieben und ringen
mit äußerster Anstrengung und der vermeintliche Sieger trägt Ruhm und
bestenfalls einen kleinen Landstreifen davon, während Großbritannien als
Züuglein an der Wage die Entscheidung gibt und bei ungeschwächten Kräften,
vermehrtem Handel, kolossal verstärkter Industriemacht in fremden Erdteilen
ungeheure Länderstrecken erbeutet."

Nur völlige historische Unkenntnis kann das leugnen oder das Gegenteil behaupten. Diejenigen Politiker unter uns also, welche stets darauf
ausgehen, unsere Staatsgewalt zu schwächen, eine energische Entwickelung
unserer Flotte und Handelsmarine, sowie unsere Kolonialpolitik zu hemmen,
sie graben dem Baume unserer Weltmachtstellung, der Ausdehnung unserer
Machtsphäre und unseres Außenhandels die Wurzeln ab.

Bei der Abwägung der beiden Systeme, Schutz oder Freihandel,
verfällt man meistens in den Fehler, in abstrakter Weise sich nur an die
Extreme zu halten. In Wirklichkeit hat nun England gar keinen
vollkommenen Freihandel, weder was die Zölle, noch was den Welthandel sonst betrifft. England erhebt von 11 Artikeln Zölle von etwa 4 %
des Gesamt-Einfuhrwertes, Deutschland solche von 9 %. Der Unterschied
der Zollhöhe ist also nur ein relativer. Der prinzipielle Unterschied aber
besteht darin, daß die Einfuhr von Getreide und von Fabrikaten zollfrei ist,
und daß die Zölle nur von den eigentlichen Genußartikeln, Kolonialwaren,
erhoben werden.

Ein ganz klein bißchen Schutzzoll aber gibt es immer noch in England,
und wenn diese Überbleibsel eines früheren Abwehrsystems ausgespielt werden
können, so geschieht es heute namentlich, wenn damit der deutschen Konkurrenz
begegnet wird. So meldete die „St. James Gazette" am 4. Juli 1896:

„Einem Stückchen deutschen kommerziellen Unternehmungsgeistes wurde
gestern durch Anwendung des kleinen Restes von Schutzzoll, welcher uns bei

unserem Freihandelssystem noch übrig geblieben ist, ein Ende gemacht. Wir erheben einen Zoll von 2 Pence das Pfund auf zubereiteten Kakao. Kakao-Butter aber fällt nicht unter die Zollbestimmung. So kommt es, daß deutsche und holländische Fabrikanten diesen Artikel zollfrei nach England senden, während die englischen Fabrikanten 2 Pence Zoll für die Kakaobohnen zu zahlen haben. Eine englische Firma hat allein im letzten Jahre 7000 Pfd. Sterl. Zoll auf importierte Kakaobohnen gezahlt. Jetzt hat der Schatzkanzler entschieden, daß auch Kakaobutter zollpflichtig ist."

Sodann hat England in der Vieheinfuhr erhebliche Beschränkungen eingeführt. Eine Vorlage, welche wohl nächstens Gesetz werden wird, wird bestimmen, daß das Schlachtfleisch von importiertem Vieh und sonstiges importiertes Fleisch als solches gekennzeichnet und verkauft und das importierte Vieh in den Einfuhrhäfen selbst geschlachtet wird. Das 1887 eingeführte Gesetz, wonach die importierten Waren den Stempel ihres Herkunftslandes tragen sollen, war auch zu dem Zweck erlassen, die Einfuhr zu beschränken, überhaupt die Konkurrenz auf dem Weltmarkt einzudämmen. In seinen Kolonien genießt England immer noch in manchen Beziehungen ein thatsächliches Handelsmonopol durch seine althergebrachten Beziehungen und dort angesessenen Landsleute. Schon seit längerer Zeit macht sich in England eine Bewegung geltend zur Herbeiführung einer handelspolitischen Union des britischen Reiches mit einem gemeinsamen Reichszolltarif gegen andere Länder und völliger Zollfreiheit untereinander. Dann hätte England ein rechtliches und faktisches Handelsmonopol in seinen Kolonien.

Wenn nun ein großbritannischer Zollverein geschaffen wird, so muß derselbe dahinführen, die Zollschranken zwischen den einzelnen Teilen des riesigen britischen Weltreiches zu erniedrigen. Dies ist der Punkt, der in dem Wunsche der Kolonien nach Schaffung eines solchen Zollvereins das Angebot bildet. Ihm steht aber eine Forderung gegenüber: Die Umgürtung dieses Zollvereins mit Schutzzöllen gegen außen. Die Kolonien wollen dafür, daß sie englischer Ware erleichterten Zutritt gewähren, einen bevorzugten Absatz im Mutterlande haben. Das Mutterland soll also fremde Nahrungsmittel und Rohstoffe, insbesondere fremdes Getreide, Fleisch, Speck, Schmalz und Vieh, ferner Zucker, Kaffee, Thee, Wolle, Hanf, Flachs, Holz, Häute und Leder Zöllen unterwerfen. Das ist die große Prinzipienfrage, die zugleich von enormer praktischer Bedeutung ist.

Am 9. und 10. Juni 1896 hat nun der dritte Kongreß der Handelskammern des britischen Reiches sich ausschließlich mit dieser Frage beschäftigt. Etwa 200 Vertreter waren anwesend, unter ihnen viele Delegierte für kanadische, australische und südafrikanische Handelskammern. Der Verlauf der sehr interessanten Verhandlungen beweist aufs neue, wie fest England am Freihandel hält. Die Verteidiger des Gedankens an einen großbritanni-

schen Zollverein entstammten fast alle den schutzzöllnerischen Kolonien Nordamerikas und Australiens, welche viel zu klagen hatten und sich sichtlich nicht
wohl fühlten, obwohl sie im Besitze der von ihnen selbst gepriesenen Schutzzölle sind. Die Südafrikaner und ein Teil der Australier waren mit dem
Gros der mutterländischen Handelskammern auf der Gegenseite. Der Präsident der Kammer von Toronto hatte eine Resolution eingebracht, die nach
Anführung der Gründe dahin ging, „daß nach der Meinung dieses Kongresses die durch eine engere Vereinigung zwischen den verschiedenen Teilen
des britischen Kaiserreiches erlangbaren Vorteile so groß sind, um ein Abkommen (so nahe wie möglich der Natur eines Zollvereins — dieses deutsche
Wort wurde in der Debatte stets gebraucht —) zu rechtfertigen, das auf
Grundlage des freiesten Warenaustausches innerhalb des Kaiserreiches in
Verbindung mit den Zollbedürfnissen jedes Königsreichs, jeder Herrschaft,
Provinz oder Kolonie, aus denen jetzt das britische Reich besteht, gebildet wird."

Die Vertreter des Mutterlandes behandelten die der Kolonien mit außerordentlicher Liebenswürdigkeit, stellten das Ziel eines britischen Zollvereins
als im höchsten Grade wünschenswert hin und feierten einmal über das andere
die warme Anhänglichkeit der Kolonialen an das Mutterland, aus der der
ganze Gedanke entsprungen sei. Auch der Kolonialminister Chamberlain,
der vor Eröffnung der eigentlichen Verhandlungen eine Rede hielt, stimmte
in diese Wünsche mit ein. Dennoch entschied schon seine Rede über das
Schicksal der Unternehmung. Er sagte: Dreierlei Formen sind möglich.
Entweder müssen die Kolonien ihr ganzes Zollsystem aufgeben und unseren
Freihandel annehmen; nicht bloß uns, sondern aller Welt müßten sie ihre
Zollgrenzen öffnen. Das thun die Kolonien aber wenigstens für jetzt nicht.
Oder wir müssen auf unseren Freihandel verzichten; wir hätten einen kleinen
Vorzug für unsere nach den Kolonien gehenden Waren zu erwarten, müßten
aber dafür Zölle auf bei uns eingehende Nahrungsmittel und Rohstoffe
legen. Es ist kein Gedanke daran, daß sich das Parlament jemals darauf
einlasse, kein Gedanke, daß die arbeitenden Klassen — auf diese wurde in der
Verteidigung des Freihandels das größte Gewicht gelegt — jemals dem zustimmen.
Es bleibt also nur ein Zollverein. Die Kolonien könnte ihre eigenen Zölle auf
nichtbritische Waren beibehalten, würden aber einem freien Warenaustausche
innerhalb des Kaiserreiches zustimmen. Chamberlain sagte, daß es sich für das
Mutterland nicht schicke, selbst ein solches Verlangen zu stellen, daß ihm jedoch
eine überaus günstige Stimmung entgegenkommen würde, wenn die Kolonien
es stellten, auch wenn einige Opfer damit verknüpft sein würden.

Damit war die Sache in Wahrheit zu Boden gefallen, denn die Kolonien
wollen auf dem Wege des Freihandels keineswegs so weit entgegenkommen,
sie wollen für ihre Erzeugnisse ein Monopol im Mutterlande, das ihnen ein
solches doch nicht einräumen will. Einzelne Kolonialvertreter, z. B. die für

Trinidad, wurden leidenschaftlich und beschuldigten England der Rücksichts-
losigkeit gegen seine Kolonien. Ein Kanadier schilderte den Zollverein als
das Einzige, was gegen die Vereinigten Staaten helfe. Trotz alledem blieb
die große Mehrheit bei ihrem Freihandel. Um keine schlagende Niederlage
zu erleiden, zogen die Kolonialen ihre Resolution zurück. Statt dessen
wurden zwei andere angenommen, von denen die eine eine farblose plato-
nische Sympathie-Erklärung ist, die andere den Wunsch nach Niedersetzung
einer beratenden Körperschaft ausspricht, deren Aufgabe die Prüfung der gemeinsamen wirtschaftlichen Reichsangelegenheiten sein soll.

Der englische Freihandel beruhte von Anfang an darauf, daß er that-
sächlich das Gegenteil von Handelsfreiheit war. Wirklich freier Handel wäre
ein solcher, wo die Bedingungen des Tausches von beiden Seiten gleich sind.
So verstanden aber die Engländer die Sache nicht; sie vertrauten auf die
Überlegenheit des britischen Kapitals und ihrer auf Grund des überlegenen
Kapitalbesitzes in unvergleichlichem Maße entwickelten Industrie, um alle
anderen Völker an der Herstellung der gleichen Vorbedingungen für den
Weltgüterverkehr, am internationalen free und fair trade zu hindern. Freihandel, von Engländern gepredigt, war im Grund mit Bezug auf die anderen
Länder — und, Portugal ausgenommen, hatte dies wohl am meisten das
zersplitterte Deutschland zu empfinden — nichts anderes als Ausbeutung
der an Kapitalbesitz und industrieller Entwickelung Zurückstehenden.

England ist also kein absolutes Freihandelsland, und
namentlich hat es den Grund zu seinem Wohlstand durch sein
früheres Schutzsystem gelegt. Durch seine Kolonien aber, nach denen
seine Staatsangehörigen auswandern, gewährt es seiner nationalen Arbeit
einen beträchtlichen Schutz.

Wer sich demnach auf England berufen will, kann kein prinzipieller
Gegner eines nationalen Schutzes sein, er kann nur für fakultative Handels-
und Zollfreiheit plaidieren.

Der prinzipielle Freihandelstheoretiker kann sich seinen Maßstab nicht
aus der Wirklichkeit entnehmen, sondern nur aus einem theoretisch kon-
struierten Utopien. Wie alles auf dieser Welt Denkbare, so würde auch die
völlige Handelsfreiheit, wenn sie durchführbar wäre, mannigfache
Vorteile neben den großen Nachteilen zur Folge haben.

Es ist unleugbar, daß ein Land, welches, wie England früher, allen
anderen Ländern an industrieller Fertigkeit und an Kapitalreichtum — durch
seine Kolonien, seinen Handel und seine Rhederei — überlegen war, durch
die Handelsfreiheit nur gewinnen konnte, da es besser und billiger wie die
anderen Länder produzieren konnte — sobald es eben durch Abschaffung der
Kornzölle die hohen Getreidepreise ermäßigt und dadurch die Löhne und die
Arbeit relativ verbilligt hatte.

Hätte es alle anderen Länder der Welt auch zum Freihandel veranlassen können, dann hätte in denselben eine irgendwie bedeutende Industrie nicht aufkommen können — aus deren eigener Initiative. Dann wäre dort die Entwickelung stehen geblieben, England hätte die ganze Welt mit Industrieprodukten versorgt, es hätte seine Industrie unermeßlich ausgedehnt, ganze Armeen von Arbeitern beschäftigt, ungeheure Reichtümer erworben.

Aber — nun kommen die Schattenseiten.

Die anderen Länder hätten, um Englands Industrieprodukte auf die Dauer kaufen zu können, landwirtschaftliche Produkte nach England in noch weit größerer Masse, wie dies bisher der Fall war, ausführen müssen. Englands Landwirtschaft, welche auch so schon sehr zurückgegangen ist, wäre dann sehr bald völlig ruiniert worden. Dann hätten wir die, schon in der römischen Kaiserzeit hervorgetretene, Absurdität, daß in einem reichen Lande die Urmutter aller Kultur, die Landwirtschaft abstirbt — was schließlich nicht ohne Rückwirkung auf das Wohl des Ganzen bleiben kann, wie Rom zeigt. Dann aber würde, was ja später so wie so eingetreten ist, zweitens von England aus durch die im Ausland ansässigen Kaufleute eine Verpflanzung englischer Industrien in die anderen Länder stattgefunden haben, welche allmählich der englischen Industrie Konkurrenz gemacht hätten.

Um diese jungen Schößlinge nun vor der Konkurrenz des Mutterstammes zu schützen, würden diese Länder notgedrungen zum Schutzzoll übergegangen sein. Das Ende vom Liede wäre das gewesen, was ja auch in der Wirklichkeit stattgefunden hat, der Übergang zu Schutzzollsystemen.

Ein völliger Freihandel kann also auf die Dauer nur zwischen zwei einander gewachsenen Vökern bestehen, entweder zwischen zwei unentwickelten Ländern, welche verschiedene Bodenprodukte produzieren, also in verschiedenen Klimaten liegen, oder zwischen zwei gleichstufigen Industrieländern, welche in derselben Zone liegen und von Natur gleich begünstigt sind, aber in unterschiedenen Industriezweigen ihre Fertigkeit ausgebildet haben.

Ein entwickeltes Industrieland, das mit einem unentwickelten aber aufstrebenden Lande Handel treibt, wird letzteres stets zur Einführung von Schutzzöllen zwingen, falls nicht die Weite der Entfernungen einen natürlichen, genügenden Schutz bildet.

Der Freihandel, welcher den Vorzug hat, daß der Handel ohne jegliche Zoll=Chicaniererei sich frei bewegen kann, ist leider eine Utopie und wird es auch wohl bleiben.

Die Anhänger des Freihandelssystems, wie auch die Sozialdemokratie, die beiden feindlichen Brüder, bekämpfen das Schutzsystem durch folgenden Gedankengang: „In der Volkswirtschaft ist eine künstliche Treibhauszüchtung verwerflich und schädlich. Nur auf natürlicher Basis soll sich entwickeln, was entwickelungsfähig ist. Die Konkurrenz wird die naturgemäße Entwickelung schon bewirken. So würden dann überall nur lebensfähige und konkurrenzfähige Produktionszweige entstehen, die Produktion und Arbeit würde sich auf die ganze Welt verteilen gemäß den in den einzelnen Ländern vorhandenen natürlichen Bedingungen". — Zu den kosmopolitischen Anschauungen des Manchestertums und der Sozialdemokratie paßt diese Welt-Produktionsverteilung ausgezeichnet. Sie hat außerdem nach deren Anschauung auch noch den Vorteil, daß die Produktion und die Preise der Waren so am billigsten sein werden.

Nun fragen wir aber, welche Produktionszweige sollten denn in Deutschland im Falle des Freihandels lebensfähig sein?

Daß England, nachdem die Getreidepreise dort so tief gesunken sind, billiger wie Deutschland produzieren kann, ist ja bekannt. Auch die Qualität seiner Produkte ist vielfach noch unübertroffen, man denke an Stahlwaren, Herrenstoffe, manche Maschinen ꝛc. England würde uns mit seinen Waren überschwemmen, wie das früher der Fall war, und unsere Industrien schwer schädigen und vielfach tot machen.

In der Getreideproduktion können wir an Billigkeit mit Rußland, Rumänien, Argentinien, den Vereinigten Staaten nicht konkurrieren, unsere Landwirtschaft würde unfehlbar zu Grunde gehen, ähnlich wie die englische. Wenigstens die Mehrzahl der jetzigen Landwirte würden ruiniert, der Körnerbau würde aufhören.

Wo bliebe da der Vorteil des Freihandels! Unsere Industrie, unsere Landwirtschaft werden ruiniert, die Arbeiter finden keine Beschäftigung mehr, das ganze Land verarmt, verödet. Mit dem stolzen deutschen Reich wäre es vorbei. Das wären für uns die praktischen Konsequenzen des Freihandels.

Das Ideal einer Volkswirtschaft ist ohne Frage ihre Vielseitigkeit und Abgerundetheit: Dasjenige Volk wäre am besten daran, das sich alle seine Bedarfsartikel selbst erzeugen könnte. Nun hat die Natur aber ihre Gaben verschieden ausgestreut, und damit müssen wir rechnen. Wir können nicht Thee, Reis, Baumwolle und Kaffee in Deutschland pflanzen und Petroleum produzieren — soweit haben die Freihändler recht, aber wir können eine Baumwollenindustrie entwickeln, wir können Petroleumraffinerien anlegen, dadurch schaffen wir neue Arbeitsgelegenheiten, wir stellen uns unsere Baumwollenkleider und unser Leuchtpetroleum dann selber her; während wir sonst die teuren fertigen Stoffe bezahlen müßten, kaufen wir so nur die billigeren Rohstoffe ein und verarbeiten sie selbst. Der Vorteil ist somit ein doppelter:

einmal geben wir einer Menge von Arbeitern Unterhalt, und dann zahlen wir dem Ausland weniger für unsere Bedürfnisse, während andererseits der Staat eine neue Einnahmequelle hat, und sich die anderen Abgaben um diesen Betrag verringern.

Der Schutzzoll verteuert überdies — abgesehen von Getreide in allen Kulturländern — nur Anfangs, solange die Industrie noch nicht genügend entwickelt ist, die betr. Waren etwas. Später tritt sogar gewöhnlich im Inlande Überprodukton ein, sodaß von einer Verteuerung keine Rede mehr sein kann — oder meint man auf gegnerischer Seite wirklich, daß uns unsere Baumwollen= und Seidenstoffe durch die Zölle noch verteuert werden! Sobald die Rohstoffe nur niedrig oder gar nicht verzollt werden, sorgt die rapide Entwickelung der Technik und das schnelle Anwachsen der Betriebe schon für eine weitgehende Verbilligung der betr. Fabrikate.

Auf der Seite der Schutzzöllner stehen: vermehrte Arbeitsgelegenheit, vermehrte Staatseinnahmen, verringerte Abgaben, billige Fabrikatpreise und nur Bezahlung der Rohstoffe an das Ausland; auf Seiten der Manchester= leute stehen: verringerte Arbeitsgelegenheit, verringerte Staatseinnahmen, vermehrte Abgaben, billige Fabrikatpreise, aber Bezahlung dieser Fabrikatpreise an das Ausland. Wie man sieht, kann der Freihandel nicht viel in die Wagschale werfen.

Das Manchestertum beruft sich zu Gunsten seiner Freihandelsansichten auf England, welches das klassische Musterland der Freihandelspolitik darstelle, und das durch dieselbe groß geworden sei. Diese Behauptung ist aber, wie oben schon bemerkt, nur aus der totalen Unkenntnis von Englands Wirt= schaftsgeschichte geboren. England verdankt seine Entwickelung seiner Schutz= politik, wie sie Cromwell zum Abschluß brachte. Die Navigationsakte von 1651, welche den fremden Nationen nur die Einfuhr eigener Produkte auf ihren eigenen Schiffen gestattete, haben den Schlußstein zu Englands Weltherrschaft gelegt. Charles Davenant berechnet in seinen 1697 und 1699 erschienenen Essays über Englands Außenhandel die Gewinne aus dem ostindischen und dem Kolonialhandel auf 1,5 Millionen Pfd. St. = 30 Millionen Mk. jährlich.

Der kühne englische Unternehmungsgeist, unterstützt durch die Kolonial= und Schutzpolitik des Staates haben den Grund an Englands Macht und Größe gelegt, also gerade das Gegenteil von dem, was die Freihändler be= haupten. England hat erst 1846 seine Kornzölle wesentlich ermäßigt und seit 1860 ganz abgeschafft und ist damit grundsätzlich zum Freihandel über= gegangen.

In der Gegenwart ist die deutsche Industrie der englischen in manchen Zweigen fast ebenbürtig geworden. Die deutsche Konkurrenz macht sich dem englischen Handel an allen Punkten der Welt unbequem fühlbar. Um diese fremde Konkurrenz einzuschränken, wurde das

Handelsmarkengesetz (Merchandise Marks Act) 1887 erlassen und 1891 weiter ergänzt. Dieses Gesetz bestimmt, daß alle in England eingeführten Waren mit einer deutlichen Bezeichnung des Herkunftslandes versehen sein müssen und keine Imitationen englischer Marken tragen dürfen. Man hatte in England in dem Wahne gelebt, daß nur billige und schlechte Waren nach England geführt würden und von da mit englischen Marken versehen in den Konsum oder ins Ausland gingen. Diese wollte man sich durch das „Made in Germany“ vom Leibe halten; man hat aber nach dem allgemeinen Urteile der englischen Handelskreise damit gerade das Gegenteil erreicht. Man hatte in England und im Ausland bisher gedacht, daß nur England gute und billige Waren liefern könne, und nun sah man, daß die guten und dabei doch billigen Waren zum großen Teil aus Deutschland kämen. Die betr. Händler bestellten daher vielfach direkt in Deutschland, wodurch England auch der Vorteil aus dem Zwischenhandel entging.

Um nun diese unbeabsichtigte Wirkung wenigstens im Zwischenhandel mit anderen Staaten zu beseitigen, hat die englische Regierung gewisse Bestimmungen des Handelsmarkengesetzes für die Durchfuhr festländischer Waren nach anderen Ländern als angeblich lästig und weitläufig aufgehoben. Nach einem Erlaß der englischen Zollverwaltung sollen fortan fremde Waren bei der Durchfuhr und Umladung in England nur dann beanstandet werden, wenn sie Marken tragen, die ihnen den Anschein geben, als seien sie englischer Herkunft. Demnach können nunmehr fremde Waren durch England geführt werden ohne Angabe einer Herkunftsbezeichnung, wie sie das englische Handelsmarkengesetz nach seiner bisherigen Auslegung erforderte. Indessen empfiehlt das österreichisch-ungarische Konsulat in Liverpool auf das bringendste, von dieser angeblichen Erleichterung keinen Gebrauch zu machen, weil die Bezeichnung des Herkunftslandes auf jedem Stück die billigste und bewährteste Reklame für den Erzeuger ist und dadurch das unmittelbare Geschäft zwischen diesem und den Verbrauchern und mittelbar auch die nationale Schiffahrt gefördert wird. Wenn man berücksichtigt, welche Anstrengungen und Opfer es seit Jahren gekostet hat, allen Anforderungen der Zollbehörden in England und den Kolonien zu entsprechen, so liegt es zweifellos im Interesse der deutschen Industrie, alle Waren, Einpackungen und Kisten wie bisher mit der Ursprungsbezeichnung „made“ oder „manufactured“ oder „produced in Germany“ zu versehen, zumal es nicht ausgeschlossen ist, daß die jetzt aufgehobenen Beschränkungen von den englischen Behörden plötzlich wieder in Kraft gesetzt werden.

Das Emporblühen der deutschen Industrie, ist ohne Frage der Tüchtigkeit der Deutschen und den Schutzzöllen zu verdanken, während der Freihandel, wie man sieht, die englische Industrie vor dem Nachkommen, ja der Überflügelung seitens der deutschen, nicht schützen kann. In zweiter

Linie wirkt darauf hin die wissenschaftliche Ausbildung der Technik, in der Deutschland alle Länder weit übertrifft. Schließlich ist der deutsche Unternehmer beweglicher und sprachkundiger wie der englische geworden.

Aus dem bisher Gesagten geht ohne jeden Zweifel das hervor, daß Englands und später auch Deutschlands Emporkommen — neben anderen Umständen — hauptsächlich das Resultat der protektionistischen Politik ist und daß die Behauptungen der Manchesterleute keineswegs zutreffen.

Seit 1860 ca. ist England ein Freihandelsland. Wir wollen nun nicht behaupten, daß seine frühere und zum teil noch jetzige Vorherrschaft im Welthandel durch den Freihandel Einbuße gelitten hat, das hätte sie vielleicht auch unter einem protektionistischen System — aber ein großer Nachteil ist aus dem Manchestertum England erwachsen, seine Achillesferse, das ist der Niedergang der englischen Landwirtschaft, der allseitig zugegeben und auf den mangelnden Schutz zurückgeführt wird.

Eine Zusammenstellung der Weizenpreise in England und Preußen zeigt auf den ersten Blick die Entwickelung in dieser Beziehung. Es kostete der Zentner Weizen (in Mk.):

	England	Preußen
1816—20	18,2	10,3
1821—30	13,3	6
8731—40	12,7	6,9
1841—50	12,0	8,4
1851—60	12,5	10,6
1861—70	12,4	10,2
1871—70	12,3	11,7
1876—80	10,3	10,6
1881—85	9,1	9,4
1895	4,6	7,1
November	(London)	(Berlin).

In den 70er Jahren vollzog sich der Umschwung. Während bis dahin in England die Weizenpreise höher standen wie in Deutschland, kehrte sich von da ab das Verhältnis um. Die Wirkung der verschiedenen Zollpolitik kommt darin deutlich zum Ausdruck.

Dem Niedergang der Preise entsprechend nahm der Getreidebau in England ab.

Es betrug die Anbaufläche in Großbritannien (Acres):

	Weizen	Roggen	Gerste	Hafer	Sa.
1866—70	3 801 614	66 175	2 458 713	4 453 698	10 779 200
1885	2 553 235	59 301	2 446 868	4 283 481	
1894	1 980 228	103 676	2 268 193	4 524 167	
1895	1 456 200	80 293	2 346 367	4 527 741	8 410 601

Wernicke, Schutzpolitik.   2

Die Anbaufläche dieser 4 Hauptgetreidearten ist um 2,3 Millionen Acres zurückgegangen, die Weizenfläche allein ebenfalls um 2,3 Millionen. Das ist ein deutliches Zeichen für die traurige Lage der englischen Landwirtschaft.

Nach den Tabellen des bekannten Statistikers Sauerbeck, der den Durchschnittspreis der Periode 1867—77 = 100 setzt, sind in England die Getreidepreise zusammen im Jahre 1894 auf 55, die Fleischgroßpreise auf 80 gesunken, während in Deutschland die Rindfleischgroßpreise eher gestiegen, die Schweinefleischpreise sich auf derselben Höhe etwa erhalten haben, die Hammel- und Kalbfleischpreise etwas gesunken sind.

Englands Landwirtschaft ist durch das Freihandelssystem von seiner früheren stolzen Höhe tief herabgestürzt, der Pächter- und der landwirtschaftliche Arbeiterstand haben schwer gelitten; das Land entvölkert sich dort immer mehr.

Diese Agrarkrise wirkt natürlich auch auf die übrigen wirtschaftlichen Verhältnisse zurück. Die abnehmende Konsumfähigkeit der Landbevölkerung verringert den Absatz der Industrie.

Englands Industrie und Handel schwindet so der kräftige Unterbau des einheimischen Konsums immer mehr, die Landwirtschaft bildet dort nicht mehr den Grundstock des Staatsgebäudes. Eine Produktion, die immer ausschließlicher für den Absatz nach Außen zugeschnitten wird, wird immer mehr vom Ausland abhängig, ihr Boden wird immer schwankender. Jede plötzliche Absatzkrisis ruft die größten Verheerungen hervor; im Falle eines ernsthaften Krieges aber muß das ganze künstliche Gebäude einen schweren Stoß erleiden, wenn nicht ganz und gar zusammenstürzen.

Bei Englands isolierter Lage und Überlegenheit im Marinewesen wird ja diese Gefahr bedeutend gemildert, gleichwohl besteht sie und wird in England selbst gefühlt.

Ein Land aber wie Deutschland, das von Feinden rings umgeben ist, das keine bedeutende Marine besitzt, kann und darf England auf diesem schwindelnden Wege nicht folgen. Es muß seine Kraft und seinen Schwerpunkt immer in sich selbst suchen, es muß sich vor allen Dingen eine kräftige und blühende Landwirtschaft erhalten, denn nur dann sichert es sich ein genügendes Soldatenmaterial und den notwendigen Lebensbedarf im Falle eines Krieges.

Deutschland darf wie England seine Landwirtschaft auf keinen Fall zu Grunde gehen lassen. Die Landwirtschaft, welche nicht die gleiche Beweglichkeit und Anpassungsfähigkeit wie die Industrie besitzt, bedarf in noch viel stärkerem Maße eines ausreichenden Schutzes als wie die Industrie.

Der Staat hat die Pflicht, die Lage und die Verhältnisse der Landwirtschaft genau zu verfolgen und sich stets über die allgemeine Rentabilität

derselben orientiert zu erhalten. Dabei darf er sich nicht an einzelne Bei-
spiele, sondern muß sich stets an den großen Durchschnitt halten. Gerade die
landwirtschaftliche Statistik müßte nach jeder Richtung hin genaue
Auskunft geben, sodaß man sich zu jeder Zeit ein zutreffendes Bild über die
Gesamtlage der Landwirtschaft machen könnte. Das ist leider noch nicht der
Fall. Wir besitzen z. B. keine Statistik über die Getreidemengen, welche alljährlich und in den einzelnen Monaten in den Inlandshandel übergehen; wir
haben keine allgemeine Schlacht-, Milch-, Butter-, Eierstatistik; keine Ver-
schuldungsstatistik; keine Güterverkaufspreisstatistik ꝛc.

Trotz alledem aber haben wir einen Barometer, der uns ziemlich zuver-
lässig über die Lage der Landwirtschaft orientiert, das sind die Preise, insbesondere die Brotfruchtpreise. Bleiben dieselben längere Zeit — wie gegenwärtig — auf einem solchen niedrigen Niveau, also fast 40 °/₀ unter dem
Durchschnitt der Jahre 1851—85, dann wird jeder, der nur etwas von der
Landwirtschaft versteht, einsehen, daß Maßregeln zu ihrem Schutze ergriffen
werden müssen.*)

Aber auch die Industrie bedarf steter Förderung. Wir führen in
dieser Bezeichnung einige Stellen aus einem Vertrage an, welchen Kom-
merzienrat Julius Vorster in der sozialwissenschaftlichen Studenten-
vereinigung in Halle a. d. S. gehalten hat, und der unter dem Titel: „Die
Großindustrie, eine der Grundlagen nationaler Sozialpolitik" (Jena, Gustav Fischer 1896) erschienen ist. Dort heißt es:

„Bekanntlich war Deutschland nach Beendigung der Freiheitskriege ein
armes Land, und die Erwerbs- und Besitzverhältnisse in der „guten alten

---

*) Die Zahl der in der Landwirtschaft, Gärtnerei und Tierzucht beschäftigten Per-
sonen betrug 1882 4625893 Erwerbsthätige, gegen 4701475 Erwerbsthätige im Jahre
1892 im Hauptberuf. Im Jahre 1882 lebten von der Landwirtschaft 11678383
Personen, während sie im Jahre 1895 nur noch 11113794 Personen er-
nährte. Das bedeutet einen Rückgang von 564589 Personen oder ungefähr 5 pCt. Eine Ergänzung für dies bedauerliche Zeugnis für die Lage der Landwirtschaft bietet der Umstand, daß auch die Zahl der im Nebenberuf in der Landwirtschaft
Erwerbsthätigen einen erheblichen Rückgang zeigt von 2511156 im Jahre 1882 auf
2280199 im Jahre 1895, also ein Rückgang von 230957 der im Nebenberuf in der
Landwirtschaft erwerbsthätigen Personen. Das ist ein Rückgang von nahezu 10 pCt.
Von je hundert Personen entfielen auf 1895 1882
    A. Landwirtschaft 41,89 49,55
    B. Industrie und C. Handel ꝛc. . 58,11 50,45.
Mit Recht sagt die „Statist. Korr.", diese Zahlen kennzeichnen in knappstem Aus-
druck die Richtung der wirtschaftlichen Entwickelung unseres Volkes: Industrie und
Handel gewinnen an Gewicht; die Landwirtschaft verliert an solchem.
Die Verschiebung ist stark ausgeprägt. 1882 nahm die Landwirtschaft noch 49,55 vom
Hundert der Bevölkerung in Anspruch, 1895 nur noch 41,89, während gleichzeitig der An-
teil der Industrie und Handel treibenden Bevölkerung von 50,45 auf 58,11 stieg.

2*

Zeit" gegen heute höchst kümmerliche. Trotz der langen Friedensjahre von 1815 bis 1850 war Deutschland wirtschaftlich wenig fortgeschritten, was u. a. in der bei uns noch jetzt wahrnehmbaren Bevorzugung der wissenschaftlichen und in einer gewissen Mißachtung der praktisch-gewerblichen Thätigkeit begründet war. Daher der Mangel an Anregung für den strebsamen jungen Kaufmann, Industriellen und Arbeiter; daher namentlich in frühern Jahren eine starke Auswanderung hervorragender Intelligenzen, die im Ausland zu den höchsten Stellungen gelangt sind, wie dies eine Revue der ersten Handels- und Industriefirmen im Ausland darthut. Unser industrieller Sinn war noch schwach entwickelt, man begegnete mit einer gewissen Schwerfälligkeit den technischen Erfindungen. Inzwischen war man uns in den Nachbarländern wirtschaftlich weit vorausgeeilt; namentlich war die Großindustrie in England zu einer weltbeherrschenden Stellung gelangt, und es galt als unabweislich, daß eine Reihe von Fabrikaten aus England kommen müsse. Gegenüber der Fabel von dem Übergewicht des Kapitals, gegen welches der Arbeiter ohnmächtig und gedrückt sei, betone ich, daß sowohl im Ausland wie später bei uns die meisten Erfinder und Begründer der Großindustrie einfache Arbeiter waren, die mit eisernem Fleiß und rastloser Energie ihrem Ziele zustrebten; allerdings lebten sie dabei meist so sparsam, daß ein moderner Sozialist solche traurige Bedürfnislosigkeit scharf verurteilen müßte. In Deutschland gründete sich die gewerbliche Thätigkeit bis zu den fünfziger Jahren wesentlich auf die Hausindustrie, erst von da ab entstand vorwiegend im Westen, vielfach von Belgien ausgehend, eine Großindustrie, die sich bald kräftig entwickelte. Dem Emporblühen der Großindustrie in der ersten Zeit ihres Bestehens folgte Stillstand bis zur Mitte der siebziger Jahre, wesentlich verursacht durch die Übermacht der ältern und kapitalkräftigern englischen Konkurrenz, gegen welche die deutsche Industrie nicht aufkommen konnte. Inzwischen hatten sich auch in der Landwirtschaft tief einschneidende Umwälzungen vollzogen. Während Deutschland bis 1850 noch Getreide exportierte und seinen Bedarf an vielen Bodenprodukten durch eigene Arbeit decken konnten, waren unermeßliche früher unkultivierte Strecken des Auslandes, namentlich in Amerika, dem Ackerbau zugänglich gemacht worden, und der dadurch produzierte Überfluß wurde, unterstützt von den durch die Technik geschaffenen billigen Verkehrswegen auf den deutschen Markt geworfen. Durch die nationale Wirtschaftspolitik des Fürsten Bismarck unterstützt, hat die Großindustrie die wichtigste aller volkswirtschaftlichen und sozialen Aufgaben gelöst: nämlich unserer sich mehrenden Bevölkerung Arbeit und Auskommen zu verschaffen. Einzelne Berufszweige zeigen in dieser Hinsicht überraschende Zahlen. So z. B. die Kohlen- und Roheisenerzeugung. Es wurden im deutschen Zollgebiet an Arbeitern beschäftigt bei dem Steinkohlen-, Braunkohlen- und Eisenerz-Bergbau in den Jahren 1874 267 297 Arbeiter, 1879 242 300, 1893 dagegen 386 264

Arbeiter. Diese Zunahme an Arbeitsgelegenheit tritt noch deutlicher hervor, wenn man erwägt, daß die Bevölkerung des deutschen Zollgebiets sich im Zeitraum 1879/93 von 44 078 000 auf 50 948 000 Köpfe, also um 15,6 Prozent vermehrt hat, während die mittlere Arbeiterzahl in den genannten vier Produktionszweigen um 59,4 Prozent stieg. Die Lohn- und Gehaltsverhältnisse zeigen, auf welch falsche Bahnen die Sozialreformer gekommen sind, wenn sie den vom Unternehmer angeblich ausgenutzten industriellen Arbeiter in den Brennpunkt der Diskussion stellen, während derselbe im Verhältnis zum Landarbeiter, zum Tagelöhner, zum Lehrer, zum Beamten, zum Militär, kurz zu allen übrigen Ständen, namentlich in Betracht seiner doch vorwiegend mechanischen Arbeit enorm bezahlt wird. Man hat ausgerechnet, daß ein Bergarbeiter des Gelsenkirchener Reviers mit 55 Jahren gerade so viel eingenommen hat wie ein Geheimer Regierungsrat in demselben Alter. Um auch die volkswirtschaftliche Bedeutung der Großindustrie in einer Hinsicht zu veranschaulichen, teile ich die mir von drei Eisenwerken gemachten Angaben mit. Trotzdem dieselben nicht zu den allergrößten gehören, betrugen die von ihnen bezahlten Bahnfrachten in einem Jahr zusammen 10 200 000 Mk., woraus ersichtlich, welche kolossalen Summen dem Staatssäckel zufließen, und wie es anderseits mit den Überschüssen der Eisenbahnverwaltung aussehen würde, wenn die vielgeschmähte Großindustrie nicht existierte. Aber abgesehen von den Eisenbahnfrachten gründet sich die ganze Rhein-Schiffahrt überwiegend auf den Transport der industriellen Massenprodukte und würde bei Aufhören unserer Industrie unzweifelhaft zu grunde gehen. Eines der Hauptziele für unsere Volkswirtschaft ist die Entstehung industrieller Werke, welche Werte schaffen, die wir bisher vom Auslande bezogen; noch wichtiger ist, neue Werte zu schaffen, die uns das Ausland abnehmen muß. Wenn das letztere gelingt und damit in Deutschland Vermögen entstehen, welche von ausländischem Gelde gebildet sind, so wird dies sogar von solchen, denen Kapitalansammlung ein Ärgernis ist, kaum als gemeinschädlich bezeichnet werden können. Diese volkswirtschaftlich hochwichtige Aufgabe ist von einer Reihe großindustrieller Betriebe gelöst worden; ich verweise u. a. auf die Kruppschen Werke, deren Leistungen indes so bekannt sein dürften, daß ein näheres Eingehen unnötig ist. In neuester Zeit kommen vor allem solche chemische Fabriken in Betracht, welche die Verarbeitung des lange als wertlos geltenden Teers zu Farben und Medikamenten betreiben und für unsere Erörterung besonderes Interesse verdienen. Sie sind die bei weitem größten der Welt und haben Deutschland einen Zuwachs des Nationalwohlstandes gebracht, der auf Hunderte von Millionen zu schätzen ist und noch dauernd wächst. Sie zeigen, was geleistet werden kann, wenn sich die deutsche wissenschaftliche Forschung auf praktische Gebiete begibt und dort Hand in Hand mit deutscher Technik arbeitet" . . .

III. Innerer und äußerer Schutz der nationalen Arbeit und seine Grenzen.

In England ist alles auf den Export zugeschnitten. Von Englands Ausfuhr hängt sein Wohlstand, seine Existenz ab. Darum hat es ein Interesse an niedrigen Getreidepreisen, weil dieselben den Lohn verbilligen und dadurch die Konkurrenz erleichtern. Der deutsche Ökonomist versuchte allerdings vor einiger Zeit nachzuweisen, daß hohe Löhne die Konkurrenz erleichterten, insofern sie die Einstellung von teureren Maschinen erlaubten, während billige Arbeitslöhne die Einstellung von Maschinen erschwerten. Doch dürfte dieser Nachweis wohl nicht gelungen sein. Das aber geben wir zu, daß die entwickelteren Länder durch ihre steten neuen Erfindungen und Verbesserungen, durch die größere Kapital- kraft, neue Maschinen einzustellen, durch den niedrigeren Zinsfuß, sowie durch größere Geschultheit und Leistungs- fähigkeit der Arbeiter in allen Zweigen, wo die Technik eine Hauptrolle spielt, also für die Herstellung aller feineren Waren, den Ländern mit niedrigen Arbeitslöhnen und unent- wickelter Technik überlegen sind.

England nimmt durch seine Industrieentwickelung, seine maritime Lage, seine kolossale Marine eine Ausnahmestellung unter den übrigen Ländern ein.

Deutschlands Schwerpunkt liegt und wird stets liegen in seiner Macht- entfaltung zu Lande. Es muß eine starke Landarmee haben. Das kann es nur, wenn es eine blühende Landwirtschaft und einen breiten gewerblichen Mittelstand behält.

Darum bildet die innere Schutzpolitik das Fundament, auf welchem sich erst die äußere Schutzpolitik aufbauen kann. Nach diesem Gesichtspunkte muß seine Politik eingerichtet, hiernach gegeneinander abgemessen werden. Auch für die innere Schutzpolitik gilt das bereits oben Gesagte: Der Staat muß alle seine Angehörigen so ausbilden und so erziehen, daß sie für den Kampf ums Dasein ausgerüstet sind. Das ist das Fundament, auf dem sich alles weitere aufbaut. Nun können aber die unteren Klassen nicht sich eine solche Bildung und Erziehung verschaffen wie die oberen, das ist unmöglich — sonst gäbe es eben keine unteren Klassen in dem bisherigen Sinne mehr. Darum muß der Staat dieses Manko durch eine be- sondere Schutzgesetzgebung ausgleichen. Des weiteren stehen die unteren Klassen den oberen in Bezug auf ein wichtiges Instrument, den Kapitalbesitz, nach. Auch hier muß der Staat eingreifen und den unteren Klassen besonderen Schutz angedeihen lassen. In ersterer Beziehung kämen technische Lehranstalten für die Arbeiter und Handwerker in Betracht, gute obligatorische Fortbildungsschulen für kaufmännische und technische Ausbildung, in letzterer Beziehung die Bildung von Kreditvereinen, von sonstigen Genossenschaften, billige Kreditzuführung ꝛc., die ganze Versicherungsgesetzgebung, die Gewinnbeteiligung der Arbeiter ꝛc.

Die Landwirtschaft, als der unbeweglichste Gewerbszweig, der außerdem auch noch von den Witterungsverhältnissen abhängt, bedarf noch eines besonderen Schutzes. Natürlich muß derselbe innerhalb der Grenzen aller Schutzmaßregeln des privatwirtschaftlichen Systems liegen. So lange unsere ganze Volkswirtschaft auf dem Individualeigentum aufgebaut ist, kann dieses System nicht zu gunsten eines einzigen Erwerbszweiges durchbrochen werden.

Der Staat hat die Pflicht, alle nur möglichen Mittel zu gunsten der Landwirtschaft anzuwenden, als da sind: Verbesserung des Kreditwesens, des Verkehrswesens, des Genossenschaftswesens, Reform der Produktenbörse, Schutz gegen Viehseuchen, Sorge für bessere technische Ausbildung der Landwirte ꝛc. ꝛc.

Er hat der Landwirtschaft einen den Verhältnissen entsprechenden Zollschutz zu gewähren. Aber er kann ihr nicht bestimmte sichere Einnahmen garantieren. Das wäre eine sozialistische Regelung der Privatbetriebe.

Er kann auch nicht die Landwirtschaft auf Kosten der Industrie begünstigen, was der Fall gewesen wäre, wenn die Verträge 1891 nicht zu stande gekommen und der Export durch die dann ausgebrochenen Zollkriege lahm gelegt wäre, wie dies 1893 durch den Zollkrieg mit Rußland geschah.

Er kann schließlich nicht die Preise der landwirtschaftlichen Produkte — durch den Antrag Kanitz — so hoch treiben, daß der Lebensunterhalt im Vergleich zu den anderen Industrieländern wie England und Amerika, wo die Getreidepreise so wie so schon weit niedriger stehen, erheblich verteuert und daher durch Lohnsteigerungen unserer Industrie die Konkurrenz auf dem Weltmarkt erschwert wird. Die Konkurrenzmöglichkeit auf dem Weltmarkte muß immer die letzte Grenze für die Begünstigung eines Erwerbsstandes auf Kosten anderer bilden.

Auch darf der Staat den Schutz, den er in den einzelnen Ständen und Berufsarten gewährt, nicht zu verknöcherten Formen erstarren lassen, wie das in früheren Zeiten der Fall war. In der Gegenwart sind infolge der immensen Fortschritte der Technik alle Verhältnisse in der Umbildung begriffen. Manche alte Erwerbsarten verschwinden, viele neue tauchen auf. Eine Entwickelung kann nicht künstlich zurückgehalten werden.

Dieselbe führt allerdings meistens über Leichen. Es kommt daher darauf an, diese durch die Technik bedingte Entwickelung für die davon Betroffenen möglichst schmerzlos zu gestalten, ihnen den Übergang zu anderen Erwerbsarten zu erleichtern.

So sind bereits viele Handwerksbetriebe verschwunden und haben den Fabriken platz gemacht.

Wir haben demnach bezüglich der verschiedenen Schutzarten verschiedene Grenzen zu ziehen:

1. **Im Inneren hat der Schutz der einzelnen Erwerbsstände seine Grenze**

   a) **an der Benachteiligung anderer Stände.** Kein Stand hat Anspruch auf Kosten anderer begünstigt zu werden — falls er nicht seither gegenüber den anderen zurückgesetzt war, und nun nur die gerechte Ausgleichung eintreten soll.

   Die äußerste Grenze aber ist da, wo diese Maßregeln die Konkurrenzfähigkeit anderer Stände ernstlich in Frage stellen.

   b) **an der eigenen Leistungsfähigkeit und der freien Selbstbestimmung der Geschützten.** Ein unverhältnismäßiger Schutz lähmt das eigene Verantwortungsgefühl, der Unternehmungsgeist, die Selbständigkeit der Betreffenden. Es ist sehr wichtig, hier die richtige Grenze zu finden, damit wir nicht wieder in die alten Zustände des Polizeistaates zurückfallen, wo alles und jedes vom Staate erwartet und verlangt wurde und die Bürger unselbständige, politische Kinder wurden.

2. **Der innere Schutz ist das Fundament des Äußeren, die äußere Politik muß sich auf der inneren aufbauen.** Zu einer energischen äußeren Politik muß eine innere Kraft vorhanden sein. Der äußere Schutz ist dazu da, die innere Kraft entfalten, sie weiter stärken und nach außen ausdehnen zu helfen. Der äußere Schutz bringt aber, namentlich was den Zoll betrifft, manche Unannehmlichkeiten mit sich, die Zollplackereien, manche Nachteile, den Schmuggel, Retrosionszölle ꝛc. Darum sind auch für den äußeren Schutz gewisse Grenzen gegeben.

   a) Einmal die oben sub b genannte.

   b) Sodann folgende: Ein zu hoher Zollschutz der Landwirtschaft würde z. B. die Exportfähigkeit der Industrie durch Verteuerung der Löhne beinträchtigen.

   Der Zollschutz eines Erwerbszweiges findet daher an der Leistungsfähigkeit anderer Zweige hinsichtlich des Exports seine Grenzen. Andernfalls müssen Ausfuhrvergütungen gezahlt werden, z. B. im Falle eines Wollzolles.

   c) Der Schutz, insbesondere der Zollschutz, findet ferner eine Grenze an der sonst zu erwartenden Zollerhöhung der dabei interessierten Staaten. Führen wir z. B., sobald wir unsere Zollautonomie erlangt haben, zu hohe Getreidezölle ein, so erhöhen die Getreideausfuhrländer jedenfalls ihre Zölle auf solche Waren, welche wir besonders ausführen. Dadurch würden wir unsere Exportindustrie schädigen, was schließlich auch auf unsere Landwirtschaft ungünstig zurückwirken würde.

Die einzelnen Schutzmittel der nationalen Arbeit nach außen lassen sich nun etwa in folgendes System bringen.

I. Nationale Handelspolitik:
1. Schutzzölle.
2. Handelsverträge.
3. Ausfuhrprämien.
4. Anlegung von Freihäfen.
5. Unterstützung der Seeschiffahrt.
6. Innere Verkehrspolitik. Kanal= und Eisenbahntarifpolitik.
7. Konsulatswesen.
II. Kolonialpolitik.
III. Währungs=, Geld= und Bankpolitik.
IV. Besondere Schutzmittel für die Landwirtschaft. Reform der Produktenbörse. Beschränkung der Zollkredite für den Getreidehandel. Antrag Kanitz.
V. Schutz der einheimischen Arbeiter. Abhaltung fremder Arbeiter. Innere Kolonisation.

Diese äußeren Schutzmaßregeln hängen innerlich zusammen, bilden ein einheitliches System.

Jedes Volk will seine Nationalität nicht nur erhalten, sondern vielmehr stärken, und da die Volkszahl beständig wächst, muß vermehrte Arbeitsgelegenheit geschaffen, die Machtsphäre nach außen weiter ausgedehnt werden. Wie das Beispiel Englands zeigt, wächst die Macht und der Einfluß nach außen mit der Ausdehnung des auswärtigen Handels, mit dem Erwerb an Kolonien, welche nicht blos Stützpunkte des heimatlichen Handels, sondern auch Abflußgebiete der einheimischen Bevölkerung werden. Darum müssen alle Mittel angewendet werden, um den Handel, die Ausfuhr zu heben, die einheimischen Produktionszweige vor Benachteiligung durch die Konkurrenz der fremden Industrien zu schützen, und Kolonien zu erwerben. Die einheimische Produktion wird durch Schutzzölle vor der auswärtigen Konkurrenz geschützt; auch eine richtige Eisenbahntarifpolitik, dient zum Schutze der heimischen Produktion. Den Absatz der Produkte nach außen befördern Handelsverträge, Ausfuhrprämien, Vermehrung der und Vergünstigungen für die heimische Handelsflotte. Zur Beförderung des Handels in den Seestädten dient die Anlage von Freihäfen, welche eine wesentliche Erleichterung und Verbilligung des Handels bewirken. Die Einrichtung an Konsulaten hat sich als für den

Handel sehr förderlich erwiesen. Kolonien erweitern den Außenhandel und wirken in jeder Weise befruchtend auf das Mutterland zurück.

Für den Handel ist auch die Herstellung und Aufrechterhaltung einer guten, geordneten Währung von größter Wichtigkeit. Die Geld- und Währungsverhältnisse erstrecken ihren Einfluß auf jedes einzelne Mitglied der Nation. Die Kapitalentwickelung, die Befruchtung der ganzen Volks- wirtschaft mit Kapital hängt zum großen Teil mit von den Geld- und Währungsverhältnissen ab. Hat ein Volk den Zustand einer wohlgeordneten Währung erreicht, dann muß es Mittel ergreifen, um sie zu schützen, sie auf- recht zu erhalten.

Ebensogut wie die Produktiv- und Erwerbsstände haben auch die arbeitenden Klassen, wie überhaupt die ganze Nation ein Recht darauf, vor der Konkurrenz fremder auf einer niedrigeren Kultur stehender Arbeiter oder Volkselemente geschützt zu werden. Dem Vordringen solcher Elemente und der Verdrängung der eigenen Volksangehörigen aus den bisherigen Arbeits- gelegenheiten hat der Staat vorzubeugen.

Kapitel II.

Der Zollschutz.

———

Schon das im 17. Jahrhundert vielfach befolgte sogen. Merkantil= system, das übrigens weniger theoretischer Erkenntnis als vielmehr prak= tischen Steuerbedürfnissen der Landesfürsten seine Durchführung verdankte, verfolgte das Ziel, die einheimische Industrie durch Schutzzölle zu kräftigen und durch deren Mehrausfuhr Geld ins Land zu ziehen. Zu diesem Zwecke erleichterte man auf alle Weise die Ausfuhr, während man die Einfuhr von Fabrikaten durch hohe Zölle erschwerte.

Wenn auch der Grund dieses Vorgehens meistens wohl nur ein fiska= lischer war, so waren damit doch die Ideen eines Schutzes der nationalen Arbeit nach außen hingegeben. Man hat dieses Merkantilsystem vielfach hart angegriffen, namentlich die Ansicht betreffend der Handelsbilanz. Die Manchesterökonomie fand die Meinung, daß eine günstige Handelsbilanz vorteilhaft, eine ungünstige aber schädlich sei, absurd und verstieg sich sogar (der Franzose Coquelin) zu der umgekehrten Behauptung.

In der Gegenwart dürften wohl alle, die in das praktische Leben einen Einblick haben, den zunehmenden Bargeldvorrat eines Landes zu schätzen wissen. Auf ihm beruht die Geldflüssigkeit, die Wohlfeilheit des Zinsfußes, die leichte Befruchtung der Volkswirtschaft mit Kapital.

Allerdings ist Geldzufluß und günstige Zahlungsbilanz im Warenhandel nicht dasselbe. Die entwickeltsten Kulturländer haben nach den Angaben ihrer Statistik sämtlich eine bedeutende Unterbilanz. Dieselbe betrug in den Jahren 1889—94 durchschnittlich (Millionen Mk.):

England	Deutschland	Frankreich
2659	937	604.

Gleichwohl haben diese Länder in den letzten Jahren mehr Gold eingeführt. Die Goldmehreinfuhr betrug in den Jahren zusammen (Millionen Mk.):

England 1877—95	Deutschland 1883—95	Frankreich 1871—94
1017,5	696,5	1806
	pro Jahr	
53,5	53,4	75,2.

Wofern die Angaben der Statistik zutreffen, ist der Goldzufluß nach diesen Ländern nur durch die an das Ausland geliehenen oder dort angelegten zinstragenden Kapitalien zu erklären, sowie aus den Einnahmen der Handelsflotte — die Verschiebungen durch die Auswanderung, die Effekten-Arbitrage und den Reiseverkehr wollen wir hier unberücksichtigt lassen.

Indes enthalten die Statistiken des auswärtigen Handels verschiedene Fehlerquellen, auf welche hier kurz aufmerksam gemacht werden soll, resp. geben sie vielfach kein getreues Bild von der Sachlage:

1. Bei der Ausfuhr werden die Waren nach dem Werte im Inlande angegeben; der Gewinn aber und die Spesen für die heimische Handelsflotte bleiben dabei außer Rechnung. Um diesen Betrag erscheint die Ausfuhr zu niedrig.

2. Diejenigen Statistiken, welche bei der Wareneinfuhr den Wert der Waren nach den inländischen Preisen angeben, bewerten sie um die Zollbeträge zu hoch.

3. Beim direkten Tauschverkehr mit den Kolonien — so bez. in England — werden für minderwertigere Waren höherwertigere eingeführt. In diesem Falle ist die höhere Einfuhrziffer ein direkter Vorteil für das betr. Land.

Die Entwickelung der Zollpolitik wollen wir in der Tabelle auf Seite 30—33 übersichtlich zusammenstellen.

Von freihändlerischer Seite macht man Deutschland häufig den Vorwurf, daß es 1879 den Anstoß zu einer neuen Hochschutzzollära gegeben habe. Das trifft aber keineswegs zu, wie folgende Äußerung des Jahresberichts der Frankfurter Handelskammer für 1890 zugiebt:

„In Wirklichkeit ist aber diese Bewegung (die Schutzzollbewegung) gar nicht von Deutschland ausgegangen. Schon nach dem Jahre 1873 begann in Österreich die Schutzzollagitation und führte 1878 zu dem autonomen Tarif, der unsern Handelsvertrag mit diesem Nachbarstaate nicht mehr zur Erneuerung kommen ließ. 1875 veranlaßte in Italien Luzatti eine Enquete zur Untersuchung der wirtschaftlichen Verhältnisse und der Industrie des Landes mit ausgesprochen schutzzöllnerischen Tendenzen. Im Jahre 1876 hatten in Rußland die dort schon weitverbreiteten schutzzöllnerischen Ideen zu dem Ukas geführt, nach welchem von 1877 an die Zölle in Gold erhoben wurden. Speziell Frankreich aber hat seine schutzöllnerischen Begierden in dem am 9. Februar 1877 vom damaligen französischen Ackerbau- und Handels-minister der Kammer vorgelegten Zolltarifentwurf klar ausgesprochen. Deutsch-land, von schutzöllnerischen Bestrebungen umgeben, hat seine Zollpolitik erst geändert, als es sich auf einem „Isolierschemel des Freihandels" sah und erkannt hatte, daß es verhängnisvoll sei, gegen den allgemeinen Strom schwimmen zu wollen."

England ist das einzige Land, welches in diesem Jahrhundert seit ca. 1822 bei seiner freihändlerischen Zollpolitik beharrt hat. Bei den übrigen Ländern folgte auf die freihändlerische Ära um die Mitte des Jahrhunderts seit den 70er Jahren wieder ein Umschwung zur Schutzzollpolitik, hervor-gerufen durch den Niedergang der Preise seit Mitte der 70er Jahre.

Erst Deutschland hat durch seine neuen Handelsverträge 1892 diese Mauer wieder etwas abgetragen. 1894 ist dann erst Amerika gefolgt, wo aber jetzt die Stimmung bereits wieder umgeschlagen ist. Fast alle Länder haben in den letzten Jahren ihre Zölle erhöht: Spanien, Serbien, Rumänien, Rußland, Frankreich, Indien, Japan 1896 von 5 "„ auf 7—10 "„; China geht jetzt damit um, die Vertragsstaaten zur Einwilligung in die Erhöhung der Zölle zu bewegen.

In Norwegen hat das Storthing in Gemäßheit mit einem vom Zollausschuß gemachten Vorschlag die Einsetzung einer ständigen Zollkommission beschlossen, die einen auf Grundlage des Differentialzollsystems aufgebauten Zolltarif ausarbeiten und dem Storthing bei seinem Zusammentreten im Februar n. J. vorlegen soll. Damit hat die seit einiger Zeit in Norwegen auftretende schutzöllnerische Strömung endlich festen Fuß gefaßt, und die Ursachen dazu sind außer in einigen andern Umständen nicht zum wenigsten in der durch Schweden erfolgten Kündigung des gegenseitigen Handelsgesetzes, des sog. Zwischenreichsgesetzes, zu suchen. Die Maßregel erfolgte im vorigen Jahre auf Veranlassung des schwedischen Reichstags, der sich angesichts des damaligen Auftretens der norwegischen Radikalen gerade in gereizter Stimmung befand, sie hat aber schließlich nur die Gegenwirkung gehabt, den norwegischen Protektionismus zum Reifen zu bringen. Das Zwischenreichsgesetz tritt im Juli nächsten Jahres außer Kraft; die bald nach der Kündigung ernannte Zwischenreichskommission, ebenso wie die Unionskommission aus schwedischen und norwegischen Unterhändlern bestehend, soll ein neues Zwischenreichsgesetz zustande bringen, in dem die Erleichterungen, die sich bisher beide Länder im Handelsverkehr einräumten, ohne Zweifel sehr beschnitten werden, denn die Belegung der Einfuhr aus Norwegen mit einem höhern Zoll ist eben der Sinn der von Schweden erfolgten Kündigung gewesen. Fällt das neue Zwischenreichsgesetz aber nicht nach dem Geschmack der Norweger aus, dann

Frankreich.	England.	Verein. Staaten.	Rußland.	Deutschland.
I. Merkantilismus. Merkantilsystem unter Colbert 1661—1683. Industrieschutz. Zolltarif von 1664. Prohibitiver Zolltarif von 1667. Einfuhrverbote. Unterstützung der Industrie u. Ausbreitung durch Prämien.	Schiffahrtsschutz seit 1382. Weitere Schutzgesetze: 1463, 1485, 1489, 1541, 1559. Differenzialschiffahrtslasten. 1563 Ausländischisfahrtsverbot. 1651 Cromwells Schiffahrtsakte. 1660 erneuert. Ausschluß fremder Schiffe von der Kolonialschiffahrt. 1689 Getreideausfuhrprämien. Einfuhrverbote. Maschinenausfuhrverbote (1845 aufgehoben). 1787 „konsolidierter" Tarif. 1791 gleitender Getreide-Tarif.			In den früheren Jahrhunderten Binnenzölle, Wege- und Brückenzölle. Seit Mitte des vorigen Jahrhunderts vielfach merkantilistische Handelspolitik, so in Preußen unter Friedrich dem Großen.
II. Hochschutzzoll-Ära. 1786: Handelsvertrag mit England: Zölle von 12 bis 15°/₀ 1793 Einfuhrverbot für englische Waren. Tarif von 1816: Einfuhrverbot für die meisten Industrieprodukte, hohe Schutzzölle. Zuschläge für die Wareneinfuhr auf fremden Schiffen von 10°/₀	1804 Erhöhung der Getreidezölle. 1815 Korngesetz, beim Preise von 80 sh. pro Quarter Weizeneinfuhrverbot.	1789 erster Zolltarif. 1816 Schutzzölle bis 1828 weitere Erhöhungen.	1788 Prohibitivzölle. 1819 Rückschlag. 1822 wieder Einfuhrverbote.	

keine Zölle auf landwirt- schaftliche Produkte. Diese erst 1819: gleitende Zollskala; 1821 erhöht. 1822 Viehzölle, Erhöhung der Wollzölle, und kleinen zölle. Ausfuhrprämien auf Wollfabrikate. 1830 und 1831 Herabsetzung der Getreidezölle. 1841 und 1842 Erhöhung der Zölle. III. Freihändlerische Ära. Seit 1846 Ermäßigung der Zölle in freihändischer Ten- denz. Vertrag mit England 1860. Einfuhrverbote aufgehoben. Durchschnittszölle von 30—25°/₀. Frankf. Friede 1871: an Deutschland auf ewig die Meistbegünstigung.	1822 gemildert 1828 Ein- fuhrverbot aufgehoben. Noch gleitende Zölle. Seit 1824 der Industrie- schutz gemildert. 1825 Generaltarif: Herab- setzung der Schutzzölle von 50—75°/₀ auf 10—15°/₀. 1826 Rohstoffzölle weiter er- mäßigt. 1833 das Verkehrsmonopol mit den Kolonien aufge- hoben. 1839 Gründung der Anti- kornzölle. 1842 Ergänzung der Ge- treidezölle. 1845 Aufhebung der meisten Rohstoffzölle. 1846 Herabsetzung der Ge- treidezölle auf 10 sh. als Maximum. 1849 Getreidezoll 1 sh. pro	1833 Ermäßigung der Zölle. 1857 Zolltarif, durchschnitt- lich die Zölle auf 20°/₀ er- mäßigt. Seit 1861 wieder Erhöhung der Zölle bis 1869. Seitdem Schwankungen.	1841 Schutzzölle ohne Ein- fuhrverbote. 1860 neuer Zolltarif. 1857 u. 1868 Milderungen.	1807 Aufhebung der Ein- fuhrverbote. Einfuhrzölle von 8,5°/₀. 1818 Einfuhrzölle von ca. 10°/₀. Ausfuhrzölle für Industrie- rohstoffe. 1821 weitere Zollermäßi- gungen. 1823 und 1824 Erhöhung der Viehzölle. 1834 der Zollverein in Thätigkeit getreten (Agi- tation von List und Ne- benius), nachdem 1829 Preußen und Hessen mit Bayern und Württemberg einen Handelsvertrag ab- geschlossen hatten. Es waren 18 Staaten mit 7719 ⃞ Meilen und 23 Millionen Einw. 1842 Erhöhung des Tarifs.

Frankreich.	England.	Verein. Staaten.	Rußland.	Deutschland.
	Quater; 1864 auf 3 d. pro Zentner. 1854 Freigabe der Küstenschiffahrt. 1860 Getreidezölle aufgehoben. Streben nach einer Zollunion mit den Kolonien.			1845 und 1846 weitere Erhöhung. 1853 Handelsvertrag mit Österreich. 1862 Handelsvertrag mit Frankreich: freihändl. Tendenz. 1865 Erneuerung des Vertrages mit Österreich: neuer Vereinszolltarif. 1868, 1870, 1873 neue Tarife, nur wenige und geringe Schutzzölle.
IV. Schutzzöllnerische Ära. 1881 Generaltarif hohe Schutzzölle. 1882 neue Handelsverträge mit ermäßigtem Konventionaltarif. Seit 1882 Zollautonomie. 1884 Erhöhung der Weizenzölle von 5 auf 7 Fres.		1890 Erhöhung der Zölle (Mc. Kinley Tarif) auf durchschnittlich 49,5%. 1894: Wilson-Bill. Ermäßigung der Zölle auf 36,75%. Streben nach einer Zollvereinigung ganz Amerikas. Jetzt wieder hochschutzzöllnerische Tendenzen. Amerika hat Zollautonomie. Der Zuckerzoll beträgt 40% für Rohzucker. 40% + $\frac{1}{10}$ Cent für Raffinade. 40% + $\frac{1}{10}$ Cent für Zucker. + $\frac{1}{10}$ Cent für Zucker aus Ländern mit Zuckerprämien.	1877 Erhebung der Zölle in Gold. Zollerhöhungen. 1881 Zollerhöhungen um 10%. 1885 Zollzuschläge von 20%. 1891 konsolidirter Tarif. 1890 weitere Erhöhung der Zollzusätze um 20%. 1893 Zollkrieg mit Deutschland. Anwendung des Generaltarifs und 20% Zuschlag. 1894 Handelsvertrag mit Deutschland: Minimaltarif.	Die Krisis seit 1873, die überseeische landw. Konkurrenz und die Erhöhung der Zölle in den anderen Staaten bewirken wieder den Übergang zum Schutzzollsystem in allen Staaten. 1879 erhöhter Generaltarif. Getreidezölle von 1 Mk. 1881 neue Zollerhöhungen. 1885 Getreidezölle auf 3 Mk. 1887 auf 5 Mk. erhöht. 6. Dez. 1891 Handelsverträge mit Österreich-Ungarn, Italien, Belgien, der Schweiz. Ermäßigter Vertragstarif. Getreidezölle auf 3,50 Mk. ermäßigt.

Dieser Vertragstarif wurde auch Spanien, Rumänien, Argentinien und den Vereinigten Staaten gewährt. 21. Oktober 1893 der Handelsvertrag mit Rumänien, am 13. Dez. 1893 vom Reichstag genehmigt. Am 14. Dez. 1893 der Handelsvertrag mit Spanien vom Reichstag angenommen, aber von den Cortes zurückgewiesen. Zollkrieg mit Spanien. Anwendung der beiderseitigen Maximaltarife. 1893 Handelsvertrag mit Serbien.

Seit 1892 Verhandlungen mit Rußland wegen eines Handelsvertrages. Resultatlos. Rußland wandte seit den 13. Juni 1893 seinen Maximaltarif auf die deutsche Einfuhr an. Zollkrieg. Deutschland erhob einen Zollzuschlag von 50% zum Generaltarif vom 29. Juli 1893. Rußland erhöhte wieder die Sätze des Maximaltarifs um 50% am 29. Juli 1893, das Tonnengeld auf deutsche Schiffe von 5 Kopeken auf 1 Rubel.

Am 20. März 1894 trat der neue Handelsvertrag mit Rußland in Kraft.

ist es selbstverständlich, daß Norwegen sich mit Hülfe seines neuen Zolltarifs, der hohe und niedere Zollsätze enthält, in gehöriger Weise schadlos hält.

Die Zölle sind nicht nur Schutzmittel, sie sind auch eine bedeutende Einnahmequelle geworden. Sie haben sich in Deutschland belaufen auf (Millionen Mk.):

1834—35	47,5	1892—93	377,9
1871—75	117,8	1893—94	364,4
1890—91	389,4	1894—95	387,6
1891—92	406,4		

Die (Brutto) Zölle machen im Deutschen Reich etwa 33 % der ordentlichen Einnahmen aus, spielen also eine erhebliche Rolle.

Die Höhe der Zölle in Prozenten der Wareneinfuhr ist natürlich bei den einzelnen Staaten eine sehr verschiedene. Sie beträgt in:

den Verein. Staaten	ca. 29 %	Deutschland	ca. 9 %
Rußland	„ 27 „	Österreich, Rumänien *)	„ 7 „
Italien	„ 17 „	Japan	„ 5 „
Schweden	„ 11 „	England **)	„ 4 „
Dänemark, Norwegen,		Schweiz	„ 3 „
Frankreich, Bulgarien	„ 10 „	Belgien	„ 1 „

Friedrich List agitierte seit 1819 für Aufhebung der Binnenzölle und nach seiner Rückkehr aus Amerika 1830 für den Bau von Eisenbahnen und für die Einführung von Schutzöllen für die Industrie. Im Jahre 1840 erschien sein „Nationales System der politischen Ökonomie". In diesem schnell berühmt gewordenen Werke forderte er eine nationale Schutzollpolitik Deutschlands. Man kann den Inhalt dieses Buches in folgenden 4 Sätzen zusammenfassen:

1. Der Einzelne existiert nur durch die und in der Nation. Daher ist die Förderung der Nation eine Lebensfrage für den Einzelnen.
2. Jeder Staat muß vom reinen Agrarstaat zum Agrar=, Industrie= und Handelsstaat fortschreiten, da er dadurch seine Bevölkerungskapazität, seinen Reichtum und seine Macht vermehrt.
3. Der Reichtum eines Landes besteht nicht sowohl in Geld, als vielmehr in der Entwickelung der Produktivkräfte, des Produktivkapitals. Solange dasselbe noch nicht konkurrenzfähig gegenüber anderen Staaten ist, muß es durch Schutzzölle gefördert werden.
4. Die Schutzzölle haben nur einen unterstützenden und erzieherischen Charakter. Ist die betr. Industrie erstarkt, so werden die betr. Zölle überflüssig.

Zu Lists Zeiten mühte man sich gerade in England damit ab, die Getreidezölle abzuschaffen. In Deutschland waren nach der Agrarkrisis in den

---

*) Bis zu dem neuen Tarife von 1893.
**) Von 11 Einfuhrartikeln.

20er Jahren die Preise wieder im Steigen begriffen. Eine überseeische Konkurrenz gab es damals noch nicht. Es lag also für List auch kein Grund vor, hohe Getreidezölle für Deutschland zu verlangen (dieselben betrugen seit 1824 12 Mk. pro Tonne).

Hätte die Landwirtschaft damals schon mit denselben Schwierigkeiten zu kämpfen gehabt wie in der Gegenwart, so wäre List ohne jede Frage auch für die Erhöhung der Getreidezölle eingetreten.

Die Entwickelung der Getreidezölle wollen wir in der Tabelle auf S. 35 darstellen.

Schweden hat 1895 den Getreidezoll auf 38,6 Mk. pro Tonne erhöht, Norwegen läßt den Hafer zollfrei und erhebt von dem übrigen Getreide einen Zoll von 2,5 Mk. pro Tonne.

In England stand nach einem mehr als siebenjährigen Kampfe, in welchem der Bund gegen die Kornzölle (die Anti-Cornlaw-League) Führer gewesen, am 9. Februar 1846 der Vorschlag des Ministeriums Peel auf Abschaffung der Kornzölle im Unterhause zur Beratung. Es folgte eine zwölftägige Debatte, die an Beredsamkeit, Ausführlichkeit und Heftigkeit schwerlich in der parlamentarischen Geschichte irgend eines Landes ihres Gleichen hat. Erst am 15. Mai fand die endgültige Abstimmung statt, in welcher neben 223 Whigs und Radikalen, 106 Konservative auf Peels Seite standen, während 222 Tories und 6 Wilde gegen ihn waren. Im Oberhause ging die Sache unter Führung des Herzogs Wellington verhältnismäßig glatt. Die letzte Abstimmung fand am 25. Juni statt, die königliche Sanktion erfolgte tags darauf und am 27. Juni 1846 fielen in England die Kornzölle bis auf eine geringfügige Hafenabgabe, die erst 1869 vollständig beseitigt worden ist.

In den 60er Jahren gelangten die Hauptkulturländer zur gänzlichen oder annähernden Zollfreiheit für Getreide. Seit Ende der 70er Jahre aber unter dem Einfluß der überseeischen Getreidekonkurrenz entwickelte sich wieder ein Hochschutzzollsystem für Getreide — mit Ausnahme Englands, dem billiges Brot für die Arbeiter seiner weit ausgedehnten Industrie wichtiger als der Schutz der eigenen Landwirtschaft ist.

So sehen wir, daß Zollfreiheit, Schutzzölle, Einfuhrverbote miteinander gewechselt haben. Die Neuzeit ist keineswegs zur Handelsfreiheit, sondern zu einem sehr ausgebildeten Schutzzollsystem gelangt.

Zollfrei sind nur die industriellen Rohstoffe — in England auch die Fabrikate —, mit Schutzzöllen sind die Fabrikate, Halbfabrikate und die Kolonialwaren — auch in England — belegt. Einfuhrverbote bestehen nur bezüglich der Vieheinfuhr aus Seuchengegenden. Beim eingeführten Schlachtvieh wird eine mehrtägige Quarantäne verlangt, England hat jetzt ange-

3*

Frankreich.	England.	Deutschland.	Italien.	Spanien.	Portugal.
Wie in 19. Jahrh. Korn ausfuhrverbot. Korn einfuhrerleichterungen. 1810 Ausfuhrverbot gemildert. Einfuhrzoll v. 5 Frcs. pro Tonne. 1819 Weiterer Einfuhrzoll. 1832 ebenfalls gleitend. Ausfuhrzoll. 1853—59 Teuerungsjahre, Zoll suspendiert. 1849 Zoll auf 6,2 Frcs. pro Tonne ermäßigt. 1861 6 Frcs. pro Ton. bei direkter Einfuhr, 65 Frcs. bei indirekter Einfuhr. 1867 50 u. 86 Frcs. 1881 —12.30 Frcs. weg. der Teuerung. 1882 wieder 50 Frcs. 1884 70 Frcs.	1791 6 d. pro Quarter, steigend auf 24½ sh., wenn der Preis unter 50 sh. pro Quarter lauf. 1814 etwas erhöht. Ausfuhrprämie von 5 sh. pro Qua. bei einem Preise unter 48 sh. 1815 Einfuhrverbot bei einem Preise unter 80 sh. 1828 gleitender Zoll, beim Preise von 65 sh. Zoll von 20 sh. 8 d., von da steigend um eben soviel als der Preis sinkt; bei 73 sh. nur 1 sh. 1842 20 sh. beim Preise von 51 sh., 11 sh. bei 73 sh. 1846 bei 45 sh. 10 sh., bei 53 sh. 4 sh. 1849 1 sh. pro Quart. 1864 3 d. " 1869 völlige Zollfreiheit.	1811 Ausfuhrzoll von 24,75 Mk. pro Tonne. 1818 Ausfuhrzoll von 1 Pfg. pro Scheffel. 1821 Ausfuhr. beseitigt. 1819 Einfuhrzoll von 4,4 Mk. pro Tonne Weizen, 1,6 Mk. für Roggen. 1824 12 Mk. pro Ton. Getreide. 1853 —56 Einfuhrzölle (wegend. weg. schlecht. Ernten. 1857 Zoll für Weizen auf 1,8 Mk. pro Ton. ermäßigt, für Roggen, Gerste, Hafer auf 1,2 Mark. 1865 Zollfreiheit. 1879 10 Mk. pro Tonne. 1885 30 " " 1887 50 " " 1882 35 " "	1883 11 Frcs. Weizen. pro Tonne. 1887 30 Frcs. für Mehl (60 Frcs.) 1894 75 Frcs. für Weizen, 45 Frcs. für Roggen, 11,5 Frcs. für Gerste. 29. Juni 1894: 40 Frcs. für Gerste, Biergerste zollfrei. Weizen, Mais 75 Frcs., Mehl daraus 95 Frcs., an-	1883 42 Frcs. für Weizen, 31 Frcs. für anderes Getreide. (2) 1882 30 Frcs. für Weizen. Weizen, 44 Frcs. für	1865 45 Mk. pro Ton. Weizen, 40,5 Mk. für Roggen. 1887 67,5 Mk. f. Weizen, 63 Mk. f. Roggen. 1888 30 Mk. f. Weizen 72 für Roggen. 1889 Weizen- u. Mehleinfuhrverbot. Wenn Weizen über 270 Mk. pro Ton. steigt, dann Einfuhr zum Zollsatz von 30 Mk. gestattet. Seit 1880 wieder Ernäß. 1881 auf 31,5 Mk. Durch die kgl. Verordnungen vom 27. Aug. 1881 wurde der Regierung die Regelung der Getreideeinfuhr überlassen und ebenso die Zollhöhe. Vom 3. März 1882 bis 31. Juli wurde die Einfuhr von 60 000 Tonnen an die größeren Mühlen, welche gleiche Mengen einheimischen Weizen vermahlen, gestattet; vom 30. September 1882 bis 31. Juli 1883 wurde die Einfuhrmenge auf 138 000 Tonnen festgesetzt, der Zoll auf 54 Mk. für das Erntejahr 1883/84 wurde das Quantum auf 150 000 Tonnen festgesetzt für 1884/85 auf 90 000 Tonnen, der Zoll auf

orbnet, daß eingeführtes Schlachtvieh gleich in den Einfuhrhäfen in bestimmten Schlachthäusern geschlachtet werde.

Wir wollen nun die verschiedenen prinzipiellen Fragen bezüglich der Schutzzölle erörtern.

1. **Rechtfertigung und Begründung des Zollschutzes.**

Ein politisches wie ein ökonomisches Prinzip sprechen für ev. Anwendung von Schutzöllen. Das politische ist folgendes: Eine Nation ist verpflichtet, alle, resp. einzelne besonders wichtige Glieder des Volkes stark und kräftig zu machen und zu erhalten. Industrie und Landwirtschaft sind die stärksten Säulen des modernen Staates, darum muß der Staat ihnen ganz besondere Fürsorge zuwenden. Von der Erhaltung dieser beiden Säulen, insbesondere der Landwirtschaft hängt das Fortbestehen und die politische Macht des Staates ab, darum muß er sie, wenn sie durch auswärtige Konkurrenz stark geschädigt und geschwächt werden, gegen diese Konkurrenz schützen. Dies geschieht in erster Linie durch Zölle. Das ökonomische ist folgendes:

Wie alle menschlichen Beziehungen, Einrichtungen und Thätigkeiten, so soll auch die Volkswirtschaft danach streben, ein möglichst vollkommenes und vollständiges organisches Gebilde zu werden. Das Ideal der modernen Volkswirtschaft ist die möglichst vollständige Versorgung des Volkes mit allen notwendigen Gütern eigener Produktion. Dies Ideal kann meistens nicht vollständig erreicht werden, weil der Boden eines jeden Landes nicht alle notwendigen Stoffe enthält, resp. das Klima nicht den Anbau aller Pflanzen zuläßt. Daher bedürfen wir der Zufuhr von Außen. Aber die Volkswirtschaft soll sich bestreben, die Verarbeitung der eigenen und fremden Rohstoffe, soweit die natürlichen und technischen Bedingungen dazu vorhanden sind oder geschaffen werden können, selbst zu übernehmen. Da nun vielfach entweder die natürlichen Bedingungen ungünstiger sind wie in anderen Ländern, oder die technische Entwickelung noch hinter der anderer Länder zurücksteht, so ergibt sich aus diesen beiden Umständen die Notwendigkeit eines Zollschutzes für die betr. Produktionszweige.

In solcher Lage befindet sich gegenwärtig unsere Landwirtschaft gegenüber der Konkurrenz der wärmeren Länder mit noch jungfräulichem Boden und bei der enormen Verbilligung der Frachten (um ca. 200%). In dieser Lage befindet sich aber auch noch eine Reihe von einheimischen Industriezweigen gegenüber der englischen Industrie.

2. **Die Höhe des Zollschutzes.**

Theoretisch läßt sich dieselbe genau bestimmen. Im Falle der ungünstigeren natürlichen Bedingungen, wie Fehlen der Stoffe oder größerer Seltenheit derselben, schlechterer Beschaffenheit derselben, weiterer Entfernungen der Rohstofflager von den Verarbeitungsorten ꝛc., muß die dadurch verursachte Verteuerung der Fabrikate durch die Zölle ausgeglichen werden — gegenüber den von der Natur begünstigteren Ländern, soweit nicht die höher entwickelte Technik oder der Kapitalreichtum durch Verbilligung des Kredits hier schon Kompensationen geschaffen hat.

Im Falle der technischen Überlegenheit anderer Länder durch höhere Geschicklichkeit und Leistungsfähigkeit der Arbeiter, durch bessere technische Ausbildung der Leiter und Ingenieure ꝛc., durch Anwendung vollkommenerer Maschinen, muß diese Differenz zum Ausdruck in den Zöllen kommen, soweit nicht etwa niedrigere Löhne bei gleicher Tüchtigkeit der Arbeiter Vorteile gewähren.

Die Kombination der konstituierenden Faktoren: natürliche Bedingungen, technische Entwickelung, Höhe des Zinsfußes, Höhe der Löhne, Höhe der Transportkosten zur See und zu Lande, Höhe der sozialen Lasten und schließlich noch die Höhe der inländischen Besteuerung der betr. Produkte muß über die Höhe der betr. Zölle entscheiden.

Die Schutzzölle müssen mindestens so hoch bemessen werden wie die betr. inländischen Steuern.

Beim Zucker z. B. beträgt im Deutschen Reich die Konsumsteuer 20 Mk., der Zoll 40 Mk. pro 100 kg. — Beim Branntwein beträgt die inländische Besteuerung 70 für den kontingentierten Spiritus und 90 Mk. für den über das Kontingent hinaus gebrannten pro 100 Liter reinen Alkohols, der Eingangszoll 125 und 180 Mk. für 100 kg (100 kg reinen Alkohols entsprechen etwa 125 Litern), etwa 144 Mk. für 100 Liter reinen Alkohols. — Beim Taback beträgt die innere Gewichtssteuer 45 Mk. pro 100 kg fermentierter Tabacksblätter, der Zoll 85 Mk. für Tabacksblätter, Zigarren und Zigaretten 270 Mk., Rauchtabak 180 Mk. pro 100 kg.

Die Zölle sind also bei weitem höher wie die entsprechenden inneren Steuern. —

Abgesehen von diesen obengenannten Faktoren, welche das notwendige Schutzmaß bestimmen sollen, wird die Höhe der Zollsätze noch abhängen: einmal von dem Wert der betr. Ware, von der Notwendigkeit dieser Einnahmequelle für den Staat und von der Zollpolitik der anderen Staaten.

3. Die Dauer der Schutzzölle.

Dauernden Charakter tragen an und für sich nur diejenigen Schutzzölle, welche die bleibenden ungünstigeren Naturbedingungen ausgleichen sollen. Eine richtige Tarifpolitik der Eisenbahnen kann in dieser Beziehung der heimischen Industrie von wesentlichem Nutzen sein.

Von längerer Dauer scheinen die günstigeren Produktionsbedingungen der überseeischen Getreideländer zu sein, wie der Vereinigten Staaten, Argentinien, Südrußland ꝛc. Somit werden auch die Getreidezölle nicht so bald in Fortfall kommen können. Der Schutz der Landwirtschaft muß so lange anhalten, bis sie durch höhere Anstrengungen, namentlich durch Aneignung der technischen Fortschritte gestärkt, wieder auf eigenen Füßen stehen kann, resp. bis die Konkurrenz der überseeischen Länder nachläßt.

Von mehr **interimistischen Charakter** sind die Schutzzölle wegen technischer Inferiorität. Wird in einem Lande mit günstigen Naturbedingungen die Energie der Bevölkerung und die Technik mit aller Kraft entwickelt, dann bedarf ein solches Land kaum noch der Schutzzölle, wie z. B. England für seine Industrie. Die Nähe der Kohlen- und Eisenlager, die billigen Seefrachten stellen England günstiger wie alle anderen Länder. Seine Technik ist immer noch die höchst entwickelte, zum mindesten wird sie noch nicht wesentlich von anderen Ländern übertroffen.

Die niedrigen Getreidepreise verhindern ein im Verhältnis zu anderen Ländern übermäßiges Steigen der Löhne.

Wenn gleichwohl sich in England schutzzöllnerische Bestrebungen geltend machen, so geschieht dies, weil alle anderen Länder sich mit hohen Zöllen umgeben haben und daher die Einfuhr englischer Produkte erschweren. Die Schutzzollbestrebungen in England sind also mehr auf Repressivmaßregeln gerichtet.

Die Abschaffung überflüssig gewordener Zölle stößt aber meistens auf finanzielle Schwierigkeiten. Man hat sich an die Zolleinnahmen gewöhnt. Andere Einnahmequellen stehen nicht so leicht zur Verfügung. Daher werden denn solche antiquierten Zölle meistens weiter erhoben als Finanzzölle.

4. **Arten der Schutzzölle.**

Da die Ausfuhr- und Durchfuhrzölle fast überall abgeschafft sind, beschäftigen wir uns nur mit den Einfuhrzöllen. Abgesehen von der Einteilung in Wert- und spezifische oder Gewichtszölle, kommen hier zunächst die **festen und die gleitenden Zölle** in Frage.

Theoretisch betrachtet, erscheinen die gleitenden Zölle am vollkommensten, da sie sich den Veränderungen der Preise am besten anpassen. In der Praxis aber, sagt man, z. B. in England, haben sie sich bisher nicht bewährt, da sie eine zu wilde Spekulation entfesselt haben. Doch ist damit nicht gesagt, daß, wenn man in Zukunft die Börsenspekulation besser zu bändigen versteht, die gleitende Zollskala ihren Zweck nicht erfüllen sollte. Bei lebhaft schwankenden Getreidepreisen auf dem Weltmarkt ist der feste Zoll nicht geeignet, die Schwankungen für das Inland auszugleichen und die schädlichen Wirkungen derselben zu beseitigen; in diesem Falle wäre an und für sich die gleitende

Skala das passende Mittel, den Verkaufspreis des auswärtigen Getreides im Inlande gleichmäßiger zu gestalten, wenn — eben die Spekulation niedergehalten werden könnte.

Unbedingt möchten wir nicht ein absprechendes Urteil über die gleitenden Zölle fällen, hat doch kürzlich erst Prof. Julius Kühn in Halle sich wieder für ein solches System ausgesprochen, natürlich vorbehaltlich der notwendigen Repressivmaßregeln gegen die Spekulation.

England hat von 1791—1846 unter steten Abänderungen das System der gleitenden Zollskala beibehalten. Die praktischen Engländer würden eine sich nicht bewährende Institution nicht so lange aufrecht erhalten haben, wenn sie ihr nicht den Vorzug vor den festen Zöllen eingeräumt hätten.

Man hat in England in der Hauptsache an diesem System festgehalten, bis die Getreidezölle überhaupt abgeschafft wurden. —

Ferner sind die sog. **Differenzialzölle** zu erwähnen, d. h. höhere Zölle auf die Waren von Ländern, welche sich nicht im Genusse der Meistbegünstigung oder welche sich mit dem betr. Lande im Zollkriege befinden. Während z. B. die Vertragsländer von Deutschland den 35 Mk.-Zoll für Getreide 1891 bewilligt erhielten, wurde russisches Getreide weiter zu 50 Mk. verzollt, während des Zollkrieges sogar zu 75 Mk. Sodann können Differenzialzölle erhoben werden von Waren, je nachdem sie auf eigenen oder auf fremden Schiffen, auf dem Land- oder Seewege herangebracht werden.

In der neueren Zeit haben sich verschiedene Länder, so z. B. Frankreich, Spanien, Rußland, **Maximal-(Kampf-)Tarife und Minimal-(Vertrags-)Tarife** geschaffen, um für den Fall von Handelsvertragsverhandlungen oder von Zollkriegen eine brauchbare Waffe in der Hand zu haben. Deutschland hat für diesen Fall nur die gesetzliche Möglichkeit, die Zölle des Generaltarifs von 1879 um 50 "/₀ zu erhöhen. **Dieser Generaltarif** war damals auch gewissermaßen als ein Maximaltarif aufgestellt, um von ihm aus auf niedrigere Vertragstarife zu gelangen; er ist aber inzwischen von den anderen Ländern bereits weit überflügelt und genügt für die genannten Bedürfnisse nicht mehr.

Sobald Deutschland wieder — 1904 — seine Zollautonomie zurückerlangt, muß es seine erste Aufgabe sein, einen neuen autonomen Generaltarif aufzustellen. Dieser ist am zweckmäßigsten ein mittlerer, entsprechend den zu jener Zeit herrschenden Bedürfnissen und Zollsätzen anderer Länder, von dem aus für Zollkriege Erhöhungen entsprechend denen der Gegner und Ermäßigungen entsprechend denen der zum Abschluß neuer Verträge bereiten Staaten nach bestimmten gesetzlichen Vorschriften vorzunehmen sind.

5. **Zölle und Handelsverträge.** Leider aber sind den Staaten, insbesondere dem Deutschen Reiche durch seine Handelsverträge bis 1904 die

Hände in Bezug auf seine Zölle gebunden. Dieselben sind auf 12 Jahre festgelegt und können ohne Zustimmung der Vertragsmächte nicht verändert werden.

Das ist der große Nachteil der Handelsverträge, daß die Zollautonomie durch dieselben suspendiert wird. Die Handelsverträge von 1891 sind unter dem Eindrucke der damaligen ungünstigen politischen Verhältnisse und der damals durch die Spekulation hochgeschwänzten Getreidepreise geschlossen, und die Getreidezölle sind daraufhin von 5 auf 3,50 Mk. pro Dztr. ermäßigt. Seit jener Zeit sind die Getreidepreise enorm gefallen, und nun liegt der traurige Fall vor, daß wir die Disposition über die Getreidezölle nicht mehr haben. Auch die politische Konstellation hat sich wesentlich gebessert. Es ergibt sich daraus die Lehre, daß man durch Handelsverträge die Zölle auf längere Zeit nicht festsetzen und binden darf nach einer nur temporären Situation, sondern daß man auch ungünstige Eventualitäten mit berücksichtigen und eine durchschnittliche, länger dauernde Sachlage zu Grunde legen muß.

6. Wirkung der Schutzzölle.

Über die Wirkung der Schutzzölle bestehen bisher noch ganz divergierende Ansichten. Die Einen glauben an eine Überwälzung auf das Ausland, die Anderen an eine Erhöhung der Preise im Inland, natürlich nur in größeren Zeitdurchschnitten, während in kürzeren Perioden die Verhältnisse schwanken. Fürst Bismarck ging von der Annahme der Überwälzung des Zolles auf das Ausland aus, er sah den Nutzen der Schutzzölle in der Hauptsache nur in der größeren Sicherung des Absatzes der heimischen Produkte.

Unter den Fachökonomen herrscht heutzutage wohl allgemein die Ansicht, daß die Schutzzölle, insbesondere die Getreidezölle, preiserhöhend wirken, je nach den inneren Produktionsverhältnissen. Neuerdings wird von agrarischer Seite behauptet, daß die Schutzzölle bis zu einer gewissen Höhe auf die Weltmarktpreise erniedrigend wirken, während sie von einer gewissen Höhe ab die Inlandspreise erhöhen.

Zunächst dürfte es nicht überflüssig sein, einmal kurz die Weltmarktpreisbildung des Getreides, wie sie wirklich vor sich geht, klar zu legen. Es stehen sich in dieser Beziehung zwei Theorien gegenüber, die reine Quantitätstheorie und die Grenzwerttheorie. Erstere besagt, daß die reinen quantitativen Verhältnisse von Vorrat und Bedarf, Angebot und Nachfrage, den Preis bestimmen, wobei natürlich den Hauptproduktionsländern, den Vereinigten Staaten und Rußland der Löwenanteil zufalle. Die Ernten dieser Länder seien für die Getreidepreis-Gestaltung ausschlaggebend. Die Grenzwerttheorie behauptet, daß die letzten auf den Markt kommenden Angebote den Preis bestimmen. Die immer wieder neu auftretenden Getreideexportländer, wie Indien, Argentinien werfen die bisherigen Verhältnisse über den Haufen und drückten die Preise herunter.

Formell hat die letztere Theorie mehr Recht, materiell aber mehr die Quantitätstheorie. Denn die Preisbildung wird nicht erst durch die wirklich auf den Markt kommenden Quantitäten — abgesehen von den einzelnen Tagesschwankungen — vollzogen, sondern die Tendenz der Preise wird durch die vorhergehenden Ernteschätzungen und vorhandenen Vorräte im Verhältnisse zu dem Bedarf des nächsten Jahres bestimmt. In den Ernteschätzungen sind auch diejenigen der neueren Exportländer mit enthalten, ausschlaggebend aber sind diejenigen der älteren großen Getreideländer, wie Rußland und Amerika. Diese durch die vorherigen Schätzungen bedingte Tendenz der Getreidepreise erhält dann je nach dem thatsächlichen Ausfall der Ernten oder dem Überwiegen einer Spekulationspartei an den Börsen nachträgliche Korrekturen.

Um nun den Einfluß der Zölle auf die Getreidepreise konstatieren zu können, wollen wir die Weizenpreise in England und Preußen miteinander vergleichen. England beseitigte von 1846 bis 1869 seine Getreidezölle, Deutschland führte sie 1879 ein, zuerst 1 Mk. pro Dztr., dann 1885 3 Mk. und 1887 5 Mk. Durch die Handelsverträge von 1891 werden sie wieder auf 3,50 Mk. reduziert. Es kostete die Tonne Weizen:

	England.	Zoll pro Quarter.	Preußen alten Weitandes	Zoll pro 100 kg.
1816—20	363	80 sh.	205,2	0,44 Mk. seit 1818
1821—50	266	20 sh.	121,4	1,20 „ „ 1824
1831—40	251	1828	138,4	
1841—50	240	10 sh.	167,8	
1851—60	250	1846	211,4	inspendirt seit 1853
1861—70	248	3 d.	204,6	bis 1853.
1871—75	246,8	1864	235,2	1865 abgeschafft.
1876—80	206,8	1869 aufgehob.	211,2	1 Mk. 1879.
1881—85	180,4		189	
1886	137,2		134	3 Mk. 1885.
1887	147,6		164	5 Mk. 1887.
1888	144,6		168	
1889	137		192	
1890	147,8		189,7	
1896	121,5		151	3,50 Mk. 1892.
18. Januar.	(Liverpool)		(Berlin)	

(Maipreis.)

Die Differenz zwischen dem Berliner und Londoner Weizenpreis hat betragen:

pro Tonne:

			Teutſcher Zoll
1870—80	+ 4,4	Mk.	30
1881—85	+ 8,6	„	„
1886	— 3,2	„	„
1887	+ 16,4	„	50
1888	23,4	„	„
1889	55	„	„
1890	41,9	„	„
1891	45,6	„	„
Auguſt=September 1892—93	16,4	„	35
Robember=März 1893—94	29,6	„	„
Robember=März 1894	35,4	„	„
Juni=September 1894—95	39,1	„	„
Robbr.=März=Jan. 1896	26	„	„

Bis zur Periode 1876—80 hatte England höhere Preiſe wie Preußen, ſeit jener Zeit ſtehen die Preiſe in England weit tiefer. England ſchaffte mit dem Jahre 1869 ſeine Getreidezölle ab, Teutſchland führte ſie 1879 ein. In Preußen ſtiegen ſeit den 20er Jahren die Getreidepreiſe bis zu den 80er Jahren, in England ſind ſeit den 20er Jahren dieſelben beſtändig gefallen, entſprechend der ſtufenweiſen Ermäßigung der Schutzzölle.

Aus der Vergleichung dieſer Zahlen geht ohne Frage das hervor, daß an der totalen Umdrehung der Verhältniſſe die Zollpolitik einen weſentlichen Anteil gehabt hat. Die Aufhebung der Zölle in England hat die Getreide= preiſe ſinken laſſen, während die Einführung der deutſchen Getreidezölle auf eine relative Hebung der Preiſe in Teutſchland hingewirkt hat.

Eine weſentliche Ermäßigung der Zölle wirkt preis= erniedrigend, eine weſentliche Erhöhung der Zölle wirkt preiserhöhend in dem betr. Zolllande — ceteris paribus. Um in dieſer Frage zur völligen Klarheit zu kommen, wollen wir von den einfachſten Verhältniſſen ausgehen:

a) Fall des Monopols:

Zwei Länder, A und B, ſtehen in ausſchließlichem Verkehr und können gegenſeitig ihre Waren nicht entbehren. Legt nun A einen Zoll auf die Waren aus B, ſo wird es den Zoll ſelbſt tragen; die Waren werden um den Zoll in A verteuert, in B behalten ſie denſelben Preis. Dies iſt der Fall des Monopols, wo Zölle auf exotiſche Waren gelegt werden, z. B. auf Kaffee, Thee, feinere Tabacke, Reis ꝛc. Werden die Zölle ſo hoch bemeſſen, daß durch dieſe Verteuerung der Waren der Konſum weſentlich eingeſchränkt wird, ſo werden die Preiſe fallen und der Zoll wird teilweiſe auf das Aus= land B abgewälzt, bis daſſelbe ſeine Produktion entſprechend dem Bedarfe eingeſchränkt hat, dann werden die Preiſe wieder ſteigen.

In Wirklichkeit ist Sachlage komplizierter, da diese Monopolgüter in mehreren Ländern erzeugt werden und in vielen Ländern Absatz finden. Würde ein Land seine Zölle auf diese Waren bedeutend erhöhen und dadurch den Konsum einschränken, dann würden die Preise sinken müssen — im Inlande und auf dem Weltmarkte —, wenn nicht der Absatz nach anderen Ländern um den Betrag des Rückganges in A gesteigert werden könnte. Ist das der Fall, dann bleiben die Preise auf dem vorigen Niveau, andernfalls sinken sie, und es tritt seitens A Überwälzung ein.

b) Handelt es sich nicht um Monopolgüter, sondern um allgemeine Konkurrenzartikel, wie Eisen, Kohle, Wolle, Leinen, Getreide, so werden sich die Verhältnisse folgendermaßen gestalten. Stellen wir zunächst die Weizeneinfuhrziffern neben einander:

Englands Weizeneinfuhr.

| | Weizen. | | Weizen u. Mehl. |
| | Millionen | | |
	Cuart.	Ztr.	Mill. Ztr.
1852—59	4,6	1861 29,9	
1860—67	8,1	1861—65 27,9	
1868—75	10,7	1866—70 31,8	
1876—80	14,7	1871—75 43,7	
1881—85	17,6	1876—80 52,7	77—81 67,2
1886—90	18,7	1881—85 58,8	82—86 84,4
		1886—90 55,9	87—91 82,3
		1891 66,3	
		1892 64,9	92 87
		1893 65,5	93 87,8
		1894 70,1	94 89,3
		1895 81,7	95 100,1

Deutschl. Einfuhr von:

| | Roggen | Weizen. | Deutschl.Weizen= u. Roggenernte. | B.-Ernte allein. |
	Mill. Ztr.		Mill.	Ztr.
1861	3,5	1,4		
1861—65	2,8	1,7		
1866—70	4,3	3,5		
1871—75	4,0	6,8		
1876—80	7,6	10,8		
1881—85	6,0	7,5		
1886	2,7	5,7	88	27
1887	5,5	6,4	92	28
1888	3,4	6,5	80	25
1889	5,2	10,6	78	24
1890	6,7	8,8	87	28
1891	9,1	8,4	71	23
1892	12,06	5,5	100	32
1893	7,0	2,2	105	30
1894	11,5	6,5	101	30
1895	13,4	9,6	94	28

Aus diesen Zahlen ersehen wir, daß der Import bedeutende Schwankungen aufzuweisen hat, welche unabhängig von den Zöllen sind. In England läßt der Import 1884 und 1886 bedeutend nach, in Deutschland geht der Weizenimport in den 80er Jahren sehr zurück, hebt sich aber dann seit 1883 wieder; der deutsche Roggenimport dagegen geht trotz der Zollermäßigung seit 1891 wieder zurück.

Wir sehen daraus, daß — von temporären Spekulationsverhältnissen abgesehen — die Bedarfsverhältnisse über die Einwirkungen nicht allzu hoher Zölle doch überwiegen. Ernte — und davon abhängige Bedarfsverhältnisse sind das für die Einfuhr in erster Linie ausschlaggebende Moment — und auch für die Preisverhältnisse. Im Jahre 1889 war die Weizen= und Roggenernte mißraten, die Einfuhr steigt, der Preis übersteigt den Weltmarktpreis um die Zolldifferenz. Nach reichlicher Einfuhr und in Erwartung der guten Ernte von 1892 fallen die Preise, und ebenso auch die Preisdifferenz zwischen Berlin und London. Im Jahre 1894 hebt die Aufhebung des Identitätsnachweises die Ausfuhr, die Preise und die Preisdifferenz über den Zollbetrag; diese kann sich aber im weiteren Verlaufe nicht auf der Höhe halten und sinkt wieder unter den Zollbetrag.

Für ein einzelnes Zollland, wie das Deutsche Reich, können wir daher das Gesetz aufstellen, daß der Zoll bei schlechten Inlandsernten die Preise steigert und ganz oder fast zum Ausdruck kommt, während bei guten Ernten die Preise nicht um den Zollbetrag über den Weltmarktpreisen stehen bleiben. Die Einführung von Exporterleichterungen hebt Anfangs die Preise, bleibt aber später ohne sichtbare Einwirkung auf dieselben.

Wie wirkt nun aber der Zoll auf das Ausland, auf den Weltmarktpreis?

Für den Weltmarktpreis ist, wie wir anfangs klargelegt haben, die Schätzung der Welternte maßgebend, welche dann von dem thatsächlichen Ausfall korrigiert wird. Stellen wir deshalb den Ausfall der Welt-Weizen- und Roggenernte nebeneinander:

	1883	1884	1885	1886	1887	1888	1889	1890	1891	1892	1893	1894
						Millionen Quarters						
Weizen	251	275	256	266	289	277	267	281,7	297	300,5	307	313
		262				279				304,6		
	1878—87								122,6	151,4	173,9	167,5
Roggen	ca. 151			ca. 153								
	1880—85			1889–89								
Summa:	ca. 400			424					420,6	451,9	480,9	480,5

Abgesehen von den schlechten Ernten Ende der 80er und Anfang der 90er Jahre bewegen sich die Welternten des Brotgetreides seit längerer Zeit nach aufwärts, schneller als die Zunahme der Bevölkerung, und drücken daher auf die Getreidepreise auf dem Weltmarkte und in den Zollländern, aber — wie wir gesehen haben — in den Zollländern relativ mehr als in England.

Der Weltmarktpreis steht in den guten Jahren relativ höher wie in den Zollländern, in den schlechten Jahren dagegen relativ niedriger. Wie kommt das? Einen Fingerzeig gibt uns die Ernte Englands:

	Weizenernte Millionen Quarters		Millionen Bushels	Weizeneinfuhr Mill. Ctr. à 50,8 kg.
1852—59	13,2			
1860 - 67	12,3			
1868—75	11,6			
1876—80	9,1			
1881—85	9,2	1884	82,1	47,3
1886—87	7,3	1885	79,6 —	61,5+
1887—88	8,9	1886	63,3—	47,4—
1888—89	8,6	1887	76,2+	55,8+
1889—90	8,8	1888	74,5—	57,3+
		1889	75,9+	58,6+
		1890	76 +	60,5+
		1891	74,7—	66,3+
		1892	60,8 -	64,9-
		1893	60,9—	65,5+
		1894	61,5+	70,1+
		1895	40	81,7+

Englands Weizenernte ist absolut und relativ beständig zurückgegangen, der Weizenimport daher stets gestiegen. Die Nachfrage in England nach fremden Weizen wird immer stärker, sie ist bereits über dreimal so groß wie die Deutschlands. Frankreichs Weizenimport betrug in den Jahren 1890—94 im Jahre durchschnittlich 14,3 Millionen Dztr. Weizen. Frankreichs und Deutschlands Weizenimport in den letzten Jahren machen etwa 70 % der Englischen Weizeneinfuhr aus, fallen also nicht so sehr wie die letztere ins Gewicht.

In guten Jahren, wo die Ernte der Export- und Importländer reichlich ausgefallen ist, bieten die Exporteure ihr Getreide, um es an den Mann zu bringen, den Zollländern billiger an wie England, das als Hauptabnehmer des Exportweizens gesichert ist. In guten Jahren mit sinkenden Preisen legen die Händler keine großen Vorräte an, um nicht Verluste zu erleiden, während andererseits die Spekulation durch Blankoverkäufe die Preise zu drücken sucht.

Paris gewährt jetzt ein geradezu klassisches Beispiel für die Weizenpreisgestaltung. Es notierte Weizen (Mk. pro Tonne):

	Paris März-Juni	Liverpool Mai	Differenz
18. Januar 1896	154,7	124,5	30,2
11. " "	157,2	124	33,2
4. " "	157,4	122	35,4
14. Dezember 1895	158,5	121,8	36,7
7. " "	157,9	123,1	34,8
16. November "	155,9	120,8	35,1
2. " "	158,6	122	36,6
19. Januar 1895	157,4	102,1	55,3
20. " 1894	177,6	122,4	55,2

Der Zoll von 5,67 Mk. kommt also bei weitem nicht mehr zum Ausdruck. Der Preis steht nur noch ca. 2 Mk. über dem Berliner. Eine gute Ernte paralysiert zum Teil den Einfuhrzoll. Der Effektivhandel verhält sich den fremden Angeboten gegenüber zurückhaltend, und drückt so partiell auf den Weltmarktspreis. England hat im vergangenen Jahre eine schlechte Ernte eingeheimst, und ist daher den Getreidimporteuren gegenüber entgegenkommender. Deutschlands Ernte ist in 1895 auch nicht besonders ausgefallen, es stiegen daher Anfang 1896 auch in Deutschland die Getreidepreise.

Wir kommen sonach zu folgendem Schlusse: Die Getreidezölle werden umsomehr auf die Getreideexportländer abgewälzt und verbilligen das Importgetreide der Zollländer, ohne daß der Weltmarktspreis in London auch um diesen Betrag gedrückt zu werden brauchte, je besser die Inlands- und Auslandsernten, je höher die Zölle sind, und je mehr Länder solche einführen.

Der Londoner Weizenpreis wird dieser Tendenz um so mehr folgen, je besser Englands Ernte ausfällt, er wird aber um so mehr über den Importpreisen der Zollländer bleiben, je mehr Englands Ernte zurückgeht.

Die Einheitlichkeit der Verkaufspreise der Exportländer nach England und nach den Zollländern wird um so größer, je besser Englands Ernte ausfällt, um so mehr kommt auch der Zoll in den Peisen zum Ausdruck.

Die Differenz zwischen den Preisen in London und in den Zollländern wird um so höher sein, je verschiedenere Resultate die Ernten in England und den Zollländern aufweisen, besonders aber dann, wenn die Ernten in den Zollländern sehr schlecht, die in England aber sehr gut ausfallen. Im Falle einer allgemeinen Mißernte, auch der Exportländer, kann von Zollabwälzung keine Rede sein, dann trägt das Zollland den Zoll voll und ganz. Demnach übt der Zoll nicht die schützende Wirkung aus, die man sich vielfach von ihm verspricht. In guten Jahren versagt er teilweise, in schlechten Jahren aber schädigt er geradezu das Zollland.

Er ist nichts Vollkommenes, und man darf von ihm nicht alles Heil erwarten.

Trotzdem ist er unentbehrlich, da er durch nichts Vollkommeneres — in der auf freier Konkurrenz beruhenden Volksherrschaft — ersetzt zu werden vermag. Er hat wenigstens das Gute zur Folge, daß er die übermäßige auswärtige Konkurrenz einschränkt und der heimischen Produktion den inländischen Markt größtenteils sichert.

Ein sehr lehrreiches Beispiel bot, wie schon oben gesagt, Anfang 1896 die Entwickelung der Weizenpreise in Frankreich. Es notierte Weizen (in Mk. in pro Tonne):

	Berlin	Liverpool	New-York	Paris
		Mai.		April-Juni.
11. 4. 1896	158,2	126,8	113,2	148,2
4. 4. 1896	156	123,1	110	149,3
13. 4. 1895	141,2	100,1	93,1	154
14. 4. 1894	143	107,7	97,5	169,3
15. 4. 1893	155	130,8	118	173,7

In Berlin stand der Weizenpreis um 3,2 Mk. höher wie in 1893, während er in Paris um 25,5 Mk. gesunken ist, obwohl der Zoll inzwischen von 40,5 auf 56,7 Mk., also um 16,2 Mk. erhöht ist. Paris notierte 10 Mk. unter Berlin, 1893 aber noch 18,7 Mk. über Berlin.

Im ganzen Jahre notierte Weizen:

	Paris	Berlin		
1892	188	176,4	—	11,6
1893	169	151,5	—	17,5
1894	156	136,1	—	19,9
1895	155	142,5	—	12,5
Im Februar 1896	153,1	156,3	+	3,2

Der Preisfall in Frankreich unter den in Deutschland troz des um 21,7 Mk. höheren Zolles beweist, daß andere Einflüsse stärker sein müssen wie der Zoll. Da nun Paris nur einen ganz unbedeutenden Terminhandel in Weizen hat, so können nur die Ernteverhältnisse ausschlaggebend sein. Beerbohm gab die Ernten der letzten Jahre für Frankreich auf folgende Ziffern an (Millionen Quarters):

1895	1894	1893	1892
42,2	42,9	34,76	37,55.

Jedenfalls sind aus dem Jahre 1894/95 noch bedeutende Vorräte geblieben, sodaß dieselben mit der vielleicht über Erwarten gut ausgefallenen Ernte des Jahres 1895 auf die Preise drücken. —

Was nun die Preise der vom Zoll geschützten Industrieprodukte betrifft, so hängen dieselben ganz von der Entwickelung der betr. Industriezweige und der jedesmaligen Konjunktur ab. Es ist keineswegs gesagt, daß der Zollschutz die Preise der Industrieprodukte verteuert. Er sichert denselben nur den inneren Markt, die Preise aber können bei stark entwickelter Produktion ebenso niedrig stehen wie in England. Es notierten (Mk. pro Tonne):

	Rheinland	England	Rheinland	England
	November 1895		1. April 1896	
Eisenstein	7,8—14	9—12	9,1—9,6	10—12,6
Roheisen, Puddel. 1	47—49	35—36	53—55	37
Gießereiroheis. 3	56	38,5	57	37
„ 1	65	—	65	—
Bessemerroheis.	54	52	60	50
Stabeisen	108	100 -112,5	117	110
Winkeleisen	118	92—97,5	126,5	95
Knüppel	80—85	—	84—85	85
Bandeisen	110 - 115	105	124	125
Kesselweißbleche, Fluß.	118—123	120—122,5	132,5	122
Feinbleche, Fluß.	125—135	125—130	140	145
Walzdraht	105—125	112 - 115	125	115
Grubenschienen	95—100	110	98	110
Stahlschienen	108—110	90—95	108—110	95

Es notierte Roheisen nach den Angaben der Deutschen Reichsstatistik in:

London Schottisches	Dortmund Puddelroheisen	Differenz	
Mark pro Tonne			
117,7			1873
87,8			1874
66			1875
58,7			1876
54,5			1877
48,6			1878
47,2	53,2	6,0	1879
54,7	68,7	14,0	1880
49,3	57,4	8,1	1881
49,5	65	16,5	1882
46,9	57,6	10,7	1883
42,2	50,4	8,2	1884
42	44,2	2,2	1885
40,1	41	0,9	1886
42,4	46,6	4,4	8,6 1887
46,1	50,5	4,4	1888
47,9	64,5	16,6	1889
49,8	70	20,2	1890
47,4	52,1	4,7	1891
42	50,5	8,5	1892
42,5	46,7	4,2	1893
42,8	45,6	2,8	1894
44,6	47	2,4	1895

Der Unterschied zwischen den englischen und deutschen Roheisenpreisen ist seit 1891 nicht mehr bedeutend; in den Jahren 1879—93 waren die Schwankungen der Spannung sehr bedeutend, sie wurden durch den Wechsel der Konjunkturen in Deutschland verursacht. Im allgemeinen stehen die Preise in Deutschland etwas höher, wegen der günstigeren Produktionsbedingungen, welcher sich England erfreut, insbesondere wegen der reduzierten Frachten.

In England stellt sich die Roheisenproduktion billiger wie in Deutschland, weil der englische Eisenstein eisenhaltiger ist, und weil dort die Werke in der Nähe der Eisensteinproduktion liegen, die Transportkosten also weit geringer sind.

Im Verhältnis dazu stellen sich auch die Fertigeisenpreise in England niedriger wie in Deutschland, der Zoll spielt dabei aber keine Rolle. Der Preisunterschied resultiert aus den technischen Verhältnissen.

Ähnlich liegen auch die Verhältnisse in der Textilindustrie, da die Einfuhr der Rohstoffe zollfrei ist, hängt die Preisentwickelung ab von den technischen Produktionsverhältnissen. — —

Kapitel III

Handelsverträge.

Die Ära der Handelsverträge datiert man gewöhnlich von dem französisch-türkischen von 1535 her, in welchem auch zum ersten Male die Meist-begünstigungsklausel und die Gleichstellung der Ausländer und Inländer enthalten ist. Als weitere Handelsverträge früherer Jahr-hunderte nennen wir den von 1643 zwischen England und Portugal, den von 1659 zwischen Frankreich und Spanien; den von 1703 zwischen England und Portugal; den von 1713 zwischen England und Spanien; den von 1786 zwischen England und Frankreich.

In unserem Jahrhundert sperrte Napoleon seit 1806 den Kontinent gegen England ab, um dessen Handels-Herrschaft zu brechen. Seit dem Jahre 1833 schloß sich der Deutsche Zollverein nach und nach zusammen. Im Jahre 1860 schloß England und Frankreich einen Handelsvertrag ab. Im Frankfurter Frieden 1871 wurde die Meistbegünstigung zwischen Deutsch-land und Frankreich auf ewige Zeiten festgesetzt.

Frankreich hat seine sämtlichen Tarifverträge mit dem 1. Februar 1892 ablaufen lassen und hat — abgesehen von dem spanisch-französischen Handelsvertrage von 1893 — sich seine Zollautonomie bewahrt.

Deutschland dagegen hat im Jahre 1891, von der Idee eines mittel-europäischen Völkerbundes geleitet, die wirtschaftliche Annäherung des Drei-bundes, der Schweiz und Belgiens durch Abschließung von Handelsverträgen mit diesen Staaten erstrebt. Diese Verträge laufen mit dem Jahre 1903 ab. Ende 1893 wurden die Handelsverträge mit Rumänien und Serbien abge-schlossen, Anfang 1894 mit Rußland. Mit Spanien dagegen scheiterten die Verhandlungen, infolge dessen befinden wir uns noch im Zollkriege mit diesem Lande.

Am 8. August 1893 hatten sich die deutsche und spanische Regierung

4*

über die Grundlagen eines Vertrages geeinigt, der deutsche Reichstag nahm dieselben am 14. Dezember 1893 an, während die spanischen Kortes nach langwierigen Beratungen die Verhandlungen darüber am 11. Juli 1894 vertagten. Inzwischen war der Zollkrieg zwischen beiden Ländern entbrannt. Spanien wandte seinen Maximal-, Deutschland seinen autonomen Zolltarif von 1879 an, und seit dem 25. Mai 1894 einen 50 %, Zuschlag zu diesem Tarif.

Im Juni 1896 hat nun die spanische Regierung dem Kongreß einen Gesetzentwurf zugehen lassen, wonach gegen Deutschland künftighin der Minimaltarif angewendet werden soll, wenn sich die deutsche Regierung bereit erklären sollte, die spanische Einfuhr nur nach den Sätzen des autonomen Tarifes, ohne die am 25. Mai 1894 in Kraft getretenen 50 %,igen Zuschläge, zu behandeln. Mit diesem Gesetzentwurf gibt somit die spanische Regierung zu, daß sie bisher im Unrecht gewesen, indem thatsächlich der spanische Minimaltarif dem deutschen autonomen Tarif entspricht. Die spanische Einfuhr würde also fortan in Deutschland einerseits nicht mehr die 50 %, Zuschläge, andererseits aber nicht diejenigen niederen Zölle entrichten, die beispielsweise Italien und Österreich-Ungarn sich ausbedungen haben. Beispielsweise würden fortan die spanischen Weine mit 24 Mk. (statt seit dem Zollkrieg mit 36 Mk.) und die frischen Südfrüchte mit 12 Mk. (statt seit dem Zollkrieg mit 18 Mk.) zu verzollen sein, während die Zollsätze für Weine und Südfrüchte aus den Vertragsstaaten dort 20 und hier 4 Mk. betragen. Was die deutsche Einfuhr nach Spanien betrifft, so ist die Einfuhr aus der Mehrzahl der meistbegünstigten Staaten dem spanischen Minimaltarif unterworfen, der nunmehr auch auf die deutsche Einfuhr anzuwenden sein würde. Spanien hat nur einigen wenigen Vertragsstaaten, nämlich der Schweiz, Norwegen und den Niederlanden, besondere Herabsetzungen des Minimaltarifs gewährt. Diese Herabsetzungen würden nicht der deutschen Einfuhr zu Gute kommen, sie sind aber auch für dieselbe mehr oder weniger unerheblich, denn sie kommen fast ausschließlich Waren zu Gute, die Spezialitäten jener Länder sind, so für die Schweiz Stickereien, Uhren, kondensierte Milch, Käse, Spieldosen, für Norwegen Stockfische, Leberthran und Holz, für die Niederlande Genever, Bier, Butter und Indigo. Einige weitere Vergünstigungen des spanischen Konventionaltarifs betreffen allerdings auch Waren, die für die deutsche Industrie ausfuhrfähig sind, namentlich Anilinfarben und gewisse Baumwollgarne und -Gewebe, sowie leinene, halbleinene und seidene Gewebe, Kautschukgewebe und Eisenbahnwagen. Der Unterschied zwischen den Sätzen des Minimaltarifs und des Vertragstarifs ist aber erfreulicher Weise nicht sehr erheblich. Nachdem im Juli 1896 die Kortes den Gesetzentwurf angenommen hatten, ist seit dem 25. Juli 1896 in Spanien auf deutsche Waren der Minimal- — in Deutschland auf spanische

Waren der Generaltarif in Anwendung. Des weiteren wurde am 4. April 1896 der neue Handelsvertrag mit Japan zwischen den beiden Regierungen abgeschlossen und im Juni vom Reichstage genehmigt. Der Vertrag selbst tritt danach frühestens am 17. Juli 1899 in Kraft, der Tarif dagegen 6 Monate nach Austausch der Ratifikationen. Der Vertrag gilt für 12 Jahre nach Inkrafttreten. Mit dem Tage des Austausches der Ratifikationen tritt Art. 17 in Kraft, der sich auf den beiderseitigen Schutz von Erfindungen, Mustern, Modellen, Marken, Firmen und Namen bezieht. Nach Art. 20 hört mit dem Inkrafttreten des Vertrags die bis dahin in Japan ausgeübte Gerichtsbarkeit deutscher Gerichtsbehörden auf und erreichen alle ausnahmsweisen Priviligien, Befreiungen und Immunitäten, die bis dahin die deutschen Reichsangehörigen als einen Bestandteil oder einen Ausfluß dieser Gerichtsbarkeit genossen, ohne weiteres ihre Endschaft. Die bereits anhängigen Rechtssachen werden nach dem Protokoll jedoch noch von den deutschen Behörden erledigt. Als Gegenwert wird dafür von jenem Zeitpunkt ab das ganze japanische Reich den Deutschen und dem deutschen Handel geöffnet.

Wertzölle von 5 °/₀ sind festgesetzt für: Blei, Kalisalpeter, Telegraphendraht, Roheisen, Schienen, Eisenbahnpersonenwagen, Hopfen, Lokomotiven, kondensierte und sterilisierte Milch, Paraffinwachs, Portland-Zement, Zink in Blöcken. Auf 7¹/₂ °/₀ sind die Zölle erhöht für: Bleche, Platten und Stäbe aus Stahl und Eisen und Zink. Wertzölle von 8 °/₀ sind festgesetzt für Chinin, weißes Fensterglas, Webgarne. Die 10 °/₀ Zölle sind folgende: Auf Sammet, Baumwollwaren, Phosphor, Wismuth-Oxyd, Bromide, Chlorsaures Kali, Dynamit, Jodkalium, Salizylsäure, galvanisierte und verzinnte Bleche, Röhren, Nägel, buntes Fensterglas, Farben, nicht angeführte Garne, Halbseide, Hüte, Kautschuckwaren, Leinenwaren, Leder, Papier, Paraffinöl, Uhren, Wollwaren, Zucker. Die Zahl der Tarifpositionen beträgt 59.

Im übrigen behält Japan seine Zollautonomie. Es wird die Zölle für die übrigen Waren in seinem gleichzeitig mit in Kraft tretenden Generaltarif wesentlich erhöhen. —

Schließlich wird auch mit China wahrscheinlich ein neuer Handelsvertrag abgeschlossen werden. Zweifellos denkt man jetzt in China eine Erhöhung der Seezölle vorzunehmen; der Vizekönig Li-Hung-Chang war, wie vielfach versichert wurde, damit beauftragt, mit den Vertragsmächten darüber zu verhandeln. Die chinesischen Zölle bestehen in Seezöllen, die sowohl bei der Ein- wie bei der Ausfuhr erhoben werden, und in „Likin“ benannten Inlandzöllen, die bei der Weiterbeförderung von Waren ins Innere des Reiches an die Lokalbehörden zu entrichten sind. Die Ein- und Ausfuhrzölle werden zum großen Teil nach dem Wert im Durchschnitt von nicht über 5 °/₀ erhoben. Die Sätze sind überdies an die von den einzelnen Vertragsmächten mit China abgeschlossenen Handelsverträge gebunden. Dem zwischen dem Deutschen Zollverein und China im Jahre 1861 abgeschlossenen und am 14. Januar 1863 ratifizierten Freundschafts-, Handels- und Schiffahrts=vertrag ist ein Zolltarif für die Ein= und Ausfuhr Chinas beigefügt, der für eine Reihe von Warenartikeln, darunter Baumwollen=, Leinen= und Wollenwaren, Metalle, Leder, Uhren u. s. w., spezifische Zölle nach bestimmten Sätzen vorschreibt. Parfümerien, Seife, Wein, Bier, Spirituosen, Papier= und Schreibmaterialien, Glas und Krystallwaren u. s. w. sind zollfrei. Alle nicht in dem Ein= und Ausfuhrtarif oder unter den zollfreien Waren auf=geführten Artikel unterliegen einem 5 % Wertzoll, bei dessen Berechnung der Marktpreis zu Grunde gelegt wird. —

Bezüglich der Handelsverträge machen sich somit verschiedentliche, ent=gegengesetzte Bestrebungen geltend. Einerseits verfolgen eine Reihe von Staaten das Ziel, sich die Zollautonomie zu bewahren; sie schließen darum keine Tarifverträge, sondern nur Meistbegünstigungsverträge ab. Auf die Wareneinfuhr aus Ländern, mit denen keine Meistbegünstigungs=verträge abgeschlossen sind, werden Sätze des Maximal= oder Generaltarifs angewandt, auf die Waren aus Vertragsländern dagegen die des Minimal= oder Spezialtarifs. Die hauptsächlichsten Vertreter dieser Richtung sind die Vereinigten Staaten, Frankreich, Dänemark, Argentinien, Mexiko.

Auf der anderen Seite aber sehen wir Länder miteinander Tarif=verträge eingehen, ihre Zölle auf eine bestimmte Zeit binden und sich der Zollautonomie begeben. Hier wird das Hauptgewicht auf die Schaffung fester, bestimmter Zollsätze und Handelsbeziehungen gelegt. Diesem Ver=tragssystem mit der Tendenz möglichster Ausbreitung huldigen in neuester Zeit besonders das Deutsche Reich, ferner haben die Zölle durch Tarifverträge gebunden: England, der Dreibund, die Schweiz, Belgien, Serbien, Rumänien Bulgarien, Rußland, Griechenland, Schweden und Norwegen, Japan, China.

Beide Wege sollen dazu dienen, den Absatz einheimischer Produkte zu erweitern, beide bezwecken Schutz und Förderung der nationalen Interessen und Produktion.

1. Begründung der Vertragspolitik.

Im Zustande völliger Handelsfreiheit bedarf man natürlich keiner Tarif=verträge, sondern nur solcher Vertragsbestimmungen, welche die Rechte und Pflichten der Staatsangehörigen fremder Staaten normieren. Sobald aber einmal das Prinzip des Zollschutzes allgemein anerkannt ist, ist das Be=streben der Industrie= und Handelsstaaten darauf gerichtet, sich durch Ver=träge Vergünstigungen bezüglich der Zölle, d. h. also Zollermäßigungen oder Zollbindungen zu verschaffen. Dadurch werden Breschen in die Mauer der Zölle gelegt, resp. etwas von der Höhe abgetragen. Die Tarifverträge führen außerdem auch noch eine gewisse Stabilität der Tarifverhältnisse herbei und verhindern Willkürlichkeiten im Zollwesen.

Die Handelsverträge haben demnach die Wirkung, durch Ermäßigung der Zölle und ev. Bindung derselben auf bestimmte Zeit dem Waren-Vertreter und -Absatz die Wege zu ebnen. Sie stellen also einen wirksamen Schutz der nationalen Arbeit dar. Dies die positive Seite. Negativ verhindern, resp. beendigen die Tarifverträge Zollkriege und differenzielle Behandlung einzelner Staaten. Die Zollkriege schlagen den betr. Ländern tiefe Wunden, ihre Vermeidung oder Beendigung bedeutet einen wirksamen Schutz nationaler Interessen.

2. Tarifverträge und Meistbegünstigungsverträge.

In der neuesten Zeit laufen beide Formen der Vertragspolitik nebeneinander her. Aus den bloßen Thatsachen kann man daher nicht auf die größere oder geringere Zweckmäßigkeit der einen oder der anderen Form schließen. Wir müssen somit dieser Frage auf mehr deduktivem Wege beizukommen suchen.

Beide verfolgen dasselbe Ziel, aber auf ziemlich entgegengesetztem Wege. Tarifverträge haben den Vorteil, daß die Zollermäßigung eine bestimmte Zeit dauert, daß die Stabilität der Verhältnisse für diese Zeit gewahrt wird. Dagegen ist mit ihnen der große Nachteil verbunden, daß die Verfügung über die Zölle gänzlich genommen ist, daß also Zollerhöhungen, welche wegen tiefen Sinkens der Warenpreise oder Valutaveränderungen notwendig geworden sind, nicht vorgenommen werden können.

In diesem Dilemma befindet sich jetzt das Deutsche Reich, welches sich den bei den so tief gesunkenen Getreidepreisen notwendig gewordenen Schutz der Landwirtschaft durch Erhöhung der Getreidezölle aus der Hand gegeben hat.

Zollstabilität oder bessere Anpassung an die veränderten Verhältnisse sind die beiden Kriterien, um welche es sich handelt.

Nun ist es klar, daß die Zollstabilität nur eine nominelle, keine reale ist, sobald die Warenpreise eine wesentliche Änderung erfahren. Die Zölle haben den Zweck, die Warenpreise auf einer gewissen Höhe zu erhalten. Sind die Warenpreise tief gefallen, dann erfüllen die unverändert gebliebenen Zölle ihre Aufgabe nicht mehr. Die Verhältnisse haben sich also trotz der Zollstabilität wesentlich geändert.

Demnach erfüllen Tarifverträge wohl ihren Zweck hinsichtlich der Förderung der Ausfuhr, insofern sie die Stabilität der fremden Zölle bewirken, aber sie können bezüglich der Einfuhr sehr ungünstige Einwirkungen auf das Inland ausüben, insofern sie die Möglichkeit der Erhöhung der eigenen Zölle ausschließen.

Tarifverträge schützen und fördern die Ausfuhrindustrie, aber sie können leicht versagen für den Schutz derjenigen Erwerbszweige, welche auf dem heimischen Märkte mit den Produkten fremder Länder konkurrieren müssen, wie eben unsere Landwirtschaft.

Aus diesem Umstande würde sich ein Vorzug der zollautonomen Meistbegünstigungsvertragspolitik ergeben.

Der Vorteil derselben beruht in der Beweglichkeit der und in der Verfügung über die eigenen Zölle, in der Möglichkeit dieselben je nach Bedürfnis herauf- oder herabzusetzen; diese autonome Zollpolitik würde also auf eine bewegliche Zollskala herauskommen, sei es daß die Zolländerung als eine entsprechend der Bewegung der Warenpreise selbstthätige geregelt oder gesetzlich oder auf dem Verwaltungswege von Zeit zu Zeit vorgenommen wird.

Als Voraussetzung für eine mechanische selbstthätige, gleitende Skala aber betonen wir nochmals die Notwendigkeit, die Spekulation in festen Schranken zu halten. Ist das nicht möglich, dann wird die verwaltungsseitige Festsetzung der Zölle auf Grund gesetzlicher Bestimmungen zu empfehlen sein.

Die Schattenseiten dieses zollautonomen Systems ergeben sich, sobald man es verallgemeinert, allgemein akzeptiert. Dadurch würde die Stabilität der fremden Zölle für die Ausfuhrindustrie illusorisch gemacht; die Willkür würde entfesselt, Zollkriege könnten sich weit leichter entspinnen; der solide Handel würde mehr und mehr in die Bahnen der reinen Spekulation und des Hazardspiels hineingedrängt werden können.

Einen Vorgeschmack eines solchen Zustandes haben wir ja bereits in dem Handel mit Ländern, welche sich einer stark schwankenden Valuta erfreuen. Am übelsten daran ist der Handel mit Papierwährungsländern, welche zur Stabilisierung ihrer Valuta keine Maßregeln getroffen haben, wie z. B. Argentinien. Dort schwankte das Goldagio in den letzten Jahren zwischen 280 und 178 %. Besser schon steht es mit Rußland, wo der Finanzminister Witte den Kurs des Papierrubels auf 216 Mk. festgesetzt hat und wo der Rubel jetzt um diesen Pol stetig herum schwankt, ebenso wie die Wechselkurse um die thatsächliche Parität.

Die Valuta der Silberländer unterliegt den Schwankungen des Silberpreises, welcher bis zum Jahre 1894 die Richtung nach unten verfolgt hat. Er fiel nach der Schließung der indischen Münzstätten im Jahre 1893 von 38 auf 33 Pence pro Unze, ging dann 1894 bis auf 27 zurück, steht nun aber schon längere Zeit auf 30 bis 31 Pence. Die Schwankungen des Silberpreises waren verhältnismäßig nicht stark, seit 1895 ist derselbe stabiler wie vor 1870.

Die Entscheidung über die Wahl eines der beiden Systeme liegt also schließlich in der Abwägung der Vorteile, welche die freie Verfügung über die eigenen Zölle bietet, und der Nachteile der Verfügung der anderen Länder über ihre Zölle. Je nachdem der Gesamtnutzen oder der Gesamtschaden überwiegt, muß die Entscheidung ausfallen.

Die Abwägung ist aber sehr schwer, da wir hier nicht allgemeinen Erscheinungen gegenüber stehen, sondern nur Möglichkeiten und Eventualeinzelfällen. Wir wissen nicht, ob und wann die Notwendigkeit, die Zölle zu erhöhen, eintreten wird, und welche Schritte dem gegenüber die davon betroffenen anderen Länder ergreifen werden. Das Moment der Unsicherheit und der Willkür spielt also in dem verallgemeinerten System der Zollautonomie eine wichtige Rolle.

Liegt die Wahrscheinlichkeit stabilerer Preise vor, so ist das Tarifvertragssystem vorteilhafter; hat man dagegen mit schwankenden Preisen zu rechnen, so ist jedenfalls die Zollautonomie vorzuziehen.

Es fragt sich nun, ob nicht ein Mittelweg gefunden werden kann, welcher die Vorteile der Stabilität und eventuellen Abänderungsmöglichkeit gewisser Zölle unter gewissen Umständen zu vereinigen imstande ist.

Ein solcher Weg wäre die Abschließung eines Tarifvertrages und die Aufnahme von Klauseln, welche nach Eintritt gewisser Preisermäßigungen oder sonstiger Bedingungen für gewisse Artikel eine bestimmte entsprechende Erhöhung der Zölle gestatten.

Dadurch ist die Zollwillkür, die Einführung hoher Retorsionszölle, das Ausbrechen eines Zollkrieges ausgeschlossen, die Zollautonomie aber für gewisse Waren und Fälle gewahrt.

Dies ist die Form des Handelsvertrags der Zukunft, sie wird einmal allgemeine Geltung erlangen, da sie die Vorteile der Stabilität und der Autonomie in sich vereinigt.

Bei dem gegenwärtigen Zustande aber dürften die Länder mit autonomen Zolltarifen im Vorteil sein; denn, während die Tarifvertragsländer an ihre Zollsätze auf längere Zeit gebunden sind, können erstere zu jeder Zeit Tarifveränderungen vornehmen. Sie können die Zollvergünstigungen seitens der Tarifvertragsländer sogar mit Zollerhöhungen beantworten, wenn ihre Lage es erfordert.

3. Die Frage der Meistbegünstigungsklausel.

Die Meistbegünstigungsklausel wird gegenwärtig viel angefeindet, weil durch dieselbe vielfach Zollermäßigungen, welche anderen Ländern zugestanden sind, den meistbegünstigten Ländern ohne entsprechende Gegenleistung zu teil werden. So hatten die Vereinigten Staaten und Argentinien auf den 3,50 Mk. Getreidezoll, der in den Handelsverträgen von 1891 an die Vertragsstaaten gewährt wurde, ohne weiteres Anspruch, ohne daß sie irgend welche Zölle ermäßigt hätten.

Die Meistbegünstigungsklausel, d. h. den Anspruch auf sofortige Zubilligung aller Vorteile, welche an andere Staaten gewährt werden, ohne jede Gegenleistung, darf man nicht auf Grund eines Einzelfalles auf ihre Wirksamkeit hinprüfen. Sie ist ein allgemein angewandtes Mittel der Ausgleichung von Zollverschiedenheiten zur Vermeidung von differenzieller Behandlung verschiedener Länder.

Die aus ihr resultierenden Vorteile pflanzen sich gleich einer Wellenbewegung auf alle an der Meistbegünstigung partizipierenden Länder fort. Bald wächst diesem, bald jenem Lande ein Vorteil zu, aber immer in der Richtung der Ausgleichung. Haben wir den Vereinigten Staaten die niedrigen Zölle ohne Gegenleistung gewähren müssen, so erhalten auch wir wiederum Zollermäßigungen ohne weiteres von solchen Staaten, bei denen wir meistbegünstigt sind.

Im einzelnen Falle kann die Meistbegünstigung ungerecht erscheinen, im Ganzen betrachtet, aber partizipieren alle Beteiligten an den Vorteilen derselben.

Aber, wie wir schon sub 2 bemerkt haben, stehen die zollautonomen Länder, welche bloße Meistbegünstigungsverträge schließen, günstiger da als die Tarifvertragsländer. Sie genießen die Vorteile der Tarifermäßigungen mit, gewähren dafür nichts, können sogar ihre Tarife im Gegensatz dazu erhöhen. Ihre einzige Verpflichtung ist die, die Tarife auf alle bei ihnen gleichbegünstigten Länder gleichmäßig anzuwenden. In diesem Falle ist aber nicht die Meistbegünstigungsklausel die Ursache für die Benachteiligung der anderen Länder, sondern die Festlegung der Tarife auf längere Zeit ist es, welche jenen den Vorsprung gibt.

So lange zollautonome Länder bestehen, ist der allein mögliche Weg, um nicht ins Hintertreffen zu geraten, die Abschließung von Tarifverträgen mit der Meistbegünstigungsklausel und der oben erwähnten Klausel, welche für gewisse Waren unter bestimmten Bedingungen bestimmte Zollerhöhungen gestatten.

Die zollautonomen Vereinigten Staaten von Amerika hatten für diesen Fall die dem Mc. Kinley-Tarif angehängte sog. Reziprozitätsklausel, d. h. die Gegenseitigkeitsklausel, welche nicht etwa gegenseitige Handelsvorteile herbeizuführen bestimmt, sondern welche dem Mc. Kinley-Tarif angehängt worden ist, um eine einseitige Begünstigung der Vereinigten Staaten zu erzwingen. Dieselbe lautete: „Um Gegenseitigkeit mit solchen Ländern herbeizuführen, welche Zucker, Melasse, Kaffee, Thee oder Häute herstellen und exportieren, ist dem Präsidenten der Vereinigten Staaten vom 1. Januar 1892 an das Recht eingeräumt, die freie Einfuhr dieser Artikel aus irgend einem dieser Länder in die Vereinigten Staaten für einen bestimmten Zeitraum zu suspendieren, wenn er sich überzeugt hat, daß ein solches Land Zölle oder andere Abgaben von landwirtschaftlichen und anderen Produkten der Vereinigten Staaten erhebt, welche er mit Rücksicht auf die freie Einfuhr obiger

Artikel in die Vereinigten Staaten nach dem Grundsatze der Gegenseitigkeit für ungleich und unbillig hält. . . . ."

Dieser Reziprozitäts-Artikel hat nicht lange bestanden, obgleich auf Grund desselben eine größere Zahl von Verträgen seitens der Vereinigten Staaten geschlossen worden war. Letztere gelangten mit der Aufhebung des genannten Artikels im Jahre 1894 wieder in Fortfall, und zwar handelte es sich dabei um die im Jahre 1891 mit Salvador, Brasilien und der dominikanischen Republik und um die im Jahre 1892 mit Frankreich und Großbritannien wegen der westindischen Besitzungen Nicaragua, Honduras und Guatemala abge= schlossenen Handels-Übereinkommen, vor allem aber um die Konvention mit D e u t s c h l a n d. Die letztere trat am 1. Februar 1892, also gleichzeitig mit den neuen Handelsverträgen Deutschlands mit Österreich=Ungarn, Italien, der Schweiz und Belgien in Kraft, und zwar bewilligte Deutschland den Vereinigten Staaten die neuen Vertragszölle für landwirtschaftliche Produkte und namentlich den Zoll von 3,50 Mk. für Getreide, wogegen die Union a u f G r u n d d e s R e z i p r o z i t ä t s = P a r a g r a p h e n dem Deutschen Reiche freie Einfuhr von Zucker, Melasse, Kaffee, Thee und Häuten zusagte.

Nachdem nun durch die Aufhebung des Reziprozitäts=Artikels 1894 durch die Wilsonbill, welche die Zölle zwar im Ganzen ermäßigte, aber den Zucker mit einem Zoll von 40 Cents pro am. Pfund und für Exportprämien gewährende Länder mit einem Differenzialzoll von $^1/_{10}$ Cent pro Pfund be= legte, die bezeichnete, dem deutschen Reiche gewährte Vergünstigung hinfällig geworden ist, würden von Rechtswegen auch die den Vereinigten Staaten seitens der deutschen Regierung bewilligten niedrigeren Getreidezölle wieder aufzuheben sein, da ein Äquivalent gegen deren Fortbestand nicht mehr vor= lag. Diese Aufhebung ist nun bisher nicht erfolgt, sie könnte aber auf Grund der neuesten Vorgänge in den Vereinigten Staaten den Gegenstand ernst= lichster Erwägung auf seiten Deutschlands bilden. Seit einiger Zeit ist in der Union nämlich eine Bewegung im Gange, welche die Wiederherstellung des Reziprozitäts=Artikels des Mc. Kinley=Tarifs anstrebt. Es wurde zu diesem Zwecke von einer Kommission des Repräsentantenhauses eine Enquete veranstaltet, um sich darüber zu unterrichten, ob es empfehlenswert sei, die den Präsidenten der Vereinigten Staaten zum Abschlusse von Reziprozitäts= Verträgen mit den fremden Nationen autorisierende Bestimmung des Mc. Kinley= Tarifs wieder ins Leben zu rufen. Die genannte Kommission hat eine große Menge von Fragebogen an die nordamerikanischen Firmen versandt und auch eine Anzahl von Antworten bereits erhalten, wie die „New=Yorker Handelszeitung" mitteilt. Selbstverständlich sind diejenigen Fabrikanten, welche einen Teil ihrer Waren an das Ausland abgeben, dem in Rede stehenden Plane sehr gewogen; indes auch solche Fabriken, welche bisher einen Auslandsexport ihrer Erzeugnisse nicht aufzuweisen hatten, sprechen sich entschieden zu Gunsten der neuen Bewegung aus. Eine Seidenfirma z. B., welche ausdrücklich bemerkt, daß ihre Waren ausschließlich im Inlande Absatz fänden, und daß sie noch keine Anstrengungen gemacht habe, dieselben im Auslande abzusetzen, ist gleichwohl der Ansicht, daß die Wirkung der Gegenseitigkeitsverträge von 1890 unzweifelhaft für den Außenhandel der Vereinigten Staaten eine wohlthätige gewesen sei, und ihr Widerruf nur nachteilige Folgen gehabt habe. Die Firma tritt deshalb entschieden für Wiedereinführung des Reziprozitätsprinzips in die Tarifgesetzgebung ein. Eine Teppichfabrik, deren Jahresprodukt 2,5 Mill. Dollars und deren Arbeiterzahl 2000 Mann beträgt, setzt ihre Erzeugnisse gleichfalls ausschließlich im Inlande ab, ist aber der Ansicht, daß das Reziprozitätsprinzip sich bei richtiger Anwendung als sehr wertvoll erweisen werde. In ähnlicher Weise sprechen sich Kleidergeschäfte, Kammgarnfabriken u. s. w. aus.

Es ergibt sich, daß der deutschen Industrie und dem deutschen Exporthandel von seiten der Vereinigten Staaten neue Beunruhigungen drohen, und da derartige Bewegungen in der Union oft schnell einen großen Umfang annehmen, auch leicht zu übereilten Beschlüssen des Repräsentantenhauses führen, so erscheint es geraten, daß man sich bei uns bei Zeiten derartigen Machenschaften gegenüber rüstet. Ein geeignetes Abwehrmittel scheint uns in erster Linie das oben angedeutete zu sein. —

Außerdem wäre noch zu erwägen, ob in die Meistbegünstigungsklausel nicht auch eine Bestimmung etwa von der Art aufgenommen werden könnte, daß Zollvergünstigungen, eines Landes, welche auf Grund der Meistbegünstigung einem anderen Lande zu teil werden, entsprechende Kompensationen oder Begünstigungen für spezielle Waren des ersteren nach sich zu ziehen haben. Den Getreideexportländern gegenüber würde es sich z. B. für Industrieländer empfehlen, in die Klausel einen Absatz einzufügen, des Inhalts, daß wenn ein Industrieland die Getreidezölle ermäßigt, die betr. meistbegünstigten Getreideexportländer dafür die Fabrikatzölle, insbesondere die auf Spezialitäten dieses Landes, in gleichem Gesamtbetrage herabsetze. Die beiden hauptsächlichsten Staaten, welche hier in Betracht kommen, sind Argentinien und die Vereinigten Staaten.

4. Die Tarifermäßigungen in den Handelsverträgen.

Wollen heut zu Tage zwei Staaten einen Tarifvertrag abschließen, so nehmen sie einen zu diesem Zwecke eigens hochgeschraubten Maximaltarif, und gewähren von dieser Höhe aus einzelne Zollabstriche.

Als z. B. die Vertragsverhandlungen zwischen Deutschland und Rumänien begannen, stellte Rumänien einen Generaltarif auf, der Zollerhöhungen gegenüber dem früheren Vertragstarif bis zu 400 und 600 °/₀ enthielt. Die Zollermäßigungen des Generaltarifs, welche dann in dem Vertrag von 1893 gewährt wurden bedeuteten thatsächlich Zollerhöhungen gegenüber dem früheren Vertragstarif bis zu 200 %.

Der zwischen der deutschen und spanischen Regierung vereinbarte, aber von den spanischen Kortes später nicht angenommene Vertragstarif enthielt gegenüber dem früheren Vertragstarif von 1885 Zollerhöhungen bis zu 900 % (für Instrumente und Maschinen).

Serbien verfuhr in derselben Weise.

Rußland legte den Vertragsverhandlungen, welche durch den Zollkrieg 1893 unterbrochen wurden, seinen sehr hochgeschraubten Generaltarif von 1891 zu Grunde. Von den 218 Nummern des Tarifs wurden 165 ermäßigt oder gebunden. Die russischen Zölle machten 1893 etwa 27 % des Wertes der Gesamteinfuhr aus, die deutschen aber nur etwa 10 %. Die Zollsätze der 165 Artikel machten in dem Tarif von 1891 pro Zolleinheit zusammen 815,2 Goldrubel aus, in dem Vertragstarif mit Deutschland aber 574,5 Rubel, sie wurden also um 30 % ermäßigt. Dazu kamen noch die Ermäßigungen für 23 Artikel, welche 1893 Frankreich zugestanden waren um 13 %. Für die ganzen 188 Zollsätze machten die Ermäßigungen von 996,9 Goldrubel auf 727) 28 % aus.

Da aber der Zolltarif von 1891 schon sehr hoch geschraubt war, so sind trotzdem die russischen Zölle noch sehr hoch, dreimal so hoch wie die deutschen.

Für 1894, wo die Warenpreise noch weiter herabgegangen sind, machten die Zölle folgende Prozente vom Werte der Wareneinfuhr aus:

in den Vereinigten Staaten	ca. 29 %
„ Rußland	„ 27 „
„ Italien	„ 17 „
„ Schweden	„ 11 „
„ Dänemark, Norwegen, Frankreich	„ 10 „
„ Deutschland	„ 9 „
„ Rumänien, Österreich	„ 7 „
„ England	„ 4 „
„ Schweiz	„ 3 „
„ Belgien	„ 1 „

Aus dieser Zusammenstellung ist ersichtlich, daß die Zölle in den verschiedenen Staaten eine sehr verschiedene Gesamthöhe aufweisen.

In manchen Verträgen hat eine Tarifermäßigung gegenüber dem früheren Zustande stattgefunden, so seitens Deutschlands, Rußlands, Österreichs; manche Länder haben ihre Tarife in den Verträgen gegen früher sogar noch erhöht, wie Rumänien, Serbien.

Offenbar kann ein Staat, welcher zu einem umfassenden

Schutz der nationalen Arbeit übergeht und seine noch relativ niedrigen Zölle erhöhen muß, in seinen Tarifverträgen nicht Zollermäßigungen vornehmen. Was der andere Vertragskontrahent in diesem Falle nur verlangen kann, ist eine nicht übermäßige Erhöhung und die Bindung der Zölle auf bestimmte Zeit, sowie die Meistbegünstigung.

Demnach bildet die Grundlage, von der aus bei den Vertragsverhandlungen zu operieren ist, die Vergleichung der Höhe der beiderseitigen, bisherigen Zollsysteme, die Vergleichung der ev. Zollabstriche von dem ev. zu diesem Zwecke aufgestellten Generaltarife, und die Vergleiche der Entwickelung der beiderseitigen Länder.

Im allgemeinen bedarf das minderentwickelte Land eines höheren Industrie-Zollschutzes wie das entwickelte, wohingegen das Industrieland wieder seine teurer produzierende Landwirtschaft vor der Konkurrenz der Agrarländer durch höhere Zölle schützen muß. Verlangt das Agrarland Ermäßigung der Getreidezölle, so muß es dafür entsprechende Abstriche seiner Industriezölle machen; resp. will das Agrarland seine Industriezölle erhöhen, so muß es dem Industrieland einen entsprechenden Zuschlag zu den Agrarzöllen zubilligen.

Verlangt das Industrieland Ermäßigung der Industriezölle in dem Agrarlande, so muß es seine Getreidezölle entweder ermäßigen oder binden. Will das Industrieland seine Agrarzölle erhöhen, so muß es das gleiche Recht dem Agrarland für seine Industriezölle zugestehen.

Aber wohl gemerkt, den rein ökonomischen Maßstab für die gerechtfertigte Höhe der Zölle in beiden Ländern bildet der Stand der Kulturentwickelung, welcher für Industrieländer höhere Agrarzölle, für Agrarländer höhere Industriezölle bedingt.

Weichen beide Länder sehr von diesem Prinzip ab, so wird eine Einigung auf der ökonomisch gerechtfertigten Mittellinie nicht leicht zu erreichen sein.

Eine andere nicht leicht zu überwindende Schwierigkeit bildet die Lage der Finanzen, welche vielfach den Grund für die unverhältnismäßig hochgeschraubte Zollhöhe abgegeben hat.

Wie man sieht, sind der Steine gar viele aus dem Wege zu räumen, um zu einem für beide Teile gleich befriedigenden Vertrage zu gelangen.

Sind in beiden Ländern die Bedingungen ungefähr gleich, entweder von vorherein, oder nachdem man von der Höhe eines unverhältnismäßig gesteigerten Maximaltarifs herabgestiegen ist, so verlangt das ökonomische Prinzip „do ut des", daß die beiderseits gewährten Vergünstigungen einander die Wage halten.

Abgesehen von politischen Vorteilen und anderen Imponderabilien, welche sich der finanziellen Umwertung entziehen, geht aus dem obigen Äquivalent-prinzip die Forderung hervor, daß die Ermäßigung, resp. die durch die Bindung verhinderte sonstige Erhöhung der ge-samten Zollsumme, sowie der davon betroffene Gesamtwert der Einfuhr auf beiden Seiten gleich sei, entweder

1. in der Weise, daß auf gleiche Einfuhrsummen gleiche Gesamtzollprozente, oder

2. daß gleiche Zollbeträge auf ungleiche Einfuhrsummen, nun aber in verschieden hohen Prozenten der beider-seitigen Einfuhr nachgelassen werden. Z. B. A hat eine Einfuhr aus B von 200, B aus A dagegen eine solche von 300. A und B erheben beide 10 %, Gesamtzollbeträge von ihrer Einfuhr, also A 20 und B 30.

Beide wollen nun eine Summe von 5 nachlassen. In dem Fall sub 1 werden sie beide eine Anzahl von Warenkategorien heraussuchen, deren Wert vielleicht gleich 100 ist, sie erlassen also beide 5 % des Warenwertes. Im Falle sub 2 erläßt vielleicht A auf 100 5 und B auf 150 5, also A 5 % und B 3,3 % der verschiedenen Einfuhr-summen.

Prüfen wir nach diesem grundlegenden Gesichtspunkte hin einige der letzten Handelsverträge des Deutschen Reichs, so fällt die Wage, an diesem Maßstabe gemessen, nicht zu Gunsten Deutschlands.

In den mit der spanischen Regierung vereinbarten Zolltarifen, welche aber nicht die Billigung der spanischen Kortes fanden, obwohl sie vom deutschen Reichstage bereits angenommen waren, erhöhte Spanien gegenüber dem seit dem 1. Juli 1892 in Kraft befindlichen Zolltarif seine Zollsätze um ca. 1,6 Millionen Mk., während Deutschland gegenüber seinem Generaltarif von 1879 seine Zölle um 1,97 Millionen Mk. ermäßigte.

Rumänien hat seine Zölle gegenüber dem neu aufgestellten Generaltarife um 2,4 Millionen ermäßigt, Deutschland aber gegenüber seinem Generaltarif um weit über 4 Millionen Mk.

5. Die Dauer der Handelsverträge.

Die bloßen Meistbegünstigungsverträge werden meistens mit einjähriger Kündigungsfrist geschlossen, die Tarifverträge dagegen auf längere Zeit, die des Deutschen Reiches von 1891 auf 12 Jahre.

Der Natur des Meistbegünstigungsvertrages, welcher volle Zollautonomie wahren will, entspricht auch eine kurze Dauer; die Form der einjährigen Kündigungsfrist ist durchaus angemessen.

Für den Tarifvertrag, welcher jede Abänderung der Zölle ausschließt, also für die gegenwärtigen Verträge, ist die Dauer von 12 Jahren entschieden zu lang. Denn es wird zwar für die eigenen Zollverhältnisse und auch für diejenigen der Vertragsländer Stabilität dadurch erreicht, aber eine Aus= gleichung der Preisverhältnisse und eine Stabilität der Zollverhältnisse in den zollautonomen Ländern wird dadurch nicht garantiert. Bei den sehr tief ge= sunkenen Getreidepreisen ist der Zoll von 3,50 Mk. nicht mehr ausreichend, um unserer Landwirtschaft genügenden Schutz zu gewähren; gleichwohl ist das Deutsche Reich noch bis 1904 an den 3,50 Mk. Zoll gebunden.

Die Dauer solcher Verträge mit absolut festen Zöllen muß daher kürzer bemessen worden. Wird dagegen in die zukünftigen Verträge die von uns sub 2 befürwortete Klausel über ev. Zollerhöhungen aufgenommen, so wird die längere Frist zu weniger Bedenken Anlaß geben.

Allerdings bildet das Fortbestehen der Zollautonomie solcher wirtschaft= lich mächtigen Staaten wie der amerikanischen Union und Frankreichs immer ein Moment, mit dem man rechnen muß. Den Tarifvertragsstaaten gegen= über sind sie entschieden im Vorteil.

Anhang I.

Der Handel Deutschlands mit Österreich=Ungarn, Italien, Belgien, der Schweiz und Rußland.

Wenn auch ohne Frage unsere Regierung in den Handelsverträgen von 1891 etwas zu nachgiebig gewesen ist, so läßt sich doch aus der Handels= statistik der zahlenmäßige Nachweis dafür bringen, daß der Abschluß der Handelsverträge uns keineswegs Schaden gebracht hat.

Es hat betragen im Spezialhandel Deutschlands Einfuhr:

aus	1894	1893	1892	1891
		Millionen Mark		
Österreich=Ungarn . .	581,7	580,2	575,4	598,9
Italien	141,4	149,7	134,6	134,1
Belgien	171,6	189,9	208,2	251,8
Schweiz	136,2	143,7	141,6	144,9
Rußland	543,9	353,4	383,4	580,4
Summa	1574,8	1416,9	1443,2	1710,1

Deutschlands Ausfuhr:

nach	1894	1893	1892	1891
		Millionen Mark		
Österreich=Ungarn . .	401,6	420,5	376,2	347,8
Italien	82,5	85,4	91,2	88,7
Belgien	149,9	147,8	140,7	153,3
Schweiz	188,3	187,4	173,8	184,6
Rußland	194,8	184,6	239,5	262,6
Summa	1016,1	1025,7	1021,8	997,0

Es ist seit 1891 nur die Einfuhr aus Italien gestiegen. Die Einfuhr aus den vier erstgenannten Vertragsländern ist 1891—1894 von 1129,7 auf 1030,9 Millionen Mk., also um 98,8 Millionen gefallen, während die Ausfuhr nach diesen Ländern von 734,4 auf 821,3 Millionen, also um 86,9 Millionen gestiegen ist. Die Handelsbilanz mit diesen Ländern hat sich sonach um 185,7 Millionen Mk. gebessert.

Nehmen wir Rußland mit hinzu, so ist die Einfuhr aus diesen Vertragsländern um 135,3 Millionen gesunken, die Ausfuhr dagegen nur um 19,1 Millionen gestiegen, die Handelsbilanz hat sich also um 154,1 Millionen gebessert. Indes kommt in den Wertzahlen die Hebung der Ausfuhr noch nicht genügend zum Ausdruck, da der Wert der Waren einen andauernden Rückgang erlitten hat.

Wir berücksichtigen deswegen noch die Ausfuhr dem Gewichte nach; es betrug Deutschlands Ausfuhr:

nach	1894	1893	1892	1891
		in 1000 Tonnen		
Österreich-Ungarn . .	5324	4921	4354	4705
Italien	256	235	252	213
Belgien	2847	2551	2439	2313
Schweiz	1431	1323	1229	1295
Rußland	823	589	511	486
Summa	10481	9319	8785	9012

Während dem Werte nach die Ausfuhr nach fast allen Vertragsstaaten zurückgegangen ist, hat sie dem Gewichte nach eine beträchtliche Vermehrung aufzuweisen, und zwar um 1469000 Tonnen.

Hätten die Preise seit 1891 nicht eine starke rückläufige Bewegung erfahren, dann würde die Ausfuhr auch dem Werte nach eine ganz erhebliche Steigerung aufzuweisen haben, denn 1891 kamen auf die Tonne in der Ausfuhr nach diesen Ländern 110 Mk., 1894 aber nur 97 Mk. Für diesen Preisfall aber kann man die Handelsverträge nicht verantwortlich machen. Im Gegenteil, indem sie den Warenverkehr erleichtern, arbeiten sie dem Preisfall sicher entgegen.

In ihrem Jahresberichte für 1895 spricht sich die Handelskammer zu Breslau über die in ihrem Bezirke bemerkbar gewordenen Wirkungen des deutsch-russischen Handelsvertrages in folgenden Sätzen aus:

„Ganz hervorragend tritt seit dem Handelsvertrag Rußland als Käufer auf dem deutschen — speziell auf dem schlesischen — Markte auf und selbst sanguinische Erwartungen, die man insbesondere bezüglich der Wirkung der Zollermäßigung für Eisen, Maschinen und Instrumente gehegt hatte, sind von den Thatsachen weit überholt worden. Wie bereits im Jahre 1894, so auch im abgelaufenen, verhinderte die Aufnahmefähigkeit des russischen Marktes eine Krisis der schlesischen Eisenindustrie, welche drohte, als die heimischen Verbraucher und Händler in der Unsicherheit über das Fortbestehen des Syndikats sich abwartend verhielten. Wenn der Beschäftigungsgrad unserer Eisenwerke und Maschinenfabriken heut ein die Leistungsfähigkeit derselben übersteigender ist, so ist dies wesentlich dem russischen Absatz zu danken, welcher mehr als 30 %, unserer gesamten Eisenausfuhr, 36 % unserer Maschinenausfuhr ausmacht. Bleibt auch die Ausfuhr von Kohle und Koles nach Rußland relativ unbedeutend, so wird der Verbrauch derselben durch die intensive Beschäftigung der Eisenindustrie doch erheblich gefördert. Die schlesische Textilindustrie wiederum findet bei der hochgelohnten vollen Thätigkeit der anderen industriellen Arbeiter in diesen gute Konsumenten; aber auch die direkten Einkäufe russischer Besucher in den Wäsche= und Konfektions= geschäften unseres Bezirks haben an Lebhaftigkeit gewonnen. Die hiesige Kunstmöbelfabrikation konstatiert seit dem Handelsvertrag eine fortdauernde Hebung des Absatzes nach Rußland. Der Droguen=, Chemikalien= und Farbwarenhandel hat eine erhebliche Besserung des russischen Geschäftes er= fahren, wenn auch einzelne Fabriken dieser Branche über Nichtberücksichtigung ihrer Spezialerzeugnisse im Vertrage Klage führen; der Absatz an Thon= röhren hat ungeahnte Dimensionen angenommen, die Ausfuhr feuerfester Steine nach Rußland ist in fortdauerndem Steigen. Die günstige Kon= junktur, deren wir uns gegenwärtig erfreuen, ist zum großen Teil unserer Handelsvertragspolitik, ganz besonders dem Vertrage mit Rußland, zu danken."

In seinem Jahresberichte für 1895 bespricht das Ältestenkollegium der Berliner Kaufmannschaft die Wirkungen der Handelsverträge von 1891 94 in folgender Darlegung:

„Demgegenüber müssen wir unsere oft vertretene Auffassung wiederholen, daß die Verträge für unsere Ausfuhr durchaus dasjenige ge= leistet haben, was ruhige Beurteiler von Anfang an von ihnen erwartet haben. Bei den Verträgen mit Österreich=Ungarn, Italien, der Schweiz, Belgien, Rumänien und Serbien bestand der Wert namentlich in der Festlegung zahlreicher Zölle auf eine Reihe von Jahren, weniger in der gleichzeitig erreichten Ermäßigung vieler Tarifpositionen, während der Ver= trag mit Rußland darüber hinaus auch zahlreiche Ermäßigungen des früheren russischen Zolltarifs gebracht hat, welche von großer praktischer Bedeutung für die Hebung unserer Ausfuhr geworden sind. Zu den unmittelbaren Wirkungen, welche die Verträge auf die Ausfuhr einzelner Artikel ausgeübt haben, kommen die mittelbaren, welche diejenigen Industrieen erfahren haben, die jenen unmittelbar geförderten Zweigen Hilfsdienste leisten oder den Arbeitern derselben Kleidung und andere Bedarfsgegenstände liefern So stehen wir nicht an, den seit Ende 1894 unverkennbar eingetretenen Aufschwung der Industrie und des Handels.

zum großen Teile auf die Handelsverträge zurückzuführen.

Manche Ereignisse sind eingetreten, welche das Urteil über einzelne Verträge gegenwärtig noch erschweren. Der exporterleichternden Tendenz der
Verträge standen die Hindernisse entgegen, welche der ungünstige Kurs der
Landeswährung in Italien und zeitweise auch in Österreich-Ungarn, die ge-
schwächte Kaufkraft der landwirtschaftlichen Bevölkerung und die Kredit-
unsicherheit in Rumänien und Serbien der Ausfuhr deutscher Erzeugnisse
nach diesen Ländern bereiteten. Den Firmen, die nach Rumänien exportierten,
ist vielfach noch die Zeit des um die Mitte des Jahres 1891 beendigten
österreich-rumänischen Zollkrieges, welcher der deutschen Ausfuhr eine so wertvolle Vorzugsstellung vor der sonst durch die Nachbarschaft begünstigten
österreich-ungarischen Konkurrenz verschafft hatte, in angenehmer Erinnerung,
welche leicht dazu verleitet, die Vorteile des Handelsvertrages zu unter-
schätzen. Anderseits mag der zwischen der Schweiz und Frankreich vom
1. Januar 1893 bis 18. August 1895 geführte Zollkrieg manche deutsche
Mehrausfuhr nach der Schweiz bewirkt haben, die ein ungenauer Beobachter
leicht auf Rechnung des deutsch-schweizerischen Handelsvertrages setzen könnte;
ähnlich fiel der italienisch-französische Zollkrieg zeitlich zusammen mit der
Geltung des italienisch-deutschen Handelsvertrages.

Bezüglich der Wirkungen der vertragsmäßigen Änderungen des d e u t s c h e n
Zolltarifes sind uns Beschwerden der Industrie nicht bekannt geworden.

S o m ü s s e n w i r n a c h w i e v o r d i e i m J a h r e 1 8 9 1 b e g o n n e n e
H a n d e l s v e r t r a g s p o l i t i k d e s D e u t s c h e n R e i c h e s a l s e i n e d u r c h -
a u s s e g e n s r e i c h e b e z e i c h n e n.“

Anhang II.

W e l c h e s s i n d g e g e n w ä r t i g d i e V o r a u s s e t z u n g e n f ü r d i e A n -
w e n d u n g d e r v e r t r a g s m ä ß i g e n Z o l l e r m ä ß i g u n g e n?

Hierüber brachte die Weserzeitung vom 6. August eine gute Zusammenstellung:

„Als mit den Handelsverträgen eine verschiedene Zollbehandlung der
aus meistbegünstigten und nicht meistbegünstigten Ländern eingehenden Waren
eintrat, wurde es notwendig, Vorschriften über die Anwendung der vertragsmäßigen Zollbefreiungen und Zollermäßigungen zu erlassen. Dies geschah
in den vom Bundesrat unterm 30. J a n u a r 1892 beschlossenen Bestimmungen
betreffend Ursprungszeugnisse für die aus meistbegünstigten Ländern eingehenden Waren. Nach diesen Bestimmungen regelte sich die Sache im
wesentlichen folgendermaßen:

1. Die in den Handelsverträgen zwischen dem Deutschen Reich und

Österreich-Ungarn, Italien, Belgien und der Schweiz enthaltenen Zollbefreiungen und Zollermäßigungen finden auch denjenigen Staaten gegenüber Anwendung, die einen vertragsmäßigen Anspruch auf diese Begünstigungen haben. Zu diesen Staaten gehörten damals: Argentinien, Belgien,
Chile, Costarica, Dänemark, Dominicanische Republik, Ecuador, Frankreich,
Griechenland, Großbritannien, Guatemala, Hawaiische Inseln, Honduras,
Italien, Korea, Liberia, Madagaskar, Marocco, Mexico, Niederlande, Österreich-Ungarn, Paraguay, Persien, Salvador, Schweden und Norwegen,
Schweiz, Serbien, Südafrikanische Republik, Türkei (auch Ägypten, Bulgarien
und Ostrumelien), Vereinigte Staaten von Amerika, Zanzibar.

2. Wer Weizen, Roggen, Hafer, Hülsenfrüchte, Gerste, Mais aus einem
der in Ziffer 1 bezeichneten Länder zu dem ermäßigten Zollsatze einführen
will, hat sich zu diesem Zweck ein Ursprungsattest von dem für den
betreffenden ausländischen Bezirk angestellten deutschen Konsul zu beschaffen.

3. Für Bettfedern, Bau- und Nutzholz, Wein und Most in Fässern,
Butter, Fleisch, Wild, getrocknete Mandeln, Eier, Ochsen, Jungvieh und
Schweine ist der Ursprung der eingesandten Waren aus den Ländern, auf
welche nach Ziffer 1 die Zollbefreiungen und Zollermäßigungen Anwendung
finden, durch Atteste der Behörde des Heimatlandes oder in anderer
Weise (Vorlegung von Schiffspapieren, Fakturen, Originalfrachtbriefen, kaufmännischen Korrespondenzen usw.) glaubhaft nachzuweisen.

4. Wenn über den Ursprung der unter Ziffer 2 und 3 bezeichneten
Waren aus einem Lande, auf welches nach Ziffer 1 die Zollbefreiungen und
Zollermäßigungen Anwendung finden, Zweifel nicht bestehen, kann mit Ge-
nehmigung des Zollamtsvorstandes von der Beibringung eines besonderen
Nachweises über den Ursprung der Ware Abstand genommen werden.

5. Wenn andere in den genannten Handelsverträgen zollbegünstigte
Gegenstände, für die es nach dem Vorstehenden keines besonderen Nachweises
ihres Ursprungs aus meistbegünstigten Ländern bedarf, eingeführt werden,
und bei dem Eingangszollamt begründete Bedenken gegen ihren Ursprung
aus einem Vertrags- oder meistbegünstigten Staate bestehen, so kann die
Anwendung der begünstigten Zollsätze von der Erbringung eines glaubhaften
Nachweises dieser Abstammung in einer der unter Ziffer 3 bezeichneten Weisen
abhängig gemacht werden.

Hiernach war die Anwendung der vertragsmäßigen Zollbefreiungen und
Zollermäßigungen keineswegs allgemein von dem Nachweis ihres Ursprungs
aus einem vertrags- oder meistbegünstigten Staate abhängig. Man hielt
es vielmehr für unbedenklich, für diejenigen zollbegünstigten Artikel, die in
Deutschland erfahrungsmäßig nur aus Vertragsstaaten oder meistbegünstigten Ländern eingehen, im allgemeinen von der Forderung von Ursprungszeugnissen abzusehen. Auch glaubte man, für solche Waren von dem

Erfordernis der Ursprungszeugnisse Abstand nehmen zu können, die zwar auch aus nicht meistbegünstigten Ländern eingingen, deren Wert aber so gering sei, daß er weder an sich, noch nach dem Werte der Gesamteinfuhr von Bedeutung sei.

Daß in dieser Weise die Forderung von Ursprungszeugnissen auf das unumgänglich Notwendige beschränkt wurde, zeugte von einem anerkennenswerten Verständnis für die Bedürfnisse von Handel und Verkehr. Eben diesem Verständnis und dem Wunsche, die lästigen Ursprungszeugnisse nach Möglichkeit zu vermeiden, entsprang alsbald eine weitere wesentliche Beschränkung des Erfordernisses der Ursprungszeugnisse. Nachdem die Handelsverträge mit Rumänien und Serbien Gültigkeit erlangt hatten, beschloß der Bundesrat unterm 17. März 1894, vom Zeitpunkt des Inkrafttretens des am 10. Februar 1894 mit Rußland abgeschlossenen Handelsvertrages ab für die oben unter Ziffer 2 und 3 aufgeführten Gegenstände, mit Ausnahme von Wein und Most in Fässern, sowie von getrockneten Mandeln, auf die Forderung eines besonderen Nachweises des Ursprungs aus einem in Deutschland meistbegünstigten Lande behufs Anwendung der vertragsmäßigen Zollsätze zu verzichten. Dieser Verzicht erschien als gerechtfertigt, da erfahrungsmäßig eine Einfuhr jener Gegenstände nunmehr lediglich aus in Deutschland meistbegünstigten Ländern stattfand. Der Ausnahmen in Betreff des Weins und Mosts in Fässern und der getrockneten Mandeln bedurfte es, weil Ursprungsländer dieser Waren, Portugal und Spanien, keinen Anspruch auf Meistbegünstigung in Deutschland hatten.

Nachdem der Handelsvertrag mit Rußland am 20. März 1894 in Kraft getreten war, wurden also für die Anwendung der vertragsmäßigen Zollermäßigungen Ursprungszeugnisse nur noch ausnahmsweise gefordert.

Da traten in unserem handelspolitischen Verhältnis zu Spanien jene genugsam bekannten Umstände ein, die den Abbruch der Handelsvertragsverhandlungen im Interesse des Ansehens und der Würde des Reichs als angebracht erscheinen ließen. Mit dem 25. Mai 1894 wurde der Zollkrieg gegen Spanien eröffnet, und der allgemeine Eingangszoll auf 27 Warenkategorien, die hauptsächlichen Einfuhrgegenstände aus Spanien und den spanischen überseeischen Besitzungen, um 50 % erhöht. Unterm 24. Mai 1894 beschloß der Bundesrat, auf diese Warenkategorien die Zollsätze des allgemeinen Zolltarifs und der Vertragstarife nur insoweit anzuwenden, als ihre Abstammung aus anderen Ländern, als aus Spanien (dem Festland, den Balearen, den Kanarischen Inseln und den Presidios) oder den spanischen überseeischen Besitzungen (Cuba, Portorico, Philippinen, Guinea-Inseln usw.) glaubhaft nachgewiesen werde. Dieser Nachweis war durch Atteste der Behörde des Heimatlandes oder in anderer Weise (Vorlegung von Schiffspapieren, Fakturen, Original-Frachtbriefen, kaufmännischen Korrespondenzen usw.)

zu erbringen. Wenn indessen über den Ursprung der vorbezeichneten Waren aus andern Ländern als Spanien oder den spanischen überseeischen Besitzungen Zweifel nicht bestanden, so konnte mit Genehmigung des Zollamtsvorstandes von der Beibringung eines besonderen Nachweises über den Ursprung der Ware Abstand genommen werden. Abermals war also der Bundesrat bemüht, die mit dem Zollkrieg für Handel und Verkehr unvermeidlich verbundenen Weiterungen nach Möglichkeit zu beschränken.

Nachdem nunmehr zwischen Deutschland und Spanien eine Verständigung über die Beilegung des Zollkrieges herbeigeführt ist, und, nach Aufhebung der Kampfzollverordnungen, vom 25. d. M. ab die deutschen Boden- und Industrieerzeugnisse bei der Einfuhr in Spanien, sowie in Cuba und Portorico nach dem sogenannten Minimaltarife, die Boden- und Industrieerzeugnisse Spaniens und der spanischen Kolonien in Deutschland nach den Sätzen des allgemeinen deutschen Zolltarifs ohne Zollzuschlag verzollt werden, hat der Bundesrat über die Anwendung der vertragsmäßigen Zollermäßigungen folgendes bestimmt:

1. Auf Roggen; frische Weinbeeren; halbgare, sowie bereits gegerbte, noch nicht gefärbte oder weiter zugerichtete Ziegenfelle; Wein und Most in Fässern; frische Apfelsinen, Citronen, Limonen, Pomeranzen, Granaten, Datteln, Mandeln, Feigen, Korinthen, Rosinen; getrocknete Mandeln; roten spanischen Pfeffer; frische und getrocknete Schalen von Südfrüchten, unreife Pomeranzen, auch in Salzwasser eingelegt, trockne Nüsse, reife Kastanien; Olivenöl in Fässern und Olivenöl amtlich denaturiert; finden die Zollsätze der Vertragstarife nur insoweit Anwendung, als die Abstammung dieser Waren aus andern Ländern als aus Spanien oder den spanischen überseeischen Besitzungen glaubhaft nachgewiesen wird.

2. Dieser Nachweis ist durch Atteste der Behörde des Heimatlandes oder in anderer Weise (Vorlegung von Schiffspapieren, Fakturen, Frachtbriefen, kaufmännischen Korrespondenzen usw.) zu erbringen.

3. Beim Eingang der in Ziffer 1 bezeichneten Waren aus Österreich-Ungarn bedarf es des Produktionsnachweises nicht; vielmehr hat gemäß Artikel 3 des mit diesem Staate abgeschlossenen Handelsvertrages vom 6. Dezember 1891 die Ablassung zu dem vertragsmäßigen Zollsatze zu erfolgen, sofern für die betreffenden Waren der Nachweis der Herkunft aus dem freien Verkehr des österreichisch-ungarischen Zollgebiets erbracht wird.

4. Wenn über den Ursprung oder die Herkunft (Ziffer 3) der vorbezeichneten Waren aus anderen Ländern, als Spanien oder den spanischen überseeischen Besitzungen Zweifel nicht bestehen, so kann mit Genehmigung des Amtsvorstandes von der Beibringung eines besonderen Nachweises über den Ursprung oder die Herkunft der Ware Abstand genommen werden.

Hiernach hat der Bundesrat die Forderung von Ursprungsnachweisen

auf diejenigen wichtigeren Einfuhrartikel beschränkt, die in Deutschland eine
vertragsmäßige Zollermäßigung genießen und zugleich den Gegenstand der
Einfuhr aus Spanien und den spanischen überseeischen Besitzungen bilden.
Bei dieser Maßgabe für die Anwendung der vertragsmäßigen Zollermäßigungen wird es sein Bewenden haben müssen, bis auch Spanien in die Reihe
der Vertragsstaaten eingetreten sein wird. Erst dann dürfte der Zustand
vom 20. März 1894, wie er nach dem Inkrafttreten des Handelsvertrages
mit Rußland sich gestaltet hatte, wieder hergestellt werden können. Die
jüngste Verordnung des Bundesrats ist als ein Schritt auf dem Wege zu
diesem Ziele zu begrüßen."

Anhang III.
Die unlautere Konkurrenz des Auslandes.

Über diesen Gegenstand brachte die Kreuz=Zeitung am 7. August 1896
einen beachtenswerten Artikel, dem wir folgendes entnehmen:

„Nachdem das neue Gesetz gegen den unlauteren Wettbewerb am 1. Juli
in Kraft getreten, ist darauf Bedacht zu nehmen, daß seine Vorschriften auch
gegenüber ausländischen Waren bei der Einfuhr gehandhabt werden. Diese
Forderung ist im Grunde genommen eine selbstverständliche; dennoch muß
sie ausdrücklich erhoben werden, da bisher bei dem Zollverfahren ähnliche
Vorschriften wie die Bestimmungen des Gesetzes gegen die Verfälschung der
Nahrungsmittel, teilweise auch der Patent=, Marken- und Musterschutzgesetze,
entweder garnicht oder nicht genügend beachtet worden sind. Die heimische
Arbeit hat nicht nur begründeten Anspruch auf Schutz gegen die ausländische
Konkurrenz, sondern auch ein unabweisliches Recht auf Sicherung gegen den
unlauteren Wettbewerb des Auslandes. Was grundsätzlich unzweifelhaft zu=
lässig ist, muß fortan auch praktisch auf das strengste durchgeführt werden,
die Anwendung aller Gesetzesbestimmungen gegen den unlauteren Wettbewerb,
insbesondere gegen Lebensmittelverfälschungen und gesundheitspolizeiliche Ver-
gehen, auf fremde Erzeugnisse und zwar schon bei der Einfuhr vor dem Ver-
zollungsverfahren.

Die Vertreter der fremden Einfuhr werden vielleicht behaupten, daß dieses
Verlangen mit den bestehenden Meistbegünstigungs=Verträgen nicht
vereinbar ist. Nun findet sich aber in keinem dieser Verträge daß die fremde
Einfuhr besondere Vorrechte hat, daß sie von den deutschen Gesetzen unberührt bleiben muß. Im allgemeinen sollen nach den Meistbegünstigungs=
verträgen die fremden Waren nicht schlechter behandelt werden als die
heimischen. Beide haben gleiche Rechte und unterliegen gleichen Bestimmungen.
Gerade aus diesem Grunde müssen aber die gedachten Vorschriften nicht nur
für heimische, sondern auch für fremde Erzeugnisse gelten.

Zum erstenmal hat Belgien diesen Grundsatz ausdrücklich ausgesprochen. Eine Bestimmung seines Gesetzes über die Abänderung des Zolltarifes vom 12. Juli 1895 besagt wörtlich:

„Mit einem besonderen Eingangszoll können Nahrungsmittel belegt werden, wenn die gleichartigen inländischen Erzeugnisse besonderen Gesetzen und Verordnungen hinsichtlich der Verfälschung unterliegen. Die Regierung wird die Höhe dieses Zolles bestimmen, der die Kosten der Abfertigung und Untersuchung nicht übersteigen soll. Dieselbe ist befugt, die Einfuhr der im § 1 genannten zur Ernährung dienenden Erzeugnisse zu verbieten, wenn sie nicht den Bedingungen entsprechen, welche für das Feilhalten der im Lande fabrizierten oder zubereiteten gleichartigen Erzeugnisse erfordert werden.“

Um die Durchführung seines neuen Gesetzes gegen den unlauteren Wettbewerb nach allen Richtungen hin zu sichern, wird Deutschland nicht zögern dürfen, ähnliche Bestimmungen zu schaffen, soweit sie das neue Gesetz gestattet und die öffentliche Gesundheitspolizei erfordert.

Sind doch außer Belgien auch andere Staaten mit dem Erlaß derartiger Vorschriften vorgegangen, zunächst freilich nicht grundsätzlich, sondern von Fall zu Fall nach dem vorhandenen Bedürfnis. So hat Frankreich Ende 1895 die Einfuhr solcher Konserven verboten, welche sich in mit bleihaltigen Stoffen gelöteten Büchsen befinden. Konservenbüchsen, die nicht mit feinem Zinn verzinnt waren, wurden schon seit längerer Zeit von den französischen Zollbehörden einbehalten und dem Staatsanwalt übergeben. Anfang dieses Jahres bestätigte die schwedische Regierung eine Bestimmung, wonach bei der Einfuhr von ungefärbter Kunstwolle (Shoddy) Gesundheitszeugnisse beizubringen sind. Nach einer neueren Verordnung des rumänischen Ministeriums dürfen mit gewissen Ausnahmen ausländische Mineralwasser nur auf Grund einer Ermächtigung des Ministeriums eingeführt werden, das erst nach einer vorhergegangenen Analyse die Erlaubnis zur Einfuhr erteilt.

Beachtenswert erscheint auch eine Bestimmung in dem neuen deutsch-japanischen Handelsvertrag, wonach sich die japanische Regierung das Recht vorbehält, die Einfuhr verfälschter Drogen, Arzneimittel, Lebensmittel oder Getränke, unanständiger Drucksachen, Bilder, Bücher, Karten, Lithographieen, Stichen, Photographieen oder von sonstigen Gegenständen, die für die Gesundheit oder für die öffentliche Sitte gefährlich werden könnten, zu untersagen. Ferner will Japan die Einfuhr solcher Erzeugnisse nicht gestatten, welche mit den japanischen Gesetzen über den Schutz der Erfindungen, Handelsmarken oder Urheberrechte im Widerspruch steht.

Bekanntlich werden nach dem schweizerischen Patentgesetz gewisse deutsche Patente der chemischen Industrie nicht geschützt, schweizerische Fabrikanten beuten die Lücke des Gesetzes aus, das die Schweiz zu ergänzen sich

weigert, und versuchen selbst auf dem deutschen Markt mit ihren unrecht=
mäßig erzeugten Waren unlauteren Wettbewerb zu machen. Deutschland
würde nur in berechtigter Notwehr handeln, wenn es die Einfuhr der be=
treffenden chemischen Erzeugnisse aus der Schweiz zu verbieten sich ent=
schließen könnte. Mindestens wäre die Schweiz dadurch zu nötigen, sich zur
Gewährung des vollen Patentschutzes für chemische Erzeugnisse zu verstehen.

Am weitesten sind auch nach dieser Richtung hin die Vereinigten
Staaten gegangen. Bekanntlich erhebt die nordamerikanische Republik
Wertzölle und verlangt behufs möglichst genauer Feststellung der Werte bei
der Einfuhr von Waren genaue Rechnungen mit Angaben über Preis und
Herkunft. Diese Rechnungen müssen von den Konsulaten beglaubigt sein,
welche unter Umständen eidliche Erhärtung fordern können. Für Zuwider=
handlungen sind übermäßig hohe Strafen angesetzt. Auf Grund dieser Be=
stimmungen, die auf das strengste durchgeführt werden, wird die Einfuhr
nach Nordamerika empfindlich beschwert und häufig arg geschädigt. Anstatt
mit Repressalien zu antworten, haben sich die europäischen Staaten diese
beispiellosen Vorschriften stillschweigend gefallen lassen.

Nachdrücklich ist man in Deutschland nur gegen die Einfuhr unzüchtiger
Schriften und Bilder vorgegangen.

Die Reichsregierung anerkennt durch diese Maßnahme den Grundsatz,
daß die fremde Einfuhr nicht nur den Zollgesetzen unterliegt, sondern auch
allen übrigen Vorschriften unterworfen ist, welche für den Verkehr in den
entsprechenden heimischen Erzeugnissen gelten.“

Wir fügen hier noch die Bemerkung hinzu, daß die importierten
amerikanischen Fleischprodukte bekanntlich einer strengeren Kontrolle unter=
liegen — aus welchem Grunde ja Amerika gegen Deutschland schon einen
förmlichen Feldzug eingeleitet hat.

Kapitel IV.

Die Ausfuhrprämien.

Schon Napoleon I. führte für Baumwollwaren und raffinierten Zucker Ausfuhrprämien ein. Im Jahre 1826 kamen Ausfuhrprämien auf Wollfabrikate hinzu. Gegenwärtig kommen in der Hauptsache nur Tabak-, Zucker-, Branntwein- und Getreide-Exportprämien in Betracht.

Aus dem Begriffe „Exportprämien" sind eigentlich die reinen Ausfuhrvergütungen, d. h. Rückvergütungen der inneren Steuer oder des von dem betr. Rohstoff erhobenen Zolles, auszuscheiden. Sie dienen dazu, die durch innere Besteuerung oder Verzollung entstandene Verteuerung der Ware bei ihrer Überführung auf den Weltmarkt auszugleichen.

Würden alle in Betracht kommenden Länder gleiche Zölle und Steuern von den betr. Waren erheben, dann wäre eine Rückvergütung derselben nicht nötig. Wenn aber dieser Fall nicht vorliegt, und wenn einzelne Länder Rückvergütungen gewähren, so müssen schließlich alle Exportländer dasselbe thun.

Der über diese Rückvergütung hinausschießende Teil der Exportvergütung ist die eigentliche Ausfuhrprämie, welche zur Hebung des Exports dienen soll.

Diese eigentliche Exportprämie soll den Exporteur in den Stand setzen, die Waren um diesen Betrag im Auslande billiger verkaufen zu können wie im Inlande, um so den Absatz derselben im Ausland zu erweitern.

Die Ausfuhrvergütungen werden teils direkt gezahlt, teils sind sie indirekt in den Ausbeuteverhältnissen der Rohstoffe enthalten, teils werden sie in Zollnachlassungen gekleidet, wie bei den Ausfuhrscheinen für Getreide, welche zu einer zollfreien Einfuhr einer gleichen Quantität (und Qualität) gleichen Getreides berechtigt.

Zunächst eine Übersicht über die thatsächlich bestehenden Verhältnisse.

	Zoll	Steuer	Zoll- und Steuerrückgewähr	Reine Exportprämie
		Branntwein pro hl Alkohol.		
Deutsches Reich	144 (180 Mk. pro 100 kg Branntwein, und 125Mk. pro 100 kg Rum, Arak u. Kognak).	gesetzlich 70 und 90, thatsächlich 66 und 86 dazu ¹/₂ bis 6 Mk., durchschnittlich 2·3 Mk. Brennsteuer.	50 und 70 Mk. Konsumsteuer wird nicht erhoben beim Export. 16 Mark Branntweinsteuer zurückvergütet. Dazu seit 1895 noch 6 Mk. Also im ganzen: 72 und 92 Mk.	3—4 Mk.
Oesterreich		78,75		bis zu 8,75 Mk.
		Tabak. pro 100 kg.		
Deutsches Reich	85 Mk. für Tabaksblätter, 180 Mark für Rauchtabake, u. 270Mk. für Zigarren.	45 Mk. Gewichtssteuer für Tabakblätter.	Zollrückgewähr f. Rauchtabak 81, Zigarren 94 Mk. (aus ausländischen Blättern). Steuervergütung für inländische Tabake: 43 Mk. für Rauchtabak u. 50 Mk. für Zigarren.	
		Zucker. pro 100 kg.		
Deutsches Reich (bisher)	30 und 36 Mk.	18 Mk.	Exportzucker wird nicht besteuert.	1,25 Mk.
Neuer Entwurf	45 Mk.	24 Mk. Dazu Betriebssteuer ca. 50 Pfg.		4; 5,25; 4,66 Mk.
Neues Gesetz vom 27. Mai 1896	40 Mk.	20 Mk. (Betriebssteuer ca. 10 bis 25 Pfg.)		2,50; 3,55; 3 Mk.
Frankreich		Für raffinierten Zucker. 48,6 Mk.		4—5 Mk.
Oesterreich		18,7 Mk.		2,55; 2,72; 3,91 Mark.
		Getreide. pro 100 kg.		
Deutschland	3,50 Mk.		3,50 Mk.	

Gehen wir nun auf die Ausfuhrvergütungen näher ein. Dieselben sind:

I. Rückvergütungen bei der Ausfuhr von Fabrikaten zur Ausgleichung des Inlands- und Weltmarktpreises:

1. für die gezahlten Zölle.

So früher bei Textilfabrikaten, als noch die Einfuhr der betreffenden Rohstoffe mit Zöllen belegt war. Würde heutzutage wieder der Wollzoll eingeführt, so würde bei der Ausfuhr entsprechend den verwendeten Wollquantitäten eine Rückzahlung der ausgelegten Zölle gewährt werden.

Für Getreide wurde durch das Gesetz vom 14. April 1894 der sogenannte Identitätsnachweis aufgehoben, auf Grund dessen der Zollnachlaß nur gewährt wurde, wenn dasselbe Getreide wieder eingeführt wurde. Nach Aufhebung des Identitätsnachweises werden bei der Ausfuhr von Getreide oder Mühlenfabrikaten über 500 kg Einfuhrscheine auf die Zollsumme ausgestellt, welche bei der Einfuhr dieser Waren zu zahlen wären. Die Inhaber dieser Scheine, in der Regel Mühlenbesitzer oder Inhaber von Privattransitlägern, dürfen nun auf diese Scheine hin ein gleiches — resp. bei der Ausfuhr von Mühlenfabrikaten ein entsprechendes — (75 Weizenmehl = 100 Weizen; 65 Roggenmehl = 100 Roggen; 75 Gerstenmalz = 100 Gerste) — Quantum Getreide, oder auch exotischer Waren, wie Südfrüchte, Gewürze, gesalzene Heringe, rohen Kaffee, Kakaobohnen, Kaviar, Oliven, Muscheln, Austern, Hummern, Reis, Thee, Olivenöl, Baumwollsamenöl, Thran, Petroleum, ausländischen Holzes, zu dem im Scheine ausgegebenen Zollbetrage innerhalb 6 Monaten zollfrei einführen.

Diese Einfuhrscheine sind zwar eigentlich keine Zollrückvergütungen, sondern Zollvorvergütungen; ihr Wesen aber ist das gleiche. Durch den Zoll wird das Preisniveau des Inlandes um den ganzen oder teilweisen Zollbetrag über das Weltmarktpreisniveau gehalten. Dadurch wird der Getreideexport aus dem Zolllande unmöglich gemacht. Der Zollnachlaß für die Einfuhr soll die Preisdifferenz zwischen Inland und Ausland begleichen und so den Export wieder ermöglichen. Kam die ganze Zollhöhe in dieser Differenz früher nicht zum Ausdruck, so hoffte man durch Aufhebung des Identitätsnachweises für Getreide, die Preise in den Exportgegenden zu heben. Im Jahre 1894 schnellte denn auch die Preisdifferenz zwischen Berlin und London auf 37—39 Mk. empor, ging aber dann allmählich wieder auf 26—27 Mk. zurück, hauptsächlich, weil die nordischen Länder durch Erhöhung ihrer Getreidezölle uns den Absatz dorthin sehr erschwert und eingeengt haben.

Diese Zoll-Einfuhrscheine bedeuten nun an und für sich keine reinen Exportprämien, da sie nur die bestehenden Preisdifferenzen ausgleichen sollen. Kommt diese Preisdifferenz aber dem Zollbetrage nicht gleich, wie gegenwärtig, so bedeutet allerdings der überschießende Zollbetrag von jetzt ca. 7 Mk. eine reine Exportprämie.

Diese Exportprämie aber vermag gleichwohl die Ausfuhr nicht besonders zu heben, denn dieselbe ist im Jahre 1895 hinter der des Jahres 1894 um 9500 Tonnen zurückgeblieben. Es betrug:

| | Einfuhr | | Ausfuhr | |
| | 1895 | 1894 | 1895 | 1894 |
	pro Tonnen		100 Tonnen	
Weizen	12 382	11 538	699	792
Darunter im Mühlenlager- verkehr (resp. gegen Einfuhr- schein)	3 532	3 106	696	790
Roggen	9 648	6 536	369	497
Mühlenlagerverkehr	3 238	2 706	358	496
Gerste	9 290	10 974	490	194
Mühlenlagerverkehr	285	378	489	189
Mühlenfabrikate	464	464	1 884	2 055
			3 443	3 538
				+ 95

2. Rückvergütungen für gezahlte inländische Steuern.

In dieser Beziehung kommen in Betracht Tabak, Branntwein, Zucker. Die Zolltechnik hat nun in neuerer Zeit die Einrichtung getroffen, daß solche inländischen für die Ausfuhr bestimmten Fabrikate, welche unter steuerlicher Kontrolle produziert werden, nicht erst in den freien Konsum übergehen, sondern aus den öffentlichen Niederlagen oder den Privatlägern mit amtlichem Mitverschluß der Zollbehörde ins Ausland exportiert werden. Hier findet dann keine Rückvergütung der Konsumsteuer, sondern nur der eventuellen Betriebs= oder Materialsteuern statt.

Beim Tabak wird die gezahlte Gewichtssteuer zurückgewährt; beim Branntwein die Branntweinsteuer — 16 Mk. pro hl —, sowie seit 1895 noch die eine Exportprämie von 3—4 Mk. enthaltende Brennsteuer mit 6 Mk., beim Zucker ist keine Rückvergütung nötig, da die Konsumsteuer vom Export= zucker nicht erhoben wird.

Die Rückvergütung hat den Zweck, die gegenüber dem Weltmarkte durch die inländische Besteuerung entstandene Verteuerung des Produkts wieder auszugleichen und dasselbe exportfähig zu machen.

II. Enthält die Ausfuhrvergütung eine reine Exportprämie, so ist die Lage komplizierter. Diese Exportprämien werden aus zweierlei Gründen gewährt, 1) einmal, um den inneren Markt zu entlasten und — bei genügend hohen Schutzzöllen — die Inlandspreise zu heben, und 2) ander= seits um der Konkurrenz anderer Exportländer auf dem Weltmarkte, resp. in den Absatzländern mit Erfolg begegnen zu können.

Ob diese beiden Ziele erreicht werden, das hängt von verschiedenen

Umständen ab. Bezüglich des ersteren, der Hebung der Inlandspreise, können wir aus der Erfahrung folgende allgemeinen Sätze ableiten:

Wird die Ausfuhr durch Zölle geschützter Produkte durch neu eingeführte Ausfuhrvergütungen oder reine Exportprämien erheblich erleichtert und gesteigert, so wird im Inlande jedenfalls der Preis dieser Produkte anfangs steigen. Macht die Ausfuhr einen erheblichen Teil der Produktion aus, wie beim Zucker (1892—94 über 58 °/₀), so würde eine erhebliche Ausfuhrsteigerung durch eine wesentliche Erhöhung der Ausfuhrprämie anfangs die Preise im Inlande in die Höhe treiben. Aber diese Preissteigerung wird nicht von Dauer sein können, wenn nicht gewisse Bedingungen erfüllt werden. Diese sind die, daß 1) die anderen Konkurrenzländer nicht auch die Prämien erhöhen und die Weltmarktspreise durch das vermehrte Angebot drücken, und 2) die Produktion in den Ländern nicht schnell ausgedehnt wird.

Beide Bedingungen werden aber aller Wahrscheinlichkeit nach nicht erfüllt. Die anderen Konkurrenzländer werden ihre Ausfuhrprämien auch erhöhen. Eine allgemeine Einschränkung der Produktion könnte nur durch eine gleichmäßige Gesetzgebung in allen betreffenden Ländern durchgeführt werden. Geschieht das aber nicht, beschränkt nur ein einzelnes Land seine Produktion durch Kontingentierung, z. B. dasjenige, welches mit der Erhöhung der Prämien begonnen hat, dann werden die anderen Länder ihre Produktion ausdehnen und die Lücke ausfüllen. Die Weltmarktpreise werden, wenn nicht besondere Ereignisse wie z. B. Ausfall in der Rohrzuckerproduktion Kubas wegen der Aufstände dort, eintreten, durch die allgemeine Prämienerhöhung gedrückt und müssen nun wieder auf die Inlandspreise zurückwirken. Das Ende des circulus vitiosus ist ohne alle Frage ein Fallen der Inlandspreise — wenn nicht, wie gesagt, andere Ereignisse dazwischen treten. Geschieht dies, dann war aber auch die Erhöhung der Prämien unnötig, vielmehr schädlich, da sie diese günstigen Ereignisse teilweise kompensieren muß. Wir kommen somit zu folgendem Resultat:

Reine Ausfuhrprämien sind ein zuweilen notwendiges Übel, das einem Lande gewöhnlich durch andere Länder als Notwehr=Maßregel zudiktiert wird. Sie haben den Effekt, auf den Weltmarktpreis und damit schließlich auch auf den Inlandpreis zu drücken. Erhöht ein Land seine schon bestehenden Ausfuhrprämien und folgen die anderen nach, ohne daß die Produktion allgemein eingeschränkt wird, so werden die Preise weiter gedrückt.

Am besten ist es daher, die Ausfuhrprämien — möglichst durch internationale Vereinbarungen — abzuschaffen. Ein Zustand, bei dem

Produkte im Auslande billiger verkauft werden als im In=
lande, bei dem also Nationalvermögen an das Ausland ver=
schenkt wird, ist ohne Frage kein gesunder und natürlicher,
er verdient es, beseitigt zu werden. Es ist daher sehr zu bedauern,
daß Frankreich sich gegenüber den Verhandlungen mit Deutschland und Öster=
reich wegen Abschaffung der Zuckerprämien im Jahre 1895 ablehnend ver=
halten hat. Frankreich zahlt eine Prämie von 4—5 Mk., Österreich von
2—3 Mk., Deutschland nur von 1,25 Mk. Wenn auch die Zuckerproduktion
Deutschlands technisch am entwickelsten ist und Deutschland wohl am billigsten
produzieren kann, so ist die Erhöhung der Prämie seitens Deutschland, als
Kampfprämie, d. h. zur schnelleren Beseitigung der Prämien überhaupt, wohl
zu billigen; dagegen dürfte eine erhebliche Einschränkung der Produktion
durch die Kontingentierung nur die Erweiterung der französischen Produktion
und die Überflügelung der deutschen durch erstere zur Folge haben. Es ist
hierin also große Vorsicht geboten. —

Nachdem der deutsche Reichstag das neue Zuckersteuergesetz am 27. Mai
1896 angenommen hat, wonach die Prämie von 1,25 Mk. auf 2,50, 3,55
und 3 Mk. erhöht wird, ist man in Österreich sehr schnell mit einem neuen
Zuckersteuergesetz nachgefolgt. Nach dem bisherigen Gesetz von 1888 betrug
die Prämie nominell 1,60 und 2,30 Fl. pro 100 kg, der Gesamthöchstbetrag
der zu gewährenden Prämien 5 Millionen Fl. Infolge der erhöhten Aus=
fuhr reduzierte sich aber die Prämie 1894/95 auf 1,2 Fl. für Rohzucker.
Das neue österreichische Gesetz nun erhöht den Gesamtprämienbetrag auf
9 Millionen Fl., dadurch wird sich die Prämie thatsächlich auf 1,6 Fl. pro
100 kg Rohzucker stellen, gegen die neue deutsche Prämie von 1,47 Fl. —

Infolge dieser Prämienerhöhungen ist der Rohzuckerpreis trotz der Aus=
fälle auf Kuba bereits beträchtlich gesunken. Es notierte in Magdeburg:

| | 1890 | 1891 | 1892 | 1893 | 1894 | 1895 | | 1896 | | |
						Novbr.	März	1. April	1. Juni	10. Juni
Rohzucker	34	35,9	36,7	31,1	24,3	22,2	26,65	25,28	22,36	21,56
Raffinade	53,3	56,8	57,7	57,6	49,4	46,2	50,5	50,5	51,50	51,5
Spannung	19,3	20,9	21,0	26,5	25,1	24,0	23,85	25,22	29,14	29,94

Wie man sieht, ist die Spannung zwischen Rohzucker und Raffinade
immer größer geworden, seit 1890 um 10 Mk., ein Zeichen dafür, daß der
Rohzuckerexport relativ schwieriger geworden ist. Der Rohzuckerpreis ist seit
dem März 1896 wieder gefallen, der Raffinadepreis dagegen ist noch etwas
gestiegen — die Raffinadeausfuhr muß also Erleichterung erfahren haben.
Es wurden ausgeführt:

	Rohzucker	Raffinade
	1000 Tonnen	
1885	444	85
1890	546	251
1891	536	280
1892	376	232
1893	438	266
1894	523	305
1895	477	415

Die Raffinadenausfuhr ist also beständig gestiegen, während die Roh=zuckerausfuhr eher zurückgegangen ist.

Was die Aussichten der Rübeninbustrie betrifft, so wollen wir noch folgende Ziffern anführen. Es betrug die Anbaufläche von Rüben in (ha):

	1894	1895	1896
Deutschland	441 441	373 504	420 035
Österreich-Ungarn	376 160	288 923	347 391
Belgien	70 794	58 502	70 134

Die Weltvorräte an Zucker beliefen sich Ende Mai 1896 auf (1000 Tonnen):

1894	1895	1896
2056	2443	1596

Die Vorräte sind demnach gegenüber 1895 etwas geringer, die Produktion nimmt aber bereits wieder zu. An eine dauernde, wesentliche Preiserhöhung von Zucker wird also kaum zu denken sein. —

Auch in Frankreich soll eine bes. Zuckerprämie eingeführt werden. Trotzdem die Prämien, mit denen die französische Zuckerausfuhr vom Staate bedacht ist, effektiv weit höher sind als die gesteigerten deutschen und selbst die österreichischen Zuckerprämien, entfalten doch die französischen Zucker=Interessenten eine lebhafte Agitation, um eine noch weiter gehende Export=begünstigung beim Staate durchzusetzen. In Frankreich besteht gegenwärtig nicht, wie in Deutschland und Österreich, eine offene, sondern eine versteckte Ausfuhrprämie. Bei der Ausfuhr wird nämlich die volle Steuer rück=vergütet, thatsächlich wird aber für Zucker höherer Ausbeutung die Steuer nur nach einem reduzierten Schlüssel eingehoben, so daß die Exporteure mehr erhalten, als sie thatsächlich gezahlt haben. Die Zuckersteuer ist in Frank=reich dem Wesen nach eine Rübensteuer, die Besteuerung erfolgt nach dem Rübengewichte. Für einen Meter-Zentner Rüben wird eine Minimal=Aus=beute von mindestens 7,75 Kilo raffinierten Zuckers angenommen, und hier=für ist die volle Steuer von 60 Franks per Meter-Zentner zu entrichten. Für die Ausbeute über 7,75 bis 10,5 Prozent Zucker gilt der ermäßigte

Steuersatz von 30 Franks; über 10,5 Percent hinaus ist die Hälfte gleichfalls nur mit 30 Franks, die andere Hälfte voll mit 60 Franks zu versteuern. Die Fortschritte der modernen Technik haben es ermöglicht, Ausbeuten bis zu 12 Perzent zu erzielen. Bei einer zwölfperzentigen Ausbeute ist für 100 kg raffinierten Zuckers eine Steuer von rund 51 Franks zu entrichten; beim Exporte der gleichen Quantität wird jedoch die volle Steuer von 60 Franks vergütet, so daß die Zucker-Exporteure thatsächlich eine Prämie von 9 Franks beziehen. Die Höhe der Prämie schwankt selbstverständlich je nach dem Grade der Ausbeute. Trotzdem die Bonifikation doppelt so hoch ist als die deutsche Prämie, begehren doch die Zuckerfabrikanten einen größeren Schutz. Die Meldungen über die Wünsche der Zucker-Industriellen sind nicht ganz klar; es scheint aber, daß nebst der versteckten Ausfuhrvergütung auch noch eine offene Prämie von 4½ Franks begehrt wird. Die Kosten dieser Prämienleistung werden auf 16 Millionen Franks berechnet und sollen wie in Österreich und Deutschland durch eine Erhöhung der Konsumabgabe um 10 Franks hereingebracht werden. Der Zucker kostet jetzt bereits in Paris 100 Franks per Meter-Zentner, und dieser Preis muß sich infolge der Steuer-Erhöhung noch namhaft steigern. In einer Beziehung hat die französische Regierung dem Drängen der Zuckerfabrikanten bereits Folge gegeben. Vom 1. August ab wird an der französischen Grenze der Zoll für ausländischen Rohzucker 10½ Frks.) (anstatt der bisherigen 7 Frks.) und für ausländische Raffinade 12½ Frks. (anstatt der bisherigen 8 Frks.) betragen. Diese über die deutsche Prämienerhöhung noch hinausgehende Erhöhung des Zolles (Übertaxe) soll mit aller Sicherheit den deutschen Zucker von dem französischen Markte vollständig ausschließen.

Schon die bisherige französische Übertaxe von 7 Frks. (Übertaxe bedeutet den Unterschied zwischen der inländischen Steuer und der bei der Einfuhr ausländischen Zuckers zu zahlenden Gebühr) hat nahezu prohibitiv gewirkt; nur ausnahmsweise bei stärkeren Preisschwankungen konnten kleinere Mengen deutscher Raffinade in Frankreich Absatz finden. So sind im Mai d. J. 375 Dopp.-Ztr. und in den fünf Monaten Januar—Mai d. Jahres 655 Dopp.-Ztr. Raffinade aus Deutschland nach Frankreich gegangen.

Bezüglich der Exportprämien aber liegt der Regierungsentwurf bis jetzt nicht vor. Die vor einiger Zeit verbreitete Nachricht, daß darin die neu einzuführende offene Ausfuhrprämie in der vom Syndikat der Zuckerfabrikanten vorgeschlagenen Höhe vorgeschlagen werden solle, scheint sich nicht zu bestätigen. Wie neuerdings verlautet, soll nach dem Regierungsentwurf die direkte Ausfuhrvergütung für Rohzucker mit 3 Frks. (anstatt der vom Syndikat vorgeschlagenen 3½ Frks.), für weißen Zucker mit 3,75 Frks.

(anstatt 4 Frks.) und für Raffinade mit 4 Frks. (anstatt 4½ Frks.) bemessen werden. Es ist aber nicht ausgeschlossen, daß diese Sätze schließlich
noch eine Änderung erfahren. Die versteckte Ausfuhrvergütung soll teilweise
durch eine offene Prämie ersetzt und die Sätze so bemessen werden, daß sie
ein Gegengewicht gegen die deutsche Prämienerhöhung bilden. Zur Beschaffung der Mittel für die direkte Ausfuhrvergütung soll die Steuer auf
die Fabrikationsüberschüsse von 30 auf 40 Frks. erhöht werden, was mit
einer Kürzung des Gewinnes aus der Materialsteuer (die Zuckersteuer beträgt 60 Frks.) um ein Drittel gleichbedeutend wäre.

In den Vereinigten Staaten bemüht sich der dortige Zuckertrust
um die Einbringung eines Gesetzes, wonach der Zuckerzoll um den Betrag
der Prämienerhöhung in Deutschland ebenfalls erhöht werden soll. — Es
scheint also, als ob das neue deutsche Zuckergesetz gerade die entgegengesetzten
Konsequenzen haben wird, als man beabsichtigte, d. h. also eine allgemeine
Prämienerhöhung für Zucker und eine Erschwerung der Zuckereinfuhr nach
Amerika.

Kapitel V

Freihäfen. Förderung der Schiffahrt. Eisenbahntarife.

Zur Erleichterung und Hebung des überseeischen Handels dienten früher die Freihäfen, d. h. außerhalb der Zollgrenze gelegene Hafenstädte, wo die Schiffe und der internationale Zwischenhandel von den sämtlichen Zollkontrollmaßregeln befreit waren.

Der erste Freihafen wurde 1547 in Livorno angelegt, dann in Genua 1595, in Neapel 1633, in Altona 1664, in Marseille 1669, in Messina 1732, in Hamburg 1727, in Bremen 1824, in Lübeck 1833. Nach dem Zollanschluß Hamburgs und Bremens im Jahre 1888 hat das Deutsche Reich nur in Hamburg ein Freihafenviertel in Bremerhaven und Geestemünde Freibezirke außerhalb der Zollgrenze, Bremen, Lübeck, Harburg, Brake, Emden, Leer haben einen Freibezirk innerhalb der Zollgrenze. Stettin und Königsberg sind dabei, sich Freibezirke zu schaffen, auch Danzig hat damit begonnen. In Europa ist nur Gibraltar noch ein eigentlicher Freihafen, Kopenhagen hat als Gegenwirkung gegen den Nordostseekanal einen Freihafenbezirk errichtet.

Die Freihäfen früherer Zeit — jetzt noch Gibraltar, Aden, Singapore, Hongkong — umfaßten den ganzen Hafenplatz mit der Stadt, die jetzigen Freihäfen in Europa sind nur Freihafenbezirke, d. h. Plätze des eigentlichen Hafens, während die betr. Städte innerhalb der Zollgrenze liegen.

Wenn wir im folgenden von Freihäfen reden, so meinen wir immer nur diese Freihäfenbezirke. Dieselben dienen dem internationalen Zwischenhandel, sie stellen ein zollfreies Ausland dar, wo Waren zeitweilig gelagert werden können, ohne den Zollkontrollmaßregeln unterworfen zu sein; namentlich für Waren, welche durch irgendwelche Zusätze, z. B. der Verschnittwein mit Alkohol, oder Bearbeitungen erst gebrauchsfähig gemacht werden sollen, ist der Freibezirk durchaus notwendig. So hat sich z. B. Hamburg als be-

6*

deutender Entrepôtplatz für ausländische Weine herausgebildet, welche im
Freihafenviertel gelagert, verschnitten und dann exportiert werden. In Häfen,
welche keinen Freibezirk haben, müßten die betr. Waren erst verzollt werden.
Das bedeutet aber eine unnötige Bindung von Betriebskapital und Verteuerung der Waren. Darum zieht sich das Geschäft in derartigen Waren
immer mehr in den Häfen mit Freibezirken zusammen. **Die Anlegung
von Freihäfen zieht also den Handel in gewissen Waren an,
verschafft neue Arbeitsgelegenheiten und befördert den Verbrauch einheimischer Waren zur Mischung mit ausländischen
Waren.**

Damit ist aber der Vorteil der Freibezirke noch nicht erschöpft. Für die
in die Freibezirke einlaufenden Schiffe fallen die Zollkontrollmaßregeln fort.
Dadurch wird **viel Zeit gespart**, da zu jeder Zeit gelöscht und geladen
werden kann, während in den Zollhäfen, dies unter Kontrolle der Zoll-
beamten zu geschehen hat. Diese aber haben nur bestimmte Dienststunden
und sind außerdem in den Zeiten, wo der Verkehr sich mehr zusammendrängt,
nicht in ausreichender Zahl vorhanden. Die Zollhäfen erschweren also nicht
bloß den Verkehr, sie verteuern ihn auch durch die notwendige Verlang-
samung. **Die Zeitersparung im Freibezirke** nun erhöht einerseits
die Rentabilität der Rhederei, andererseits verbilligt sie aber auch die Schiffsfrachten und dient so dazu, den Schiffsverkehr mehr anzuziehen und zu heben.

Dieser vermehrte Hafenverkehr wirkt dann auch auf die Stadt und das
Hinterland günstig zurück.

Die **Schiffahrt** ist für einen modernen Kulturstaat von der höchsten
Bedeutung. Nationale wie wirtschaftliche Interessen verquicken sich hier miteinander. Es ist Thatsache, daß mit der Zunahme des internationalen und
überseeischen Handelsverkehrs, mit der stetigen Erweiterung der nationalen
Interessen über die ganze Welt hin, mit der Erwerbung von Kolonien der
Schwerpunkt der Macht der Staaten immer mehr über ihr Gebiet hinaus
auf das Weltmeer gravitiert. Derjenige Staat, welcher die Aufgaben der
Zeit nicht versteht und nicht sein alles setzt an die Entwickelung seiner Macht
zu Lande und zur See, wird bald von seiner Höhe herabsinken. In der
Weltgeschichte leiten nicht sentimentale Humanitätsgefühle die Geschicke,
sondern der Kampf ums Dasein, die Kraft und Macht der Völker. Deutschland hat lange Zeit für seine Marine nicht genügend gesorgt. Englands,
Frankreichs, Rußlands Seemacht ist der unsrigen weit über den Kopf gewachsen, und dabei sträubt der deutsche Spießbürger sich noch gegen die not-
wendigsten Ausgaben für unsere Marine! Was wollten wir wohl in einem
Kriege gegen England erreichen! England mit seiner zwei- und dreifach über-

legenen Flotte würde die unsrige vernichten, unsere Kolonien uns fortnehmen, unseren Handel vernichten, die überseeische Zufuhr uns abschneiden. Auch Frankreich ist uns zur See weit überlegen. Im Jahre 1895 besaßen moderne Kriegsschiffe:

	Moderne Panzer.	Nichtgepanzerte Schiffe	Torpedoboote.	Sa.
England	44	138	118	800
Frankreich	41	60	206	307
Rußland	16	32	90	138
Deutschland	20	49	119	179

Damit aber nicht genug. Rußland verwendet jetzt jährlich über 200 Millionen Mk. für die Flotte, England und Frankreich auch; Japan hat für die Flotte 250 Millionen Yen bestimmt (750 Millionen Mk.). Deutschland hat von 1888—96 nur 233 Millionen Mk. für seine Marine aufgewendet. Die Notwendigkeit, mehr für unsere Marine zu thun, liegt so auf der Hand, daß sie keines Beweises weiter bedarf. — Dasselbe gilt auch bezüglich unserer Handelsflotte. Die Handelsflotten der Haupthandelsstaaten zählten 1895:

	Segelschiffe über 50 Ton.		Dampfer über 100 Ton.		Sa.
	Zahl.	1000 Ton. Netto	Zahl.	1000 Ton. Brutto	Netto- und Brutto-Ton.
England.	8793	3333	5771	9885	13 218
Deutschland.	1105	598	826	1307	1 905
Frankreich.	1459	255	501	865	1 120
Norwegen.	2958	1240	530	455	1 695
Rußland.	1764	360	297	235	595
Verein. Staaten	3824	1362	447	703	2 065

England überragt alle anderen Handelsflotten ganz unendlich. Gegen die englische gehalten, erscheint die deutsche wie ein Zwerg gegen einen Riesen. Auch auf diesem Gebiete muß Deutschland alle Kraft anstrengen, um den ungeheuren Abstand zwischen ihm und England zu verringern.

Je zahlreicher die Handelsflotte ist, um so mehr Handels= beziehungen werden durch sie geknüpft, um so mehr trägt sie zur Hebung des Exports bei, um so mehr aber auch macht sie die Nation unabhängig von anderen Völkern, um so mehr kommen die Frachtkosten der eigenen Nation zu gute. Die Handelsmarine bildet so gewissermaßen die Projektion des Inlandes auf das Meer, die Erweiterung des Landes über das Meer hin. Sie schafft ver= mehrte Arbeitsgelegenheit durch den Bau der Schiffe, durch den Dienst auf denselben. Die Rhederei wird so zu einem wichtigen Erwerbszweige, welcher Geld ins Land bringt und volkswirtschaftlich äußerst wertvoll wird. Auf welche Weise nun kann der Staat die Schiffahrt fördern?

Abgesehen von der Binnenschiffahrt, um die es sich hier nicht handelt, und die durch Schiffbarmachung der Flüsse und durch Kanäle gefördert wird, kommt hier die Küsten- und die Seeschiffahrt in Betracht.

In früheren Zeiten suchte man Handel und Schiffahrt durch Gewährung von Vorrechten vor denjenigen anderer Länder zu heben. In England begann das Protektionssystem schon sehr früh seit 1382, mit der Bestimmung, daß englische Unterthanen nur auf englischen Schiffen Waren ein- und ausführen sollten. Heinrich VIII. führte 1541 Differenzialzölle ein für diese Waren, welche fremde Kaufleute auf fremden Schiffen brachten. Elisabeth sicherte 1563 der englischen Schiffahrt das Küstenmonopol. Cromwell baute dies Protektionssystem weiter aus und zog auch den Kolonialhandel mit hinein. Seine Navigationsakte von 1651 bestimmten, daß die Waren aus den Kolonialländern nur auf britischen Schiffen, die Waren aus europäischen Ländern nur auf englischen oder Schiffen des Herkunftslandes eingeführt werden sollten. Die Navigationsakte von 1660 setzten den Schlußstein auf das Gebäude, indem sie bestimmten, daß die Kolonialwaren zunächst nur nach englischen Häfen gehen und daß alle europäischen Waren in die Kolonien nur auf englischen Schiffen eingeführt werden dürften.

Erst die Anerkennung der Unabhängigkeit der Vereinigten Staaten 1783 legte Bresche in dies System. Der Vertrag mit Preußen im Jahre 1824 und mit anderen Staaten stellte die Schiffe der Vertragsstaaten den englischen gleich. Die ostindische Kompagnie verlor 1833 ihr Monopol, 1839 wurde Ostindien geöffnet, 1848 wurden die Differenzial-Schiffsgelder in Indien aufgehoben, 1850 fiel das Küstenschiffahrtsmonopol. In England selbst fiel letzteres erst 1854.

In Preußen wurden 1822 die fremden Schiffe von der Küstenschiffahrt ausgeschlossen. Das R.G. vom 22. Mai 1881 hat die Küstenschiffahrt prinzipiell den deutschen Schiffen vorbehalten, hat das Recht derselben aber gegen Gewährung des gleichen Rechts 1881 den Schiffen Belgiens, Dänemarks, Englands, Italiens, Schwedens, Norwegens, Österreichs, Rumäniens, Brasiliens, 1886 denen der Niederlande zugestanden. —

Die Seeschiffahrt ist also gegenwärtig völlig frei, ihre Förderung muß auf andere Weise geschehen. Dies ist möglich durch Subventionen und durch zollfreie Einfuhr von Schiffen oder Schiffsmaterial.

Alle größeren Handelsstaaten zahlen Dampfersubventionen entweder in der Form direkter Unterstützungen oder in der von Schiffsbau- und Fahrprämien.

England zahlt an 6 Schiffahrtsgesellschaften zusammen jährlich 12 Millionen Mk. Subventionen, Frankreich zahlt an zwei Gesellschaften 24,3 Millionen Frks. Subventionen und außerdem noch etwa 7,5 Millionen Frks.

Schiffsbau- und Fahrprämien, im ganzen also 25,7 Millionen Mk. Deutschland zahlt an den Nord-Deutschen-Lloyd jährlich seit 1886 nur 4,4, seit 1890
5,3 Millionen Mk., steht also weit hinter Frankreich und England zurück.*)

Die andere Unterstützung des Schiffsbaues ist die Gewährung zoll-
freier Einfuhr von Schiffen und Schiffsbaumaterial. In den
Jahren 1889/90 bis 1894/95 hat dieser Zollerlaß 4,3 Millionen Mk. betragen, davon auf Eisen und Stahl 3,5 Millionen. An Metall wurden
133 800 Tonnen, an anderen Materialien 30 900 Tonnen eingeführt. Die
Einfuhr in die Freihafengebiete ist hierin nicht miteingerechnet. Aus den Kreisen
der deutschen Eisen- und Stahlindustriellen erhoben sich nun mehrfach
Stimmen, welche sich gegen den Bezug ausländischen Materials für den
deutschen Schiffsbau erklärten.

Im November 1895 einigten sich die deutsche Schiffsbaugruppe und die
übrigen Gruppen des Vereins deutscher Eisen- und Stahlindustrieller dahin,
daß eine Sammelstelle der deutschen Walzwerke errichtet werden sollte,
bei der alle Lieferungsanfragen und -Aufträge der Schiffswerften einzureichen
seien; ferner um eine Ermäßigung der Eisenbahntarife für Schiffsbaumaterial und um ausschließliche Verwendung von deutschem
Material für alle vom Staate zu erbauenden Schiffe einzukommen.

Der Schiffsbau betrug in folgenden Ländern (Tonnen):

	England	Deutschland	Frankreich	Ver. Staaten	Sa.
1895	1 144 000	101 402	71 000	97 000	1 511 807
	Darunter Kriegs= schiffe 56 mit 148 000 Tonnen.	6340 Ton.	7 mit 42 000 Ton.		
1894	1 107 000	117 621			
1893	917 000	66 474			
1889—92	1 286 000	48 208			
1881—83	1 150 000	(1892)			

England überragt also im Schiffsbau Deutschland um das Zehnfache.
Für ausländische Rechnung wurden 1895 in England 383 000 Tonnen gebaut,
davon 39 700 für Norwegen, 34 000 für Deutschland, 29 300 für Rußland.

Deutschland kann also seinen Bedarf an Schiffen noch nicht einmal selbst
herstellen. Die Werften mußten verschiedene Aufträge ablehnen, weil sie
mit Aufträgen überfüllt waren. Daraus ergibt sich die Notwendigkeit, neue Werften anzulegen und den Schiffsbau auszudehnen. —

Die deutsche Küstenschiffahrt verlangt immer lauter nach Schutz

---

*) In Japan erhält die Nippon-Yusen-Kwaisha für 4 Linien 2,2 Millionen Yen
(oder 8,8 Millionen Mk. nominal) Subvention.

gegen die ausländische Konkurrenz. Die Zahl der registrierten Segelfahrzeuge bis zu 100 Tons ist erheblich zurückgegangen; sie betrug:

	Zahl	Tonnen.	Besatzung
1875	1863	83 898	5724
1894	1511	56 938	3784

An diesem Rückgang ist in erster Linie die Ausdehnung des Dampferverkehrs Schuld. Möglich ist es, daß auch dänische und holländische Schiffer, welche — ohne den Versicherungs= und Schulzwang — billiger arbeiten können, den deutschen Konkurrenz machen.

Es ist aber auch bekannt, daß deutsche Schiffe an der Küstenschiffahrt fremder Länder weit stärker beteiligt sind, als die fremden Schiffer an der deutschen Küstenschiffahrt. Ein Verbot für fremde Schiffe, deutsche Küstenschiffahrt zu treiben, würde Repressalien seitens der betroffenen Länder hervorrufen und uns mehr schädigen als nützen.

Der zweckmäßigste Weg zum Schutz der deutschen Küstenschiffahrt dürfte wohl der sein, die Küstenschiffer zu Genossenschaften zu vereinigen und denselben billigen Kredit zur Beschaffung größerer Schiffe zu gewähren.

Die größeren Rheder dagegen verlangen keinen staatlichen Schutz gegen die auswärtige Konkurrenz. —

Die Bestrebungen, die Schiffsklassifikation in Deutschland vom Auslande, namentlich von dem Bureau Veritas, unabhängig zu machen, finden in Rhedereikreisen von Jahr zu Jahr kräftigere Unterstützung. So sind die in der letzten Zeit für die großen tonangebenden Linien erbauten Dampfer Hamburgs ausschließlich beim „Germanischen Lloyd" klassifiziert worden. Die betreffenden Bestrebungen werden auch von der Reichsregierung eifrigst gefördert. Die Etats der Jahre 1895 96 und 1896 97 enthielten Posten zur Unterstützung des Germanischen Lloyd bei seinen Bemühungen um die Gewinnung einer festen Stellung im Wettbewerb mit ausländischen Gesellschaften. Natürlich ist der beabsichtigte Umschwung nicht in ein paar Jahren zu erreichen. Die Unabhängigkeit des deutschen Schiffbaues und der deutschen Handelsflotte von dem Einfluß der ausländischen Schiffsklassifikationsinstitute ist jedoch noch immer nicht gänzlich gesichert.

Von wesentlichem Einfluß auf die Gestaltung der Volkswirtschaft ist auch die Entwickelung des Verkehrswesens: die Schiffbarmachung der Flüsse, der Bau von Kanälen und von Eisenbahnen. Da die Seefrachten ganz außerordentlich gesunken sind, ist durch diese Verbilligung die ausländische Konkurrenz immer näher gerückt. Diese Meere trennen heute nicht mehr, sondern verbinden. Wir wollen zum Beweise zwei Glasgower Frachtberichte von 1874 und 1896 gegenüberstellen. Es betrug die Fracht für Kohlen von Häfen der Clyde nach (pro Tonne):

	1874 Januar	1896 7. Februar.
	sh.	sh.
Montevideo	40	10
Buenos-Ayres	40	10
Rio Grande	37	20
Santos	27	17
Bahia	27	12
Pernambuco	27	12
Livorno	17	7
Odessa	17,5	6,5
Alexandria	18	7
Queebeck (Holz)	105	40
St. Franzisko (Weizen)	57,5	21,25
Singapore (Stückgüter)	30	15
Rangoon (Reis)	65	25
	508,0	202,75
Durchschnitt	39	15,6

Im Ganzen ist demnach die Fracht seit 1874 um 150% gesunken, weil der Schiffsbau dem Verkehrsbedarf vorauseilt. Das geht aus folgenden Zahlen hervor. Es betrug die Handelsflotte aller Länder:

	Dampfer Reg. Tons. Netto	Segler Reg. Tons.	Zus.
1889	7 748 000	11 081 000	18 829 000
1895	10 360 000	9 324 000	19 684 000

Wenn man bedenkt, daß der Dampfer in Bezug auf seine Schnelligkeit weit transportfähiger ist wie ein Segelschiff, daß die Schnelligkeit der Dampfer immer mehr vergrößert wird, so kommt man, wenn man für 1889 die Transportfähigkeit eines Dampfers gleich 3 Segelschiffen, für 1889 gleich 4 setzt, zu dem Resultat, daß sich die Handelsflotte seit 1889, auf Seglertonnen reduziert, um 16 439 000 Tons vermehrt hat, und zwar von 34 325 000 auf 50 764 000, also um 48%.

Dagegen stieg der Welthandel von 72 638 Millionen Mk. in 1889 auf 75 224 Millionen Mk. in 1891, sank dann aber in 1893 auf 70 015 Millionen. Dieser Rückgang ist allerdings auf das Fallen der Preise zurückzuführen. Dem Gewichte nach hat wohl eine Steigerung des Welthandels stattgefunden. In Deutschland hat sich der Außenhandel von 44,9 Millionen Tonnen in 1889 auf 56,4 Millionen Tonnen in 1895 erhöht, also um 11,5 Millionen Tonnen. In anderen Ländern dagegen ist der Außenhandel auch dem Gewichte nach zurückgegangen, sodaß man eine Gesamtvermehrung des Außenhandels um höchstens 12 Millionen Tonnen annehmen darf. Rechnet man davon ²⁄₃ auf den Seeverkehr, so hätte derselbe eine Steigerung um 8 Millionen Tonnen seit 1889 erfahren, während die Transportfähigkeit der Flotte um 16 Millionen Tonnen gewachsen ist. Daraus ist das Sinken der Frachten voll erklärt. —

Die innere Verkehrspolitik hat zwei Ziele zu verfolgen: einmal den Binnenverkehr zu entwickeln und dadurch die Produktion zu heben, andererseits sie gegenüber dem Auslande konkurrenzfähiger zu machen.

Darum muß das Bestreben gehen auf Erweiterung und Ausdehnung des Verkehrswesens und auf Verbilligung desselben.

An und für sich wäre es das Natürliche, wenn man Mittel und Wege suchte und fände, den Export zu verbilligen, den Import aber etwas zu verteuern und zu erschweren, wenigstens bei solchen Artikeln, auf welche Schutzzölle gelegt sind und die das Ausland billiger zu liefern imstande ist, z. B. Getreide, Kohlen. Indes ist dieser „Verkehrsschutz" schwer durchführbar. Erstlich werden auf den natürlichen Wasserstraßen keine Abgaben erhoben, es kann also auf denselben keine Tarif-Schutzpolitik angewandt werden. Und doch kommen die Flüsse gerade als Ein- und Ausfuhrstraßen für Getreide und andere voluminöse Güter sehr in Betracht. Nur auf den künstlichen Wasserstraßen, den Kanälen, können Abgaben erhoben werden. Hier könnte die Schutzpolitik eingreifen und für die Importgüter einen höheren Tarif aufstellen. Doch dürfte diese höhere Abgabe nicht ausländische Schiffe als solche, sondern nur die ausländischen Waren treffen, gleichgültig ob sie auf heimischen oder fremden Schiffen eingeführt werden. Das Recht dazu steht dem Reich nach Artikel 54 der Reichs-Verf. zu. In gleicher Weise könnten auch die Brücken- und Schleusenabgaben geregelt werden, falls nicht besondere Verträge die Flußschiffahrt international geregelt haben, so auf dem Rhein, der Weichsel, der Oder, der Donau.

Es bleiben also bezüglich der Binnenschiffahrt in der Hauptsache nur Kanal-, Schleusen- und Brückenabgaben, welche nach dem obigen Gesichtspunkte geordnet werden könnten — nach vorheriger allseitiger Prüfung der Sachlage.

Bisher ist allerdings der obigen Forderung keine Rechnung getragen worden. So ist z. B. beabsichtigt, die Abgabe auf dem Dortmund-Ems-Kanal für Getreide auf 50 Pfg. für die 272 km von Dortmund bis Ems pro Tonne festzusetzen, gleichgültig ob es ein- oder ausgeführt wird.

Die Fracht pro Tonne Getreide von Emden bis Dortmund würde sich also auf ca. 4,50 Mk. belaufen (Kahnfracht 1,5 Pf. pro tkm), von New-York bis Emden auf ca. 12 Mk. Von New-York kann also das Getreide bis Dortmund für 16,50—17 Mk. verfrachtet werden pro Tonne.

Von Breslau kostet die Kahnfracht bis Hamburg ca. 7 Mk. mit Umladegebühren bis Dortmund ca. 14 Mk. Per Bahn würde die Fracht mit dem neuen Ausfuhrtarif für Kohlen von Breslau bis Stettin 14,52 Mk., bis Dortmund ca. 23 Mk. kosten, also um 6 Mk. teurer wie der Transport von New=York sein.

Im Januar 1896 nun kostete in New=York der Weizen im Durchschnitt 95,8 Mk., in Breslau 150 Mk. pro Tonne. Der amerikanische Weizen würde sich also ab New=York in Dortmund auf $96 + 17 + 35$ Mk.$= 158$ Mk. stellen, der Breslauer aber auf 164, wenn er per Kahn, und auf 173 Mk., wenn er per Bahn zu dem Kohlenexporttarif verfrachtet würde.

Hätten wir den Mittellandkanal, dann würde das Getreide vom Osten für 12—13 Mk. pro Tonne nach dem Rheinland gefahren werden können, es würde dann mit dem amerikanischen konkurrieren können.

Es fehlt uns also einerseits an Wasserstraßen vom Osten nach dem Westen und umgekehrt, und an billigen Eisenbahntarifen.

Während die Frachtsätze im Binnenflußverkehr sich auf 0,5—1,5 Pfg. pro tkm. belaufen, zur See sogar nur auf 0,16—0,25 Pfg., stellt sich der Eisenbahnfrachttarif in Deutschland auf 2,3—4,5 Pfg., der Transittarif auf 1,75 Pfg. In Amerika beträgt der Exporttarif 1—1,4 Pfg., in Rußland 1,2 Pfg. Die industriellen Rohmaterialtarife (inklusive Expeditionsgebühr) machen in Deutschland 2,57—3,6 Pfg., in Belgien 1,36 Pfg., in Frankreich 1,68 Pfg. aus. Ausnahmsweise niedrige Tarife sind für Kohlen bewilligt, von Breslau nach der Ostsee: 1,3 Pfg., von der Ruhr nach der Nordsee 1,25 Pfg., nach den Emshäfen 1,18 Pfg., von den schlesischen Grubenstationen nach Bromberg 2c. 1,46 Pfg.

Deutschland leidet demnach an viel zu hohen Frachtkosten im Verhältnis zu anderen Ländern; seine Konkurrenzfähig= wird dadurch sehr geschwächt. Nach einer industriellerseits aufgestellten Berechnung machen die Frachtkosten in Deutschland für die Materialien zur Herstellung einer Tonne Roheisen etwa 13,26 Mk., in Belgien nur 8,86 Mk. aus. Die New=York, Ontario and Western Railway Co. nahm 1895 pro tkm 2,67 Pfg. ein, die deutschen Eisenbahnen 1893 94 aber 3,79 Pfg.

Deutschland muß also, um unsere Industrie wieder konkurrenzfähiger zu machen, unbedingt die Frachtsätze auf den Eisenbahnen ermäßigen.

Gefordert wird von den Industriellen der Satz von 1,2 Pfg., wie er in Belgien bald eingeführt werden soll.

Preußen ist auch durchaus in der Lage, diese notwendige Tarifreform vorzunehmen. Im Betriebsjahre 1895 96 werden die preußischen Staatsbahnen einen Überschuß von 438 Millionen Mk. abwerfen, wovon nur 210 Millionen Mk. für die Verzinsung der Kapitalschuld gebraucht werden.

Bisher fließt der Überschuß dem Fiskus für die allgemeinen Staatsaufgaben zu. Über die Änderungen in der Verwaltung der Staatsbahnen hat der Finanzminister das letzte Wort, sobald finanzielle Änderungen in Frage stehen. Dieser Zustand ist ein unzuträglicher.

Das Verhältnis zwischen Finanz- und Eisenbahnverwaltung muß derart geregelt werden, daß die Staatskasse eine bestimmte Summe aus dem Eisenbahnüberschuß erhält, während der Rest zur Sammlung eines Reservefonds und zu Betriebsverbesserungen verwendet wird. Die Ausfälle durch die Tarifherabsetzungen werden nur vorübergehender Natur sein, da der Verkehr nach einer merklichen Frachtverbilligung eine wesentliche Steigerung zu erfahren pflegt.

Das System der Staffeltarife, das jetzt für den Viehtransport von Osten nach Westen in Preußen, und für den Export und für Kohlen von Schlesien nach Stettin in Geltung ist, ist volkswirtschaftlich durchaus gerechtfertigt und muß immer mehr allgemeine Anwendung finden, namentlich für die Ausfuhr.

Die Getreidestaffeltarife, welche von 1892—94 in Preußen in Geltung waren, hatten den Absatz des östlichen Getreides erweitert, den Verkehr auf weitere Strecken und die Einnahmen der Bahnen erhöht.

Wenn nun z. B. die Getreide-Tarife vom Osten nach dem Westen wieder gestaffelt und wesentlich verbilligt werden, so fragt es sich, ob diese Maßnahme nicht in der Hauptsache dem russischen und ungarischen Getreide zu gute kommen und unsere Landwirtschaft eher schädigen wird. Diese letztere Befürchtung wird zum Teil zu verneinen sein. Das russische und ungarische Getreide kommt, wenn es für den freien Verkehr in Deutschland bestimmt ist, in der Hauptsache auf dem Wasserwege, das russische von Odessa und Libau, das ungarische auf der Donau.

Per Eisenbahn wird das russische Getreide über die östlichen Einfuhrbahnen, die ostpreußische Südbahn und die Marienburger Bahn, nur transito gefahren. In dem russisch-deutschen Handelsvertrage ist festgesetzt, daß auf den preußischen Staatsbahnen das russische Getreide im Transitverkehr nach Danzig und Königsberg zu denselben — russischen — Frachtsätzen gefahren werden solle, wie nach Riga und Libau, wenn die betr. preußischen Privatbahnen diesen Frachtsatz bewilligten.

Die Frachtanteile, welche die preußische Staatseisenbahn für die Strecke Wirballen-Königsberg thatsächlich erhält, betragen nach der von der Königlichen Eisenbahn-Direktion zu Bromberg dem Bezirkseisenbahnrate am 21. Juni 1894 gegeben Aufstellung beispielsweise pro Waggon (10 Tonnen):

Entfern. Kilom.	nach Königsb. von.	Anteilsfracht Wirballen-Königsberg (157 Kilom.) einschl. des Anteils an den Nebengebühren (100 Rbl. — 222 Mk. gerechnet).	
		Getreide. Mk.	Ölsaaten. Mk.
347	Wilna	59,82	75,02
542	Minsk	50,49	59,33
755	Homel	45,41	50,80
1038	Bachmatsch	43,80	48,09
1254	Orel	40,35	43,87
1392	Charkow	38,70	41,84
2068	Saratow	33,79	35,86
2754	Orenburg	31,50	33,04

Darnach stellte sich der Satz pro Tonne inklusive Nebengebühren auf der Strecke Wirballen-Königsberg bei einem Getreide-Transport von Wilna ab auf 3,8 Pfg., von Orenburg ab aber auf 2 Pfg. Ohne Nebengebühren betrug der Satz nur 3,2 und 1,48 Pfg. Seitdem ist aber der Exporttarif schon bedeutend ermäßigt, und zwar 1895 auf 1,2 Pfg.

Außerdem ist in dem Vertrage bestimmt, daß die beiderseitigen Einfuhrwaren für den freien Verkehr zu denselben Bedingungen verfrachtet würden, wie die einheimischen. Wenn wir unsere Tarife herabsetzen, werden den russischen Waren dieselben ebenfalls zu gute kommen. Nur eine einzige Ausnahme besteht: auf der Strecke Myslowitz-Hof wird russisches Getreide billiger gefahren als wie deutsches. Während die sächsischen Bahnen von dem russischen Getreide denselben Satz erheben, wie vom einheimischen, fahren die preußischen Bahnen, um den Verkehr nicht an die österreichische Konkurrenzlinie über Eger zu verlieren, das russische Getreide billiger als die österreichischen Bahnen und zu einem niedrigeren Tarifsatze als das deutsche Getreide. Von Brody bis Hof über Franzensbad zahlt das russische Getreide pro Tonne 36,3 Mk., über Myslowitz durch Deutschland bis Hof aber nur 34,3 Mk.

Während aber deutsches Getreide von Myslowitz bis Hof 31,6 Mk. zahlt, wird das russische für 21,5 Mk. pro Tonne gefahren. Das sind Zustände, die nicht haltbar sind. Man sollte die Tarife lieber für deutsches Getreide verbilligen, dann würde der einheimische Verkehr den Ausfall an dem mit fremden Waren wider wett machen.

Außerdem wäre deutscherseits zu erwägen, ob es nicht, da Rußland höhere Nebengebühren für den Verkehr von den Grenz- und Hafenpunkten einzuführen im Begriff ist, dieselben Maßregeln ergreifen will. Sie wären infolge von Rußlands vexatorischem Vorgehen durchaus gerechtfertigt.

Nun sollen aber seit längerem zwischen den verschiedenen österreichischen

Bahnverwaltungen Verhandlungen schweben, um durch weitere Tarifherabsetzungen den auf reichsdeutscher Seite gewonnenen Vorsprung wieder einzu-
holen. — Vermutlich werden dann die preußischen und sächsischen Bahnen
ebenfalls wieder Ermäßigungen eintreten lassen, bis schließlich das russische
Getreide in Eger und Hof so billig zu haben ist, daß weder deutsches, noch
österreichisches Getreide mit dem russischen auch nur im entferntesten den
Wettbewerb noch aufrechtzuerhalten vermag. Die verschiedenen deutschen und
tschechischen Landwirtschaftstage, welche im letzten Jahre in Böhmen und
Mähren abgehalten wurden, haben daher auch ausdrücklich verlangt, die Regierung möge die Begünstigung des russischen Getreides auf den österreichischen
Bahnen unmöglich machen, und auch im Abgeordnetenhause wurde dieselbe
Forderung wiederholt gestellt. Der Ackerbauminister Graf Ledebur erklärte
jedoch anläßlich des Empfanges einer landwirtschaftlichen Abordnung, **daß
auf österreichischer Seite in der Angelegenheit deshalb
nicht viel getan werden könne, da die deutschen Bahnen dem
russischen Getreide noch niedrigere Frachtsätze gewährten.**
Nachdem nun aber die reichsdeutschen Landwirte hiergegen in nachdrücklicher
Weise Einsprache erhoben haben, so würde man nach den Versicherungen von
Personen, welche mit den Ansichten des österreichischen Ackerbauministers wohl
vertraut sein dürften, an diesseitiger maßgebender Stelle wohl nicht abgeneigt
sein, die Frage durch ein Übereinkommen mit der deutschen Reichsregierung
zu regeln. Nach dieser Auffassung müßten für die Beförderung des russischen
Getreides auf den beiderseitigen Bahnlinien bestimmte Normen aufgestellt
werden, welche ein gegenseitiges Unterbieten in den Frachtsätzen ausschließen.
Allerdings wäre die Durchführung auf österreichischer Seite eine nicht ganz
leichte, da in Böhmen und Mähren fast nur Privatbahnen in Frage kommen.
Indessen braucht darum der Versuch, eine Vereinbarung zustande zu bringen,
nicht schon im voraus als ein aussichtsloser betrachtet zu werden; nur müßte
wohl der erste Schritt in der Angelegenheit von reichsdeutscher Seite erfolgen. —

In welch eigenmächtiger und rücksichtsloser Weise Rußland in Bezug
auf das Tarifwesen verfährt, das beweist folgendes, in der National-Zeitung
vom 7. Juli 1896 mitgeteiltes Verfahren:

Zum Frachtverkehr mit Rußland.

„Unter dieser Aufschrift hatten wir in der Morgenausgabe vom 16. Mai
einen Artikel veröffentlicht, worin u. a. die Aufmerksamkeit auf eine in der
russischen Tarifsammlung Nr. 735 vom 27. April a. St. bekanntgegebene,
unseren Handel und Verkehr nach Rußland in hohem Grade schädigende Verordnung hingelenkt wurde, vermöge welcher bei dem Grenzumkartierungsver-
kehr die vollen lokalen Nebengebühren für ankommendes und abgehendes

Gut von den russischen Bahnen erhoben und so dem Effekt nach die gegenwärtig bestehenden Grenzumkartierungs= (Transito=) Tarife illusorisch gemacht werden sollen.

Aus Oberschlesien wird uns nun geschrieben:

Diese wichtige und in unsere Exportverhältnisse tief einschneidende Angelegenheit hat inzwischen eine interessante Entwickelung genommen. Zunächst hatten die deutschen Bahnverwaltungen gegen die erwähnte Verordnung, welche — nebenbei bemerkt — mit dem russischen Gesetz (s. Nachtrag zu Art. 68 der all. russ. Eisenbahnvorschriften) nicht ganz vereinbar ist, in Petersburg vergebens Vorstellung gemacht. Es wurde lediglich — und dies auch nur aus formellen Gründen — die Wirksamkeit dieser Verordnung bis zum 3. 15. August l. J. aufgeschoben, ihre Beseitigung aber nicht erreicht. Offenbar war man von der Anschauung beherrscht, es handle sich hier um interne russische Maßnahmen, denen gegenüber man höchstens Wünsche äußern, auf die man aber keine weitere Ingerenz üben könne. Dabei schien man eines übersehen zu haben: das in dieser Verordnung seitens des russischen Eisenbahn=Departements zur Anwendung gebrachte Prinzip hat auch eine Kehrseite, und was beim Import nach Rußland recht ist, muß beim Export aus Rußland billig sein. Wenn Transporte, die bis zu einem Grenzübergangspunkte gestellt, daselbst von der Partei nicht in Empfang genommen und ohne Umladung auf Grund eines Anschlußfrachtbriefes bis zum endgiltigen Bestimmungsort weiter rollen, als Lokosendungen behandelt und mit höheren, d. h. mit nach dem russischen Tarifsystem für solche Relationen zulässigen höchsten Taxen beschwert werden, so muß offenbar bei den in umgekehrter Richtung aus Rußland gehenden in gleicher Weise kartierten Gütern der gleiche Gebühren=Berechnungsmodus Platz greifen, zumal wenn man nicht durch eine in die Augen springende Inkonsequenz den Gedanken erwecken will, daß die in dieser Tarifmaßnahme gelegene Schädigung des Importes nach Rußland eine bewußte und tendenziöse sei. Die russischen Exportinteressenten waren sich darüber auch sofort klar und richteten an ihre Regierung eine dringende Bitte um Beseitigung jener Verfügung, indem sie ihre Anwendbarkeit auch auf den russischen Export als selbstverständlich ansahen und darauf hinwiesen, daß in anbetracht der unumgänglichen Notwendigkeit des Grenzumkartirungsverkehrs eine Vertheuerung oder Erschwerung desselben einer allgemeinen Mehrbelastung und Erschwerung der russischen Ausfuhr überhaupt gleichkommen würde. Den Petenten ward auf telegraphischem Wege der Bescheid, daß die beregte Verordnung sich nur auf Importgüter, nicht aber auf Exportgüter beziehe.

Hervorzuheben ist in dieser Antwort zunächst die Promptheit, mit der man in Rußland von wirtschaftlichen Kreisen erhobene Petita zu erledigen und Beunruhigungen zu beseitigen bestrebt ist. Interessant ist ferner das

stillschweigende Zugeständniß, daß die Möglichkeit der Benutzung des Um-
kartierungsverkehrs ohne Mehrkosten an Fracht und anderen Gebühren in
der That eine Lebensbedingung des gegenseitigen Warenaustausches ist, und
die vielerwähnte Verordnung durch Aufhebung dieser Möglichkeit diesen Waren-
austausch beeinträchtigt, soweit sie ihre Wirkung übt.

Wenn aber diese Enunciation eine Beruhigung der russischen Getreide-
exporteure dadurch herbeizuführen sucht, daß sie glauben machen will, es sei
in der Macht der russischen Eisenbahnen gelegen, die erwähnte Wirkung der
Verordnung auf den Import nach Rußland einzuschränken und vom Export
aus Rußland fernzuhalten, so liegt, wenn diese Gesuchserledigung nicht etwa
nur den Charakter eines augenblicklichen, die endgiltige Entscheidung vorbe-
haltenden und etwa zugleich als Versuchsballon dienenden Expediens hat, entschieden eine Verkennung der Sachlage vor. Denn wie man auch vom Standpunkte des gegenseitigen wirtschaftlichen Verpflichtungsverhältnisses über die
Zulässigkeit der russischerseits beabsichtigten differentiellen Behandlung des
Importes und Exportes überhaupt denken mag, so darf vor allem nicht übersehen werden, daß, wenn russischerseits der Umkartierungsverkehr einmal, sei
es in welchem Umfange, immer durch Berechnung der erwähnten Mehrgebühren
zu einem Lokalverkehr gestempelt wird, ipso facto eine Verschlechterung der
Verfrachtungsverhältnisse der russischen Ausfuhrartikel gegenüber dem gegenwärtigen Zustand eintreten muß.

Die notwendige Konsequenz der erwähnten Auffassung wird nämlich zunächst die sein, daß bei Getreidetransporten ab Grenzübergangspunkten wie
Alexandrowo und Sosnowice nach deutschen Stationen deutscherseits die Taxen
nicht nach den Normen des Durchlauf= resp. Transitoverkehrs, sondern nach
den Normalsätzen des deutschen Lokalverkehrs werden bemessen werden.

Hier steht auch Deutschland wieder auf autonomem Boden und kann
überdies in allen Fällen auf den russischen Export ebenso einwirken, wie Rußland auf den deutschen, ein Verhältnis gegenseitiger Freiheit und gegenseitiger
Abhängigkeit, das ja bei den wirtschaftlichen Beziehungen zweier Staaten das
naturgemäße ist. Will also die russische Regierung den zum Ausdruck gebrachten Wünschen der russischen Exportinteressenten Rechnung tragen — und
wie könnte das anders sein? — so wird wohl kein anderer Weg sich bieten,
als den status quo vollständig aufrecht zu halten, dem von den Bahnen in-
tendierten Gebührenberechnungsmodus die Genehmigung zu versagen und die
Aufhebung einer Tarifmaßnahme anzuordnen, welche niemandem Nutzen bringt
und russische und deutsche Handelsinteressen gleicherweise schädigt. Jedenfalls
aber wird es die Aufgabe unserer Regierung sein, die Entschließungen der
russischen nicht ruhig abzuwarten, sondern in der Erwägung, daß jedenfalls
zunächst und unmittelbar eine Beeinträchtigung der deutschen Exportinteressen
vorliegt, mit allen zu Gebote stehenden Mitteln dahin zu wirken, daß die in

Frage stehende Verfügung weder vom August an noch überhaupt in Kraft tritt und daß das Prinzip der vollständigen Gleichstellung der Tarife im direkten und Umkartierungsverkehr inklusive aller Nebengebühren als der einzige Schutzwall gegen die fortwährenden Beunruhigungen und Bedrohungen der gegenseitigen Handelsbeziehungen unverrückbar festgestellt, bezw. festgehalten werde."

Kapitel VI.

Das Konsulatswesen. Die Kolonialpolitik.

Die Konsuln sind Beamte, welche die Staaten nach anderen Ländern senden, resp. dort ernennen, um die Interessen ihrer Staaten und aller Staatsangehörigen, insbesondere die Handelsinteressen, zu vertreten. Sie sind entweder Berufs-Konsuln, d. h. vorgebildete Staatsbeamte, oder Wahl-, kaufmännische Konsuln.

Von den polizeilichen, standesamtlichen und richterlichen Befugnissen der Konsuln sehen wir hier ab; uns interessieren hier nur die Aufgaben der Konsuln zur Förderung der Handels- und Verkehrsbeziehungen.

Damit die Konsuln diese ihre Aufgaben nach jeder Richtung hin erfüllen können, müssen folgende Voraussetzungen gegeben sein und folgende Forderungen aufgestellt werden:

1. Die Konsuln müssen eine entsprechende Vorbildung erhalten, damit sie ihren volkswirtschaftlichen Aufgaben gewachsen sind.
2. Den wichtigeren Konsulaten müssen ökonomische Sachverständige beigegeben werden, welche sich — wie auch die Konsuln — mit den wirtschaftlichen Verhältnissen der betreffenden Länder vertraut zu machen und mit den heimischen und fremden Handelskreisen enge Fühlung zu halten haben.
3. Die Konsuln, resp. die betr. Sachverständigen haben halbjährliche umfassende Berichte über die Finanzen, die Produktion und den Handelsverkehr der betr. Länder zu liefern. Dieselben sind sofort im Handelsarchiv bekannt zu machen.

Abgesehen von einzelnen Ausnahmen ist die Ausbildung unserer Konsuln keine den Verhältnissen entsprechende. Die meisten sind Juristen, Bürokraten, deren volkswirtschaftliche Ausbildung nur als Nebensache betrachtet wird. Sie sehen daher mehr auf ihre juristischen Aufgaben, fühlen sich als Vertreter ihrer Regierung und betrachten ihren Posten vielfach nur als Durchgangsstadium für den diplomatischen Dienst oder die Anstellung im auswärtigen Amt, umsomehr als sie ihre Stellung oft wechseln und hin und her versetzt werden. Die Fühlung mit den betr. Handelskreisen ist daher vielfach nur gering, da das Interesse und häufig auch das Verständnis für die wirtschaftlichen Dinge fehlt.

Auch die Anstellung von wirtschaftlichen Sachverständigen ist erst noch in den Anfängen begriffen, — es sind für dieselben für Rußland, Amerika, England, Frankreich und die Donauländer bare 75 000 Mk. ausgeworfen. Wir sind eben zu spät in den internationalen Verkehr eingetreten und sind daher in diesen Dingen hinter den anderen Nationen weit zurückgeblieben.

Dies tritt denn auch augenfällig hervor, wenn wir unsere Konsulats=berichte, wie sie im Handelsarchiv veröffentlicht werden, mit denen anderer Nationen, insbesondere der Engländer vergleichen.

Der Inhalt unserer Konsulatsberichte ist äußerst dürftig und meistens geradezu unverwertbar. Der allgemeinere Überblick, die Schilderung der wirtschaftlichen Lage des ganzen Landes, der Finanzen, des Gesamthandels fehlen in den meisten Berichten. Meistens findet man nur dürftige, nackte Zahlen über den Handelsverkehr der einzelnen Konsulats=bezirke.

Wie anders nimmt sich dagegen ein englischer Konsulatsbericht über China, Japan, Mexiko 2c. aus, welchen die ganze Welt mit Spannung erwartet. Alles das, was in unseren Berichten fehlt, das findet man da.

Die Engländer sind eben in allen ihren Dingen praktische Leute. Das lernt man erst recht erkennen, wenn man längere Zeit im Auslande gelebt hat. Die Engländer legen das Hauptgewicht der Ausbildung ihrer Konsuln auf die Erlangung praktischer wirtschaftlicher Kenntnisse. Der englische Konsul ist kein Bürokrat, er ist ein Volkswirt, der in engste Fühlung mit den Handelskreisen tritt. Er benützt die ihm von dorther zugehenden Informationen, er verwertet aber auch die offizielle Statistik der betr. Länder, die er sich eben zugänglich macht. Das deutsche Konsularwesen ist nicht aus dem Leben herausgewachsen wie das englische, es ist zu sehr vom juristischen Bürokratismus angekränkelt und überwuchert, es leistet deshalb auch nicht, was es leisten sollte und auch könnte, wenn es besser organisiert und eingerichtet würde.

Die Reform des Konsularwesens hat sich daher zu erstrecken auf die Vorbildung der Konsuln, welche in erster Linie Volkswirte sein müssen, und auf ihre Thätigkeit, sowie auf die viel weitergehende Anstellung von Sachverständigen. Dann wird auch eine gründliche Reform

7*

des Berichtwesens möglich sein, das für die in der Heimat lebenden Handelskreise doch die Hauptsache ist.

Die Zahl der deutschen Konsulate betrug nach der Reichs- statistik:

		Konsularbehörden	Darunter Berufs- konsulate	Konsularbeamte
in Europa	1895	372	39	451
	1890	371	39	440
in Asien	1895	68	23	91
	1890	66	23	84
in Afrika	1895	53	9	72
	1890	56	10	69
in Amerika	1895	181	15	206
	1890	161	11	182
in Australien	1895	17	2	21
	1890	16	2	20
Zusammen	1895	691	88	841
	1890	670	88	795

Demnach haben die wichtigen kaufmännischen (Wahl-) Konsulate seit 1891 um 21 zugenommen. Das ist gewiß sehr erfreulich; dagegen betrug 1895 die Zahl der Attachés, unter denen sich doch wohl die den Konsulaten beigegebenen wirtschaftlichen Sachverständigen befinden, nur 11. Hier ist noch viel nach- zuholen, die Zahl dieser Sachverständigen muß bedeutend vermehrt werden.

Der Verein zur Wahrung der gemeinsamen wirthschaftlichen Interessen in Rheinland und Westfalen hat an den Regierungspräsidenten von Düssel- dorf auf dessen Aufforderung hin eine Eingabe gerichtet, die sich mit der Reform des Konsulatswesens beschäftigt:

In der Eingabe wird in erster Linie betont, daß die Handelsberichte der deutschen Konsulate im Handels-Archiv vielfach so verspätet erscheinen, daß sie von neueren Thatsachen längst überholt sind und daß für Handel und Industrie irgend welcher Nutzen aus ihnen nicht zu ziehen ist. Sodann wird bemängelt, daß die amtlichen Berichte oft nicht zutreffend sind und zum Beweise dafür auf Berichte über die Ausfuhr der chemischen Industrie Deutschlands ver- wiesen. Sodann wird betont, daß die Geschäftsführung der deutschen Kon- sulate, von rühmlichen Ausnahmen abgesehen, durchweg bürokratisch sei. Es zeige sich dies namentlich da, wo es sich darum handele, den deutschen Firmen in besonderen Fällen, sei es durch Information, sei es durch Wahrnehmung von Geschäften, am Platze behilflich zu sein. Die französischen und belgischen sowie die italienischen und schweizerischen und im ganz besonderen Maße die Konsuln der Vereinigten Staaten hätten viel mehr Fühlung mit den indu- striellen und Handelskreisen ihrer Länder. Es wird gewünscht, daß durch eine andere Vorbildung der Berufskonsuln diesem Uebelstande abgeholfen werde. Die Berufskonsuln seien wohl juristisch genügend vorgebildet, dagegen fehle ihnen vielfach die praktische Erfahrung, die sie befähige, zu erkennen, welche Maßnahmen in jedem Augenblicke erforderlich seien, um dem Handel und der Industrie des Heimatlandes voranzuhelfen. Sie seien auch im einzelnen zu wenig unterrichtet, um der praktischen Bedeutung eines sich bietenden Geschäfts, einer anderen Gewerbsrichtung oder der Einführung eines neuen Verkehrsmittel, kurzum jeder wichtigen Neuerung in Handel und Industrie sofort die richtige Bedeutung für den Handel und die Industrie des Heimatslandes abzulauschen. Deshalb thue es unbedingt not, daß die Konsuln und deren Beiräte eine mehr praktische Schule im Handel und Verkehr durchgemacht haben müssen, bevor sie in eine so verantwortungsvolle Stellung übertreten, wie es das Konsulat ist.

Ebensowenig wie das Konsulatswesen befriedigt auch die deutsche Kolonialpolitik — zunächst in historischer Beziehung. Denn, abgesehen von einzelnen früheren Kolonialerwerbungen, die aber wieder verloren gegangen sind, beginnt die amtliche deutsche Kolonialpolitik erst im Jahre 1884, und auch da noch nicht als eine okkupierende, sondern nur als eine die kaufmännischen Unternehmungen unterstützende. Wir kommen darauf später zurück. Zunächst müssen wir einen Augenblick bei dem Begriff und dem Zweck der Kolonisation verweilen.

Der Begriff und die Klassifikation der Kolonien steht noch nicht allgemein fest. Roscher findet das Kriterium der Kolonie in der Besitznahme eines jungen Landes durch einen Teil eines älteren Volkes; er unterscheidet daraufhin: Eroberungskolonien, Handelskolonien, Ackerbaukolonien, Pflanzungskolonien.

Hübbe-Schleiden unterscheidet von dem Kriterium der Kolonisationstechnik aus Kolonien, d. h. Ansiedelungen zur Bebauung rc., und Kultivationen, d. h. tropische Herrschaftsgebiete, welche von den Kulturvölkern durch die Eingeborenen kultiviert und ausgenutzt werden.

Schäffle definiert die Kolonisation als Volksentwickelung von höherer auswärtiger Gesittung aus durch Niederlassung von Bevölkerungsteilen. Die wichtigste Einteilung der Kolonien findet Schäffle in dem Kriterium der 5 Kulturstufen (Wilde, Jäger und Hirten, Ackerbau, Industrie, Handel).

Schäffles Definition und Klassifikation deckt sich also im wesentlichen mit derjenigen von Roscher, vertieft und erweitert sie nur.

Während Roscher und Schäffle immer eine Ansiedelung annehmen, unterscheidet Hübbe-Schleiden eine wirkliche dauernde Niederlassung zum Zwecke der Bewirtschaftung des Landes und zweitens eine die Personen wechselnde Oberherrschaft über Tropengebiete.

Und in der That, die Hübbe-Schleidensche Einteilung dürfte die richtige sein. In letzter Linie ist die ganze Welt durch Kolonisation bevölkert und kultiviert. Die Bevölkerung der Erde — denn das Wandern der Hirten- und Jägervölker ist keine Kolonisation — ist von den Tropen ausgegangen nach kälteren Klimaten. Sobald man dort seßhaft geworden und zum Acker- bau übergegangen ist, ist jedes weitere Vordringen von ganzen Völkern oder Volksteilen in unbekannte Gebiete ein Akt der Kolonisation, mag nun dieses Vordringen durch Übervölkerung oder Nachdrängen anderer Stämme oder durch reinen Wandertrieb bewirkt sein.

Später im Zeitalter der Weltreiche geschieht die Kolonisation als Aus- dehnung des Herrschergebietes teils als wirkliche Kolonisation, teils als Be- herrschung der unterworfenen Völker, also als Kultivation.

Die seit Beginn der Neuzeit, namentlich seit der Entdeckung Amerikas, anhebende Kolonieerwerbung der Spanier, Portugiesen, Holländer und Eng- länder ist teils Kolonisation, teils Kultivation, so besonders im Anfang.

Kolonisation im weiteren Sinne ist somit Besitzergreifung eines Landes oder eines Landesteils, teils friedlich, teils mit Gewalt, um das betr. Land oder den Landesteil wirtschaftlich auszunutzen, entweder unter Duldung, Zulassung seitens der Eingesessenen oder unter Gleichberechtigung mit denselben, oder unter Unterwerfung derselben.

Kolonisation im e. S. ist die Bebauung eines Landes oder Landesteils durch sich ansiedelnde fremde Völkerteile (oder auch eigene Völkerteile, so bei der inneren Kolonisation), Kultivation ist die wirtschaftliche Ausnutzung von Tropengegenden durch Kulturvölker vermittels der eingeborenen Bevölkerung.

Kolonien sind auswärtige Herrschaftsgebiete von Staaten, welche ent- weder durch ausgewanderte Staatsangehörige bebaut oder durch hingesendete Staatsangehörige verwaltet werden. Es sind entweder eigentliche Ansiedelungs- gebiete oder nur Herrschaftsgebiete.

Die Kolonien stellen eine Macht-, eine Gebietserweiterung des Herrschafts- staates dar. Sie sind für die dichtbevölkerten europäischen Kulturstaaten, falls dieselben ihre Weltmachtstellung behaupten wollen, gerade zu eine Notwendig- keit, und zwar aus folgenden Gründen: einmal wird der Raum in den alten Kulturstaaten immer enger. Die Übervölkerung in allen Klassen wird immer größer, namentlich auch in den mittleren Schichten; es wird immer schwerer, ein Unterkommen zu finden.

Die Auswanderer, welche den Kampf ums Dasein in der Fremde für leichten halten, gehen, wenn sie nicht in Kolonien sich niederlassen können, dem Mutterlande verloren, während andererseits die Länder mit reichem Kolonialbesitz, wie England, die Auswanderer als Staatsangehörige festhalten.

Bisher ging der Strom der Auswanderer namentlich nach den Ver- einigten Staaten, Brasilien, Argentinien und Australien. Nach Dr. W. Beukemann „Die Auswanderung über Hamburg in den Jahren 1887 bis 1894 nebst Beiträgen zur deutschen und internationalen Wanderung", im 17. Heft der Statistik des hamburgischen Staates sind bis 1891 3575000 im Ausland lebende Deutsche gezählt. Im ganzen werden aber wohl 4—5 Millionen Deutsche im Auslande leben — ohne die von diesen im Auslande erzeugten Kinder und Nachkommen.

In die Vereinigten Staaten sind von 1819--94 17756000 Personen eingewandert. In der Zeit von 1861—93 gab Europa 10864990 an die Vereinigten Staaten ab unter 12224928 Einwanderern. Am stärksten waren daran beteiligt England, Deutschland, Skandinavien und seit den 80er Jahren auch Rußland, Österreich-Ungarn, Italien. Nach Brasilien wandern hauptsächlich Italiener, Portugiesen und Spanier aus; nach Argentinien namentlich Italiener (1857—93 : 855293), Spanier (246405), Franzosen (143678), Engländer (30796), Deutsche (21506); nach Australien fast ausschließlich Engländer.

Zum Schluß gibt Dr. Beukemann eine interessante Übersicht über das Wachstum der Bevölkerung in den Einwanderungsländern in den Jahrzehnten 1870,80 und 1880,90. In Prozenten ausgedrückt, betrug in den genannten Zeiträumen die Bevölkerungszunahme in Britisch-Nord-Amerika 16,9 (1870,80) und 17,0 (1880,90); in den Vereinigten Staaten 29,6 und 24,8; in Mexiko 12,7 und 9,1; in Brasilien 16,4 und 16,1; in Argentinien 56,7 und 38,2; in Uruguay 9,6 und 66,8; in Chile 20,0 und 27,7; im übrigen Amerika 17,6 und 14,6; in Australien 48,0 und 33,4; in Kapland 37,9 und 95,6; in Natal 88,7 und 47,3; in Basutoland 120,0 und 65,8; in Transvaal 28,3 und 26,6.

Während die Größe Gesamt-Englands, seine Bevölkerung und seine Macht stetig anschwillt, bleibt Deutschland, das keine derartigen Kolonien besitzt, dahinter weit zurück.

Englands Macht weitet sich beständig aus und umspannt die ganze Welt, Deutschland bleibt in der Hauptsache auf seine Grenzen beschränkt. England schöpft überall das Fett ab und vergrößert den Spielraum für die Thätigkeit seiner Volksangehörigen, in Deutschland verengt sich immer mehr Luft und Raum für den einzelnen; daher die viel größere soziale Unzufriedenheit in Deutschland, die beständig wächst und sich immer weiterer Kreise bemächtigt.

Seit 1815 hat sich die Bevölkerung Deutschlands mehr als verdoppelt; haben sich die Kolonisationsfeinde wohl schon jemals klar gemacht, wo das hinaus soll! Aber leider ist der deutsche Schlafrockphilister immer noch nicht imstande, seine Augen aufzumachen und über die Grenzpfähle Deutschlands hinauszuschauen. Schade, daß man nicht solche Leute auf Regimentsunkosten zwei Jahre lang um die Erde segeln lassen kann, dann würden sie einsehen, was uns fehlt und was uns so not thut.

Man denke, erst im Jahre 1884 haben die maßgebenden Kreise Deutschlands sich zu dem aufgeschwungen, was Portugal und Spanien schon im 16. Jahrhundert, Holland und England auch bald darauf begriffen hatten, daß Kolonien nicht bloß bereichern, sondern auch, falls das Mutterland überhaupt Lebenskraft besitzt, die Macht desselben vermehren.

Die traurigste Folge der inneren Zerrissenheit Deutschlands ist seine Weltentfremdetheit. Auch nach den Großthaten von 1866 und 1870/71 ist es an wirklicher Weltmacht außerhalb Europas noch lange nicht mit England und Frankreich zu vergleichen, es ist immer noch der Kulturburg der anderen Nationen.

Der Deutsche gilt im Auslande immer noch wenig im Vergleich zu einem Engländer. He is a German, klingt immer noch in einem gewissen mitleidigen Ton.

Wir besitzen noch keinen Nationalstolz, wir sind noch lange nicht das, was wir sein könnten, wenn wir bald nach 1871 aus unserer engen Atmosphäre herausgetreten und Kolonialpolitik getrieben hätten.

Es ist fast unbegreiflich, wie sich die politischen Kreise so lange gegen die Kolonialpolitik sträuben konnten, als ob das ein neuer Gedanke gewesen wäre! Hatten sie nicht Englands und Frankreichs Erfolge vor Augen!

Als man dann 1884 endlich dem Drängen nachgab, war die Erde schon fast verteilt, wir mußten mit einigen Brocken fürlieb nehmen.

Die etwaige Entschuldigung, die man für diese traurige Thatsache anführen kann, ist die, daß uns Deutschen infolge unserer traurigen Vergangenheit die innere aus dem Nationalbewußtsein hervorwachsende Volkskraft und damit die Kolonisationskraft abhanden gekommen ist. Können wir doch nicht einmal mehr den Osten Deutschlands gegen das Slaventum behaupten, gelingt doch nicht einmal die innere Kolonisation des Ostens!

Wenn wir die einzelnen Länder mit ihren Kolonialbesitzungen zusammenstellen, so rangiert Deutschland bezüglich des Flächenraumes als drittes, bezüglich der Bevölkerung aber als sechstes Land. Es besitzen an Kolonien:

England.	Frankreich.	Deutschland.	Portugal.	Niederlande.	Spanien.	Italien.	Dänemark.
			1000 qkm.				
29 022	3 577	2641	2146	2109	1137	247	359
			Bevölkerung (Tausende:)				
335 678	38 250	7350	12 241	32 784	9903	195	33
1)	2)	6)	4)	3)	5)	7)	8)

England hat ein elfmal so großes Kolonialgebiet wie Deutschland mit einer 44 mal größeren Bevölkerung.

Wenn wir uns oben unbedingt für Kolonialerwerb ausgesprochen haben, so möchte es jetzt allerdings am Platze sein, eine Einschränkung zu machen. Alle fortschreitenden, lebenskräftigen Völker sollen bei Zeiten daran denken, Raum für ihre Volksvermehrung zu schaffen, das kann nur geschehen durch Kolonialerwerbungen. **Aber nicht alle Völker sind dazu zu allen Zeiten geeignet und fähig.** Staaten, welche noch nicht die innere Konsolidierung erreicht, welche mit inneren politischen und finanziellen Schwierigkeiten zu kämpfen haben, stürzen sich durch ihre Kolonialpolitik meistens in Gefahren, deren Überwindung mit den dadurch erzielten Resultaten keineswegs in Einklang steht, resp. die den betreffenden Staaten über den Kopf wachsen.

Rückgängige Staaten, wie Spanien und Portugal, empfinden ihren Kolonialbesitz, den zu behaupten, ihnen immer schwerer wird, nach und nach als eine Last. **Nur starke, lebenskräftige Völker werden auf die Dauer für die Kolonisation befähigt sein,** und sie werden später das Erbe der zurückgehenden Staaten antreten. Solange noch eine Auswahl gegeben ist, sind die Siedelungskolonien, wohin eine beträchtliche Auswanderung möglich ist, den bloßen (tropischen) Herrschaftskolonien vorzuziehen. Sind letztere noch gar nicht kultiviert, dann werden die finanziellen Vorteile derselben nicht sehr bedeutend sein.

Deutschland darf bezüglich seiner Kolonien den wirtschaftlichen Nutzen nicht in die erste Reihe stellen; es muß seine jetzigen Kolonien, die ja mit Ausnahme von Südwestafrika sämtlich Tropengebiete sind, mehr als **Übungsstätte und Objekt für sein bisher ungepflegtes Kolonisationstalent** betrachten, damit es, wenn in Zukunft die **unausbleiblichen Macht- und Herrschaftsverschiebungen** eintreten, mit fertigem Talent und ausgebildeten Kräften auf dem Welttheater auftreten kann.

Wenn auch das Reich bisher noch Zuschüsse zu der Verwaltung unserer Schutzgebiete leisten muß, so fällt das gar nicht ins Gewicht gegenüber dem Wert der Erfahrungen, die wir uns dadurch sammeln.

In der dem amtlichen „D. Kol.-Bl." begefügten Sonderbeilage über „die aus den deutschen Kolonien exportierten Produkte und deren Verwertung in der Industrie", beziffert Dr. O. Warburg die Gesamtausfuhr unserer Kolonien in der Gegenwart auf 14073000 Mark. Davon entfallen auf Ostafrika 4590000 Mk., auf Kamerun 4448000 Mk., auf Togo 2894000 Mk., auf Südwestafrika 872000 Mk., auf Neu-Guinea und den Bismarck-Archipel 776000 Mk. und auf die Marshallinseln 493000 Mk.

Dr. Warburg unterscheidet die Ausfuhr pflanzlicher und tierischer Erzeugnisse. Jene berechnet er auf 10464000 Mk., diese auf 3609000 Mk.

Die einzelnen Kolonien sind an der Ausfuhr pflanzlicher und tierischer Er=
zeugnisse wie folgt beteiligt: Ostafrika 2 339 000 und 2 251 000 Mk., Kamerun
3 994 000 und 454 000 Mk., Togo 2 892 000 und 2000 Mk., Südwestafrika
20 000 und 852 000 Mk., Neu=Guinea und der Bismarckarchipel 731 000 und
45 000 Mk., die Marshallinseln 488 000 und 5000 Mk. Bei der Ausfuhr
pflanzlicher Erzeugnisse, deren Wert, wie bemerkt, auf 10 464 000 Mk. be=
rechnet wird, kommen in erster Linie Palmkerne und Palmöl mit
5 217 000 Mk. in Betracht (davon 2 441 000 Mk. aus Kamerun, 2 776 000 Mk.
aus Togo); es folgt Kautschuck mit 2 013 000 Mk. (davon 593 000 Mk.
aus Ostafrika, 1 304 000 Mk. aus Kamerun und 116 000 Mk. aus Togo),
Kopra einschließlich Kokosnüsse mit 1 114 000 Mk. (davon aus Ostafrika
218 000 Mk., aus Kamerun 2000 Mk., aus Neu=Guinea 406 000 Mk. und
von den Marshallinseln 488 000 Mk.), Tabak mit 421 000 Mk. (davon
242 000 Mk. aus Ostafrika, 24 000 Mk. aus Kamerun, 155 000 Mk. aus
Neu=Guinea), Reis mit 375 000 Mk. (ausschließlich aus Ostafrika), Hirse
mit 202 000 Mk. (ebenfalls ausschließlich aus Ostafrika), Sesam aus Ost=
afrika mit 192 000 Mk., Kopal mit 191 000 Mk. (davon 185 000 Mk. aus
Ostafrika und 6000 Mk. aus Kamerun). Der Wert der Ausfuhr von Ka=
kao aus Kamerun belief sich auf 137 000 Mk., von Kaffee auf 52 000 Mk.
(50 000 Mk. aus Ostafrika, 2000 Mark aus Kamerun). Bei der Ausfuhr
tierischer Produkte, deren Wert sich, wie oben bemerkt wurde, auf 3 609 000 Mk.
belief, steht obenan Elfenbein mit 2 552 000 Mk. (davon 2 095 000 Mk.
aus Ostafrika, 454 000 Mk. aus Kamerun, 1000 Mk. aus Togo, 2000 aus
Südwestafrika). Hiernach folgt lebendes Vieh mit 776 000 Mk. (26 000 Mk.
aus Ostafrika, 750 000 Mk. aus Südwestafrika), Felle und Häute mit
75 000 Mk. (20 000 aus Ostafrika, 1000 Mk. aus Togo und 54 000 Mk.
aus Südwestafrika), Straußfedern aus Südwestafrika mit 40 000 Mk.

Den vorstehenden Zahlenangaben wurde im allgemeinen die Ausfuhr im
Jahre 1894 zu Grunde gelegt, für Ostafrika wurde für Getreide, Hülsen=
früchte, Zucker und Kopra des Heuschreckenfraßes halber auf das Jahr 1893
zurückgegriffen, die Zahlen für das Neu = Guinea = Schutzgebiet beruhen auf
Schätzung, da eine geregelte Statistik für dieses nicht vorhanden ist. Da sich
die Zahlen für die afrikanischen Schutzgebiete nur auf die Ausfuhr zur See
beziehen und auch als solche sicherlich noch unvollständig sind, so sind sie
eher zu niedrig als zu hoch gegriffen. Die Kürze der Zeit, die seit der Er=
werbung unserer Kolonien erst vergangen ist, bringt es mit sich, daß bei der
Ausfuhr bisher vor allem deren Urproduktion zur Geltung kommt. Gerade
die bedeutendsten Ausfuhrartikel, wie Elfenbein und Kautschuk gehören dazu,
im gewissen Sinne auch Palmkerne und Kopra, da die Ölpalme in Ostafrika
nur geschont, aber nicht gepflanzt wird und auch die Kokospalme in unseren

Kolonien erst neuerdings in größere Plantagenkultur gebracht wurde, während die bisher von dort ausgeführte Kopra fast ausschließlich von halbwild wachsenden Palmen stammt. Über die zukünftige Gestaltung der Ausfuhr aus unseren Kolonien sagt Dr. Warburg:

Immerhin ist auch diese Urproduktion, wenigstens bei den meisten Roh= stoffen, noch einer großen Ausdehnung fähig durch Erschließung der Hinter= länder und bessere Ausnutzung der Produkte, auch ist ein Export anderer bisher in unseren Kolonien nicht oder kaum benutzter Rohstoffe mit Sicherheit zu erwarten. Nur wenige der bisher exportierten Urprodukte werden durch Erschöpfung eine baldige Abnahme zeigen, vor allem das Elfenbein, die Federn des wilden Straußes, vielleicht in nicht allzu ferner Zeit auch der Kautschuk; für die beiden letzten Produkte ließe sich aber wohl ein Ersatz durch Züchtung und Kultur schaffen. Gänzlich ungewiß ist es, wie weit die Kopalgewinnung reicht und ob sie auf künstliche Weise vermehrt werden kann. Eine zunehmend steigende Bedeutung werden die Produkte der Eingeborenenkultur und des europäischen Plan= tagenbetriebes für den Export erlangen. Von ersteren kommen bisher nur die Getreidearten und Hülsenfrüchte, einige Genußmittel sowie Ölsamen (Sesam, Erdnuß) in Betracht, daneben sehr geringe Quantitäten von Produkten der Viehzucht; letztere beginnen erst in den allerletzten Jahren eine größere Rolle zu spielen, und zwar sind es bisher vornehmlich Kaffee, Kakao, Tabak und Baumwolle sowie etwas Vanille, denen sich bald Kopra, vielleicht Thee, Kardamom, Ingwer, Pfeffer ꝛc. hinzugesellen dürften.

Der Handel des Deutschen Reichs mit seinen Schutzgebieten hat sich folgendermaßen gestaltet: Es betrug (1000 Mk.):

	Einfuhr	Ausfuhr
1889	4680	5891
1890	5871	4264
1891	5944	6636
1892	4496	5835
1893	4668	5549
1894	4731	5539
1895	3487	5488

Der Gesamthandel beträgt also ca. 10 Millionen Mk. Das ist nur eine winzige Summe. Von einer Bereicherung durch unsere Kolonien kann also noch keine Rede sein. Am bedeutendsten ist der Handel mit Westafrika, aber auch der mit Ostafrika ist im Steigen begriffen.

Hamburgs Handel (inklusive des Zwischenhandels) mit den Schutz= gebieten stellte sich 1894 folgendermaßen:

	Einfuhr	Ausfuhr
Kamerun u. Togo	3814	3321
Ostafrika	612	1884
Südwestafrika	2	698
Marschallinseln	322	143
Bismarckarchipel	176	95
Neu-Guinea	1	43
1894	4927	6184
1893	4804	5277
1892	3698	5694
1891	4134	5688
1890	2404	2853

Unsere Kolonien sind entwickelungsfähig und entwickeln sich auch langsam, aber stetig, wie der Handelskammerbericht von Hamburg für 1894 ausführt.

„Der Tabakbau in Neu-Guinea nimmt zu und liefert vorzügliche Ware. In Deutsch-Ostafrika macht der Plantagenbau Fortschritte. Die endliche Unterwerfung Witbois wird auch in Deutsch-Südwestafrika eine friedliche Entwickelung möglich machen.

In allen unseren Kolonien, fährt der Bericht fort, wird indessen darüber geklagt, daß bei den Verwaltungen einerseits ein zu bürokratischer, andererseits ein zu militärischer Geist vorherrsche, wodurch das Entstehen und die Entwickelung gesunder wirtschaftlicher Unternehmungen oft behindert werde. Der Kaufmann muß in den Kolonien mehr unterstützt werden. Die Förderung des Baues von Eisenbahnen und ähnlicher Unternehmungen muß eine Aufgabe der Kolonialverwaltung sein. Die Bedeutung der englischen Kolonien ist zum Teil darauf zurückzuführen, daß ihre Verwaltung von jeher mehr von kaufmännischem Geiste getragen worden ist." In dem Berichte für 1895 heißt es dann dagegen:

„Der Handel in den deutschen Schutzgebieten hat sich in diesem Jahre einer ruhigen Entwickelung erfreut. Seitdem es der Reichsregierung gelungen ist, für die wichtigsten Stellen in der Verwaltung unserer Kolonien die besten und sachverständigsten Kräfte zu gewinnen, die mit ebenso viel Takt und Mäßigung wie Verständnis für die wirtschaftliche Entwickelung zu Werke gehen, hat sich das Vertrauen in eine gedeihliche Zukunft des deutschen Kolonialbesitzes merklich gehoben."

Das wäre eine sehr erfreuliche Wendung zum Besseren.

Deutschlands Kolonialbesitz beträgt ca. 2,6 Millionen qkm, ist also 4,8 mal so groß wie Deutschland selbst. Davon sind die etwa 835 000 qkm Deutsch-Südwestafrikas nach dem Gutachten Dr. Hindorfs in der amtlichen Denkschrift über das Schutzgebiet vom 20. Dez. 1894 ansiedelungsfähig; das Land ist für Ackerbau und Viehzucht sehr geeignet. Die jetzige eingeborene Bevölkerung beträgt etwa 2—300 000 Köpfe. Nach und nach wird das Land für Auswanderer immer aufnahmefähiger, später wird nach Dr. Hindorf die Besiedelung sehr schnell vor sich gehen können. Deutsch-Südwestafrika wird also ein wertvoller Besitz für uns werden können, namentlich auch hinsichtlich der Auswanderung.

In der „Post" vom 13. Juni 1896 erörterte Franz Joseph von Bülow die Frage:

Warum nimmt Südwestafrika keinen wirtschaftlichen Aufschwung?

Da diese Erörterungen auf das Wesen der Kolonialthätigkeit näher eingehen, wollen wir die Hauptgedanken dieses trefflichen Artikels hier mitteilen: „Seitdem Deutschland der glückliche Besitzer von Südwestafrika ist, wird diese Frage im Reichstage, in den Zeitungen und in kolonialen Beratungen aufgeworfen und stets dahin beantwortet, daß die unsicheren politischen Verhältnisse eine wirtschaftliche Eröffnung des Landes verhinderten. Diese Auslegung ist aber zu ihrem allergrößten Teile unrichtig, wie in dem Nachstehenden ausgeführt werden soll. Gewiß sind ungeklärte politische Verhältnisse vorhanden gewesen und sind es noch, und ohne Zweifel sind dieselben in einer gewissen Weise der wirtschaftlichen Förderung des Landes hinderlich; aber in dem speziellen Falle von Südwestafrika sind es doch hauptsächlich die Besitzverhältnisse und die Art der Besitzverwaltung, welche einer wirtschaftlichen Entwickelung feindlich gegenüberstanden. Der einzige zur Zeit unserer Besitzergreifung und auch jetzt noch vorhandene wirtschaftliche Faktor im Schutzgebiete, der Handel, hat während der räuberischen Einfälle Hendrik Witboois in das Hereroland floriert wie selten zuvor; denn die Hereros gaben gute Ochsen in Menge für Waffen und Munition her, und die ganze Beute der Hottentotten kam mit alljährlich 2—3000 Rindern und der doppelten Anzahl von Kleinvieh in den Handel."

„Wenn wir vorher behaupteten, daß die Besitzverhältnisse im Lande an der mangelhaften Entwickelung schuld wären, so sind damit natürlich die Besitzverhältnisse der Kolonialgesellschaften gemeint. Es war die Kolonialgesellschaft für Südwestafrika, welche als die erste hier in Frage kam, da sie die ursprüngliche Erwerberin unseres Schutzgebietes ist. Ihr Besitz bestand in dem unwirtlichen Küstengebiet vom Oranje bis an den Kunene, teils Dünensand, teils Steinwüste. Nur in dem Jan Jonkerschen Landstreifen zwischen Tsoachaub und Kuisib und in dem Kaokofelde besaß sie Land mit wirtschaftlicher Zukunft. Der eigentliche Wert ihres Besitzes beruhte aber in den Bergberechtigungen des Küstengebietes und des ganzen Hererolandes, welche letztere der Gesellschaft durch eine besondere Konzession des Oberhäuptlings Maharero Katjamuaha verliehen worden war. Da die Kaiserliche Regierung im Anfang beabsichtigt hatte, der Kolonial-Gesellschaft für Südwestafrika die Ausübung der Verwaltung zu überlassen, so befand sich die Gesellschaft stillschweigend im Besitz von Hoheitsrechten, welche ihr auch noch verblieben, als das Reich die Verwaltung des Landes bereits in die Hand genommen hatte."

„Die Kolonial-Gesellschaft ist die unumschränkte Beherrscherin ihres Gebietes; aber sie hat recht wenig hiervon, da keine Mineralien aufgefunden werden. Es ist aber wahrhaftig auch keinem Menschen zu verdenken, daß er nicht dort sucht, wo ihm kein verbrieftes Recht die Verwertung seines Fundes gewährleistet. Man ist ja gern bereit, anzunehmen, daß die Gesellschaft die allerkoulanteften Bedingungen für den Finder anbieten wird, sobald ihr ein Fund angemeldet wird; aber wer mag sich in Südwestafrika auf diese Koulanz der in Berlin sitzenden Direktoren verlassen? Welcher Geldmann will auf diese nebelhaften Aussichten hin einen Prospektor oder Sucher ausrüsten? Diese Art der Geschäftsführung ist den Südafrikanern unbekannt und viel zu umständlich, und sie haben recht damit. Ein gedrucktes Recht in englischer und deutscher Sprache, bei jedem Händler des Landes und vor allem bei den Bewohnern der Küstenplätze einzusehen, welches die Rechte des Finders festlegt, die Größe des Schürfgebietes genau bezeichnet und den Ort der Fundanmeldung angibt, würden genügen, um diesem Mangel abzuhelfen."

„Für den ehrlichen Kolonial- und Wirtschaftspolitiker ist es dringend erwünscht, daß in unseren Kolonien nur wirtschaftlich lebensfähige Existenzen geschaffen werden; denn sonst kommen wir niemals wirklich vorwärts und erleben dasselbe Fiasko, wie bei der ersten Siedlungsgesellschaft, bei allen anderen wieder, nur daß es etwas länger dauert, bis die Erkenntnis durchsickert, wobei aber das Kolonisationswerk desto länger aufgehalten wird. Vor diesen Fehlern kann nicht frühzeitig genug gewarnt werden. Wir können nicht umhin, anzunehmen, daß bei wirklich billigen, lebensfähigen Vorbedingungen und bei der gehörigen Reklame, ohne welche eine Auswanderung niemals in Fluß kommt, das Land eine erhebliche Zahl von Ansiedlern dieser Art besitzen würde, während es zur Zeit solche Kolonisten überhaupt nicht gibt, wenigstens nur solche ohne Kapital."

„Sehen wir uns nun einmal die Möglichkeit näher an, dem Lande, zu einer größeren finanziellen Selbständigkeit zu verhelfen. Da ist als erste Hilfe der Zoll. Einen solchen können die in das Schutzgebiet eingeführten Waren sehr gut vertragen; aber selbst, wenn derselbe die Höhe des am Kap üblichen Aufschlages von 12 "/, des Wertes haben würde, so dürfte die daraus erzielte Einnahme selbst bei nur einer Zollstation an der Küste abzüglich der notwendigen Verwaltungskosten doch nur eine sehr geringe sein, da, wie schon erwähnt, die meisten Güter für die Regierung eingeführt

werden. An einen Ausfuhrzoll ist deshalb nicht zu denken, weil die Aus=
fuhr zu gering und die meisten Artikel nicht imstande sind, einen Zoll zu
ertragen. Eine weitere Einnahmequelle, welche auch bereits ausgenutzt wird,
sind die Handelsberechtigungen, Strafgelder und Gerichts=
kosten. Zu diesen ließen sich noch Abgaben für Frachtfahrer per Wagen,
für ein bestimmtes abgeweidetes Areal bei den Vieh haltenden Farmern und
ähnliche kleine Steuern schlagen, die bei den ohnehin erheblichen Unkosten
für den Zahlenden gar nicht ins Gewicht fallen würden. Es erscheint jedoch
bringend geboten, von einer schon oft angeregten Kopfsteuer für gehaltenes
Vieh abzusehen, da dieselbe eine Last für denjenigen wäre, der mehr Vieh
hält, während ihm eigentlich eine Prämie gebührte, für den kleinen Mann
dagegen eine Härte bedeuten würde. Diese Steuer jedoch von den Hereros
einzutreiben und dadurch vielleicht allmählich den Bedarf der Schutztruppe an
Schlachtvieh und Zugvieh zu decken, erscheint als sehr empfehlenswert. Vor=
läufig läßt sich wohl allerdings noch nicht absehen, ob und wann diese Ein=
treibung möglich sein wird, bei geschickter Ausnutzung des über den Ober=
häuptling Samuel Maharero ausgeübten persönlichen Einflusses ließe sich
aber wohl viel erreichen; denn dieser ist reich und erbt als Häuptling die
Hälfte einer jeden Hinterlassenschaft, so daß er erstens in der Lage ist, und
zweitens sich auch gern bereit finden lassen dürfte, für seine Anerkennung
einen recht erheblichen Tribut zu zahlen."

„Die erheblichste Einnahmequelle würden aber die Schürfscheine und
Minenabgaben darstellen, aber diese sind ja leider nicht vorhanden.
Warum aber eigentlich nicht? Ohne Suchen kann auch nichts gefunden
werden, deshalb lasse man doch wenigstens erst einmal die Rotte der heiß=
hungrigen Spürhunde los, die in Südafrika schon so viel Gold und Dia=
manten führende Gesteine an das Tageslicht gefördert haben. Wir brauchen
Leute, und diesen muß jede Thür geöffnet werden. Ja, es sind wirklich
nur Menschen, die wir vorerst brauchen, damit sie den ersten,
ohne jede Vorbereitung möglichen, wirtschaftlichen Faktor, die Viehzucht,
ausnutzen und das disponible Land anfüllen. Diese Leute sollen Geld mit=
bringen und sollen lebensfähig gemacht werden, deshalb sollen sie den
Grund und Boden auch so billig erhalten, als irgend möglich, am besten
für die Verpflichtung, Vieh zu halten und gegen Zahlung einer geringen
Jahresrente — welche z. B. im Gebiet der Charetered Kompany 120 Mk.
für je 3000 Hektar beträgt. Jede andere Einrichtung, und sei sie auch für
den finanziellen Zustand der betreffenden Land besitzenden Gesellschaft noch
so nötig, muß als ganz unwirtschaftlich verurteilt werden. Wenn eine Gesell=
schaft den Fehler gemacht hat, zu teuer zu wirtschaften, so darf die große
Kolonisation nicht durch einen zweiten Fehler noch mehr geschädigt werden,
nämlich daß man nicht lebensfähige Existenzen gründet, nur um den ersten

Fehler wieder gut zu machen. Die ganze koloniale Sache ist ein Zweckmäßig-
keitsunternehmen, aber dieses muß immer von nationalen Gesichtspunkten aus geleitet werden. Es ist aber nicht national, für den augenblicklichen Gewinn einiger Weniger die ganze Ansiedelung lebensunfähig aufbauen zu wollen. Haben wir uns dagegen einen Stamm wirtschaftlich starker Kolonisten geschaffen, so wird das Bedürfnis nach inten-
siverer Ausnutzung des Landes von selbst eintreten, das Kapital wird sehen,
daß hier seine Früchte mühelos reifen, Anlagen zur künstlichen Bewässerung
werden entstehen, und alle schon jetzt und damit die viel zu früh angeregten
Fragen über Bahnbau und Telegraphenanlage werden sich ganz von selbst
als zweckmäßig herausstellen. Zur Zeit hätten weder große Hafeneinrich-
tungen an der Tsoachaub-Mündung noch der Eisenbahnbau nach Ottavi oder
Windhoek einen mehr als politischen Wert, und dieser Wert ohne einen wirtschaftlichen Rückhalt hat in Kolonien keinen Platz. Also kein ängstliches
Zurückhalten mit dem an und für sich ganz wertlosen Boden, sondern herein
mit den einzigen Wertmessern, den deutschen Kolonisten! Diesen gehört das
Land, so lange das Reich es ist, welches allein die Kolonie unterhält. Die
Gesellschaften müssen Mittel und Wege finden, sich bei den weitgehenden,
ihnen zu Gebote stehenden Rechten anderweitig schadlos zu halten. Es ist
doch z. B. gar kein Grund vorhanden, warum die Gesellschaften nicht Farmen
verkaufen einschließlich der Minenrechte, welche ja durch ein entsprechendes
Berggesetz so geregelt sein können, daß dem Finder, dem Farmbesitzer und
der Gesellschaft jedem ein Schürfgebiet von einer bestimmten Größe zufällt.
Die Zeit ist aber entschieden als abgelaufen zu betrachten, wo es Gesellschaften gestattet werden konnte, die wirtschaftliche Entwickelung des Schutzgebietes aufzuhalten, um aus ihrem Besitz ein wertvolleres Handelsobjekt zu
machen. Eine deutsche Ansiedelungskolonie gehört dem zur Auswanderung
gewillten Teile des deutschen Volkes und muß diesem rückhaltlos geöffnet
werden."

In einem zweiten Artikel in der Post vom 18. Juni 1896, betitelt
„Südwestafrika und Mr. Rhodes" führte Herr von Bülow aus:

„In dankenswerter Weise hat der Abgeordnete Graf von Arnim-Muskau
in der Beratung des Nachtragsetats für Südwestafrika darauf hingewiesen,
daß wir nach den schlechten Erfahrungen, welche Südafrika mit der Nachbarschaft der Chartered Company und ihres Leiters Mr. Cecil Rhodes, gemacht
hat, darauf bedacht sein müssen, den in unseren Schutzgebieten konzessionierten
englischen Gewerkschaften nicht zu weit gehende Rechte einzuräumen. Wenn
auch von amtlicher Stelle versichert worden ist, der bei weitem größte Teil
des Kapitals dieser englischen Gesellschaften befände sich in deutschen Händen,
so bleibt doch immer die Gefahr bestehen, daß diese für uns günstige Kon-

stellation sich eines Tages geändert hat und nur englische Rücksichten über die Entwickelung unserer Kolonie entscheiden.

Inwieweit dieser fremde Einfluß schon bisher bestimmend eingewirkt hat, soll in dem Nachfolgenden auseinandergesetzt werden. Als das Deutsche Reich den Schutz über Südwestafrika aussprach, geschah dieses sehr gegen den Wunsch der in der Kapkolonie wohnenden Engländer, welche Damaraland als ein für ihren späteren Gebrauch bestimmtes Reservatum betrachteten. Um nun aber doch ein gewisses Recht zu schaffen, welches entweder eine Besitzergreifung von Südwestafrika vorbereiten oder wenigstens den derzeitigen Besitzern, den Deutschen, Unbequemlichkeiten bereiten sollte, kauften mehrere Spekulanten der Diamantenstadt Kimberley von Hottentottenhäuptlingen im Schutzgebiet Konzessionen an. Unter diesen befand sich auch eine Verleihung des bekannten Hendrik Witbooi, welche natürlich einen willkommenen Anlaß bot, mit diesem unruhigen Kopfe in Verbindung zu treten. In der Folge hat sich denn auch aus den Briefen Witbooi's an den britischen Magistrat in Walfischbai und an Händler aus Kimberley, welche bei der Erstürmung von Hornkranz abschriftlich gefunden wurden, herausgestellt, daß dem Hottentottenhäuptling Versprechungen gemacht worden waren, auf deren Erfüllung er rechnete und in seinen Briefen drängte."

„Trotzdem aber muß es ernste Bedenken erregen, nachdem wir die jüngsten Vorgänge in Südafrika aufmerksam betrachtet haben, daß der Name eines Mannes unter den Direktoren der South West Africa Company zu lesen ist, welcher ebenfalls zu den Gründern und Direktoren der vielgenannten Chartered Company aus der Mache des Mr. Rhodes gehört. Der Name dieses Mannes ist George Cawston. Wir sind weit davon entfernt, diesem Herrn eine Schädigung deutscher Interessen in unserem Schutzgebiete vorzuwerfen, aber sein Standpunkt kann immer nur ein englischer sein, und eine unterlassene Förderung deutscher Interessen könnte doch einmal einer Schädigung derselben sehr ähnlich sehen. Ein gewisses Bedenken dieser Art muß aber als mindestens berechtigt erscheinen, wenn wir erfahren, daß die South West Afrika Company des Mr. Cawston sich verpflichtet hat, eine Eisenbahn von der Küste auf ca. 600 km landeinwärts zu bauen, und daß die Chartered Company dieses selben Mr. Cawston durch den Mund ihres großen Leiters, Mr. Rhodes, urbi et orbi gleich nach der Gründung der South West Africa Company 1893 im Kapparlament verkünden läßt, daß, so lange als Rhodes am Ruder wäre, niemals eine Eisenbahn durch das deutsche Gebiet nach Rhodesia gebaut werden sollte." „Es kann ja gar kein Zweifel darüber herrschen, daß die Westküste der gegebene Ausgangspunkt für eine Bahnlinie ist, welche wiederum die kürzere und billigere Verbindung von Europa mit dem Transvaal und Rhodesia darstellen würde. Der Weg durch das Mittelländische und das Rote Meer, um das Kap Guardafui und bei Sansibar

vorbei ift erftens politifch und zweitens navigatorifch nicht immer als ficher
zu betrachten. Der Seeweg durch den Atlantifchen Ozean ift dagegen einer
der ficherften und wird von den orientalifchen Wirren niemals berührt
werden. Eine folche transkontinentale Eifenbahnlinie würde an der Mün-
dung des Tfoachaub ihren Anfang nehmen, fich in nordöftlicher Richtung
ohne jede Hinderniffe nach Otas und Karibib und von dort nach Okahandja
fortfetzen. Hier werden die nördlichen Ausläufer des Awas-Gebirges
umgangen und von dort in faft öftlicher Luftlinie die das Betfchuanaland
von Norden nach Süden durchmeffende Eifenbahn und in weiterer öftlicher Richtung das Transvaal mit der Goldftadt Johannesburg und fchließ-
lich der Hafen der Delagoa Bai an der Oftküfte erreicht. Diefe
Einrichtung würde die Hafenanlagen an unferer Küfte und die Eifenbahn
felbft bezahlen, würde den ganzen Tranfithandel durch unfer Schutzgebiet
führen, feine Werte fteigern, und uns politifch ein bedentendes Übergewicht
in Südafrika geben. Diefe Vorteile find allerdings zu große, als daß ein
Mann wie Cecil Rhodes fie nicht längft erkennen und willig einige taufend
Pfund opfern follte, um dadurch Einfluß auf eine deutfche Gefellfchaft zu
gewinnen und diefe von Unternehmungen abzuhalten, welche Deutfchlands
koloniale Thätigkeit fördern würden. Er erfcheint als eine fehr dankbare
Aufgabe für unfere Diplomatie, jenem Ziele mit allen Mitteln und auch mit
großen vorläufigen Opfern zuzuftreben. Der erfte Schritt hierzu liegt ja
nahe genug. Wenn erft die unfer Schutzgebiet von Weft nach Oft durch-
querende Eifenbahn an der Kalahari angekommen ift, wird fich die Ver-
längerung derfelben durch das völlig ebene Gebiet diefer Steppe allen eng-
lifchen Jingo-Politikern zum Trotz dennoch aus ganz einfachen Zweckmäßig-
keitsgründen vollziehen. Man begreift daher nicht ganz, warum große Rheder
und Exportfirmen, Eifen-Induftrielle und fonftige überfeeifche Spekulanten,
an denen Deutfchland doch fo reich ift, nicht mit aller Macht dahin ftreben,
ein Projekt zu verwirklichen, welches bereits der Gründer unferes Kolonial-
befitzes Lüderitz im Auge hatte, als er Angra-Pequena erwarb, um von dort
aus eine Brücke quer durch den füdafrikanifchen Kontinent nach den Boeren-
Republiken zu fchlagen. Eine Kolonial-Wirtfchaftspolitik verlangt große
Ziele und große Mittel und ift keine Kleinigkeits-Krämerei."

Der Etat unferer Schutzgebiete für das Jahr 1896/97 ftellte fich auf (1000 Mk.):

	Einahmen		überhaupt	Ausgaben
	Zölle ꝛc.	Reichs-zufchuß		
Togo	377	—	380	380
Kamerun	590	679	1319	1319
Südweftafrika	386	4087	4473	4473
Oftafrika	1350	4301	5901	5901
	2703	9067	12073	12073

Die Ausgaben für unsere Kolonien in Höhe von 9 Millionen Mk. sind noch sehr minimal. Wenn wir aus unseren Kolonien etwas herausziehen wollen, müssen wir auch genügend hineinstecken, namentlich aber Eisenbahnen bauen.

Die wichtige Frage der Deportation behandelte ein Artikel von Fr. J. von Bülow in der Post am 9. Juli. Da diese Bemerkungen im großen und ganzen das Richtige treffen, so teilen wir das Wichtigste aus aus dem Artikel mit:

„Deportation nach Südwestafrika.“

„Es muß wahrlich ein Geist des Kleinmuts über unsere Kolonialfreunde gekommen sein, wenn man überhaupt annehmen kann, daß es in Wahrheit Kolonialfreunde sind, welche die Idee erfunden haben, Südwestafrika dadurch zu heben, daß man es zu einer Deportations-Kolonie macht. Allerdings ist wohl nicht in erster Linie die Idee einer Hebung des Schutzgebiets der Vater dieses Planes gewesen, sondern vielmehr die Frage der Entlastung der heimatlichen Strafanstalten und der Verbilligung der Erhaltung der Strafgefangenen. Die Entlastung der Heimat ist wünschenswert und würde durch eine Deportation eintreten, eine Verminderung der Kosten aber wohl keineswegs. In Südwestafrika sind alle Lebensmittel mit Ausnahme von Fleisch und Gemüsen sehr teuer und werden es auch bleiben, wie das Beispiel des übrigen Südafrikas zeigt. Eine Verpflegung der in großen Mengen zusammengehaltenen Sträflinge aus Gärten ist ausgeschlossen, und die kostspielige Magazinverpflegung tritt ein. Bei dieser sind aber nicht die teuren Lebensmittel allein, sondern auch die Mitführung derselben auf Wagen zu berechnen. Ganz dasselbe ist es mit der zur Bewachung nötigen Mannschaft der Schutztruppe. Eine Verwendung der Arbeitskraft der Sträflinge an bestimmten Orten kann nur eine ganz beschränkte sein und würde für das Land wenig wirtschaftlichen Wert haben, während ein größerer Wege- und Wasserbau allerdings sehr vorteilhaft wäre, aber, wie bereits gesagt, eine kostspielige Bewachung und Verpflegung verlangt. Eine ganz erhebliche Verstärkung der Schutztruppe, die sich natürlich nach der Anzahl der Sträflinge dehnen würde, ist dann unerläßlich, und da jeder einzelne Mann auf rund 3000 Mark jährlich berechnet werden muß, und auf 50 Mann in solchen Gegenden ein Offizier und fünf Unteroffiziere kommen müssen, so ist die unverhältnismäßige Höhe der entstehenden Kosten leicht ersichtlich.

Eine andere Frage wäre allerdings, ob man den ohne ihren Ernährer zurückgelassenen Familien, welche sich durch das Alter der Kinder und sonstige Unbescholtenheit eignen, und ebenso entlassenen Strafgefangenen, die sich durch gute Führung ein Anrecht auf öffentliche Hilfe verdient haben, eine Herausschaffung und Ansiedlung im kleinen Maßstabe von Staatswegen erleichtern

8*

sollte. Diese Frage wäre entschieden zu bejahen; es würde weder erhebliche Kosten verursachen, noch der Kolonie ein schädigendes Material zuführen.

Diese Kolonisten würden die Zahl der Konsumenten heimischer Industrieerzeugnisse vermehren, da sie als Produzenten von allen in Gärten gedeihenden Früchten und Tabak kaufkräftig sein würden. Ihre Ansiedelung als Gartenkolonisten erleichtert ihre Beaufsichtigung und vermindert die Gefahr eines schlechten Einflusses auf die Eingeborenen, da sie sich naturgemäß um die Handelszentren gruppieren würden. Vorläufig kann jedoch an eine solche kleine Ansiedlung unter keinen Umständen gedacht werden, denn solche sind, wie der gescheiterte erste Versuch des Klein-Windhoeker Siedlungs-Syndikates gezeigt hat, vorerst nicht lebensfähig. Erst wenn das Vorhandensein von vielen viehzüchtenden Farmern einen lebhafteren Verkehr und Märkte geschaffen hat, sind die Lebensbedingungen für kleine Leute gegeben, welche von dem Umsatz des großen Betriebes leben.

Eine Deportation von Sträflingen oder richtiger von Arbeitshäuslern unter gewissen Bedingungen, welche ihrem Aufenthalt im Schutzgebiet eine zeitliche Grenze ziehen, möchte dagegen doch geeignet sein, die Ausführung von großen allgemein nützlichen Arbeiten im Schutzgebiet zu verbilligen. Die Engländer leisteten bereits sehr bedeutende Erdarbeiten in der Kap-Kolonie mit Gefangenen und verschicken dieselben vielfach. Warum sollten wir nicht dasselbe thun, zumal wir sehr bald in der Lage sein werden, über eine größere Anzahl farbiger Sträflinge zu verfügen, welchen die Beschäftigung fehlen dürfte. Die Verbesserung der großen Verkehrsstraßen von der Küste nach dem Inneren, vom Norden nach dem Süden, die Anlage von Wasserstellen, das Schaffen eines Planums für Eisenbahnen, Hafenbauten an der Swakop-Mündung und endlich die Regulierung der Flußläufe durch den Bau großer Reservoirs sind ungeheure Arbeiten, welche von unberechenbarem Nutzen für die Kolonie sein werden und deshalb je früher, desto besser begonnen werden sollten. Daß diese Arbeiten auch bei minderwertiger Sträflingsleistung sich billiger stellen würden als bei gemieteten Arbeitern, ist wohl außer Frage. Wenn man außerdem durch diese das Land Schritt für Schritt durchziehenden Kolonien immer wieder Gärten anlegen ließe, in welchen Tabak, Datteln, Apfelsinen und andere Obstarten gepflanzt würden, so möchte doch ein recht erheblicher wirtschaftlicher Nutzen aus dieser Sträflingsarbeit gezogen werden können. Immer aber ist die Bedingung, daß die große Menge der Gefangenen nach geleisteter Arbeit, in die Heimat zurückkehrt, um das jungfräuliche Land vor gefährlicher Ansteckung zu bewahren. Unter diesen Voraussetzungen können wir hoffen, daß ein Segen auf dieser erzwungenen Arbeit ruht."

Franz Josef von Bülow.

Über Kamerun veröffentlichte in der „Illustrierten Landwirtschaft-

lichen Zeitung" Professor Dr. F. **Wohltmann** aus Bonn-Poppelsdorf
seine Reiseberichte. In dem 48. Heft vom 20. Juni behandelt er die Plantagen
am Kamerungebirge. Er ist der Meinung, daß die dortigen Leistungen nicht
dem entsprechen, was auf Grund der günstigen Handelslage Kameruns und
der großartigen natürlichen Bedingungen für Plantagenbau und auch Viehzucht hätte geleistet werden können. Er schreibt das zum größten Teil dem
Mißgeschick in der Auswahl der Personen der Oberleitung nach Abgang des
vortrefflichen und erfahrenen Herrn von Soden zu und fügt hinzu:

Man ist nachgerade bezüglich Kameruns, nicht allein in den Handelskreisen, sondern auch bereits in den Regierungskreisen, zu der Ansicht gelangt,
daß bei dem Rückgang der Exportartikel und dem unterlassenen Aufschluß
des Hinterlandes, in das die Engländer und Franzosen immer mehr und
mehr eindringen, die besten Tage für den Handel in Kamerun gezählt sind,
und die neueste Statistik läßt daran einen Zweifel kaum mehr aufkommen.
Mit Recht drängen daher gerade die einsichtigsten kaufmännischen Kreise darauf, den Plantagenbau zu fördern, für welchen die günstigsten Bedingungen
vorliegen."

Hervorragend günstig sind auch die Abladeverhältnisse. Das Dampfschiff
ankert unmittelbar zu den Füßen der Plantagen, kaum ½ bis 1 Kilometer
von denselben entfernt. Über die Plantagen berichtet Prof. **Wohltmann:**

"Von allen Früchten, welche am Kamerungebirge angebaut werden, scheint
der **Kakao** am vorzüglichsten zu gedeihen und die höchste Rente zu liefern.
Tabak, Kaffee, Zuckerrohr, Vanille, Kardamom, Ingwer und Zimmet liefern
zwar gleichfalls gute Erträge im botanischen Versuchsgarten zu Victoria, sie
finden jedoch auch anderweitig in den Tropen ein günstiges Anbangebiet,
während das Klima und der Boden am Kamerungebirge gerade für die Kakaokultur wie gemacht zu sein scheint; das Kamerungebirge gehört zu den
wenigen Orten, welche gleichsam für die Kakaokultur ein natürliches Monopol besitzen. Während also in den unteren Lagen am Kamerungebirge
vielleicht bis zu 500 bis 600 Meter Höhe der Kakao auf den besseren Böden
den Vorzug verdient, wird man überall, wo der Boden knapper und höher
gelegen, bis dahin, wo die Temperatur nicht unter 5 Grad C. sinkt, Kaffee
und auch Tabak wie Thee mit Erfolg bauen können. Von diesen allgemeinen Gesichtspunkten geht man bei Anlage einer Pflanzung am Kamerungebirge aus."

Es giebt vier umfangreiche Privatplantagen in Kamerun:

1. Bongé im Nordwesten des Gebirges am Meme, 2. Kriegsschiffhafen
oder Bimbia mit zwei Vorwerken, 3. Bibundi mit zwei Vorwerken in zwei
Zweig-Pflanzungen, 4. Debundja oder Dibundja. Dazu werden neuerdings
fest geplant: Bota, Mundame und nahe Victoria im Limbithale zwei andere

Unternehmungen. Außerdem wird auch von den Eingeborenen zerstreut auf kleinen Flächen Kakao gezogen. Neben diesen Privat-Plantagen hat dann für landwirtschaftliche Zwecke die Regierung Versuchs- und Anbaustationen eingerichtet: 1. den botanischen Versuchsgarten in Victoria, 2. die landwirtschaftliche Station Buëa, 3. die landwirtschaftliche Station am Elefantensee, jetzt Johann-Albrecht-Höhe genannt, früher Barombi-Station.

Damit schließt vorläufig der Bericht, der aber fortgesetzt werden wird.

Über das Klima Kameruns berichtet der Verfasser, daß das nördliche der Kamerungebirge mit den ihm an und eingelagerten Geländen fast durchweg plantagenfähig ist. Wir haben es hier mit einem echt tropischen, üppig produzierenden Klima zu thun. Die mittlere Jahrestemperatur beträgt ziemlich gleichmäßig in den einzelnen Monaten 26 Grad Celsius, das absolute Maximum kaum 35, und das absolute Minimum kaum 15 Grad. In der Regel bewegen sich die Maximal- und Minimaltemperaturen zwischen 33 und 20 Grad Celsius. Sehr günstig sind die Regenmengen nicht nur der Gesamtmenge, sondern auch der Verteilung auf die einzelnen Monate nach. Der Verfasser schreibt:

„Speziell die Küste am Kamerungebirge bietet ein typisches feuchtwarmes Tropenklima mit echter feuchtwarmer Treibhausluft, wie sie Kakao, Vanille, Bananen u. s. w. lieben und der Kaffee nicht verschmäht. In den höheren Lagen ist das Klima frischer, und etwa bei 1000 Meter Meereserhebung ist die Kartoffel bereits mit Erfolg zu kultivieren, wie die Anbauversuche in Buëa dargethan haben. Der Boden am Kamerungebirge ist gleichfalls hervorragend günstig. Nicht nur sind die Nährstoffmengen in ihm sehr große, sondern deren Mischung ist auch eine ganz vorzügliche. Ich kenne nur sehr wenige Tropenländer, welche sich einer so guten Bodenbeschaffenheit rühmen können, wie Kamerun sie im Gebirge besitzt. Es ist das auch wohl verständlich! Der Boden des Kamerungebirges ist in der Hauptsache das Verwitterungsprodukt von festem Basalt, basaltischer Lava- und vulkanischer Asche, sowie vulkanischem Schlamm, aus denen ja die nährstoffreichsten Böden hervorzugehen pflegen. Gegenüber den Böden, welche in unsern andern Kolonien Afrikas vorliegen, ist der Kamerunboden als ein ganz ausnahmsweise fruchtbarer hinzustellen, der selbst die besten Böden Ostafrikas am Pangani noch weit überflügelt . . . . Wer diesen nährstoffreichen, mürben, milden und tiefgründigen Boden und die Vegetation, welche er trägt, gesehen hat, wird gestehen müssen, daß man in der ganzen Welt suchen muß, um eine ähnliche Güte der Natur wiederzufinden. Und derartiger Boden ist am Kamerungebirge nicht vereinzelt anzutreffen, sondern in weiter Ausdehnung! Ja selbst die schlechtesten Böden der Bimbia-Plantage besitzen noch einen derartigen Reichtum an Pflanzennährstoffen, daß sie, abgesehen vom Kalkgehalt, unsere heimischen Böden und insbesondere auch die meisten ostafrikanischen Böden bei weitem überflügeln.

Wenn es noch nötig wäre, die Güte des Bodens und Klimas am Kamerungebirge näher zu belegen, so braucht man nur den Urwald und die Pflanzungen
der Eingeborenen daselbst zu betrachten — wie auch auf meinen photographischen
Aufnahmen zu ersehen ist — um in Staunen über die Fruchtbarkeit des
Landes auszubrechen."

In Deutsch-Ostafrika wird jetzt der Bau einer Zentralbahn projektiert.

In der National-Zeitung vom 2. Juli fanden sich darüber folgende
treffende Ausführungen:

„Der Gouverneur von Wißmann hat bei seiner jüngsten Anwesenheit in
Berlin kein Hehl daraus gemacht, daß die Erbauung einer Eisenbahn von
der Küste des deutsch-ostafrikanischen Gebietes in das Innere die unerläßliche
Vorbedingung einer rascheren wirtschaftlichen Verwertung dieses Kolonial-
gebietes ist. Fast gleichzeitig versendet soeben das Komitee für eine deutsch-
ostafrikanische Zentralbahn, welches unter der Leitung seines Vorsitzenden, des
Geheimrats Dr. Oechelhäuser, die ihm aufgetragenen Vorarbeiten nunmehr
beendet hat, seinen an den Reichskanzler erstatteten Bericht. Mit einer großen
Anzahl Anlagen wirtschaftlichen, technischen und statistischen Inhalts versehen
und durch Karten erläutert, liefert der Bericht ein umfassendes und über-
zeugendes Material zur Begründung sowohl der Notwendigkeit des Bahnbaues überhaupt, als der Wahl der sogenannten Zentrallinie; dieselbe soll
von Bagamoyo, der größten Stadt, und von Dar-es-Salaam, dem bedeutendsten
Hafen Deutsch-Ostafrikas, ziemlich durch die Mitte der Kolonie nach Tabora
gehen und von dort einen Strang nördlich nach dem Victoria-Nyansa senden,
während die Hauptlinie von Tabora weiter nach Westen bis Ujidji am Tan-
ganyika gehen würde. Die gesamte Strecke ist in dem Gutachten des an
Ort und Stelle gewesenen Eisenbahntechnikers Geh. Rat Bormann auf 1773
Kilometer veranschlagt; nach der Absicht des Komitees soll indes zunächst nur
mit dem Bau einer ersten Theilstrecke, von der Küste bis Mrogoro in Ukami,
vorgegangen werden, welche 291 Kilometer lang sein würde. Die Kosten
dieser Teilstrecke sind auf 11 850 000 Mk. veranschlagt."

„Es ist sehr bedauerlich, daß es nicht möglich war, dem Reichstag in
seiner jetzt dem Ende nahen Session eine Vorlage wegen des Bahnbaues zu
machen. Dieser ist — darüber kann ein Zweifel nicht bestehen — die Voraussetzung für eine wirtschaftliche Entwickelung Deutsch-Ostafrikas im großen;
es ist aber nicht einerlei, ob der Bau ein Jahr früher oder später erfolgt,
denn eine so durchgreifende Veränderung des Verkehrswesens, wie die Eisenbahn sie in Afrika herbeiführen muß, kann leicht große Verschiebungen in den
bisherigen Verkehrsrichtungen bewirken, und deshalb kommt viel darauf an,
wer zuerst mit einer weit in das Binnenland hinein wirkenden Schienenstraße

auf dem Platze fein wird. Nun ift der Bau einer Eifenbahn von dem eng=
lifchen Hafen Mombafa durch Englifch=Oftafrika nach dem Victoria=Nyanfa
befchloffene Sache, und es wäre keineswegs gleichgültig, ob die deutfche oder
die englifche Lokomotive zuerft in der Richtung auf die großen Seen ins
Land hinein braufen würde."

„In diefer Beziehung ift befonders ein Bericht des an Ort und Stelle
gewefenen Premier=Lieutenants der Eifenbahn=Brigade, Schlobach, bemerkens=
wert. Er fchildert die Bevölkerung als durchweg dicht, nur auf einzelnen
Strecken durch frühere Kämpfe der Neger unter einander zeitweilig verfcheucht,
die Bodenbefchaffenheit als geeignet für eine erfolgreiche Kultur von Kautfchuk,
Kokospalmen, Baumwolle, Kaffee, Thee, Kakao, Vanille, wozu die Gewinnung
des Kopals kommt. Evangelifche und katholifche Miffionen haben im kleinen
Anfiedlungsverfuche gemacht, welche gelungen find, und fie haben die klima=
tifchen Verhältniffe als gefund erprobt."

„Die Bewirtfchaftung muß aber fyftematifch gefchehen, und zwar in großen
Plantagen, die von kapitalkräftigen Gefellfchaften zu betreiben find. Im
Rahmen folcher großen, geficherten Unternehmungen kann auch die Arbeits=
kraft des kleinen Mannes Verwendung finden, während derfelbe mit feinem
geringen Kapital als felbftändiger Kolonift im Plantagenbau vorläufig fchwer=
lich exiftieren könnte. Ohne das Vorhandenfein von Verkehrsmitteln ift aber
das Entftehen von Plantagen ausgefchloffen. Das Beifpiel von Ufambara
zeigt, daß eine Eifenbahn wirkt wie ein Magnet."

„Die Begründung der Denkfchrift gipfelt darin, daß diefe Linie die geo=
graphifche Mitte unferes Schutzgebietes auffchließt, alfo ihre Anziehungskraft
nach beiden Seiten und noch über die Seen hinaus in das englifche Gebiet
und den Kongoftaat geltend machen wird, daß fie faft durchweg friedliche,
ftark bevölkerte und fruchtbare Gegenden durchzieht, daß von diefer Linie aus
der allgemeine Landesfchutz, die Förderung des Miffionswefens und aller kul=
turellen Aufgaben, fowie die Unterdrückung des Sklavenhandels die befte
Stütze finden werden, endlich daß fie für die Finanzen des Reichs vor jeder
anderen Linie den Vorzug verdient, indem fie durch ihre zentrale Anziehungs=
kraft die Ausfuhr der wichtigen abgabenpflichtigen Exportartikel nach unferen
Häfen fteigern, der Ausfuhr über die Landgrenzen entgegenwirken, auch am
wirkfamften die Einfuhr von Erzeugniffen deutfchen Gewerbfleißes ins Innere
der großen Kolonie fördern wird. Die Bahn foll auf der Grundlage des
bewährten Erdbahnfyftems und der 75 Zentimeter=Spurweite einer deutfchen
Nebenbahn ausgeführt werden. Der Baukoften= wie der Betriebskoftenanfchlag
bafieren auf der Annahme, daß fich zunächft täglich in jeder Richtung Ein
Zug bewegt. Derfelbe würde imftande fein, fchon das 100= bis 200=fache
der jetzigen, durch den Karawanenverkehr nach der Küfte gefchafften Laften
zu transportieren. Der Bericht verwahrt fich ausdrücklich dagegen, phan=

taftifche Vermutungen über unbekannte Verhältnisse zur Grundlage von Berechnungen zu machen. Aber er hebt mit Recht hervor, daß die Anziehungskraft und wirtschaftliche Fruchtbarkeit der Eisenbahn durch die Differenz ihrer Frachtsätze und Personentarife gegen die bisher im Karawanenverkehr aufgewandten Kosten bedingt werden muß. Wie groß dieser Unterschied sich herausstellen wird, und wie weit der Spielraum ist, innerhalb dessen sich die Tariffestsetzungen bewegen können, ergibt sich aus der Vergleichung mit den jetzigen Trägerlöhnen der Karawanen. Nimmt man an, daß ein Träger allerhöchstens 30 Kilogramm in einem Tage 20 Kilometer weit tragen kann und dafür mindestens 60 Pf. bezieht, welche Kosten sich für den Unternehmer noch um mehr als die Hälfte durch die Aufsicht, Mitführung der Lebensmittel, Verluste aller Art, Aufenthalt ꝛc. steigern, so ergibt sich ein Frachtsatz für 100 Kilogramm von etwa 15 Pf. pro Kilometer, oder wenig unter dem 15 fachen des durchschnittlichen Frachtsatzes für Stückgüter in Deutschland. Bei solchen enormen Unterschieden zwischen Karawanen- und Eisenbahnbeförderung muß sich mit Notwendigkeit der Güterverkehr mit der Zeit außerordentlich steigern, indem Güter transport- und exportfähig werden, die es zur Zeit nicht sind, auch enorme Bodenflächen dem zur Zeit nicht lohnenden Anbau erschlossen werden. Es ergibt sich aber zugleich, von welcher Wichtigkeit die künftige Tarifpolitik für Ostafrika sein wird, und mit welcher Umsicht dabei zwischen den finanziellen Interessen der Bahn wie des Reichs, und den Erfordernissen der wirtschaftlichen Aufschließung des Schutzgebietes vermittelt werden muß. Bei kostbaren Gegenständen, wie z. B. Elfenbein, welche enorme Transportkosten im Karawanenverkehr ertragen, können die Frachtsätze hoch gegriffen werden, während bei anderen Gegenständen, insbesondere Bodenerzeugnissen, die Rücksicht auf das finanzielle Erträgnis vollständig der wirtschaftlichen Rücksicht auf die kulturelle Entwickelung des von der Eisenbahn durchzogenen Gebietes untergeordnet werden muß."

Wir fügen zum Schluß noch einen Auszug aus dem letzten Jahresbericht für 1895 der Deutsch-Ostafrikanischen Gesellschaft bei: „Unsere großen, durch Neuanpflanzungen im Berichtsjahre noch erweiterten Handelskaffeeplantagen Nguelo und Derema mit ihren Tochteranstalten haben im großen und ganzen den Angriffen der Hemileia vastatrix und anderer Schädlinge erfolgreichen Widerstand entgegengesetzt; das ausgezeichnete Wachstum der Bäume hat angehalten und die Aufnahme der zu Ende 1895 und Anfang 1896 hierher gelieferten Erstlingsernte von ungefähr 790 Ztr. hat unsere Hoffnungen übertroffen. Im Großverkaufe des Kaffees auf dem Hamburger Markte haben wir für die beste Qualität den ansehnlichen Preis von rund 1,10 Mk. (Zoll zu Lasten des Käufers) per ½ kg erzielt und das allgemeine Interesse des Marktes errungen. Im laufenden Jahre ist, da inzwischen eine größere Anzahl von Bäumen in das Alter der Produktionsfähigkeit gekommen ist, auf eine erheblichere Erntemenge zu rechnen. Insgesamt stehen auf unseren Pflanzungen jetzt 500 000 bis 600 000 Kaffeebäume im Felde, wozu einige hunderttausend Pflänzlinge hinzutreten. Die Plantagen Derema und Nguelo mit ihren Filialen sind nunmehr unter der Leitung des Pflanzers Herrn Rowehl vereinigt worden. Derselbe wird mit der Kultur von arabischem Kaffee fortfahren, außerdem aber die Erzeugung von Liberia-Kaffee, für welche die Hauptstätte in Handei unsere tiefer gelegene Anstalt Lungnia bei Msungamingi bleiben soll, auch auf den Höhen pflegen. Neben dem Kaffee sind auf Derema die Theesträucher vortrefflich gediehen; über die Qualität des Produkts läßt sich vorerst ein Urteil nicht abgeben. Auch wenn indessen die weiteren Erfahrungen in dieser Beziehung gut ausfallen sollten, so wird eine Theekultur großen Stils für die Küstengebiete von Deutsch-Ostafrika nur dann in Frage kommen, wenn die Arbeiterfrage einer besseren Lösung zugeführt sein wird. Wir wiederholen an dieser Stelle die Bemerkung, daß zur landwirtschaftlichen Erschließung der reichen Küstenzone von Deutsch-Ostafrika im nächsten Jahrzehnte die Mitwirkung chinesischer und japanischer Kulis besonders für die feineren, lohnenderen Kulturen, unentbehrlich bleibt, und den Ausdruck der Zuversicht, die Kaiserliche Regierung werde die Frage der Erleichterung der Kuliausfuhr aus den ostasiatischen Ländern in ihrer Wichtigkeit fortgesetzt würdigen. Die Kakaokultur auf Derema hat, der Höhenlage dieses Platzes halber, nur geringen Erfolg haben können. Die Großziehung von Kakaobäumchen daselbst ist überhaupt nur zwecks ihrer späteren Versetzung in eine in mittlerer Lage zu begründende Plantage betrieben worden und es steht diese vor Jahren vorgesehene Versetzung nunmehr unmittelbarer bevor. Die Ausgestaltung unserer Kokospflanzung bei Muoa, für welche wir uns zwischen diesem Ort und Jassini ungefähr 3600 ha in unmittelbar Nähe des Meeres gesichert haben, ist im Berichtsjahre in schnellem Tempo vorangeschritten. Der Stand der Pflanzen im Felde war durchaus befriedigend. Nicht in gleichem Maße günstig, wie auf Muoa, liegen die Dinge auf Kikogwe. Schon in früheren Berichten haben wir darauf hingewiesen, daß der dauernde Tiefstand der Baumwollenpreise uns veranlassen mußte, auf Kikogwe außer der Baumwolle auch sonstigen Anbau, in erster Linie von Liberiakaffee zu pflegen. Weiterhin hat die Leitung auf Kikogwe es sich angelegen sein lassen, gewöhnliche ostafrikanische Feldfrüchte wie Chiroko (Bohnen), Mais und Mtama (Hirse) zu ziehen, indessen kann in dieser wenig lohnenden Richtung nur eine Nebenaufgabe der Pflanzstätte gefunden werden. In der Hauptsache wird es auf Kikogwe in Zukunft darauf ankommen, einerseits die Erzeugung von Liberiakaffee und den allmählich auf 12 000 Exemplare gelangten Bestand an Kokospalmen vorsichtig auszudehnen, andererseits die Kultur der Sisal-Agave mit in die Vorderreihe des Arbeitsprogramms zu rücken. Im Jahre 1893 haben wir den Versuch unternommen, 1000 Sisalpflänzlinge von Florida nach Deutsch-Ostafrika, speziell nach Kikogwe, zu überführen. Von denselben sind allerdings nur 6 % lebensfähig in Deutsch-Ostafrika angelangt und angewachsen, die angewachsenen aber sind bestens gediehen und haben sich 1200 gesunde Wurzelschößlinge von ihnen gewinnen lassen; die Möglichkeit zum Großanbau der Sisal-Agave wird in einigen Jahren gegeben sein und die im allgemeinen sichere Kultur dieser dem Angriff tierischer Feinde nicht unterliegenden, in anderen Ländern großen Gewinn abwerfenden Pflanze wird daher als Hauptzweig der Thätigkeit auf Kikogwe in Betracht kommen können.

Unsere Erwartung, durch die Erfolge unserer Pflanzungen würden andere Faktoren schnell zur Nachahmung unseres Vorgehens auf Handei veranlaßt werden, hat sich in vollem Maße als richtig bewährt. Außer der Usambara-Kaffeebaugesellschaft, die schon seit längerer Zeit auf Handei — Plantage Buloa — thätig ist, sind neuerdings Prinz Albrecht v. Preußen und die unter unserer Beteiligung gegründete Rheinische Handei-Plantagengesellschaft in die Arbeit daselbst eingetreten, die Westdeutsche Handels- und Plantagengesellschaft hat auf den benachbarten Mlingabergen eine größere Anlage geschaffen. Die Entwickelung der Dinge in Usambara ist unverkennbar eine verhältnismäßig schnelle und der Drang zu Unternehmungen daselbst wäre vermutlich schon heute noch wesentlich größer, hätte die Eisenbahngesellschaft für Deutsch-Ostafrika (Usambaralinie) die Mittel zur Verfügung gehabt, um den Bau ihrer Strecke Tanga-Muhesa über Muhesa hinaus fortsetzen zu können. In den ersten Monaten des laufenden Jahres ist nun aber die Fertigstellung der Strecke Tanga-Muhesa erfolgt und ihr regelmäßiger Betrieb hat begonnen. Die Möglichkeit zur Fortsetzung ihrer Thätigkeit haben wir der Eisenbahngesellschaft für Deutsch-Ostafrika (Usambaralinie) in letzter Zeit durch Einräumung eines beträchtlichen Vorschusses gewährt. Die Regelung der weiteren Finanzierung der Usambaralinie hat bekanntlich Hand in Hand mit der Finanzierung der sogenannten Deutsch-Ostafrikanischen Zentral-Eisenbahn zu erfolgen, welche einen Großverkehr zwischen dem Zentralafrikanischen Seengebiete und der Deutsch-Ostafrikanischen Küste zu schaffen berufen sein soll. Die Vorarbeiten für die Zentralbahn wurden im Berichtsjahre mit Eifer in Angriff genommen und seitdem unausgesetzt weiter geführt. Die Thätigkeit der Beauftragten der Eisenbahngesellschaft für Deutsch-Ostafrika (Usambaralinie) hat im Berichtsjahr die Entdeckung des häufigen Vorkommens von Goldspuren in Usambara, insbesondere in Wasserläufen und verlassenen Flußbetten, im Gefolge gehabt. Zunächst haben wir darauf den bewährten Geologen Dr. F. M. Stapff an Ort und Stelle entsandt. Das auf den Untersuchungen von nur wenigen Wochen gegründete Urteil Stapffs ging auf das Vorhandensein abbauwürdiger Goldlagerstätten. Die günstigen Berichte veranlaßten weitere geologische Untersuchungen in Usambara. Dabei sind die

Goldinteressen von uns selbst und von anderen, bei Aufrechterhaltung der Freiheit zu selbständigem Vorgehen, unter Konstituierung der Montangesellschaft mit beschränkter Haftung und der Ostafrikanischen Bergwerksindustrie, Gesellschaft mit beschränkter Haftung, in glücklicher Weise liiert worden. Die Arbeiten der Sachverständigen beider Gesellschaften haben zu einem positiven Ergebnis nicht geführt. Im Betrieb unserer kaufmännischen Anstalten in Deutsch-Ostafrika hat sich der Umstand nicht unwesentlich fühlbar gemacht, daß die Kaufkraft der eingeborenen Bevölkerung, namentlich im Innern, unter den durch das abermalige Auftreten der Heuschreckenschwärme herbeigeführten Kulturverwüstungen arg gelitten hat. Dennoch haben die Faktoreien auf dem Deutsch-Ostafrikanischen Festlande einen bescheidenen Nutzen gelassen und auch die Gesamtbilanz der Generalvertretung Sansibar, bei welcher ein beträchtlicher Teil der Unkosten der Küstenfaktoreien verrechnet wird, weist noch einen kleinen Gewinn auf. Von dem Reingewinn von 181 630 Mk., mit welchem das Gewinn- und Verlustkonto Berlin abschließt, beantragen wir zu verwenden:

Zur ordentlichen Rücklage . . . . 12 329 Mk.
Auf Delcredere-Konto . . . . 30 000 „
Auf Brandschaden-Rücklage-Konto . . . . 50 000 „
5 % Dividende auf 2 000 000 Mk. Vorzugsantheile mit 25 % Einzahlung 25 000 „
Vortrag auf neue Rechnung . . . . 64 300 „ .“

—————

Eine Aussaugung der Kolonien wie in früheren Zeiten ist heute nicht mehr möglich. Die Ansiedelungskolonien werden nach und nach von eigenen Staatsangehörigen bevölkert; sie bekommen dadurch von vornherein ein selbständiges Gepräge, das meistens schließlich sich zu vollständiger Unabhängigkeit auswächst.

Die Tropenkolonien dagegen werden in der Hauptsache nur verwaltet; die Bebauung und Bepflanzung, d. h. die eigentliche physische Arbeit, wird durch Eingeborene oder andere Tropenvölker vollzogen. Es liegt daher im Interesse der Kulturvölker, jene Tropenrassen nicht zu vernichten und aussterben zu lassen, sondern sie allmählich zur Kulturarbeit zu erziehen — sonst gingen die Tropengegenden der Kultur verloren.

Die Kolonien sind heute auch nicht mehr gebundene, ausschließliche, wo nur den eigenen Staatsangehörigen Zugang, Niederlassung und Handelsbetrieb gestattet war, sondern freie Verkehrsgebiete. Jeder kann sich dort ansiedeln oder dort Handel treiben. Aber die vom Mutterlande gehandhabte Verwaltung und die von dort verpflanzten Sitten und Gewohnheiten werden doch thatsächlich immer ein mehr oder weniger ausschließendes Moment bilden.

Eine völlige Neutralisierung der Kolonialgebiete, wie das

beim Kongostaate der Fall ist, welche von manchen Seiten, so auch von Schäffle, als Zielpunkt der Entwickelung gedacht wird, wird wohl niemals eintreten; im Gegenteil, die nationale Idee, das Territorialprinzip gewinnt im Gegensatz zum internationalen Kosmopolitismus wieder überall an Boden.

Wohl dem Volke, das bei Zeiten sich stark macht für den Riesenkampf ums Dasein, der nicht bloß zu Lande, sondern auch nicht minder heftig zur See ausgefochten werden wird. Wer seinen Blick nicht soweit ausweiten kann, daß er einsieht, der Schwerpunkt der internationalen Machtverhältnisse werde immer mehr auf das Meer hinausgerückt, die Kriegstüchtigkeit zur See sei für alle Staaten derjenigen zu Lande mehr oder weniger gleich zu achten, der soll seine Hand von der Politik lassen, der bildet nur einen Hemmschuh für die Entwickelung seines Landes — und leider steht die große Mehrzahl der deutschen Bürger noch auf diesem veralteten Standpunkt, auf der Bierbank und im Parlament. Wie weit sind wir noch hinter England und Frankreich in dieser Beziehung zurück. Wäre dort wohl das Wort des Grafen Caprivi denkbar, ihm könne nichts Schlimmeres passieren, als wenn ihm ganz Afrika geschenkt werde!

———

Kapitel VII.

Währungspolitik.

—

I. Allgemeiner Überblick.

England verdankt sein wirtschaftliches Machtübergewicht außer seinen Charakteranlagen und seinem Unternehmungsgeist seiner zielbewußten staatlichen Politik, seiner Kolonialpolitik, seinen über die ganze Welt ausgedehnten Beziehungen und seinem dadurch gewonnenen Kapitalreichtum. Vermögedessen beherrscht es immer noch den Weltmarkt, es bildet gewissermaßen selbst den Weltmarkt für viele Waren und für die Edelmetalle. England ist der Geld=Weltmarkt in jeder Beziehung, sei es für den Edelmetallhandel, sei es für den Kreditverkehr in Wechseln und Anleihen. England bestimmt den Silberpreis — natürlich nach Maßgabe der Marktverhältnisse —, England fungiert als Bankier für den internationalen Wechselverkehr der halben Welt, England kommt in erster Linie für die Anleihen der kapitalärmeren Länder in Betracht, England gibt das Kapital her zur Ausbeutung der Goldfelder in Afrika und Australien, nach England fließt das ungemünzte Gold aus Afrika, Australien und Ostasien, und von England verteilt es sich dann über die ganze Welt.

So dominiert England nicht bloß durch seinen Warenhandel, sondern auch durch seinen Kapital= und Geldmarkt. Wenn auch Deutschland auf allen Gebieten England Konkurrenz macht und aufstrebt, so hat England doch immer noch einen Vorsprung von reichlich 50 Jahren voraus. Deutschland ist überall noch ein Neuling, der erst Erfahrungen sammeln, Verbindungen anknüpfen und Kapital bilden muß. Um so mehr aber hat Deutschland die Pflicht, auf der Hut zu sein, daß es nicht übermäßig viel Lehrgeld zu zahlen hat, nicht allzu große Kapitalverluste durch auswärtige Anleihen 2c. erleidet, daß es namentlich auch seine Währungs-verhältnisse in geordnetem Zustande erhält.

Ein Blick auf die Währungsverhältnisse der einzelnen Staaten zeigt deutlich, wie sehr dieselben mit den finanziellen Zuständen, der ganzen wirtschaftlichen Entwickelung zusammenhängen, und wie schwer es ist, eingerissene Währungswirren zu bannen und wieder zu geordneten Zuständen zu gelangen.

Geordnete Finanzzustände sind die Voraussetzung für ge-sunde Währungsverhältnisse. Beide aber sind das Resultat der Entwickelung der gesamten Kultur- und wirtschaftlichen Faktoren. Wird die natürliche Entwickelung durchbrochen, will man Zu-stände antizipieren, für welche nach Lage der ganzen Verhältnisse das Land noch nicht reif ist, so werden Wirren und Unordnung die unausbleibliche Folge sein.

Die normale Entwickelung der Währungs- und Geldverhältnisse geht, wie auf allen anderen Gebieten, vom Niederen zum Höheren. Die Form des Geldes durchläuft die mannigfachsten Stadien, Muscheln, Scherben, Vieh, Reis, Kupfer, Silber, Gold, es nimmt eine immer wertvollere und leicht teil-barere Gestalt an. Je mehr der Verkehr sich entwickelt, um so mehr stößt er das wertlosere Geld ab und bedient sich des wertvolleren. Gold wird allmählich der internationale Wertmaßstab und das internationale Zahlungsmittel. Eine Zeitlang versucht man das Silber, das bisherige Währungsgeld, neben dem Golde zu erhalten, indem man es in ein festes Wertverhältnis zum Golde setzt, Bimetallismus, aber der Verkehr verhält sich immer mehr ablehnend gegen das Silber, sodaß diejenigen Staaten, welche im Brennpunkte des Verkehrs und der Kultur stehen, sich gezwungen sehen, das Silber abzustoßen und zur Goldwährung überzugehen.

Der Übergang zur Goldwährung wird nun aber auch von Staaten ver-sucht, deren ganze Verhältnisse dafür noch nicht reif sind; sie vermögen wohl sich genügend Gold durch Anleihen zu beschaffen, können es aber nicht fest-halten, da ihre Verschuldung ans Ausland mehr Gold aus dem Lande heraus-zieht, als durch die Handelsverhältnisse 2c. hereinfließt. Es entsteht bald ein Goldagio, welches das Gold aus dem Lande treibt.

Für den Übergang zur Goldwährung müssen daher folgende Voraussetzungen gegeben sein:

1. eine genügende Industrie- und Kapitalentwickelung, vermöge deren das Land bereits zur Kapitalverleihung an andere Länder fortgeschritten ist;
2. ein entsprechend großer Bargeldvorrat in Silber, aus

dessen gänzlicher oder teilweiser Veräußerung der Goldbedarf größten=
teils gedeckt werden kann;

3. durchaus geordnete Finanzzustände, welche eine Ver=
schuldung an das Ausland ausschließen und eine fortlaufende Tilgung
der Schulden zulassen.

Länder, wie Griechenland, Serbien, welche, von der Großmannssucht ge=
trieben, über ihre kleinen unentwickelten Verhältnisse hinausstreben und es
den Großmächten an Institutionen und Repräsentation gleichthun wollen, zer=
rütten ihre Finanzen und entwerten ihre Valuta, da sie schließlich zur Papier=
geldfabrikation zu greifen sich gezwungen sehen. Die finanzielle Un=
ordnung führt regelmäßig auch zu Währungswirren, zur
Papierwährung und zur Valutaentwertung. Das ist der Ver=
lauf in Rußland, Österreich, Argentinien, Spanien, Portugal, Griechenland,
Italien, Serbien, der Türkei etc. gewesen. Entweder fließt das Gold ab, ein
Goldagio stellt sich ein und das Silbergeld entwertet sich um den Betrag des
Agios — abgesehen von den Wertschwankungen des Silbers —, oder, im
Falle der Papiergeldwirtschaft, das Bargeld verschwindet und die Papier=
valuta sinkt.

Argentinien, Griechenland und Italien haben nicht einmal das Silber
festhalten können. Rußland und Österreich=Ungarn dagegen sind jetzt nahe
daran, ihre Währungsverhältnisse zu regeln und die Goldwährung einzuführen.

Die Höhe der Notenemission in Rußland beträgt bekanntlich seit langer
Zeit unverändert 1121,3 Millionen Rubel. Dem gegenüber war seit dem
1. Januar d. J. ein Einlösungsfonds von 500 Millionen Rubel Gold, ent=
sprechend 750 Millionen Rubel der neuen Währung, vorhanden. Das De=
kuvert oder die unverzinsliche Schuld der Regierung belief sich mithin nach
der bisherigen Berechnung auf 621,3 Mill. Rubel; nach Umsetzung der Gold=
deckung in Rubel neuer Prägung wären noch 371,3 Mill. Rubel Noten un=
gedeckt. Aus den durch den Ertrag der neuen Anleihe aufgefüllten Baar=
beständen der Reichsrentei sollen nun 100 Mill. Rubel Gold gleich 150 Mill.
Rubel neuer Prägungen an die Reichsbank überwiesen werden, sodaß sich
danach der Goldvorrat auf 900 Mill. Rubel und die Schuld der Regierung
auf 221,3 Mill. Rubel stellen wird. Nun besitzt aber noch die Reichsbank
96 Mill. Rubel Gold und die Reichsrentei 120 Mill. Rubel Gold neuer
Prägung, sodaß der gesamte Goldvorrat Rußlands sich auf 1116 Millionen
Rubel Gold beläuft. Von der Notenmenge sind aber nur 1021,3 Mill.
Rubel im Umlauf, sodaß die thatsächlich umlaufende Menge schon mit 94,7
Mill. Rubel Gold überdeckt ist. Rußlands Goldvorrat mit 2,4 Milliarden
Mark kommt etwa dem deutschen gleich.

Rußland braucht für die Verzinsung seiner sämtlichen auswärtigen
Schulden von 2,3 Milliarden Rubel, oder 7,4 Milliarden Mark etwa 370

Millionen Mark. Seine Goldproduktion beläuft sich auf etwa 100 Millionen Mark, der Ausfuhrüberschuß des auswärtigen Handels in den letzten drei Jahren auf 174 Millionen Rubel Kredit oder 375 Millionen Mark. Rechnen wir noch 100 Millionen Mark ab für den Mehrbedarf der im Auslande weilenden Russen, so erhalten wir folgende Rechnung:

$$\begin{array}{r} 475 \text{ Millionen Mark} \\ 470 \quad \text{„} \quad \text{„} \\ \hline 5 \text{ Millionen Aktivsaldo.} \end{array}$$

Wenn nicht unvorhergesehene Ereignisse eintreten, so darf Rußlands Währungsreform als eine gesicherte gelten.

Österreich-Ungarn besitzt jetzt einen Goldvorrat von 438 Millionen fl. oder 744 Millionen Mk., dazu einen Silbervorrat von 508 Millionen Mk., gegenüber einem Notenumlauf von ca. 550 Millionen fl., oder 935 Millionen Mk. Die Noten sind demnach in Gold bis zu 80 $^0/_0$ gedeckt, in Gold und Silber überdeckt. Gold und Silber betragen 28 Mk. pro Kopf der Bevölkerung gegen 25,3 Mk. in Rußland und über 60 Mk. in Deutschland (1870 kamen in Deutschland an Bargeld auf den Kopf ca. 39 Mk.).

Der Bargeldvorrat in Österreich und Rußland ist allerdings relativ nicht sehr bedeutend. Für den Bestand der Goldwährung in beiden Ländern wird die Gestaltung der politischen Verhältnisse, der Finanzen und des Handels ausschlaggebend sein.

Fassen wir noch einmal das Gesagte kurz zusammen: Für unentwickeltere Länder ist das adäquate Währungsgeld das Silber. Die Kulturstaaten dagegen streben naturgemäß zur Goldwährung.

Doch dürfte die gegenwärtige Form derselben auch noch nicht das Endziel der Entwickelung bedeuten. Da der Goldumlauf das Gold abnutzt, wird man allmählich das Gold dem Verkehr entziehen und dafür durch Gold gedeckte Noten ausgeben, nur für den internationalen Verkehr wird man dann Gold brauchen.

Gegenwärtig kommen drei verschiedene Währungsformen in Betracht:

1. die Silberwährung, so in Japan seit 1872, China, Indien seit 1835, Mexiko,

2. Papierwährung auf Goldbasis, so in Rußland; Italien seit 1894; Griechenland; Argentinien seit 1885; Brasilien; Chile; Portugal; oder auf Silberbasis, so ursprünglich in Österreich, jetzt auch auf Goldbasis,

3. Goldwährung, England seit 1819; Deutschland seit 1873; Skandinavien seit 1873; Rumänien, Ägypten, Belgien, Frankreich, Niederlande, Schweiz, Serbien, Spanien, Türkei; Vereinigte Staaten seit 1873.

Über die Einführung der deutschen Goldwährung, die sich doch vor unser aller Augen vollzogen hat, hat sich schon ein Sagenkreis gebildet. Manche behaupten frischweg, es sei ein Akt hinterlistiger Überrumpelung durch die Geldmacht gewesen, die dadurch die armen verschuldeten Landwirte in Elend und Abhängigkeit gestürzt habe; nach der anderen Lesart war die Maßregel eine unüberlegte Augenblicks-Eingebung. Auffallend ist dabei, daß auch die Annahme der amerikanischen Goldwährung von 1873 ganz dieselbe Legendenbildung aufweist; nur sind uns die Amerikaner in der Raschlebigkeit natürlich noch über: denn dort konnten sich die beiden ebengenannten Mythen schon in den siebziger Jahren bilden. Es gehört bei ihnen heute zum bimetallistischen Glaubensbekenntnis, daß 1873 nur infolge eines großartigen Betrugs der politischen Drahtzieher die Goldwährung angenommen worden sei. Eine eingehende Darlegung des Hergangs der Währungsreform („The crime of 1873") bringt die jüngste Publikation des Sound Currency Committee des New-Yorker Reformklubs. Schon auf dem Pariser Münzkongreß von 1867 hatten sich die Vereinigten Staaten durch Mr. Ruggles für die Goldwährung ausgesprochen. Das Goldwährungsgesetz konnte also sechs Jahre darauf nicht überraschend kommen. Sodann bestand der Hartgeld-Umlauf Jahrzehnte lang, von der Scheidemünze abgesehen, ausschließlich aus Gold; von 1835/70 waren an Silber nur 6—7 Millionen Dollars, dagegen ca. 850 Millionen Golddollars ausgeprägt worden. Als man 1870 an die Beseitigung der Papiergeldwirtschaft denken konnte, war es nur eine Bestätigung des thatsächlichen Münzumlaufs, wenn der damalige Gesetzesentwurf von vornherein den „Dollar der Väter" nicht enthielt. Die Silberfreunde behaupten, es sei vom Senat die Bestimmung über die Prägung des Silberdollars heimlich ausgemerzt und das so verstümmelte Gesetz im Kongreß durchgepeitscht worden, ohne daß von irgend einer Seite darauf aufmerksam gemacht worden wäre, daß damit statt der bisherigen Doppelwährung die Goldwährung eingeführt werde. Daß diese Behauptung irrtümlich ist, läßt sich leicht nachweisen. Es setzten sich nämlich die Beratungen über die ersten Vorschläge nicht weniger als drei Jahre fort. Die Diskussion beider Häuser beweist, daß sich die Wortführer der Bedeutung der Bestimmungen des Entwurfs auch voll bewußt waren. Der Übergang der Vereinigten Staaten zur Goldwährung hätte sich glatt vollzogen, wenn sich nicht zwei unvorhergesehene Neuerungen eingestellt hätten, nämlich die Steigerung der Silberproduktion und die Stockung des Silberabsatzes, die 1876 einen Preisfall von 20 % hervorrief. Vor 1874 hatten sich die amerikanischen Minenbesitzer für die staatliche Ausmünzung nicht interessiert, da der Weltmarktpreis des Silbers höher stand als 1:16 oder 59 Pence per Unze, d. h. das Verhältnis, in dem die amerikanischen Silbermünzen ausgebracht wurden. Von 1874 an sank das Silber unter diesen Wert; jetzt hätten die amerikanischen Minen-

befitzer ihre Ausbeute gerne zu dem früheren Preise bei der Münze unter=
gebracht und eröffneten zu diesem Zwecke die bekannte Agitation für Silber=
freiprägung, die in der Folge dann auch auf Teutschland überpflanzt wurde.

Wie über die amerikanische, so suchten die Bimetalliften auch über Teutsch=
lands Goldwährung das Märchen zu verbreiten, als sei ihre Einführung
gleichsam über Nacht erfolgt. Glaubhaft machten sie es mit der weiteren Be=
hauptung, es seien damals die wirtschaftlichen Nachwirkungen, näm=
lich die Hervorrufung der Entwertung des Silbers, der Waren, insbesondere
der Getreidepreise nicht in Erwägung gezogen worden. Indes beruht doch
alles, was die Bimetalliften von unbewußter oder hinterliftiger Goldver=
teuerung, Geldwerterhöhung und Schuldenerschwerung behaupten, auf der
Voraussetzung, daß allein die Goldwährung an der Entwertung des Silbers
und der Preise Schuld sei. Die Revolutionierung der Preise aber konnte
in dem Umfang, wie sie sich in den letzten Jahrzehnten vollzogen hat, von
keinem Menschen vorausgeahnt, am allerwenigsten aber 1873 absichtlich herbei=
geführt werden und zwar schon deshalb nicht, weil dieser enge ursächliche Zu=
sammenhang nur in der Phantasie der Bimetalliften besteht. Der vorge=
worfene Mangel an Voraussicht beruht deshalb nur auf einer trügerischen
und unbeweisbaren Voraussetzung. Nun läßt sich doch die Thatsache nicht
weglengnen, daß 1867 der internationale Pariser Münzkongreß, 1868 der
deutsche Handelstag, Ende Juni 1870 die Enquete-Kommission des franzö=
sischen Conseil supérieur, daß endlich ein amtliches deutsches Memorandum
vom Februar 1870 sich für die Annahme der Goldwährung ausgesprochen
haben und solche 1871 in Japan, 1873 in der Union auch eingeführt worden
ist. Das Vorgehen des Teutschen Reiches stand also durchaus nicht vereinzelt
da, es muß vielmehr Erwägungen entsprungen sein, die damals alle Welt
teilte. Und diese Erwägungen betrafen hauptsächlich die wachsende Ausbeute
der Silberbergwerke, die Abnahme der ostasiatischen Nachfrage, die Ende der
50er Jahre zu einer außergewöhnlichen und unerwarteten Höhe emporgeschnellt
war und die leise Tendenz zum Sinken, die am Silber bemerkt wurde und
für die Beständigkeit des Silber- und Geldwerts fürchten ließ. Andererseits
war alle Welt davon überzeugt, daß infolge der zunehmenden Internationali=
sierung des Bank- und Handelsverkehrs als Weltgeld nur noch Gold zu ge=
brauchen sei, und sich auf dem Weltmarkt derjenige Staat einen Vorsprung
vor seinen Konkurrenten verschaffe, der das Weltgeld auch für seinen Binnen=
verkehr als Zirkulations- und Bankdeckungsmittel einführe. Die enorme
Steigerung des Weltverkehrs und der Goldgewinnung hatte im 6. Jahrzehnt
ähnlich wie die spätere des laufenden Jahrzehnts dieses Jahrhunderts natur=
notwendig eine währungspolitische Entwicklung gezeitigt, der sich damals kein
zivilisierter Staat der Welt mehr entziehen konnte und heute noch viel weniger
entziehen kann. Dies hat schon 1892 Söthbeer (Geld= und Münzwesen

S. 122—124; 106—116; 183—192), 1894 Bamberger eingehend dargelegt.
Bei Sötbeer nimmt allein das Verzeichnis der Währungslitteratur von 1867 74
nicht weniger als 19 Seiten ein, ein Beweis, wie lebhaft sich in der kritischen
Zeit die öffentliche Meinung mit der Währungsfrage beschäftigte. Trotzdem
wird auch in den letzten Jahren und Monaten z. B. von Rochussen, Klein=
wächter, Aschendorff und anderen die Behauptung von der unüberlegten
Annahme oder hinterlistigen Aufbrängung der Goldwährung immer wieder
holt. Mit Rücksicht hierauf ist es sehr erwünscht, daß Dr. Helfferich in
einer Schrift über die Geschichte der Goldwährung (Berlin, L. Simion,
44 S. S.) an den damaligen Erfahrungen der beteiligten Staaten mit der
Doppelwährung, sowie an der Tendenz des Welthandels und der Währungs=
politik der einzelnen Staaten nachweist, wie allerorts die geschichtliche Ent=
wickelung auf die Goldwährung hindrängte. Nur ein Staat suchte sich dieser
naturgemäßen Entwickelung zu entziehen, nämlich die Union; wie teuer sie
diese Abkehr zu bezahlen hatte und wie sehr sie heute noch unter der Ver=
wirrung ihres Münzwesens zu leiden hat, davon geben die derzeitigen Kämpfe
um die Präsidentschaftswahl ein lebendiges Bild.

Auf Grund mehrfacher Anfragen über die derzeit im Mittelpunkt des
Interesses stehende Währungsangelegenheit ist vom Sekretär des Bundes=
schatzamts eine kurze Zusammenstellung der grundlegenden Daten für die
Münzentwickelung in den Vereinigten Staaten herausgegeben worden, der wir
an der Hand eines Auszuges in der „Newyorker Handelsztg." folgendes ent=
nehmen: Die Prägung von Goldmünzen wurde zuerst durch Bundesgesetz
vom 2. April 1792 angeordnet. Der Goldeinheitswert ist der Dollar, der
25,8 Gran $^{900}/_{1000}$ Feingold enthält; in Prägung enthält der Golddollar
thatsächlich nur 23,22 Gran Feingold. Der Silbereinheitswert ist der Dollar,
der 412½ Gran $^{900}/_{1000}$ Feinsilber enthält; da zur Legirung des Silber=
dollars nur 4¼ Gran Kupfer verwandt werden, enthält derselbe thatsächlich
nur 371¼ Gran Feinsilber. Die Prägung von Standard=Silberdollars
wurde zuerst durch Bundesgesetz vom 2. April 1792 angeordnet. Das an=
fängliche Wertverhältnis zwischen Gold und Silber war 15 zu 1, im Jahre
1837 wurde es jedoch durch Gesetz in ein solches von 15,988 zu 1 umge=
wandelt. Der Marktwert einer Unze Feinsilber am 30. Juni 1896 betrug
0,6924 Doll. und am gleichen Tage war das in einem Silberdollar ent=
haltene Silber 53,55 Cents wert. Die Ausgabe von Papiergeld wurde zu=
erst durch Bundesgesetz vom 17. Juli und 5. August 1861 angeordnet und
zwar wurden diese Geldscheine „demand notes" genannt, da dieselben „auf
Verlangen" bei bestimmten Unterschatzämtern einlösbar waren. Das Gesetz
vom 12. Februar 1862 ordnete gleichzeitig die Ersetzung von Verein=Staaten=
Noten für die „demand"-Noten an, letztere wurden infolge dessen im Laufe
der nächsten Jahre eingezogen. Diese Noten hatten anfänglich keine „legal

tender"-Eigenschaft diese wurde ihnen erst später, durch Gesetz vom
17. März 1862 verliehen. Die auf Grund obigen Gesetzes erfolgte haupt-
jächliche Emission von Ver. Staaten-Papiergeld wurde offiziell „Ver. Staaten-
Noten" genannt; es waren dies die wohlbekannten „greenbacks", auch
„legal tenders" genannt. Die Ausgabe von Gold-Certifikaten wurde vom
Schatzamtssekretär unter dem 3. März 1863 angeordnet, und zwar sollten
gegen entsprechende Hinterlegungen in Goldmünzen oder -Bullion Certifikate
in nicht geringerm Betrage als 20 Doll. ausgegeben und letztere in Zahlungsstatt für Einfuhrzölle angenommen werden. Dies geschah auch bis zum
1. Januar 1879, als die Ordre wieder aufgehoben wurde, und zwar zu dem
Zwecke, um Inhabern von Vereinigten Staaten-Noten zu verhindern, gegen
letztere Gold einzulösen und solche dann zu hinterlegen, um dagegen
Gold-Certifikate in Empfang zu nehmen. Durch Annahme des sog. Bankgesetzes vom 12. Juli 1882 wurde der Schatzamtssekretär jedoch wieder mit
der Ausgabe von Gold-Certifikaten gegen Goldhinterlegungen beauftragt.
Die Ausgabe von Silber-Certifikaten wurde durch Gesetz vom 28. Februar
1873 gestattet, und zwar wurde dadurch die Prägung von Standard-Silber-
Dollars sowie des Weitern angeordnet, daß gegen Hinterlegung solcher
Silber-Dollars in Summen von nicht weniger als 10 Dollars Silber-
Certifikate in Abschnitten von nicht weniger als 10 Dolles ausgegeben werden
und daß solche Certifikate bei Erlegung von Zoll-, Steuer- und sonstigen
amtlichen Gebühren in Zahlungsstatt angenommen werden sollen. Durch
Gesetz vom 4. August 1886 wurde die Ausgabe von Silber-Certifikaten in
kleineren Abschnitten von 1, 2 und 5 Dollars angeordnet. Thatsächlich
nehmen gegenwärtig diese Silber-Certifikate im Umlauf den Platz der Silber-
Dollars ein, die sie vertreten. Weder die Silber-Certifikate noch die Silber-
Dollars sind in Gold einlösbar. Die Ausgabe von Schatzamts-Noten" wurde
durch Gesetz vom 14. Juli 1890, bekannt als das „Sherman-Gesetz," angeordnet, und zwar wurde der Schatzamtssekretär dadurch beauftragt, allmonatlich 4 500 000 Unzen Feinsilber anzukaufen und dafür in Schatzamts-
Noten Zahlung zu leisten, die auf Verlangen „in Landesmünze" einlösbar
sind und in Zahlungsstatt für alle Schuldverpflichtungen, sowohl öffentlicher
als privater Natur, angenommen werden sollen, sofern ein Kontrakt nicht
anderweitig lautet. Doch durfte zu keiner Zeit ein größerer Betrag solcher
Noten ausstehen, als solchen das mit diesen Noten angekaufte Silber-Bullion
und die daraus geprägten und in der Bundeskasse befindlichen Silber-Dollars
repräsentiren. Dieses Gesetz wurde unter dem 1. November 1893 wider-
rufen, nachdem die Bundesregierung 168 674 682,53 Unzen Feinsilber angekauft und dafür 155 931 002 Doll. in Schatzamts-Noten verausgabt hatte.
Gegenwärtig befinden sich davon noch 131 838 199,46 Unzen Feinsilber im
Ankaufswert von 118 903 909 Doll. im Besitz des Schatzamts. Goldmünzen

und Silber-Dollars sind als „standard coins" der Vereinigten Staaten nicht einlösbar. Scheide- und kleinere Münzen können in Beträgen von mindestens 20 Doll. gegen gesetzmäßiges Gold umgetauscht werden. Vereinigte Staaten-Noten sind in Beträgen von mindestens 50 Doll. gegen Landesmünze bei den Unterschatzämtern in Newyork und San Francisko einlösbar. National-bank-Noten vom Jahre 1890 sind in Beträgen von mindestens 50 Doll. in Landesmünze einlösbar. Nationalbank-Noten sind in gesetzmäßigem Gelde beim Bundesschatzamt wie auch bei der Ausgabebank einlösbar. Um für die Einlösung ihrer Notenausgabe Vorkehrung zu treffen, muß jede National-bank bei dem Bundesschatzamt eine Summe hinterlegen, welche 5 % ihres Notenumlaufs entspricht. Gold-Certifikate sind als Quittungen für Gold-hinterlegungen in Goldmünze einlösbar. Silbercertifikate entsprechend nur in Silberdollars. Die Bundesregierung löst eine Zahlungspflicht „in coin" nach Verlangen in Gold oder Silber ein. —

Die 1865 zwischen Frankreich, Italien, Belgien, der Schweiz geschlossene bimetallistische lateinische Münzkonvention auf der Basis von 1:15½, der 1868 Griechenland beitrat, und dessen Münzsystem Rumänien und Spanien 1868 annahmen, ist seit der Aufhebung der Silberprägungen seit 1877 ohne praktische Bedeutung. Die meisten dieser Staaten haben eigent-lich Doppelwährung, thatsächlich aber Goldwährung, ebenso wie die Ver-einigten Staaten. In letzteren hatte von 1779—1873 Doppelwährung geherrscht. Während der Papiergeldwirtschaft wurde dort endlich 1878 die Bland-Bill durchgebracht, welche Silber und Gold als gleichberechtigt erklärte und die staatliche Prägung von 2—4 Millionen Dollars Silber monatlich anordnete.

Bis 1893 sind 417,8 Millionen Dollars Silber geprägt. Die Sher-man-Bill von 1890 hob die Prägungen auf und bestimmte dafür einen monat-lichen Ankauf von 4½ Millionen Unzen Silber. Die Sherman-Bill wurde am 1. November 1893 aufgehoben und die Silberkäufe eingestellt, nachdem Indien am 26. Juni 1893 die Silbermünzstätten für die private Prägung geschlossen hatte. Die öffentlichen Kassen Indiens nehmen Silberrupien im Werte von 16 Pence Gold an. Indien hat damit eine fiktive Goldbasis für seine Silberwährung festgestellt. Dieselbe sollte nur die Obergrenze für den Wert der Rupie bilden, und in der That bewegt sich der Wechselkurs der Rupie auch unter jener Relation, etwa auf 14 Pence.

Rußland hat eigentlich Silberwährung, thatsächlich aber Papierwäh-rung. Seit 1893 wurde der Wert des Silberrubels niedriger bestimmt als der des Kreditrubels; 1895 aber sind beide wieder gleichgesetzt. Rußland will zur Goldwährung übergehen, aber es will seine Noten zum jetzigen Kurse einlösen. Es hat daher, um das Publikum allmählich an das Bargeld zu gewöhnen, bestimmt, daß vom 1. Januar 1896 bis 31. Dez. 1896 Gold und

Papier und Silber im festen Verhältnis von 1 : 1½ an allen Staatskassen angenommen und ausgegeben werden sollen.

Österreich will die Goldwährung auf der Basis 1 fl. oder 1 Doppel=krone gleich 1,70 Mk. einführen, anstatt der früheren Guldenwährung von 1 Gulden gleich 2 Mk. Die deutsche Mark ist dabei gleich 0,5878 fl. Jetzt stehen Marknoten gleich ca. 59 Gulden neuer Währung, die österreichische Valuta steht also fast al pari. Wenn nicht wieder ein Agio wie in den Jahren 1893 und 1894 eintritt, wo die Marknoten bis auf 62 stiegen, dann dürfte sich der Übergang zur Goldwährung leicht vollziehen, ohne daß aber dem Bestande der Goldwährung präjudiziert werden soll.

Italien führte 1866 den Zwangskurs der Noten der Nationalbank ein; im Jahre 1883 wurde die Barzahlung wieder aufgenommen, 1894 aber mußte man wieder zum Zwangskurs zurückgreifen, nachdem die silberne Scheidemünze ganz ins Ausland abgeflossen war. Gegenwärtig (März 1896) ist das Goldagio bereits wieder auf 12°/₀ gestiegen.

Argentinien besaß ursprünglich Silberwährung, die aber schon in den 20er Jahren in eine stark entwertete — bis 700°/₀ — Papierwährung ausartete. In den 60er Jahren stieg das Agio bis auf 2500°/₀. Im Jahre 1881 wurde die Goldwährung eingeführt (1 Goldpeso = 4 Mk.). Das Papiergeld (881 Mill. Pesos) wurde eingezogen und neues in Gold einlös=bares ausgegeben. Dies stieg von 56 Millionen in 1885 auf 307 Mill. Pesos in 1893. Das Agio schwankt zwischen 200 und 170°/₀.

Chile hat 1895 den Versuch gemacht, zur Goldwährung überzugehen. Münzeinheit sollte der Peso = 2 sh. sein; derselbe wurde aber später auf 18 Pence festgesetzt. Doch wird es Chile wohl nicht gelingen, das Gold fest=zuhalten, da der Kurs des Papiergeldes bereits wieder auf 17 Pence ge=sunken ist — vor der Währungsregulierung stand er auf ca. 12 Pence. — Man hatte in Chile ebenfalls die Erfahrung machen müssen, daß zwei Münzsorten von ungleichem Werte nicht nebeneinander zirkulieren können, ohne daß das Geld mit höherem Werte aus dem Verkehr verschwindet, so daß schließlich nur noch das Geld mit geringerem Werte im Umlauf bleibt und zum alleinigen Wertmesser wird. Das gesetzliche Wertverhältnis zwischen Gold und und Silber als Münzmetallen wurde für Chile im Jahre 1851 auf 1 : 16,39 fixiert. So lange nun dieses gesetzliche Verhältnis dem gegen=seitigen Marktwert entsprach, befand sich Chile thatsächlich auf einer Gold=basis. Ja sogar bis zum Jahre 1872 wurde, während Gold im Lande reichlich zirkulierte, Silber zum Ausgleich der internationalen Bilanz nach nach dem Auslande versandt, da das weiße Metall in Europa bei einem ge=setzlichen Verhältnis von 1 : 15,5 und in den Ver. Staaten bei einem solchen von 1 : 15,98 höher bewertet wurde. Als aber mit der rapide zunehmenden Silberproduktion der nächsten Jahre der Marktwert des Silbers von

16,13 : 1 im Jahre 1875 auf 17,80 : 1 im Jahre 1876 sank, wurde Gold im Umlaufe selten, während sich eine Silberflut in die Münzwerkstätten ergoß, die mit der steigenden Entwertung des Silbers immer größeren Umfang annahm. Troß aller Anstrengungen der Regierung konnte Silber nicht mehr in demselben Maße ausgeprägt werden, wie es in die Münzen einströmte, und die natürliche Folge der durch das Verschwinden des Goldes geschaffenen Verminderung der Umlaufsmittel war die Verausgabung von Papiergeld, das, nur durch Silber gedeckt, natürlich ebenfalls der progressiven Entwertung anheimfiel, wie das Silber.

Es gibt also in den Währungsverhältnissen eine Entwickelung, welche von niederen zu höheren Stufen führt. Ein Staat, welcher nicht einmal das billige Silber festhalten kann, in der Regel wegen zerrütteter Finanzverhältnisse und unentwickelter Kultur, darf unter keinen Umständen daran denken, zur Goldwährung überzugehen. Thun solche Staaten es doch, wie z. B. Argentinien, Chile, Italien, Portugal, so entschwindet das Gold und eine entwertete Papierwährung bleibt zurück. Entsteht in Silberländern eine Papierwährung, so ist dies regelmäßig die Folge finanzieller Wirren, nicht aber rein volkswirtschaftlicher Ursachen, so in Österreich, Japan (von 1877—1886).

Unentwickeltere Länder können das Silber ohne Schwirigkeiten festhalten, solange keine finanziellen Wirren zum Papierzwangskurs führen. Das Gold dagegen hat die Tendenz, aus solchen Ländern abzufließen; es könnte nur festgehalten werden, wenn sich die Finanzen besonders günstig entwickeln und die Handelsbilanz thatsächlich dem Lande günstig bleibt.

Für Rumänien scheinen beide leßteren Bedingungen zuzutreffen, man hört dort nichts von einem Goldagio troß der Wirtschaftskrisis im Jahre 1895.

II. Statistik.

Bevor wir weiter in die Währungsfrage eindringen, wollen wir die notwendigen statistischen Daten hier zusammenstellen.

1. Edelmetallproduktion.

Nach Soetbeer sind produziert im Ganzen:

| | Gold | | Silber | |
	1000 kg	Mill. Mk.	1000 kg	Mill. Mk.
1493—1850	4697	13 104	149 508	26 911
1851—1880	5606	15 642	43 504	7 831
1493—1880	10 303	28 746	193 012	34 742

Per Jahr wurde produziert:

	Gold kg	Silber kg	In Prozenten: Gold	Silber	Wert- verhältnis
1493—1600	6 970	250 216	3,1	96,9	1 : 11,3
1601—1700	9 123	372 310	2,4	97,6	14,15
1701—1800	19 001	570 349	3,1	96,9	15
1801—1850	23 697	654 469	3,5	96,5	15,7
1493—1850	12 273	418 510	3,1	96,9	
1851—1860	200 563	905 553	18,3	81,7	15,35
1861—1870	190 042	1 220 118	13,5	86,4	15,5
1871—1880	173 159	2 209 830	7,3	92,6	18,1
1881—1890	161 032	3 125 118	4,9	95,1	19,88
1891	189 824	4 479 619			20,93
1892	196 234	4 790 047			23,72
1893	236 570	5 031 779			26,52
1894	274 339	4 637 531			32,6
1895	305 000	4 000 000(?)			32
1891—1895	240 393	4 575 925	5	95	

Nach dem amerikanischen Münzbericht von 1895 sind produziert:

	Gold Unzen	1000 Dollars	Silber Unzen	1000 Dollars
1493—1894	415 126 703	8 581 431	7 813 123 716	1 010 812

Gold : Silber = 1 : 18,8

Das Verhältnis von Gold und Silberproduktion war

1493—1850	1 : 31,5
1851—1895	1 : 11,6
1493—1895	1 : 18,8
1851—1860	1 : 4,5

2. Der Silberpreis.

Es kostete die Standardunze Silber in London:

	Niedrigster Preis	Höchster Preis	Jahres- Durchschnitt
1851	60	61⁵⁄₈	61
1852	59⁷⁄₈	61⁷⁄₈	60¹⁄₈
1853	60⁵⁄₈	62⁸⁄₈	61¹⁄₈
1854	60⁷⁄₈	61⁷⁄₈	61¹⁄₈
1855	60	61⁵⁄₈	61⁵⁄₁₆
1856	60¹⁄₈	62¹⁄₈	61⁵⁄₁₆
1857	61	62⁸⁄₈	61⁸⁄₈
1858	60³⁄₄	61⁷⁄₈	61⁵⁄₁₆
1859	61³⁄₄	62³⁄₄	62¹⁄₁₆

	Niedrigster Preis	Höchster Preis	Jahres-Durchschnitt.
1860	61$\frac{1}{4}$	62$\frac{3}{8}$	61$\frac{11}{16}$
1861	60$\frac{1}{2}$	61$\frac{1}{4}$	60$\frac{13}{16}$
1862	61	61$\frac{7}{8}$	61$\frac{7}{16}$
1863	61	61$\frac{1}{4}$	61$\frac{3}{8}$
1864	60$\frac{5}{8}$	62$\frac{1}{2}$	61$\frac{3}{8}$
1865	60$\frac{1}{2}$	61$\frac{3}{8}$	61$\frac{1}{16}$
1866	60$\frac{1}{4}$	62$\frac{1}{4}$	61$\frac{1}{8}$
1867	60$\frac{5}{16}$	61$\frac{1}{4}$	60$\frac{9}{16}$
1868	60$\frac{1}{4}$	61$\frac{1}{4}$	60$\frac{7}{8}$
1869	60	61	60$\frac{7}{16}$
1870	60$\frac{1}{4}$	62	60$\frac{9}{16}$
1871	60$\frac{1}{16}$	61	60$\frac{1}{2}$
1872	59$\frac{1}{4}$	61$\frac{1}{8}$	60$\frac{5}{16}$
1873	57$\frac{7}{8}$	59$\frac{15}{16}$	59$\frac{1}{2}$
1874	57$\frac{1}{4}$	59$\frac{1}{2}$	58$\frac{5}{16}$
1875	55$\frac{1}{2}$	57$\frac{5}{8}$	56$\frac{5}{8}$
1876	46$\frac{3}{4}$	58$\frac{1}{2}$	52$\frac{1}{4}$
1877	53$\frac{1}{2}$	58$\frac{1}{4}$	54$\frac{13}{16}$
1878	49$\frac{1}{4}$	55$\frac{1}{4}$	52$\frac{9}{16}$
1879	48$\frac{7}{8}$	53$\frac{1}{4}$	51$\frac{1}{4}$
1880	51$\frac{5}{8}$	52$\frac{7}{8}$	52$\frac{1}{4}$
1881	50$\frac{7}{8}$	52$\frac{7}{8}$	51$\frac{11}{16}$
1882	50	52$\frac{7}{16}$	51$\frac{5}{8}$
1883	50	51$\frac{3}{16}$	50$\frac{9}{16}$
1884	49$\frac{1}{2}$	51$\frac{3}{4}$	50$\frac{5}{8}$
1885	47$\frac{1}{4}$	50	48$\frac{5}{8}$
1886	42$\frac{5}{8}$	46$\frac{7}{8}$	45$\frac{3}{4}$
1887	43$\frac{1}{4}$	47$\frac{1}{4}$	44$\frac{5}{8}$
1888	41$\frac{5}{8}$	44$\frac{9}{16}$	42$\frac{7}{8}$
1889	41$\frac{15}{16}$	44$\frac{3}{8}$	42$\frac{7}{8}$
1890	43$\frac{5}{16}$	54$\frac{5}{8}$	47$\frac{3}{4}$
1891	43$\frac{1}{4}$	48$\frac{5}{8}$	45$\frac{1}{8}$
1892	37$\frac{7}{8}$	43$\frac{3}{4}$	39$\frac{7}{8}$
1893	30$\frac{1}{2}$	38$\frac{5}{8}$	35$\frac{5}{8}$
1894	27$\frac{3}{8}$	31$\frac{3}{4}$	28$\frac{7}{8}$
1895	27$\frac{1}{16}$	31$\frac{3}{4}$	29$\frac{7}{8}$

3. Edelmetallvorrat und der Clearingverkehr.

Den gesamten Gold- und Silbervorrat europäischer Kultur schätzt Lexis, Münzen und verarbeitetes Edelmetall, auf (Millionen Mark):

	Gold	Silber
1550	1 710	1250
1800	7 940	7500
1848	9 560	
1890	28 560	

O. Haupt und der amerikanische Münzdirektor schätzen den für Geld=
zwecke vorhandenen Edelmetallvorrat aller Länder auf:

	1885	1893	1894
		Millionen Mark	
Gold	15 350	16 657	17 165
Silber	15 080	17 035	17 098
Sa.	30 430	33 692	34 253

Für die 11 europäischen Hauptländer wird der monetäre Edelmetall=
geldvorrat geschätzt auf:

	1880	1885	1892
		Millionen Mark	
Gold	10 941	11 905	13 797
Silber	5 845	6 779	8 003
Sa.	16 786	18 682	21 830

Die sichtbaren Edelmetallvorräte, d. h. die der Banken und
Kassen schätzt O. Haupt (Millionen Frcs.):

	Gold	Silber
Ende 1885	5 670	—
1890	5 827	4259
1891	8 648	4656
1892	9 264	4956
1893	9 823	5155
1894	10 579	5409
1895	10 837	5200
Ende Juni 1896	11 457	5354

In den 6 europäischen Hauptländern liefen an Banknoten um:

1870	1885	1893
	Millionen Mark	
8898	10 967	12 551.

Die Summe des ungedeckten Papiergeldes schätzt Preston Ende
1894 auf 2469,9 Millionen Dollars oder auf 10 374 Millionen Mk., so=
daß sich der gesamte Geldvorrat zu dieser Zeit auf etwa 44,8 Milliarden
belief.

Der Clearingverkehr weist folgende Zahlen auf:

	London Mill. Pfd. St.	New-York Mill. Dollars	Deutsches Reich. Abrechnungs= verkehr der Reichsbank. Mill. Mark
1870	3425,2	27 804	
1873	6070,9	35 461	
1879	4885,9	25 178,8	
		Vereinigte Staaten	17 991
1890	7801	59 586	17 663
1891	6484	56 312	16 723
1892	6482	61 535	18 273
1893	6478	53 517	18 396
1894	6337	44 946	21 284
1895	7592,8		

Ende 1893 wiesen nach dem Prestonschen Münzbericht die einzelnen Länder folgende Geldmengen auf:

Länder	Gold	Silber	Ungedecktes Papiergeld
	1000 Dollars		
Vereinigte Staaten . . .	626 600	625 300	475 400
England	550 000	112 000	113 400
Frankreich	825 000	492 200	88 500
Deutschland	625 000	215 000	88 000
Belgien	55 000	54 900	51 200
Italien	96 000	30 000	167 600
Schweiz	15 000	15 000	16 600
Griechenland	500	3 000	42 000
Spanien	40 000	166 000	107 100
Portugal	38 900	24 800	55 500
Rumänien	15 000	8 500	13 300
Serbien	3 000	1 900	3 800
Österreich=Ungarn . . .	130 000	121 000	146 300
Niederlande	27 600	56 500	35 900
Norwegen	7 300	1 900	3 900
Schweden	6 500	4 800	4 700
Dänemark	14 200	5 400	5 400
Rußland und Finnland .	455 000	48 000	530 000
Türkei	50 000	40 000	—
Australien	105 000	7 000	—
Ägypten	120 000	15 000	—
Mexiko	5 000	50 000	2 000
Centr.=Amer. Staaten . .	500	8 000	4 000
Süd-Amer. Staaten . .	40 000	30 000	550 000
Japan	80 000	88 300	—
Indien	—	950 000	34 000
China	—	750 000	—
die Straits	—	115 000	—
Kanada	14 000	5 000	29 000
Kuba	18 000	1 500	—
Haiti.	2 000	2 900	—
Bulgarien	800	6 800	—
Zusammen: Doll.	3 965 900	4 055 700	2 570 900
Millionen Mark	16 657	17 035	10 800

Das ergab pro Kopf:

Länder	Gold Dollars	Silber Dollars	Papier Dollars	Zusammen Dollars
Vereinigte Staaten . . .	9,09	9,08	6,90	25,07
England	14,18	2,88	2,92	19,98
Frankreich	21,54	12,85	2,31	36,70
Deutschland	12,65	4,35	1,78	18,78
Belgien	8,87	8,85	8,26	25,98
Italien	3,15	0,98	5,50	9,63
Schweiz	5,17	5,17	5,72	16,06
Griechenland	0,23	1,36	19,09	20,68
Spanien	2,29	9,48	6,12	17,89
Portugal	8,27	5,28	11,81	25,36
Rumänien	2,59	1,46	2,29	6,34
Serbien	1,36	0,86	1,73	3,95
Österreich-Ungarn . .	3,00	2,81	3,38	9,19
Niederlande	5,87	12,02	7,64	25,53
Norwegen	3,65	0,95	1,95	6,55
Schweden	1,35	1,00	0,98	3,33
Dänemark	6,46	2,45	2,45	11,36
Rußland und Finnland .	3,67	0,38	4,27	8,32
Türkei	1,27	1,02	—	2,29
Australien	22,34	1,49	—	23,83
Ägypten	17,65	2,20	—	19,85
Mexiko	0,41	4,13	0,17	4,71
Centr.-Amer. Staaten .	0,15	2,42	1,21	3,78
Süd-Amer. Staaten . .	1,11	0,83	15,28	17,22
Japan	1,95	2,14	—	4,09
Indien	—	3,21	0,12	3,33
China	—	2,08	—	2,08
Die Straits	—	3,26	—	3,26
Kanada	2,92	1,04	6,04	10,00
Kuba	11,25	0,94	—	12,19
Haiti	2,00	2,90	—	4,90
Bulgarien	0,18	1,58	—	1,76

Stellen wir die Ergebnisse der Tabellen kurz zusammen:

1. Das Verhältnis der Gold- und Silberproduktion zu einander ist ein sehr schwankendes. Seit dem 17. Jahrhundert ist der Prozent-satz des Goldes ein steigender; seinen Höhepunkt erreicht er in den 50er Jahren dieses Jahrhunderts, wo die produzierte Goldmenge zur Silbermenge sich wie 1 : 4,5 verhielt, gegen 1 : 31,5 in der Zeit von 1493—1850, 1 : 11,6 in der Zeit von 1851—1895 und 1 : 13,3 in 1895.

Während seit den 60er Jahren die Goldproduktion relativ bedeutend ab-nimmt — absolut aber nimmt sie stark zu —, steigt die Silberproduktion rapide an, das Produktionsverhältnis geht von 1 : 4,5 auf 1 : 19,4 zurück, hebt sich aber dann wieder auf 1 : 13,3.

2. Während das Wertverhältnis zwischen Gold und Silber bis in die 70er Jahre lange Zeit um 1 : 15,5 herum schwankte, ist es seit dem total verändert. Der Silberpreis ist um 50°/₀ gefallen, das Wert-

verhältnis steht jetzt auf ca. 1 : 30, obwohl das Produktionsverhältnis sich auf 1 : 13,3 stellt.

Die Entwertung des Silbers geht einerseits neben der schnellen Zunahme der Silberproduktion her, andererseits aber auch erfolgte seit ca. 1870 die Demonetisierung des Silbers durch den Übergang des Deutschen Reiches und der Skandinavischen Staaten zur Goldwährung, die Schließung der Münzstätten der Länder der lateinischen Konvention seit 1877, diejenige der Münzen Indiens 1893 und die Aufhebung der Sherman-Bill in den Vereinigten Staaten 1893.

3. Gleichwohl ist der monetäre Silbervorrat der 11 europäischen Hauptstaaten nach den Schätzungen von Haupt und Preston seit 1880 relativ mehr angewachsen als wie der Goldvorrat, ersterer um 36%, letzterer nur um 27%.

Die umlaufende Banknotenmenge in den 6 europäischen Hauptländern ist von 1870—1893 um 41% angewachsen.

Was speziell Deutschland betrifft, so ist, wie wir später sehen werden, sein Geldvorrat folgendermaßen angewachsen:

	Gold Millionen Mk.	pro Kopf Mk.	Silber Millionen Mk.	pro Kopf Mk.	Zusammen Millionen Mk.	pro Kopf Mk.
1870	ca. 100	2,4	ca. 1500	36,7	ca. 1600	39,1
1894	ca. 2000	38	ca. 875	16,9	ca. 2875	54,9

Mag nun auch entsprechend der gesteigerten Produktion und dem zunehmenden Verkehr der Geldbedarf an und für sich gewachsen sein, so hat doch wieder die Ausbildung des Kreditwesens, namentlich des Giro-, Check- und Clearingverkehrs zu einer Ersparung des Bargeldes in weitem Umfange geführt. —

Von einer Verringerung der Geldmenge durch die Einführung der Goldwährung und die teilweise Demonetisierung des Silbers kann also keine Rede sein.

Die Silberproduktion hat seit Anfang der 70er Jahre einen immensen Aufschwung genommen, bis zum Jahre 1894. Seit diesem Jahre ist sie wieder gesunken, und zwar im Jahre 1895 auf ein Fünftel der Produktion von 1893. Bis 1893 wurden die gesteigerten Silbermengen von den Vereinigten Staaten und Ostasien, namentlich Ostindien aufgenommen, seit der Schließung der indischen Münzstätten und der Aufhebung der Sherman-Bill in den Vereinigten Staaten ist aber die Verwendung des Silbers sehr eingeengt, darum ist die Produktion gesunken.

O. Haupt berechnet den Silberverbrauch für 1893 95 folgendermaßen:

		1893	1894	1895
1.	Versandt nach Ostasien	100	kg	Feinsilber
	Indien	1260	1193	838
	China	910	1009	894
	Straits	340	295	174
	Japan	—	557	44
		2510	3052	1950
2.	Prägungen	895	908	840
3.	Industrieller Verbrauch	620	750	800
4.	Ankäufe Amerikas	1213	—	—
	Summa	5238	4710	3590

Der Silberversandt nach Ostasien hat also bedeutend abgenommen. Indien hat in der Zeit von 1835 36—1890 91 3302 Millionen Rupien ausgeprägt. Die Vereinigten Staaten hatten 1893 518,7 Millionen Silberdollars, dazu 77,9 Millionen Dollars Scheidemünzen. Ende 1894 belief sich der Silbervorrat der Vereinigten Staaten auf 625 Millionen Dollars.

In der Zeit von 1876—91 hat die Silberproduktion nach Soetbeer 8863 Millionen Mk., die Silberausprägungen (Netto) aber 6600 Millionen Mark betragen, das sind 74% der Produktion.

Nach den amerikanischen Münzberichten betrugen die Ausprägungen der Welt von:

	Gold	Silber
	Millionen	Mark
1885	402,2	530
1886	397,5	525
1887	525	684,6
1888	566,3	567
1889	714,5	584
1890	626,2	634
1891	501,1	579
1892	724,4	651
1893	976,5	567
1894	945	449
Sa.	6378,7	5770,6

In der Zeit von 1873—94 wurden ausgeprägt:

Gold	Silber
Millionen	Dollars
3407,7	2756,4

Die Umprägungen betrugen:

	Gold Millionen Mk.
1885	60,5
1886	52,2
1887	207,4
1888	140,1
1889	82,5
1890	568,9
1891	119,6
1892	349,7
	Za. 1580,9

Die Silberausprägungen sind demnach, wenn man die Goldumprägungen abrechnet, weit stärker gewesen wie die Goldprägungen.

Man kann also von einer Demonetisierung des Silbers überhaupt nicht sprechen. Gewisse Staaten haben ihre Münzen für die freie Silberprägung geschlossen. Sie prägen für Scheidemünzenzwecke — und Indien von Staats= wegen auch als Währungsgeld — das Silber weiter.

Lexis schätzt die Edelmetallausfuhr nach Ostasien für die Zeit von 1850 bis 1874 auf (Millionen Mark):

Gold	Silber	Za.
242	226	468

Dagegen sind in den 15 Jahren 1881—95 aus England nach Ostasien 523 Millionen Dollars oder 2153 Millionen Mk. Silber ausgeführt. Aus S. Francisco werden in dieser Zeit etwa 250—300 Millionen Mk. nach Ost= asien gegangen sein, also etwa 2400 Millionen Mk. Silber im ganzen. Dem= nach ist in den 15 Jahren 1881—95 etwa über 10 mal soviel Silber nach Ostasien ausgeführt, wie in den 25 Jahren von 1850—74. Nach Indien wurden von 1874 75—1894 95 761,4 Millionen Dollars Silber mehr ein= geführt. Japan führte in der Zeit von 1883 92 8,3 Millionen Yen Gold mehr aus und 40,4 Millionen Yen Silber mehr ein.

Während Europa mehr Gold als früher ausprägt, haben die Silber= länder weit mehr Silber als früher aufgenommen. Das Silber ist also nur partiell — in Europa und jetzt auch in den Vereinigten Staaten — demo= netisiert, während es in den Silberländern in verstärktem Maße ausgeprägt worden ist.

Der Gold= und Silberstrom haben sich mehr und mehr differenziert und entgegengesetzte Richtung angenommen. Das Silber bleibt in und geht nach den Silberländern, namentlich Mexiko, Indien, den Straits, China, Japan ꝛc., während das Gold den Goldwährungsländern, insbesondere den europäischen Kulturstaaten zufließt. Es ist somit gegen früher nur eine Verschiebung ein=

getreten, die Geldmenge im ganzen ist nicht verringert, sondern sie hat vielmehr stark zugenommen.

III. Welche Wirkungen hat nun diese Differenzierung in den Geldverhältnissen, resp. welche Wirkungen übt die Silberentwertung auf die wirtschaftlichen Verhältnisse der Silberländer aus?

Die Silberentwertung ist, wie ein Blick auf die Tabelle 2 zeigt, seit 1859 ganz allmählich vor sich gegangen. Das Jahr 1859 hatte den höchsten Silberpreis mit 62³/₄ Pence, 1873 war der Jahrespreis bereits 59¹/₄, 1885 48,48, 1892 39,75, 1893 35,56, 1894 28,93 und 1895 29⁷/₈. Im Jahre 1895 hob er sich bereits wieder auf 30 und jetzt steht er über 31 Pence.

Man darf nun nicht aus den Augen lassen, daß bei einer schrittweisen Wertminderung die Verhältnisse sich ebenso schrittweise derselben anpassen. Eine plötzliche Entwertung um 50⁰/₀ muß gefährliche Umwälzungen zur Folge haben, eine allmähliche Entwertung aber vollzieht sich fast unmerklich.

Wenn daher von den Bimetallisten die Konsequenzen der Silberentwertung um 50⁰/₀ immer als so furchtbare hingestellt werden, dann bedenken sie nicht, daß diese Entwertung allmählich und schrittweise vor sich gegangen ist, daß infolge des Kampfes ums Dasein die Anpassung bereits eingetreten ist, daß vielmehr eine plötzliche Silberwerterhöhung um 50⁰/₀ eine vollständige Revolution auf wirtschaftlichem Gebiete zur Folge haben müßte.

Untersuchen wir nun die Folgen der Valutaentwertung in den betr. Ländern selbst. Die Bimetallisten behaupten, die Valutaentwertung steigere die Exportfähigkeit dieser Länder, wirke wie eine Exportprämie, hebe die Industrie dort, und erschwere andererseits den Import, sodaß also die Goldwährungsländer sich den Ländern mit entwerteter Valuta gegenüber in doppeltem Nachteil befänden. Im Innern des Landes aber übe die Silberentwertung keinen Einfluß auf die Preisverhältnisse, die Preise blieben sich gleich.

Zuvor wollen wir noch bemerken, bevor wir auf obige Behauptungen eingehen, daß die Länder mit entwerteter Papiervaluta den Ländern mit entwerteter Silbervaluta gleichstehen. Aber die Entwertung der Papiervaluta hängt nicht mit der Silberentwertung zusammen, sondern sie ist, wie schon an früherer Stelle bemerkt wurde, eine Folge von finanzieller Unordnung oder von zu frühzeitiger Einführung der Goldwährung. Die Bimetallisten nun behaupten, daß auch diese Länder von der Einführung der internationalen Doppelwährung insofern Vorteile haben würden, als ihnen die Ordnung ihrer

Währungsverhältniſſe dadurch erleichtert würde. Dadurch würde dann ihre Konkurrenzfähigkeit vermindert, namentlich Argentiniens Weizenkonkurrenz; die Goldwährungsländer hätten alſo ein großes Intereſſe an der Rehabilitierung des Silbers auch aus dieſem Grunde.

Nun iſt es aber doch klar, daß, wenn dieſe Länder bei dem jetzigen niedrigen Silberpreiſe ſich kein Silber anſchaffen, um durch Übergang zur Silberwährung ihre Valutaverhältniſſe zu ordnen, ſie es, wenn das Silber um das Doppelte wieder verſteuert würde, erſt recht nicht thun würden; denn dann würde ihnen ja die Silberbeſchaffung doppelt ſo teuer kommen.

Die Währungswirren dieſer Länder ſtehen, wie geſagt, mit der Silberfrage gar nicht im Zuſammenhange, ſondern ſie depeudieren von ihren finanziellen Verhältniſſen und der Wahl einer nicht paſſenden Währung.

Wenn die Behauptungen der Bimetalliſten der Wirklichkeit entſprechen ſollen, dann muß folgendes in den Silberländern eingetreten ſein:

1. Der Export muß relativ zu-, der Import relativ abgenommen haben.

2. Die Preiſe ſind dort ebenſo wie in den Goldwährungsländern geſunken oder höchſtens ſtabil geblieben, aber nicht geſtiegen.

ad 1. Die Zahlen des japaniſchen auswärtigen Handels ſind folgende:

	Ausfuhr	Einfuhr	Wert des Yen	Silberpreis
	Millionen Yen		Franks	Pence
1881	33	35,3 + 2,3	4,68	$51^{11}/_{16}$
1882	39,5 + 6,7	32,8	4,72	$51^5/_8$
1883	38,5 + 6,5	32	4,62	$50^9/_{16}$
1884	33,9 + 1,7	32,2	4,62	$50^1/_8$
1885	37,1 + 5,4	32,7	4,41	48,48
1886	48,8 + 11,2	37,6	4,10	45,34
1887	52,4 + 0,7	51,7	4	44,61
1888	65,7 + 0,2	65,5	3,87	42,71
1889	70,1 + 4,0	66,1	3,90	42,73
1890	56,6	81,7 + 25,1	4,26	47,70
1891	78,5 + 15,5	63	4,17	45,06
1892	90,5 + 11,5	76	3,66	39,75
1893	89,7 + 1,4	88,3	3,22	35,56
1894	113,2	117,5 + 4,3	2,75	28,93
1895	136,1 + 6,8	129,3	2,66	$29^7/_8$
	983,6	941,7		

Aus dieſer Tabelle iſt erſichtlich, daß der Yen dem Silberpreis gefolgt iſt. Im Jahre 1887 war der Yen ſeit 1881 um 12,3%, das Silber um 13,7%, 1895 der Yen um 43%, das Silber auch um 43% entwertet. Die Valutaentwertung war alſo ebenſo ſtark wie der Silberpreisfall.

Dagegen ist die von den Bimetallisten behauptete Zunahme der Ausfuhr und Abnahme der Einfuhr nicht eingetreten. Seit 1882 ist mit Ausnahme von 1886 der Ausfuhrüberschuß zurückgegangen, im Jahre 1890 überstieg die Einfuhr die Ausfuhr um 25,1 Millionen Yen. Seit 1891, wo die Ausfuhr wieder bedeutend überwog, ist sie dann wieder zurückgegangen, um in 1894 wieder hinter der Einfuhr um 4,3 Millionen zurückzubleiben.

Der ungewöhnliche Verlauf des Jahres 1890 wird in der Jap. amtlichen Statistik folgendermaßen erklärt:

	Ausfuhr		Einfuhr	
	1889	1890	1889	1890
		Millionen Yen		
Reis	7,4	1,3	0,13	12,3 Reis
Rohseide	28,9	16,4	6,3	8,5 Zucker
	36,3	17,7	6,43	20,8
		— 18,6		+ 14,4

Im Jahre 1894 wurde besonders viel Kriegsbedarf importiert.

Jedenfalls geht aus den obigen Daten hervor, daß die Gestaltung der Ein- und Ausfuhr vielmehr von den realen wirtschaftlichen Faktoren abhängt, wie von der Valutabewegung. Auf die Einfuhr übt namentlich großen Einfluß die schnelle wirtschaftliche Entwickelung in Japan.

Japan ist ein altes Kulturland. Die Hausindustrie steht dort schon seit Jahrhunderten in Blüte. Die in der Restauration von 1867 durchgeführte politische und soziale Befreiung des Volkes mußte naturgemäß mit der schnell eingebürgerten Geldwirtschaft die Kräfte des intelligenten Volkes entfesseln. Der glückliche Krieg von 1894/95 hatte dieselben wirtschaftlichen Konsequenzen in Japan, wie der von 1870/71 in Deutschland. Die Industrie schießt in Japan ebenso auf, wie damals in Deutschland. Die Maschinen aber muß Japan größtenteils importieren, sowie viele Dinge, die damit zusammenhängen. Japan erzeugt nun seine früheren manufaktuellen Hausindustrieprodukte vielfach als Fabrikwaren, sowie grobe Massenartikel, wie Streichhölzer, Schirme, Stöcke 2c.

Es wird diese einfachen billigen Sachen europäischer Herkunft in Ostasien verdrängen, dafür aber erzeugt sein eigener industrieller Aufschwung stets neue Bedürfnisse, die es nicht selbst befriedigen kann. So wird der Gesamtexport nach Japan und den in gleichem Aufstreben befindlichen Silberländern steigen, aber es werden naturgemäß Verschiebungen in der Ausfuhr eintreten.

Das einzige für unsere Landwirtschaft in Betracht kommende Konkurrenz=
land ist Indien. Argentinien ist Papierwährungsland und ist von der
Natur so begünstigt, daß sein Getreidebau unter jeglicher Währung sich so
rapide hätte entwickeln müssen, und ebenso sein Export. Übrigens ist das
Goldagio in Argentinien früher schon weit höher gewesen, in den 20 er
Jahren 700 %, in den 60 er Jahren 2508 %, jetzt schwankt es zwischen
200 und 170 %. In Argentinien haben sich also die Verhältnisse schon längst
der Valutaentwertung angepaßt, dieselbe übt auf den Export oder Import
keinen Einfluß mehr aus, zumal da in Argentinien ein jeder nach Gold
rechnet, die Arbeiter, die Farmer, die Eisenbahnen, der Handel. —

Der auswärtige Handel Indiens hat sich nun folgendermaßen
entwickelt.

Es betrug:

	Einfuhr	Ausfuhr	Mehrausfuhr	Council= Bills	Weizenausfuhr	Weizenernte
	Millionen Rupien				Millionen Tonnen	Millionen Bushels
	Jahresdurchschnitt				Jahresdurchschnitt	
1859 60 – 63 64	239,7	421,5	181,8			
1864 65 – 68 69	316,9	558,6	241,7	56		
1869 70 – 73 74	330,4	562,5	232,1	109		
1874 75 – 78 79	383,6	603,2	219,6	137	0,165	
1879 80 – 83 84	501,5	790,8	289,3	197	0,645	
1884 85 – 88 89	615,2	886,4	271,2	180	0,9	260
1889 90	665,0	103,4	368,4	156	0,69	235,6
1890 91	690,3	1001,4	311,1	143	1,539	285
1891 92	665,9	1080,4	414,5	168	0,761	206
1892 93	626,1	1064,4	438,3	169	0,646	240
1893 94	739,6	1064,5	324,9		0,354	230
1894 95	701,5	1037,7	336,2	—		

Der Höhepunkt der Mehrausfuhr fällt in das Jahr 1892. Sie wird
bedingt einerseits durch die Vermehrung der Council=Bills, d. h. der Re=
gierungsscheine, welche in England zur Begleichung der Leistungen Indiens
an England verkauft und nun von den Engländern zur Bezahlung indischer
Waren benutzt werden. Diese Council=Bills wirken somit auf die Vermehrung
der indischen Warenausfuhr, anderseits auf die Verminderung der Silber=
ausfuhr aus London nach Indien hin. Die Weizenausfuhr, welche bis
1890 91 schnell zunahm, ist dagegen seit diesem Jahre beständig gesunken,
trotz des fallenden Silberpreises, der doch nach Ansicht der Bimetallisten als
Exportprämie hätte wirken müssen? Man sieht daraus eben, daß nicht die
Valutaverhältnisse in erster Linie den Export bestimmen, sondern die realen
wirtschaftlichen Faktoren, wie Bedarf und Produktion und die internationale
Konkurrenz.

Schließlich noch Chinas Außenhandel:

	Einfuhr	Ausfuhr	Mehreinfuhr
	Millionen Taëls.		
1882	77,7	67,3	10,4
1883	73,6	70,2	3,4
1884	72,8	67,1	5,7
1885	88,2	65	22
1886	87,5	77,2	10,3
1887	102,3	85,9	16,4
1888	124,8	92,4	32,4
1889	110,9	96,9	14
1890	127,1	87,1	40
1891	134	100,9	33,1
1892	135,1	102,6	32,5
1893	151,7	116,0	35,4
1894	161,1	128,1	33
1895	171,7	143,3	28,7

Chinas Mehreinfuhr hat beständig zugenommen, obwohl es, als reines Silberwährungsland, doch entschieden einen Mehrexport hätte erzielen müssen. Die bimetallistische Theorie trifft somit in Bezug auf den Export nicht zu.

ad 2) Sind die Preise in den Silberländern stabil geblieben?

Bezüglich Mexikos brachte das Juniheft der North American Reviews 1895 eine Abhandlung von dem mexikanischen Gesandten Romero. Dieser stellte folgende Thatsachen fest: 1) die Preise der Importartikel sind so gesteigert, daß sie von den mittleren Klassen nicht mehr bezahlt werden können, 2) die Löhne beginnen stark zu steigen. Leider fehlen über Mexiko alle statistischen Angaben, sodaß man exakte Beweise über die dortigen Verhältnisse nicht führen kann.

Anders ist es glücklicherweise bezüglich Japans. Nach der amtlichen Statistik sowie nach Privatauskünften betrugen dort die Tagelöhne (in Sen = $\frac{1}{100}$ Yen; 1 Yen ursprünglich = 4,18 Mk., jetzt gleich 2,40 Mk.)

	1885 Tokyo.	Anfang 1895 Ganzes Land	Ende 1895
			Ganzes Land
Feldarbeiter	—	18	19	25
Tagelöhner	25	19		33
Kulis, Träger	—	27		35
Maurer	40	27	—	65—70
Tischler	48	26		50—55
Dachdecker	43	26		55
Steinhauer	66,7	30	36	
Tapezierer	35	21		50—55
Mattenweber	45	26		50—55
Buchdrucker	56	28		40—50
		248		418

Seit 1885 sind also diese 10 Lohnkategorien um 68,5 % gestiegen, und wir können annehmen, daß das auf alle Löhne in Japan zutrifft.

In Deutschland sind in den Jahren 1888—1895 die Bergarbeiter=löhne folgendermaßen gestiegen (Nettolöhne für alle 5 Arbeiterkategorien):

	1888	1895
Oberschlesien	516	675
Niederschlesien	630	737
Dortmund	863	969
Saarbrüden	842	929
Aachen (1889)	817	868
Halle	653	749
	4321	4927

Die Steigerung beträgt 13,9 %; in Japan ist demnach die Steigerung weit bedeutender gewesen. —

Die Preise der in dem Résumé statistique de l'empire du Japon auf=geführten 53 Haupt=Importwaren stellten sich auf:

1888	1890
Yen	
632	579,61
(53 Artikel).	

Der Preisfall betrug von 1883 bis 1890 8,3 %. Während derselben Zeit erlitten die 45 Sauerbeck'schen Artikel eine Entwertung von 82 auf 72, oder um 12,3 %.

Der Preis der in Japan importierten Artikel litt also um 3 % weniger wie in London.

Die in den großen Städten Japans verzeichneten Preise von 51 Waren stiegen in der Zeit von 1888—1890 von 1320,6 auf 1470, oder um 11,3 %, von 1890—92 um 2,3 %, die Sauerbeck'schen 45 Artikel 1888—90 nur von 70 auf 72, also um 2,8 %, während sie in 1892 auf 68 fielen.

Die Preise sind in Japan in den 80 Jahren weniger gefallen wie in London, in der Zeit von 1888—90 sind sie um 8,5 %, von 1890—92 um 7,9 % mehr gestiegen wie in London.

Zurückgegangen im Werte waren von 1888—92 nur: Rohbaumwolle, japan. Baumwollenstoffe, Baumwollenfäden, Kupferbarren, japan. Gußeisen Petroleum, japan. Papier.

Gleichgeblieben im Preise waren: ungedruckte japan. Baumwollenstoffe, Baumwollenschleier, (importiertes) Stabeisen, Kohlen.

Alle übrigen Artikel sind im Preise gestiegen; die stärkste Steigerung wiesen auf: Reis, Getreide, Salz, Säcke, Thee, Zucker, Tabak, Seide, Fisch=dünger.

Nach einer vom oſtaſiatiſchen Lloyd wiedergegebenen Zuſammenſtellung einer japaniſchen Zeitung haben ſich die Preiſe von 22 wichtigen Artikeln im Jahre 1894 und 1895 um 24 % erhöht, während in London die Sauerbeck-ſchen Ziffern 1891 72, 1892 68, 1893 68, 1894 63, Januar 1895 60, September 1895 63,5, Oktober wieder 63,3 ergaben.

Nehmen wir an, daß die 51 Waren in Japan 1894—95 nur um 15 % geſtiegen ſind, dann erhalten wir, wenn wir 1893 unberückſichtigt laſſen, für die Zeit von 1888—95 eine Wertzunahme von 28,6 %, während die Sauerbeckſchen Artikel in dieſer Zeit um 11,5 % entwertet wurden. Die Differenz in der Wertbewegung in Japan und London betrug alſo 40 %. Die Silberentwertung betrug in denſelben Jahren 30 %. Sie wurde alſo in Japan faſt vollſtändig ausgeglichen. —

In Indien ſind die Preiſe der hauptſächlichſten Be-dürfnisartikel in den letzten Jahren bedeutend geſtiegen, ſodaß die Miſſionsgeſellſchaften die Gehälter der Miſſionare im vorigen Jahre aufbeſſern mußten, obwohl doch durch den Preisfall des Silbers die Gehälter, in Rupien gerechnet, ſchon erhöht waren.

Die Preisentwickelung in Indien.

Wenn auch die kulturelle und induſtrielle Entwickelung Indiens nicht ſo rapide vor ſich geht, wie dies bei den weſtlichen Kulturnationen im 19. Jahr-hundert der Fall war, ſo iſt doch ein allmählicher Fortſchritt nicht zu verkennen.

Ebenſo wie in Japan iſt daher auch in Indien einmal infolge des Fort-ſchritts und dann auch wegen der ſehr ſchnell ſich vermehrenden Bevölkerung ein Steigen der Preiſe zu beobachten.

Die Preiſe der Importartikel ſind allerdings dem allgemeinen Preisfall auf dem Weltmarkt teilweiſe gefolgt.

Der Importwert von den 5 Haupteinfuhren ſtellte ſich, wenn man die einzelnen Werte für März 1873 = 100 ſetzt, zuſammen auf:

		Sa.	Mule Twist			Sa.	Mule Twist
März	1873	500	100	Januar	1885	324	58
Juni	1874	498	106	"	1886	315	57
März	1875	476	102	"	1887	318	57
"	1876	446	92	"	1888	364	59
Januar	1877	412	85	"	1889	376	57
"	1878	384	87	"	1890	355	57
"	1879	365	78	"	1891	333	56
"	1880	396	75	"	1892	331	57
"	1881	370	69	"	1893	389	61
"	1882	391	69	"	1894	378	62
"	1883	350	54	"	1895	399	62
"	1884	350	62	Juli	1895	393	62

Die Entwertung bis Juli 1895 beträgt für die 5 Artikel zusammen 21,4 %. Die Hauptspringpunkte der Preisentwickelung der einzelnen 5 Artikel waren folgende:

	Greydduchings	Mule Twist Grey Yarn	Mule Twist Turkey Red	Copper Sheathing	Iron, Bolt ꝛc.	Total
Juni 1874	97	92	106	95	108	498
Januar 1877	78	90	85	92	67	412
„ 1879	76	75	78	80	56	365
„ 1882	78	84	69	89	71	391
„ 1886	84	67	57	57	50	315
„ 1889	81	75	57	98	65	376
„ 1892	74	64	57	72	64	331
„ 1893	77	74	61	80	97	349
„ 1894	70	69	62	83	94	378
„ 1895	71	70	62	90	106	399
Juni 1895	69	71	62	88	103	393

Während Baumwolle erheblich entwertet war, ist der Eisenpreis in den letzten Jahren sogar über den von 1873 gestiegen. Auch der Kupferpreis hat sich höher gehalten.

Die Sauerbeckschen Tabellen weisen für 1895 folgende Ziffern auf:

Getreide	Vieh	Genußmittel	Sa.	Mineralien	Textilwaren	Total	Silber
54	78	62	64	62	52	62	49,1

Die Preise der Importwaren nach Indien haben sich demgegenüber weit höher gehalten. Fassen wir die Preise in fünfjährige Perioden zusammen, so erhalten wir folgende Zahlen:

	5 Jahre		Jährlich	
	Total	Mule Twist Turkey Red	Total	Mule Twist Turkey Red
1873—1877	2332	485	466	97
1878—1882	1906	378	381	76
1883—1887	1657	288	331	59
1888—1892	1759	286	352	57
1893—1895	1066	185	355	61
(3 Jahre.)				

Seit 1886 haben sich demnach die Preise der Importwaren wieder gehoben. Die Entwertung der Periode 1893—95 beträgt gegenüber derjenigen von 1873—77 24 %. —
Demgegenüber ist die Preisentwickelung der 10 Hauptexport-

waren folgende gewesen, wenn jede einzelne für März 1873 = 100 gesetzt wird:

		Sa.	Weizen	Exportwarenwert Cotton Yarns			Sa.	Weizen	Cotton Yarns
März	1873	1000	100	100	Januar	1885	972	74	72
Januar	1874	1111	75	100	„	1886	982	80	72
„	1875	1042	80	81	„	1887	912	89	69
„	1876	998	84	80	„	1888	984	86	74
„	1877	1122	93	90	„	1889	1092	95	79
„	1878	1118	119	80	„	1890	1046	84	74
„	1879	1148	116	74	„	1891	950	87	70
„	1880	1133	115	81	„	1892	1109	103	65
„	1881	1085	96	95	„	1893	1205	95	78
„	1882	1041	97	80	„	1894	1122	80	71
„	1883	927	87	74	„	1895	1105	82	67
„	1884	1077	86	74					

Fassen wir wieder 5 Jahre zusammen, so erhalten wir folgendes Bild:

	5 Jahre Total	Weizen	Reis	Baumwoll-Garn	Jährlich Total	Weizen	Reis	Baumwoll-Garn
1873—1877	5273	432	639	451	1054	86	128	90
1878—1882	5525	543	652	400	1105	108	130	80
1883—1887	4870	416	618	361	974	83	124	72
1888—1892	5181	455	694	362	1036	91	138	72
1893—1895	3432	257	514	216	1144	85	171	72

(3 Jahre.)

Die Preise der letzten Periode 1893—95 stehen also zusammen 8,5 % über denjenigen der ersten Periode 1873—77, und 17,4 % über denjenigen der Jahre 1883—87, während die Sauerbeckschen Tabellen folgende Zahlen ergeben:

1873—1877	1878—1882	1883—1887	1888—1892	1893—1895
99,6	85,4	73,4	70,8	64,3

— 35,5 Proz.

Bei den Exportartikeln ist demnach gegenüber 1873—77 eine Preiserhöhung um 8,5 % zu konstatieren, während die Sauerbeckschen Artikel um 35,5 % entwertet sind. Die Preisdifferenz betrug somit 44 %, die Entwertung des Silbers in derselben Zeit 45 %. Die Anpassung der 10 Exportwaren in Indien an die Silberentwertung ist also bereits eingetreten.

Exportweizen ist ungefähr auf demselben Preisniveau geblieben, während der Exportpreis um 33,6 % seinen Wert erhöht hat. Baumwollgarn da-

gegen ift um 20 ⁰⁄₀ entwertet, alſo um 17 ⁰⁄₀ weniger wie das Import=
baumwollgarn.

Im Binnenhandel ſind die Preiſe jedoch weit mehr ge=
ſtiegen.

Folgende Tabelle über den Weizenpreis iſt aus der amtlichen Statiſtik
Indiens genommen (Prices and Wages of British India):

Weizenpreis:

	Kalkutta Bazar Maund (37,324 kg)			England Quarter (217 kg)			Kalkutta Bazar Maund (37,324 kg)			England Quarter (217 kg)	
	R.	a.	p.	s.	d.		R.	a.	p.	s.	d.
1870	3	4	6	46	10	1883	2	12	6		
1871	2	5	9	56	8	1884	2	7	2		
1872	2	13	1	57		1885	2	6	10	32	1
1873	3	8	3	58	8	1886	2	9	1		
1874	3	8	0	—		1887	2	12	5		
1875	2	11	9	45	2	1888	2	13	10		
1876	2	9	9			1889	2	14	5		
1877	3	5	3			1890	2	13	5	31	1
1878	3	11	5			1891	3	3	11	37	·
1879	3	12	3			1892	3	5	5	30	4
1880	3	3	1	44	4	1893	3	0	7	26	4
1881	3	0	3			1870—1873	11	15	7	219	2
1882	2	15	8			1890—1893	12	7	4	124	9

Nach dieſen Angaben der offiziellen Statiſtik koſtete in Kalkutta der
Weizen pro Tonne

$$1870{-}1873 \quad 80 \text{ Rupien}$$
$$1890{-}1893 \quad 83 \text{ „}$$

Während in England der Weizenpreis in dieſer Zeit von 219,2 auf
124,9 sh. pro 4 Quarter oder um 43 ⁰⁄₀ gefallen war, war er in Kalkutta
um 3,7 ⁰⁄₀ geſtiegen.

Nach einer anderen Statiſtik aus den Prices and Wages für 1893
ſtellten ſich die Durchſchnittspreiſe (in Seers pro Rupie):

	Reis Kalkutta	Raipur	Weizen Kalkutta	Raipur	Gerſte Kalkutta
1861—1865	17,2	41,4	17,1	49,2	31,0
1866—1870	14,8	21	15,7	26	26,6
1871—1875	15,5	34,3	14,0	44,1	19,6
1876—1880	11,9	25,6	13,5	32,2	22,0
1881—1885	14,1	31,6	14,6	31,5	23,2
1886—1890	15,1	18,1	13,7	22,4	19,1
1891	13,4	18,1	11,8	16,9	18,8
1892	10,9	13,9	11,2	13,5	15,4
1893	10,0	15,6	12,2	18,4	16,7

Danach koftete die Tonne Weizen in

	Kalkutta	Raipur	Differenz
		Rupien	
1861—1865	63	22	41
1893	89	59	30

In Kalkutta stieg in dieser Zeit der Weizenpreis um 41 %, in Raipur aber um 168 %. Hieraus ersieht man, daß einerseits wohl der im Verhältnis zur wachsenden Bevölkerung zurückbleibende Ackerbau, anderseits die Minderung der Transportkosten (11 Rupien pro Tonne) die Preissteigerung im Inneren veranlaßt und verstärkt haben.

Folgende Tabelle ist aus dem Statistical abstract relating to British-India 1893 zusammengestellt. Man kaufte 5 Seers pro Rupie in:

	Reis		Weizen	
	Kalkutta	Raipur	Kalkutta	Raipur
1868—1872	84,92	131,08	75,67	153,98
1873—1877	63,24	168,71	70,53	206,74
1878—1882	65,73	144,25	65,04	135,51
1883—1887	70,49	118,99	75,10	135,38
1888—1892	77,82	82,99	62,21	93,92
1893	49,95	58,05	60,90	91,85

In Kalkutta ist demnach der Weizenpreis von 1868—72 bis 1893 um 20 % gestiegen.

Aus den sämtlichen Tabellen geht ein Steigen der Getreidepreise um 20—30 % hervor, selbst auch in Hafenstädten, welche vom Weltmarktpreise viel mehr abhängig sind wie das Inland.

Im Inneren des Landes, in Raipur, ist der Reispreis in der Periode 1888—92 gegenüber 1868—72 um 36,6 %, der Weizenpreis um 38,9 % gestiegen.

Die Preissteigerung der Lebensmittel in Indien ist also außer Frage gestellt.

In den beiden mittleren Perioden 1873—82 war der Reispreis etwas gefallen, den Weizenpreis in der Periode 1873—77, seitdem ist er aber beträchtlich gestiegen. Die Steigerung des Weizenpreises in Raipur in den Jahren 1888 92 gegenüber 1873—77 beläuft sich auf 54,5 %.

Die Anpassung der Getreidepreise im Innern von Indien ist demnach vollständig eingetreten. — Dieser Erhöhung der Getreidepreise ist allmählich auch eine solche der Löhne nachgefolgt, wie die folgende, in Anlage II zu den Protokollen der oben erwähnten Währungskommission enthaltene Tabelle beweist (conf. Ellstätter S. 30):

Löhne in Rupien per Monat.
Totalergebnis aus allen Distrikten.

	Kräftige (able-bodied) Landarbeiter			Prozentzahl 1873–76 = 100	Suce oder Groom			Prozentzahl	Gewöhnlicher Maurer Zimmermann oder Grobschmied			Prozentzahl
	R.	A.	P.		R.	A.	P.		R.	A.	P.	
1873–76	6	11	1	100,0	6	7	3	100,0	14	9	2	100,0
1877–81	6	7	11	97,0	6	7	3	100,0	14	11	11	101,2
1882–86	6	8	8	97,7	6	11	11	104,5	15	11	10	108,0
1887–91	7	1	8	106,1	6	15	8	108,1	16	14	5	116,0

Meine Untersuchungen über Japan und Indien in Conrads Jahrbüchern haben folgende Resultate ergeben:

I. Bezüglich des Imports haben wir konstatiert, daß die Preise der Importwaren gesunken sind:

(53 Waren) in Japan 1883–90 um 8,3 Proz.
(51) in Indien 1873 77–93.95 „ 24 „
(45) Sauerbeck'sche
Artikel „ „ 35,5 „
Silber „ „ 45 „

daß also der Import in die Silberländer durch die Silberentwertung nicht erschwert worden ist.

II. Bezüglich des Exports haben wir eine Preissteigerung der Exportwaren in den Silberländern nachgewiesen:

(32) in Japan 1881–90 um 11,2 Proz.
(10) in Indien 1873 77–93 95 „ 8,5 „

Diese Steigerung der Exportwarenpreise ist nicht aus der Silberentwertung zu erklären, sondern aus der binnenländischen Preissteigerung infolge der Kulturentwickelung.

III. Bezüglich der Binnenpreise haben wir eine vielfach bedeutende Preiserhöhung festgestellt:

in Japan
> 51 Waren in großen Städten 1888—92 um 13,6 Proz.[*)]
>
> 22 „ „ Japan 1894—95 „ 24 „
>
> Löhne „ „ 1885—95 über 60 „

in Indien
> Körnerfrüchte in 1870 73—90 92 um 20—38 „
>
> Löhne 1887—91 „ 6—16 „

Während in Indien und Japan die Preise gestiegen sind, hat auf dem Weltmarkte eine Senkung des Preisniveaus stattgefunden, einesteils wegen Erschließung neuer Konkurrenzgebiete, anderenteils wegen der schnellen Entwickelung der Technik, und schließlich wegen der enormen Verbilligung der Transportkosten.

IV. Bezüglich der Vermehrung des Geldumlaufes haben sich die Verhältnisse in Japan nicht besonders günstig gestaltet: In den Jahren 1870—94 hat sich die Edelmetallgeldmenge pro Kopf um 11,6 % vermindert; es wurden 62,7 Millionen Yen mehr ausgeführt. Indien dagegen hat eine starke Edelmetalleinfuhr. Dieselbe betrug in den Jahren 1835 36—94 95

	Gold	Silber
	Millionen Dollars	
im ganzen	701,3	1794,5
jährlich	11,7	29,9
	41,6 = 166,4 Millionen Mark	

1885 86—94,95:

	Gold	Silber
	Millionen Dollars	
im ganzen	79	497,8
	576,8	
jährlich	57,7 = 230 Millionen Mark	

England, Frankreich und Deutschland haben in dem letzten Jahrzehnt

---

[*)] Nach dem neuesten, mir soeben zugegangenen Résumé statistique von Japan 1896 beliefen sich die Preise von 43 Hauptwaren in den großen Städten auf:

		gegenüber 1888
1888	1265,6	
1890	1412,1	+ 11,5 Proz.
1892	1444,97	+ 12,6 „
1894	17,124	+ 35,3 „

(Da verschiedentliche Veränderungen in dem Preisverzeichnis vorgenommen sind, sind nur noch 43 Warenkategorien mit denen in den früheren Jahrgängen vergleichbar.)

durchschnittlich eine Edelmetallmehreinfuhr von je ca. 50 Mill. Mk. gehabt. Absolut ist demnach Indiens Mehreinfuhr sehr bedeutend gewesen.

Die Bevölkerung Indiens belief sich auf (englische Schätzung):

1881	1891
198,8	221,2 Millionen
	+ 22,4 „

Wenn wir annehmen, daß 25 % der Edelmetallmehreinfuhr industriell verbraucht ist, so hätte sich die Edelmetallgeldmenge Indiens im letzten Jahrzehnt etwa um 7—8 Mk. pro Kopf vermehrt, jährlich also um 0,7—0,8 Mk., also ebenso schnell wie in Deutschland in der Zeit von 1870—94, wo die Vermehrung pro Kopf ca. 0,83 Mk. jährlich betragen hat.

Es ist somit sehr wahrscheinlich, daß das infolge der günstigen Handelsbilanz verhältnismäßig schnelle Anwachsen der Geldmenge in Indien, einem Lande mit noch sehr ausgebreiteter Naturalwirtschaft, erheblich zur Preissteigerung dort mit beigetragen hat.

Aber diese starke Edelmetalleinfuhr ist keine Folge der Silberentwertung, sondern der günstigen Chancen des auswärtigen Handels, d. h. der Ausfuhr, welche großenteils aus mehr oder weniger Monopolwaren besteht, sowie der Preissteigerung in Indien infolge der aufsteigenden Kulturentwickelung.

——————

Es ist somit erwiesen, daß in den Silberländern die Preise, in ihrer Währung gestiegen sind, daß sie sich der Silberentwertung bereits ganz oder teilweise angepaßt haben, und daß diese Anpassung über kurz oder lang vollendet sein wird. Wie eine entwertete Papier-Valuta auf die Preise wirkt, darüber noch ein Beispiel aus Japan. Dort trat infolge der Papiergeldüberschwemmung und des Zwangskurses im Jahre 1877 ein Agio ein, das bis über 70% stieg (im Jahre 1881). Die Gestaltung der Verhältnisse sind in der Tabelle auf S. 159 angegeben.

Im Jahre 1886 wurde die Barzahlung wieder aufgenommen. Von 1877 bis 1886 herrschte das Agio und die Papiergeldentwertung. Die Preise in Papier für Reis stiegen bis 1880 um 99,9%, in Silber berechnet aber nur um 51,9%. Man erhöhte also die Preise, abgesehen von ihrer natürlichen Steigerung um 54,9% noch um 45%, d. h. ungefähr um die Papiergeldentwertung welche 1880 47,7% betrug.

Eine solche Preissteigerung wird immer im Falle der Papier-Valutaentwertung eintreten, das war in Rußland, das ist in Argentinien der Fall.

	Papiergeld summe Mill. Yen	Papiergeldkurs in Silber an der Tokyobörse	Effekten- u. Geldumsätze an d. Tokyobörse Mill. Yen	Reispreise Tokyo in Papier	Reispreise in Tokyo in Silber berechnet	Gerste Tokyo	Erbsen Tokyo	Thee aus Zurugu mittel. Yokohama 100 Kin	Seide Tokyo 100 Kin
								in Papier	
1875	—	—	—	5,97	—	1,93	4,81	—	—
1876	—	—	—	4,76	—	1,67	4,54	—	—
1877	120	103,4	—	5,27	4,08	1,69	4,81	—	—
1878	160	109,2	—	6,25	4,77	1,97	5,72	19,89	675
1879	170	121,2	110	8,00	5,83	3,78	6,68	26,31	710
1880	160	147,7	230	10,52	6,31	4,78	6,98	24,67	717
1881	157	170,4	218	10,51	5,38	3,51	6,87	24,68	706
1882	152	157,0	69	8,85	4,75	2,32	7,46	26,47	700
1883	138	126,5	54	6,45	4,85	1,75	5,87	20,94	645
1884	125	108,8	25	5,40	4,33	1,84	1,46	22,67	598
1885	120	105,6	18	6,82	4,54	3,06	4,59	22,54	598
1886	108	100	17	6,03		2,61	4,15	22,75	699
1887	—	—	0	5,10		2,35	—	—	704
1888	—	—	—	4,98		2,02	4,18	—	541
1889	—	—	—	6,05		2,24	4,85	—	670
1890	—	—	—	8,84		3,94	5,32	—	693
1891	—	—	—	7,56				—	—

Die Behauptung, daß die Verhältniſſe im Lande der Papier-Valuta-entwertung ſtabil bleiben, trifft alſo keineswegs zu.

So werden auch die Folgen der Silberentwertung in den Silberländern entweder jetzt ſchon oder wenigſtens ſehr bald überwunden ſein. Die überall auf Erden zu beobachtende Anpaſſung gleicht die Unterſchiede und Unebenheiten wieder aus. Die Valutadifferenzen wirken ſchon jetzt nicht mehr als Exportprämien oder als Zollerhöhungen, ſie ſind durch die Preis- und Lohnerhöhungen, in der entwerteten Valuta gegenüber der Goldvaluta ausgedrückt, bereits ganz oder größtenteils ausgeglichen.

Dieſe Valutaentwertung bringt aber auch für die betr. Länder nicht unerhebliche Nachteile mit ſich, in Bezug auf die Einfuhr und auf den Zinsfuß des Landes.

Die Einfuhr wird bei jedesmaligem Sinken des Silberpreiſes und der Valuta, ſolange die Anpaſſung noch nicht eingetreten iſt, etwas erſchwert, namentlich in Zeiten aufſteigender Konjunktur und Preiſe in den Goldländern. In ſolchen Zeiten müſſen die Silberländer nicht nur die höheren Preiſe, ſondern auch die jedesmaligen neuen Valutadifferenzen zahlen. Dadurch werden ihnen die notwendigen Waren, namentlich Maſchinen und feinere Produkte, verteuert. Wenn auch diese Einfuhrerschwerung ohne Frage auf die Produktion der gröberen Massenartikel belebend einwirkt, so erschwert sie doch diesen Ländern die Herstellung der feineren, komplizierteren Güter, da dieselben die dazu nötigen Maschinen nicht selbst herstellen können, sondern sie aus dem Auslande beziehen müssen. Da nun in den alten Kulturländern die Technik nie still steht, sondern stets Fortschritte macht, so werden diese neueren Kulturländer, wenn sie mit fortschreiten wollen, stets genötigt sein, die Maschinen und die feineren Waren zu importieren. Da außerdem durch die anstrebende Kultur in diesen Ländern die Bedürfnisse schnell anwachsen und sich vervielfältigen, so wird der Import dorthin stets zunehmen, wenn auch nur in Spezialitäten und feineren Waren.

Sodann erschweren die Valutaentwertung und die Schwankungen derselben den Zufluß von Kapital. Dasselbe verlangt bei dem größeren Risiko höhere Zinsen. Infolgedessen sehen wir denn auch den Zinsfuß in diesen Ländern weit höher stehen wie in den älteren Kulturländern. In Japan beträgt der Privatzinsfuß noch über 10°/₀.

Diese beiden Momente, Verteuerung der Maschinen und des Geldes, gleichen die niedrigeren Löhne, die übrigens auch steigen, bei der Produktion von höherwertigen, feineren Waren reichlich wieder aus.

Darum ist die Konkurrenz der Silberländer für die Goldwährungsländer nicht sehr zu fürchten. Im Gegenteil, je mehr dort sich Kultur und Industrie entwickeln, um so mehr wachsen ihre Bedürfnisse und ihr Import. Den größten Außenhandel haben die höchstentwickeltsten Länder, Deutschlands größte Ausfuhr geht bezeichnender Weise nach England, dem höchstentwickeltsten Lande. Die Ausfuhr der Goldwährungsländer nach den Silberländern wird wachsen, allerdings unter steten Verschiebungen in den Ausfuhrwaren. Bisher ist der Handelsverkehr Deutschlands mit den Silberländern noch recht unbedeutend.

Deutschlands Ausfuhr betrug nach (Millionen Mk.):

	1894	1893	1892	1891	1890	1889	1888	1882
Asien	99,3	116	94,1	96,8	95,8	82,3	39	22,6
Amerika (ohne die Union)	176,7	211,1	194,9	169,9	187,5	207,8	83	35
Australien	21,2	19	21,8	31,2	24	26,5	12,1	6,8
Ver. Staaten	271,1	354,1	346,4	357,7	416,4	394,8	236,5	193,8
Fremden Weltteilen überhaupt	517,9	584,2	493,3	523,3				
China	28,2	32,9	29,9	34,3	29,9			
Japan	17,1	18,6	17,1	14,3	18,5			
Ostindien	29,2	46,9	32,3	33	32,2			

Vergleichen wir noch Deutschlands Außenhandel mit den 4 Hauptsilber=
ländern in den beiden letzten Jahren.

Es betrug Deutschlands Ausfuhr nach:

	1894		1893	
	Tonnen	1000 Mk.	Tonnen	1000 Mk.
Japan	52 658	17 076	37 959	18 578
China	32 519	28 155	32 232	33 268
Ostindien	135 908	39 169	121 166	46 936
Mexiko	20 774	10 898	14 290	11 558
Summa	241 949	95 298	205 667	110 340

Demnach hat die Ausfuhr nach den Silberländern dem Gewicht nach
im Jahre 1894 um 36 000 Tonnen zugenommen, während der Wert derselben
um 15 Millionen gesunken ist, — eine Folge des Preisniederganges der
Waren. Von einer Abnahme unserer Ausfuhr nach den Silberländern kann
also keine Rede sein. Deutschlands Einfuhr aus diesen Ländern betrug:

	1894		1893	
	Tonnen	1000 Mk.	Tonnen	1000 Mk.
Japan	9 756	6 537	8 358	7 427
China	18 307	18 647	10 948	14 065
Ostindien	544 556	164 130	534 539	178 809
Mexiko	38 253	12 069	29 659	11 744
Summa	610 872	201 383	583 495	212 045

Es hat also die Einfuhr Deutschlands aus den Silberländern dem Ge=
wichte nach in 1894 um 27 000 Tonnen zugenommen, hingegen ist sie dem
Werte nach um 10½ Mill. Mark zurückgegangen. Deutschlands Handels=
bilanz hat sich demnach dem Werte nach um 4½ Mill. Mark verschlechtert,
während sie sich dem Gewichte nach um 9000 Tonnen gebessert hat. Was
den Edelmetallverkehr mit diesen Ländern betrifft, so führte Deutschland kein
Geld nach ihnen aus, importierte aber von ihnen 1894 8,9 Mill. Mark, 1893
2,24 Mill. Mark. Rechnet man die Kontanten mit ein, so hat sich Deutsch=
lands Zahlungsbilanz mit diesen Ländern um 2 Mill. Mark gebessert.

Die Wertabnahme des Außenhandels ist also nur eine Folge des Preis=
niederganges der Waren. Dem Gewichte nach hat die Ausfuhr stetig zu=
genommen, wie folgende Tabelle beweist: Deutschlands Außenhandel (ohne
Edelmetalle):

	Einfuhr		Ausfuhr	
	Tonnen	Mill. Mk.	Tonnen	Mill. Mk.
1890	28 142 072	4145	19 364 734	3326
1891	29 011 872	4151	20 139 009	3175
1892	29 569 118	4018	19 891 137	2954
1893	29 814 776	3962	21 361 022	3092
1894	32 021 634	3838	22 883 278	2961
1895	32 535 380	4092	23 830 319	3311

Eine große Rolle spielt der Handel mit den Silberländern im deutschen Handel noch nicht, die Ausfuhr beträgt 3—4 %, die Einfuhr aus demselben ca. 5—5¹/₂ %; zusammen also kaum 4¹‚₂ %. Trotzdem soll er in seiner Bedeutung, namentlich für die Zukunft, nicht unterschätzt werden.

IV. Die Wirkung der Silberentwertung auf die Goldwährungsländer.

Die Thatsache, daß die Staaten, sobald sie eine gewisse Stufe der wirtschaftlichen Entwickelung erreicht haben, nach Einführung der Goldwährung streben, entspricht nicht den Behauptungen der Bimetallisten, welche in der Goldwährung die größte Schädigung der Volkswirtschaft sehen. In den Silber- und Papierwährungsländern denkt man darüber anders. Dort empfindet man die steten Valutaschwankungen, welche schließlich dem ganzen Wirtschaftsverkehr einen Spielcharakter verleihen, welche den Zins verteuern und die Kaufkraft des Landes schwächen, sehr schwer, darum das Verlangen nach einem stabileren Gelde, nach einer festen Valuta. Wenn Rußland und Österreich wirklich von ihrer entwerteten Valuta solche Vorteile hätten, namentlich in Bezug auf den Export, warum sollten sie dann diesen Zustand aufgeben und sich verschlechtern wollen!

Der russische Finanzminister Witte, anerkannt einer der tüchtigsten und einsichtsvollsten praktischen Finanzmänner, geht von der Überzeugung aus, daß Rußland ohne eine feste Goldwährung nie die ihm gebührende Stellung im internationalen Handel erreichen kann, und eine schwankende Papiervaluta auch dem russischen konsumierenden Publikum den Bezug ausländischer Waren und schließlich auch der inneren Landesprodukte ungebührlich verteuert und überhaupt alle Berechnungen für weitangelegte kommerzielle und industrielle Unternehmungen erschwert. Das Fehlen einer Goldvaluta in Rußland ist daran schuld, daß ausländisches Gold nur in beschränktem Maßstabe nach Rußland fließt, obgleich bei der Goldfülle auf den ausländischen Märkten dort das Großkapital sich bereits mit der minimalsten Verzinsung begnügen muß, während dasselbe in Rußland noch immer auf eine Verzinsung von 4 oder 5 % rechnen könnte. Erst eine dem Auslande gewährte Sicherheit, daß das nach Rußland fließende Gold von dort auch wieder als Gold zurückgezahlt wird, werde dem russischen Handel, der russischen Industrie neues Blut zuführen. —

Die Bimetallisten sehen in der Goldwährung eine große Gefahr für die betreffenden Länder. Sie behaupten:

1. Der Übergang Deutschlands, Skandinaviens und anderer Staaten,

welcher schließlich zur Einstellung der freien Silberprägung in den Doppelwährungsländern, in der lateinischen Münzkonvention und in den Vereinigten Staaten und in Indien führte, die sog. Demonetisierung des Silbers habe die Verringerung des Geldvorrates und den steten Preisfall aller Waren seit 1873 zur Folge gehabt.

2. Die Entwertung des Silbers habe den Export der Goldwährungsländer nach den Silberländern erschwert, den Export der Silberländer hingegen, insbesondere den von Getreide, nach den Goldwährungsländern sehr erleichtert. Der starke Preisfall der Waren, namentlich des Getreides, sei einerseits durch die Geldknappheit, andererseits durch die Konkurrenz der Silberländer bewirkt.

3. In den Goldwährungsländern seien die Schuldner, da der Wert des Goldes seit 1870 um 50 % gestiegen sei, um das Doppelte geschädigt, während die Gläubiger dadurch unmotivierten Gewinn hätten.

Die Goldwährung schädige somit die Produzenten zu Gunsten der Geldkapitalisten. Prüfen wir diese schweren Vorwürfe in sachlicher, objektiver Weise.

ad 1 und 2) Unsere statistischen Untersuchungen haben ergeben, daß trotz der Demonetisierung des Silbers die Silberausprägungen sehr bedeutende gewesen sind, daß das Silber hauptsächlich nach den Silberländern abgeflossen ist, daß der gesamte Edelmetallgeldvorrat stark zugenommen hat, daß also, da auch der Clearing- und Giroumsatz vermehrt sind, durch einen Geldmangel keine Geldknappheit bewirkt sein kann. Der beste Anzeiger für Geldfülle oder Geldknappheit ist der Bankzinsfuß. Derselbe betrug bei der:

	Bank von England		Preußische Bank. Deutsche Reichsbank.	
1860	4 1/4		4,20	
1861	5 1/4		4,20	
1862	2 1/2		4,20	
1863	4 1/2		5,08	
1864	7 1/2		5,31	
1865	4 3/4	4,3	4,96	4,5
1866	7		6,21	
1867	2 1/2		4	
1868	2 1/4		4	
1869	3 1/4		4,24	
1870	3 1/8		4,90	
1871	2 7/8		4,16	
1872	4 1/8		4,29	
1873	4 3/4	3,53	4,95	4,46
1874	3 3/4		4,38	
1875	3 1/4		4,71	

	Bank von England	Preußische Bank / Deutsche Reichsbank
1876	2⁵/₈	
1877	2⁷/₈	
1878	3¹/₄ } 2,88	} 4,06
1879	2³/₈	
1880	2³/₄	
1881	3¹/₂	4,38
1882	4¹/₄	4,42
1883	3²/₁₆	4
1884	2¹⁹/₂₀	4
1885	3 } 3,15	4,04 } 3,99
1886	3	3,17
1887	3¹/₂	3,33
1888	3³/₁₀	3,25
1889	3⁷/₈	3,50
1890	4,58	4,12
1891	3¹/₄	3,67
1892	2¹/₂	3,20
1893	3 } 2,56	4,07 } 3,44
1894	2	3,12
1895	2	3,17

Wir geben ferner eine Tabelle, die den Jahrbüchern für Nationalökonomie und Statistik 1895 Heft 6 S. 907 entnommen ist:

Der Diskont.

Jahreszahl	London Bank	London Markt	Berlin Bank	Berlin Markt	Paris Bank	Paris Markt	Amsterdam Bank	Amsterdam Markt
1841—50	3,68	3,28	—	—	4,10	—	—	—
1851—60	4,24	3,73	4,49	—	4,24	—	—	—
1861—70	4,3	3,9	3,9	—	3,9	—	4,14	—
1871—80	3,21	2,95	3,69	3,3	3,7	—	3,45	3,4
1881—90	3,15	2,77	3,90	2,97	3,18	2,81	3,07	2,71
1891	3,33	1,50	3,76	2,8	3,00	2,62	3,04	2,75
1892	2,5	1,33	3,25	1,75	2,67	1,75	2,66	2,00
1893	3,00	1,66	4,00	3,5	2,5	2,25	3,5	2,87
1894	2,00	1,68	3,00	1,41	2,5	1,62	2,5	1,75
1895	2,00	1¹¹/₁₆	3¹/₂	1,72	2¹/₁₂	1¹¹/₁₂	2,5	1¹³/₂₄

Aus diesen Tabellen geht zur Evidenz hervor, daß der Bankzinsfuß, in größeren Durchschnitten berechnet, stetig zurückgegangen ist, ebenso der Privatdiskont. Unter der Herrschaft der Goldwährung ist also im Verhältnis zu früher keine Geldknappheit, sondern vielmehr größere Geldflüssigkeit, Verbilligung des Zinsfußes eingetreten.

Ein Rückgang der Warenpreise kann sonach durch Geldknappheit unmöglich bewirkt sein. Eine Verteuerung des Goldes ist von bimetallistischer Seite stets behauptet, der Nachweis ist aber bisher nicht erbracht worden, kann auch angesichts des steten Sinkens des Zinsfußes kaum erbracht werden.

Nun ist es ja allerdings richtig, daß die Geldfülle nicht bloß identisch ist mit der vorhandenen Geldmenge, sondern daß noch zwei andere Komponenten außer der Geldmenge entscheidend sind, d. i. die Kapitalfülle und die gesamte Ausbildung des Kredits- und Ausgleichungsverkehrs. Gleichwohl aber spielt die thatsächlich vorhandene Geldmenge dabei eine wichtige Rolle. Je größer nämlich die Kapitalfülle, um so größer müßte auch die Geldmenge sein zu deren Umsätzen, wenn eben nicht der Kredit- und Ausgleichungsverkehr wieder vielfach das Bargeld überflüssig machten; und diese Ersetzung des Bargeldes nimmt ebenfalls stetig zu. — Über den Rückgang der Warenpreise geben wir folgende Tabelle, die wir dem Journal of the Royal Statistikal Society, März 1895 entnommen haben. Es sind die bekannten Sauerbeckschen Inderziffern von 45 Artikeln des Londoner Marktes. Die Ziffern für 1867—77 sind gleich 100 gesetzt.

	Getreide ꝛc.	Vieh ꝛc.	Zucker, Kaffee, Thee	Zui.	Mineralien	Textilwaren	Sa.	Silber
1878	95	101	90	96	74	78	87	86,4
1879	87	94	87	90	73	74	83	84,2
1880	89	101	88	94	79	81	88	85,9
1881	84	101	84	91	77	77	85	85
1882	84	104	76	89	79	73	84	84,9
1883	82	103	77	89	76	70	82	83,1
1884	71	97	63	79	68	68	76	83,3
1885	68	88	63	74	66	65	72	79,9
1886	65	87	60	72	67	63	69	74,6
1887	64	79	67	70	69	65	68	73,3
1888	67	82	65	72	78	64	70	70,4
1889	65	86	75	75	75	70	72	70,2
1890	65	82	70	73	80	66	72	78,4
1891	75	81	71	77	76	59	72	74,1
1892	65	84	69	73	71	57	68	65,4
1893	59	85	75	72	68	59	68	58,6
1894	55	80	65	66	64	53	63	47,6
1885—94	65	83	68	72	71	62	69	69,2
1878—87	79	95	78	84	73	71	79	82,1

Sauerbeck hat die Preise seiner 45 Artikel bis 1818 zurück verfolgt und ist dabei zu folgenden Ziffern gelangt:

1818—27	111	1874—83	90	1880—89	76
1828—37	93	1875—84	87	1881—90	75
1838—47	93	1876—85	85	1882—91	74
1848—57	89	1877—86	82	1883—92	72
1858—67	99	1878—87	79	1884—93	71
1868—77	100	1879—88	78	1885—94	69

Die Preise der meisten Waren sind in London seit 1843 stetig ge=
sunken, aber der Preisfall ist kein einheitlicher gewesen. Am
wenigsten sind die Vieh= und Fleischpreise zurückgegangen.
In Deutschland sind die letzteren eher herauf= als heruntergegangen. Es
kostete in Preußen alten Bestandes:

	Weizen	Roggen	Gerste	Hafer	Kartoff.	Butter	Rindfleisch	Schweinefl.
			pro Tonne				pro 100 kg.	
1816—20	206,2	151,8	131,4	129,8	38,6	146,6	66,6	78,4
1821—30	121,4	86,8	76,6	79,8	24,8	101,6	46,6	55
1831—40	138,4	100,6	87,6	91,6	26,4	110	51,6	61,6
1841—50	167,8	123	111,2	100,6	34	120	56,6	73,6
1851—60	211,4	165,4	150,2	144	47,4	146,6	70	91,6
1861—70	204	154,6	146	140,2	44,8	178,4	86,6	105
1871—75	235,2	179,2	170,8	162,2 ·	60,4	231,3	114,7	126
1876—80	211,2	166,4	162	152,6	60,6	224	114,8	124
1881—85	189,6	160	154,8	145,8	52,6	223,6	117,8	124,8
1886—90	175,3	143	138,4	135,3	45,7	211,5	114,5	121,8
1891	218,75	204,5	164,6	161,25	65,5	215,25	122,25	123,5
1892	188,3	176	155,2	149,4	61,7	222,6	122,6	120,3
1893	146,9	127,8	139,2	150,9	41,1	221,9	116,5	126,4
1894	133	116	130	136	45,1	217	125	131
1895	138	119	122	119	49,7	208	126	127

In Berlin kostete Schlachtvieh:

	Rinder	Schweine
	pro 100 kg. in M.	
1881	98,5	110,4
1882	97,9	108,2
1883	101,7	103,5
1884	98,2	92,3
1885	97	99,3
1886	93,5	94,2
1887	91,9	87,2
1888	90,1	85,8
1889	95,9	110,6
1890	109,9	115,7
1891	110,0	102,2
1892	107,9	110
1893	99,5	109
1894	109,6	101,8
1895	109,84	95,7

Die Fleischpreise sind demnach von der allgemeinen Depression, ab=
gesehen von den 80er Jahren nicht getroffen worden. Sie bilden eine Aus=
nahme, ebenso auch die Butterpreise. Die anderen Preise sind fast alle ge=
sunken, aber in ganz verschiedenem Verhältnis. Kaffee ist auch nicht im Preise
gesunken. Derselbe notierte in Hamburg (Santos unverzollt) pro 100 kg:

1879 125,1, 1884 93,7, 1887 156,9, 1890 175,6, 1894 163,4 Mt.

Man sieht aus diesen Zahlen, daß in erster Linie die Bedarfs= und Produktionsverhältnisse für die Warenpreise maßgebend sind. Die Produktion, wie das Verkehrswesen haben aber in unserem Jahrhundert derartige rapide Fortschritte gemacht, daß die Konsumtion vielfach nicht folgen konnte, die Preise sinken mußten.

Was zunächst die Weizenpreise anbelangt, so fielen dieselben in England von 364 Mk. pro Tonne in den Jahren 1816—20 auf 248 Mk. in den Jahren 1861—70, während sie in Preußen von 206 nur auf 204,6 nachgaben. Weizen notierte:

	England	Preußen
1816—20	364	206,2
1821 - 30	266	121,4
1831—40	254	138,4
1841—50	240	167,8
1851—60	250	211,4
1861—70	248	204,6
1871—75	246,4	235,2
1896	129,85	150,64
(Januar)	(London)	(Berlin)

Während in London der Weizenpreis seit 1816—20 um 180⁰/₀ gefallen ist, steht er in Berlin gegenüber der Periode von 1821—30 um 24⁰/₀ höher.

Man ersieht daraus, daß trotz der damaligen Silberwährung 1821—30 die Preise unter das jetzige Niveau gegangen sind, daß also die Währungsverhältnisse nicht in erster Linie die Preise bestimmen. Die Ernte und Zollverhältnisse sind weit mehr ausschlaggebend. Die Welt=Weizenernte betrug:

1883	251	Millionen Quarters.	
1883—86	262	„	„
1887—90	279	„	„
1891—94	304,6	„	„
1891	297	„	„
1894	313	„	„

Für 1883 wird die gesamte Bevölkerung der Erde auf ca. 1435, für 1892 auf etwa 1485 Millionen angegeben. Es kamen somit auf den Kopf der Bevölkerung 1883/86 etwa 0,183 Quarter pro Jahr, 1891/94 aber 0,205 Quarter. Die Weizenproduktion ist demnach bedeutend schneller vorgeschritten wie die Bevölkerungszunahme. Das Fallen der Weizenpreise erklärt sich daraus zur Genüge.

Aber nicht bloß diese Zunahme an und für sich bewirkte den Preisfall des Weizens, mehr noch fiel der Umstand ins Gewicht, daß zuerst

Nordamerika, dann Indien und schließlich Argentinien durch die Verbesserung des Verkehrswesens als neue Weizen= exportländer auftraten. Diese ruckweise Erschließung neuer Produktionsgebiete wirkte gerade verderblich.

Von den Silberländern aber ist nur Indien dabei beteiligt. Argen= tinien und Rußland haben Papierwährung auf Goldbasis, ebenso jetzt Öster= reich, die Vereinigten Staaten und Rumänien haben Goldwährung.

Es betrug die Ausfuhr aus (1000 Tonnen):

	Indien	Silberpreis	Rußland	Vereinigte Staaten	Argentinien
1872—73	19	60,10	—	—	—
1886—87	1100	45,34	—	—	—
1889—90	690	42,73	2086	1341	328
1891	1539	45,06	2892	3528	296
1892	761	39,75	1338	3416	470
1893	646	35,56	2561	2950	1000
1894	354	29,1	2991	1974	1008

Demnach ist Indiens Weizenausfuhr seit 1891 beständig zurückgegangen, obwohl der Silberpreis gleichfalls fiel, also den Export eigentlich doch be= günstigen mußte. Man sieht daraus, daß nicht die Getreidekonkurrenz der Silberländer unsere Landwirtschaft schädigt, daß nicht die Silberentwertung an der landwirtschaftlichen Notlage schuld ist, sondern die allgemeine Welt= Überproduktion und =Konkurrenz die Preise so geworfen hat.

Ein weiterer Faktor, welcher zum allgemeinen Preisfall nicht unwesent= lich beigetragen hat, ist der außerordentliche Rückgang der Frachtkosten, namentlich zur See, durch die schnelle Entwickelung des Dampferwesens. Im Kap. IV haben wir bereits die nötigen Daten angeführt.

Darnach sind die Schiffsfrachten für Kohlen von 1874—1896 etwa um 150% gefallen, im Durchschnitt um 23,4 sh. pro Tonne.

Nicht minder sind aber auch die Frachtkosten auf den Eisen= bahnen zurückgegangen.

Auf der New-York, Ontario and Western Railway Co. haben die Einnahmen pro Tonne und Meile betragen (Cents):

1866	1867	1870	1875	1885	1890	1892	1895
3,76	3,94	2,82	2,10	1,28	0,995	1,026	1,075.

Die deutschen Eisenbahnen vereinnahmten pro tkm (Pfg.):

5,01	4,10	3,88	3,82	3,79

(1893/94).

Der Satz der Ontario=Bahn 1895 würde pro tkm einer Einnahme von 2,67 Pf. entsprechen. Die Ontariosätze sind seit 1867 um 367% zurückgegangen. Während 1895 darnach der Transport einer Tonne Weizen pro 1000 km 26,7 Mk. auf dieser Bahn kostete, betrug er 1867 noch 81,9 Mk., der Rückgang der Fracht macht somit auf 1000 km ca. 55 Mk. aus. Dieser Faktor der Preisermäßigung ist bisher noch nicht genügend erfaßt und gewürdigt. Der Rückgang der Weizenpreise um ca. 50 Mk. erklärt sich also allein schon aus den Fracht=kostenermäßigungen der Eisenbahnen. Dazu tritt noch die Verbilligung der Schiffsfrachten um ca. 15 Mk. von New=York bis Deutschland.

In einem Berichte des Staates Minesota in den Vereinigten Staaten auf Grund der amtlichen Statistik des Ackerbau=Departements in Washington ist eine interessante Tabelle enthalten, welche die Einwirkung der Entwickelung des Verkehrswesens in den Verein. Staaten auf die Preise darstellt:

(Durchschnittspreise per Bushel Weizen in Cents.)

Jahre.	Gold.		Papier.		Wertunterschied.	
	Zentral= Staaten.	Äußere Staaten.	Zentral= Staaten.	Äußere Staaten.	Gold.	Papiere.
1862–1866	90,7	135,1	132,5	198,2	44,4	65,7
1867–1870	90,0	115,8	119,5	153,9	25,8	34,4
1871–1874	92,8	119,7	103,0	132,8	26,9	29,8
1875–1878	81,5	102,7	87,8	110,7	21,2	22,9
1879–1882	98,0	110,2	98,0	110,2	12,2	12,2
1883–1886	70,7	80,8	70,7	80,8	7,1	7,1
1887–1890	76,4	80,8	76,4	80,0	3,6	3,6
1891–1894	62,4	66,7	62,4	66,7	1,3	4,3

In der Zeit 1862—1866 betrug der Preisunterschied für die beiden Gruppen 44,4 Cents Gold, oder 65,7 Cents Papier; seit den letzten 8 Jahren beträgt der Unterschied nur 4 Cents. Die Verminderung ist zum größten Teil die Wirkung der billigeren Frachten zwischen Ost und West.

In der Periode 1862—66 kostete also in New=York die Tonne Weizen 199,8 Mk., im Innern aber 134,2 Mk. Die Differenz betrug 65,6 Mk., entspricht also unseren oben gefundenen Frachtkosten, welche pro 1000 km auf 81,9 für 1867 berechnet wurden.

In der Periode 1891—94 stellte sich der Preis pro Tonne Weizen auf 98,8 und 92 Mk., Differenz 6,8 Mk. In New=York ist der Weizenpreis in den betr. Jahren um 101 Mk. gesunken, im Innern des Landes aber nur um 42,2 Mk.

In New=York war der Preisfall um 59,8 Mk. tiefer pro Tonne wie in den mittleren Staaten. Die Fracht ist seit 1867 um ca. 55 Mk. zurück-gegangen, wie wir oben sahen, seit 1862 66 also vielleicht um 59 Mk. Der Preisfall in New-York entspricht also genau dem Rückgang der Frachtkosten.

Wir haben hiermit den exakten Beweis geliefert, daß die größere Hälfte des Preisrückganges von Weizen in New-York seit Anfang der 60er Jahre auf Rechnung der Verbilli-gung der Frachtkosten zu setzen ist. Das gilt aber auch für alle anderen Waren und für alle Länder. Die Dampfkraft hat die Waren wesentlich verbilligt.

Die Minderung der Kosten der Beförderung von Getreide ist hinsicht-lich der überseeischen Einfuhr von der Handelskammer zu Hamburg zum Gegenstande einer Untersuchung gemacht worden. Es ist dabei aus Mitteilungen von sachkundigen Firmen und ergänzenden Angaben einiger ge-druckter Werke eine Reihe von Tabellen zusammengestellt, die auf dem wenig gepflegten Gebiet der Frachtenstatistik der Beachtung weiterer Kreise wert er-scheinen. Diese Tabellen hat der Sekretär der hamburgischen Handelskammer, Dr. Heinrich Soetbeer, in Conrads Jahrbüchern Juniheft 1896 mit Genehmigung der Handelskammer der Öffentlichkeit übergeben, und es soll in nachstehendem das Wichtigste daraus mitgeteilt werden.

Von den im ganzen achtzehn Tabellen dürften nach Soetbeers eigener Ansicht Tabelle I und II die wertvollsten sein. Tabelle I bezieht sich in erster Linie auf die Kosten der Beförderung von Weizen von New-York nach Liverpool, ist aber selbstverständlich auch für Deutschland von Bedeutung, da die Entwickelung der Frachtsätze für die Fahrt von Amerika nach Deutschland im großen und ganzen mit derjenigen für die Fahrt von Amerika nach England übereinstimmen muß und für die Bildung der Weizen-preise auch in Deutschland der Weltmarkt maßgebend ist. Tabelle II bildet dazu insofern eine wertvolle Ergänzung, als sie die Kosten der Beförderung von Weizen von Chicago nach New-York behandelt.

Das Ergebnis der Tabellen I und II faßt Soetbeer selbst, wie auf Seite 171 folgt, zusammen:

Um diese Berechnungen — bemerkt Soetbeer — voll zu würdigen, darf nicht außer Acht gelassen werden, daß der aus den Vereinigten Staaten auf den angegebenen Wegen ausgeführte Weizen zum Teil noch erhebliche Eisen-bahnfahrten vorher zurückzulegen hat, die in den Berechnungen nicht berück-sichtigt sind, und daß die Eisenbahnfrachten in den Vereinigten Staaten nach Ausweis der Tabelle IV seit 20 Jahren um die Hälfte sich verringert haben.

Tabelle III gibt die Frachtsätze für die Beförderung von Weizen von St. Louis bis zu den Verschiffungshäfen New-Orleans und

Jahre	Durchschnittliche Kosten der Beförderung von Weizen.			Durchschnittliche Preise für Weizen aus den Vereinigten Staaten von Amerika in Hamburg ohne Zoll
	Dampfer New-York Liverpool	Von Chicago nach Liverpool bei Benutzung des Dampfers von New-York nach Liverpool und der		
		Wasserstraße	Eisenbahn	
		von Chicago nach New-York		
	Mark für 1000 kg			Mark für 1000 kg
1873 75	30,68	55,44	74,83	244,20
1876 80	22,69	40,82	50,93	211,90
1881 85	12,24	24,87	34,60	189,40
1886 90	9,60	22,00	33,02	149,70
1891 94	—	18,03	29,97	152,00
1891 95	7,30	—	—	149,80
1891 94 gegen 1873 75	—	— 37,41	— 44,86	— 92,20
1891 95 gegen 1873 75	— 22,78	—	—	— 94,40

New-York, bezw. seit 1882 auch darüber hinaus bis Liverpool. Danach ging die Fracht von St. Louis nach New-Orleans auf dem Flusse von 1876 bis 1894 für 1 Bushel (= 27,2 kg) zurück von 8,5 Cents (1 Cent = 4,2 Pf.) auf 5,89; die Eisenbahnfracht nach New-York für 100 Pfund (= 45,36 kg) von 1876 bis 1894 von 39,5 Cents auf 24,73; die Fracht von St. Louis nach Liverpool für 1 Bushel von 1882 bis 1894 über New-Orleans von 22,7 Cents auf 11,7 Cents und über New-York von 23,7 auf 18,7.

Tabelle V bringt, wenn auch nur für die letzten acht Jahre, über die Getreidefrachten für die Fahrt von Nord-Amerika nach Hamburg Angaben, die für die jüngste Zeit ein starkes Sinken erkennen lassen. Die durchschnittlichen Frachtsätze für die Beförderung von Getreide im Dampfschiff nach Hamburg stellten sich danach in Mark für 100 Lbs. (= 45,359 kg) von

	New-York	Baltimore	Montreal
1889	0,78	0,82	—
1891	0,77	0,71	—
1894	0,37	0,51	0,43
1895	0,37	0,40	0,40

Die in den Tabellen VI bis IX mitgeteilten Frachtsätze für die Getreideeinfuhr aus Argentinien seit 1887 zeigen, wie Soetbeer bemerkt, keine absteigende Richtung, was nicht auffällt, wenn man bedenkt, daß in jenem Zeitraum bei sinkender Ausfuhr von Hamburg nach Argentinien die Gesamteinfuhr von dort, mithin auch die Nachfrage nach Schiffsräumen für diese Fahrt, außerordentlich gestiegen ist.

Die Tabellen X bis XIII beziehen sich auf die **Getreideeinfuhr vom Schwarzen und Aegäischen Meer.** Wir teilen daraus folgendes mit: Die durchschnittlichen Frachtsätze für die Beförderung von Getreide **von der unteren Donau nach Hamburg** betrugen für 1 t 1870 37 Mk.; 1880 23 Mk.; 1890 15 Mk.; 1895 11 Mk. Die durchschnittlichen Frachtsätze von Odessa nach London, Hull, Antwerpen oder Rotterdam beliefen für 1 t (= 1015 kg) auf Schilling (= 1,02 Mk.) und Pence (= 0,085 Mk.) im Jahre 1883 16 sh.; 1890 12 sh.; 1895 9 sh. 6 d.

Für die Weizeneinfuhr aus Britisch-Indien, und zwar aus dem Innern des Landes, ergibt sich aus Tabelle XIV und XV nach Soetbeer folgendes Bild:

	Durchschnittl. Kosten der Beförderung von Weizen von Cawnpore nach Hamburg Mk. für 1000 kg	Durchschnittl. Preise für Weizen aus Ostindien in Hamburg ohne Zoll Mk. für 1000 kg
1872—1875	97,49	(keine Einfuhr)
1876—1880	83,26	203,30
1881—1885	73,22	179,00
1886—1890	54,07	151,80
1891—1895	42,64	147,80
1891/95 gegen 1876/80	— 40,62	— 55,50

Die Tabelle XVI betrifft die **Reiseinfuhr aus Burma,** Tabelle XVII und XVIII Frachtsätze für Weizen aus „Broomhalls Corn Trade Year Boot 1895", auf deren Einzelheiten wir nach den obigen Mitteilungen nicht eingehen. Soetbeer bemerkt dazu, daß Broomhall als Anhänger der Lehre, daß eine Knappheit an Gold vorhanden sei und die allgemeine Preissenkung hervorgerufen habe, der Ansicht huldige, daß das Sinken der Frachten auf das Sinken der Getreidepreise zwar einigen Einfluß gehabt haben möge, daß dieser Einfluß aber überschätzt worden sei. Es sei namentlich, wie Broomhall sagt, zu beachten, daß man früher verhältnismäßig mehr Getreide aus nahe gelegenen Ländern eingeführt habe und heutige Frachtsätze für die Beförderung von Getreide aus fernen Ländern mit solchen früheren Frachtsätzen nicht vergleichen dürfe, für die kein Getreide, sondern andere Ware befördert worden sei. Hiergegen ist nach Soetbeers Ansicht aber einzuwenden, daß die beiden Länder, aus denen bisher am meisten Getreide bezogen ist, nämlich die Vereinigten Staaten von Amerika und Rußland, bereits vor 20 Jahren die

felbe Rolle gespielt haben, und daß die Broomhallschen Zahlen selbst ein er-
hebliches Sinken der Frachtsätze, gerade auch für diese Bezüge ergeben. „Als
Gesamtergebnis der von der Hamburger Handelskammer angestellten
Untersuchung" — so faßt Soetbeer seine Ausführungen zusammen —
„muß anerkannt werden, daß das Sinken der Getreidepreise zu sehr erheb-
lichem Teil auf das Sinken der Kosten der Beförderung zurückzuführen ist."

Es wird hier der Reihe nach für die Hauptkonkurrenzländer der deutschen
Landwirtschaft die Entwickelung der Frachttarife verfolgt und zunächst diejenige für den amerikanischen Weizen dargestellt. Danach kostete die Dampf-
schiffbeförderung von New-York nach Liverpool im Durchschnitt der Jahre
1873—75 pro Tonne 30,68 Mk., dagegen 1891—95 nur 7,90 Mk.; in einer
fast geraden Linie sinkt der Tarif von 10,5 Cents pro Bushel im Jahre 1873
auf 1,8 Cents im Jahre 1894. Die Fracht von New-York nach Hamburg
sank von 17,20 Mk. im Jahre 1889 auf 8,15 Mk. im Jahre 1895. Von
der Produktionsstätte sodann, z. B. von Chicago bis New-York, kostete die
Beförderung auf der Wasserstraße im Durchschnitt der Jahre 1873—75
55,44 Mk., dagegen in den Jahren 1891—94 nur 18,03 Mk., bei Beförderung auf der Eisenbahn 74 Mk. 83 Pf. bezw. 29 Mk. 97 Pf. Demnach
hatte 1875 die Tonne Weizen, die in Hamburg unverzollt damals 244 Mk.
galt, eine Fracht von 104 Mk. 5 Pf., zwei Jahrzehnte später eine solche von
nur 38 Mk. zu tragen. Nun muß man noch dazu die sehr beträchtliche
Eisenbahnfracht aus dem Innern der Union und für den Transport in das
deutsche Binnenland in Rechnung nehmen. Auch sie ist in den letzten zwei
Jahrzehnten ganz wesentlich herabgegangen, von dem far west z. B. nach
Chicago um nicht weniger als 50 "„. Diese verschiedenartigen Ersparnis-
posten reichen allein aus, um das Andrängen der amerikanischen Konkurrenz
und den neueren Stand des Weizenpreises (1891 94 durchschnittlich 152 Mk.
unverzollt) zu erklären.

Wie im Westen, so ist auch im Osten für die Weltgetreidelieferanten,
z. B. für Südrußland die Fracht gefallen. Von Odessa nach Hamburg betrug noch 1883 die Fracht für die Tonne 16 Mk. 57 Pf., 1895 nur 10 Mk.
04 Pf. Von der unteren Donau (Rumänien) bis nach Hamburg kostete 1870
der Transport 37 Mk., 1895 noch nicht ein Drittel davon, nämlich 11 Mk.
Der türkische Roggen hatte von Kuprulu bis zum deutschen Hafen inkl. Eisenbahnfracht 1875 66 Mk. 89 Pf., 1895 nur 42 Mk. 33 Pf. für die Beförderung zu tragen. Von besonderem Interesse ist die Preis-Kalkulation
für den Bezug indischen Weizens. Nach der mitgeteilten Tabelle kostete
z. B. im Durchschnitt der Jahre 1872 75 eine Tonne Weizen in Cawnpore
ca. 57 Rupien, die bei dem damaligen Kurs von 23 Pence in Gold
109 Mk. galten. Diese Tonne Weizen hatte an Transportkosten beinahe
ebenso viel zu tragen, als der Ankaufspreis betrug, nämlich rund 91 Mk.

Verkauft wurde sie in London zu 241 Mk. Dem Zwischenhändler verblieb also an Gewinn fast die Hälfte von dem, was der ursprüngliche Ankaufswert betrug. Anders heute. Der Weizen ist im Innern Indiens, entsprechend dem allmählichen Sinken des Silberwertes, nachweisbar gestiegen; sein Preis betrug 1891 71 Rupien, im Durchschnitt der Jahre 1886 90 61,5 Rupien oder in Gold umgerechnet 105 bezw. 90 Mk. Die Transportspesen betrugen 1886 90 durchschnittlich 29 Mk. 50 Pf., d. h. nur noch ein Drittel des ursprünglichen Ankaufspreises und der Gewinn des Zwischenhändlers nur 25 (1891 nur 6 Mk.), obgleich man, nach dem damaligen Rupienkurs bei dem Ankaufspreis von 1872 im Betrage von rund 109 Mk. an sich ein Aufgeld von nur 6—7 Mk., bei dem von 1890 dagegen mit 90 Mk. ein solches von rund 30 Mk. hätte gewinnen sollen. Der Verkaufspreis in London stand aber 1890 auf 144 Mk. oder nur um 10 Mk. niedriger, als diese Verringerung der Transport- und Zwischenhandelsspesen darstellt.

Die Bimetallisten klammern sich an die Behauptung, daß nicht der Fortschritt in den überseeischen Produktions- und Anlieferungsbedingungen, sondern lediglich die Valutadifferenz den Druck auf den Getreidemarkt verursache. Bei der Seefracht nun läßt sich genau verfolgen, wie ihr Rückgang allmählich in den Selbstkosten der überseeischen Lieferungen, sowie in dem europäischen Verkaufspreis ihren Ausdruck gefunden und ihn um 20—30 % herabgedrückt hat; bezüglich der Eisenbahnen ist bekannt, daß allein mit ihrer Hülfe die Erschließung des Binnenlandes in den Vereinigten Staaten, Argentinien, Rumänien ꝛc. und eine Verdoppelung der dortigen Weizen-Anbauflächen und damit der Anlieferungen sowie des Angebots zu billigeren Preisen durchgeführt werden konnte. Auf der anderen Seite hat diese ganze Entwickelung in den letzten Jahren einen Stillstand erfahren, und dies, im Verein mit der Steigerung des Eigenkonsums von Getreide in Asien und Amerika, läßt die Annahme als begründet erscheinen, daß die überseeische Getreidekonkurrenz ihren Höhepunkt überschritten hat.

Bei den Industrieprodukten hat außerdem die technische Vervollkommnung und die riesige Produktionszunahme den Preisfall bewirkt.

Deutschland produzierte z. B. 1874 35,9 Mill. Tonnen Steinkohlen, 1894 aber schon 76,8 Mill.; Roheisen 1874 1,9 Mill. Tonnen, 1894 5,4 Mill. Amerika hatte nach Mulhall eine Erzeugungskraft (d. h. eine Leistung, 1 Tonne über 400 Fuß zu befördern) von 4293 Mill. Tonnen im Jahre 1825, und von 129306 Mill. Tonnen 1895. Die Dampfkraft betrug dort 1870 760 000, 1895 aber 16 940 000 Pferdekräfte. In Frankreich wurde 1832 die erste Dampfmaschine eingestellt, 1839 gab es dort 5000, 1893 74987 Dampfkessel. In Preußen zählte man 1879 32411, jetzt 57 824 feststehende Dampfkessel, 1879 29 895, jetzt 60 488 feststehende Dampfmaschinen, 1879 5536, jetzt 15 637 Lokomobilen.

Im Jahre 1837 zählte Preußen 419 gewerbliche Dampfmaschinen mit 7355 Pferdekräften, 1875 28 783 mit 632 067 Pferdekräften.

Die Zahl sämtlicher Maschinen in Deutschland betrug 1879 65 170 mit 4 510 637 Pferdekräften. Es gab Maschinen in:

		Zahl	Pferdestärken		Zahl	Pferdestärken	
Deutschland	1879	65 170	4 510 637	—	—		
Frankreich	1840	2 591	34 350	1886	52 471	717 718	(gewerbl. u. land=wirtsch. Maschin.)
England	1878	—	6 900 000	1891	—	10 970 000	
Belgien	1850	2 040	51 055	1890	14 279	385 271	nur gewerbl. und landw. Maschinen)
Italien	1876	4 459	54 231	1882	8 200	124 000	(Dampfkessel)
Verein. Staaten	1870	44 324	—	1880	64 142	—	(gewerbl. Maschin.
Preußen	1879	35 660	1 025 193	1895	77 490	2 766 511	

In Preußen haben sich die Maschinen und Pferdekräfte seit 1879 weit mehr als verdoppelt. Die Produktion ist überall ins Große gegangen. Die Verkehrsmittel im Innern der Länder sind in ungeahnter Weise vervollkommnet, die Entfernungen verkürzt, die Frachten verbilligt. Die Produktionskosten sind dadurch vielfach auf die Hälfte gesunken, trotz steigender Löhne und sozialer Lasten.

Die Produktion ist immer mehr kapitalistischer geworden, der Übergang vom Handwerks= zum Groß= oder Fabrikbetrieb ist unaufhaltsam fortgeschritten.

Das Maschinenzeitalter hat so eine völlige Umwälzung auf sozialem Gebiete, in der Produktion und in den Preisen herbeigeführt. Wir stehen noch mitten in diesem Prozeß drinn. Die Industrie vermag sich diesem Prozesse weit besser anzupassen wie das Gewerbe und die Landwirtschaft. Letztere beiden sind dadurch in eine Notlage versetzt. Es kommt daher darauf an, den Übergang für sie zu erleichtern. Abgesehen von den Zöllen, den Handelsverträgen, der Verkehrspolitik, liegen die Hülfs=mittel aber auf dem Gebiete der inneren Schutzpolitik.

Diese Entwickelung vermag keine Währungsänderung aufzuhalten. Beim Beginn des industriellen Aufschwungs steigen die Preise und Löhne, weil allgemein mehr verdient wird. Später mit dem Ausbreiten der Industrie, der zunehmenden Konkurrenz sinken die Preise der Waren wieder, während die Löhne durch die beginnenden Lohnkämpfe und Streike hochgehalten und sogar weiter gesteigert werden. Die gegenwärtige Krisis datiert bereits seit Mitte der 70er Jahre, sie wurde nur Ende der 80er und 90er Jahre kurz unterbrochen. Sie bedeutet auf

ndustriellem Gebiete den Prozeß stets fortschreitender tech=
nischer Vervollkommnung, stetig vergrößerter und kon=
zentrierterer Produktion verbunden mit steter Verbilligung
der Waren. Da die großen Unternehmungen durch stetige Verbesserungen
und Neuerfindungen ihre Unkosten immer mehr reduzieren und daher billiger
liefern können wie die kleineren und mittleren Unternehmer, so ist das natur=
gemäße Ziel der Entwickelung die Aufsaugung der Kleinen durch
die Großen auf den Gebieten, wo die Technik die ausschlag=
gebende Rolle spielt, wo die individuelle Anpassung der
Produkte an den Konsum fortfällt, wo Massenproduktion
möglich ist. Die kleineren Unternehmer, insbesondere die Handwerker,
welche mit solchen Industrien konkurrieren, werden nun entweder Angestellte
in diesen Zweigen oder sie werden Flickhandwerker mit kleinen Ladengeschäften,
in denen sie Fabrikwaren vertreiben.

Der Preisrückgang ist eine immanente Konsequenz der Industrieentwicke=
lung. Nur zeitweise, wenn von auswärts, durch Erschließung neuer Absatz=
gebiete oder durch einen Aufschwung in anderen Ländern ein neuer Anstoß
gegeben wird, findet ein kurzer allgemeiner Aufschwung statt.

Diese Verbilligung der Waren, eine Folge übermäßiger Kapital=Bildung
und Konzentration, kommt aber den großen Massen sehr zu gute, sie hebt das
Lebensniveau der Massen. Während so der Anteil der Massen an der Produktion
steigt, können die Unternehmer nur durch Ausdehnung der Produktion und
des Absatzes ihre Verluste aus dem Sinken der Preise wieder einbringen.

Bezüglich der Landwirtschaft ist der Preisfall durch die
auswärtige Konkurrenz veranlaßt. Auch hier muß die An=
passung an die niedrigeren Preise allmählich eintreten, so=
weit die Schutzzölle nicht ausreichen.

Während in der Industrie die Anpassung durch die Kon=
zentration erfolgt, scheint in der Landwirtschaft der umge=
kehrte Weg Hilfe zu bringen. Derjenige Landmann, der am wenigsten
auf den Markt angewiesen ist, der kleine und mittlere Bauer, ist, wenn man
ihm sonst noch durch andere Mittel, wie z. B. Erbgesetzgebung, Kredit=
organisation, Wuchergesetzgebung, Rentengutsbildung, Genossenschaftswesen
zu Hilfe kommt, trotz der niedrigen Preise lebenskräftig, ebenso größtenteils
der große und mittlere Grundbesitz, wenn er nicht zu teuer gekauft hat,
seine Lebensansprüche einzuschränken und rationell zu wirtschaften versteht.
Den schwachen Elementen sollte der Staat ihren Besitz abkaufen. Die Bil=
dung eines Fonds hierfür durch eine Anleihe, ein von Prof. Schmoller
gemachter Vorschlag, würde gute Dienste leisten können.

ad 3. Die Übervorteilung der Schuldner zu Gunsten der

Gläubiger durch die Goldwährung ist eine oft gehörte Behauptung seitens der Bimetallisten.

Ihr Gedankengang ist dabei folgender: Der Goldwert ist seit 1873 etwa um 50 % gestiegen. Wer 1870 10 000 Mk. Schulden in Silber hatte, hat daher jetzt 15 000 Mk. Goldschulden. Würde nun der Silberwert wieder in seinen alten Wert eingesetzt, resp. der Wert des Goldes wieder um 50 % ermäßigt, so würde die Schuldsumme wieder auf 10 000 Mk. reduziert, auf ihren alten Standpunkt. —

Zunächst fragt es sich, ist die frühere Schuldsumme wirklich um 50 % erhöht.

Das Gold ist, da der Zinsfuß gesunken ist, da der Geldvorrat stark zugenommen hat, höchst wahrscheinlich nicht im Preise gestiegen; jedenfalls ist der wissenschaftliche Beweis nicht erbracht. Wohl aber ist das Silber seit 1870 im Preise gesunken, nach dem gegenwärtigen Kurse (Anfang März 1896) etwa um 49 %. Die Bimetallisten könnten also nur sagen, die Schulden sind, da sie seit 1873 als Goldschulden über- schrieben sind, dieselben geblieben, während sie, wenn si Silberschulden geblieben wären, auf die Hälfte reduzierte wären. Das werden die Bimetallisten zugeben müssen.

Nun aber, wenn Deutschland nicht zur Goldwährung übergegangen wäre und wenn dann, nach Behauptung der Bimetallisten, der Silberpreis sich auf dem früheren Niveau erhalten hätte, wäre auch die Reduzierung der Schulden auf die Hälfte nicht eingetreten. Die Schuldsumme wäre in unserem Falle auch auf 10 000 Mk. geblieben.

Wir kommen somit zu dem Resultat, daß im Falle der Beibehaltung der Silberwährung die Schuldsumme gleich derjenigen nach Übergang zur Goldwährung hätte sein müssen, daß die Goldwährung also die Schuldsumme nicht geändert hat.

Würde der internationale Bimetallismus eingeführt, und würde durch ihn das Silber wieder auf das frühere Wertverhältnis 1:15½ gehoben, so würde dadurch an den bestehenden Schuldverhältnissen nichts geändert, sie blieben auf derselben Höhe.

Manche Bimetallisten wollen nun aber nicht bloß den Wert des Silbers durch die Doppelwährung heben, sie wollen auch durch dies Mittel den Wert des Goldes reduzieren. Sie denken sich den Prozeß folgendermaßen: Durch die freie Silberprägung wird die umlaufende Geldmenge vermehrt, die Preise müssen deshalb steigen, ins- besondere auch die Getreidepreise. Dadurch werde zweierlei erreicht, die Schuldenlast werde verringert und die Zinszahlung erleichtert.

Wenn auch wirklich der Wert des Goldes durch die Wiedereröffnung der Münzen für das Silber sinken würde, so
würde die Schuldsumme nominell doch dieselbe bleiben.

Durch das Steigen der Preise und damit auch des Wertes von Grund
und Boden würde allerdings die Schuld- und Zinsenlast relativ verringert,
d. h. im Verhältnis zu den Einnahmen und dem Werte der Güter, — wenn
eben die Voraussetzung, daß die Geldmenge durch die freie Silberprägung in
den Goldwährungsländern vermehrt werde, zuträfe. Das ist nun aber nicht
der Fall.

Manche Bimetallisten wollen uns glauben machen, daß uns das Silber
nur so zugeflogen käme, ein neuer Geldstrom werde sich zu uns ergießen.

Woher soll der aber kommen? Wir ziehen Geld nur auf folgende Weise ins Land:

1. Durch die Verzinsung der im Auslande plazierten Anleihen und durch sonstiges im Auslande angelegtes
Kapital, dessen Gewinne ins Inland fließen.
2. Durch die Ersparnisse der Auswanderer, welche diese
etwa heimschicken.
3. Durch die Frachtzinsen, welche unsere Rhederei von
andern Ländern bezieht.
4. Durch den Verzehr der Reisenden.

Wir geben aber Geld ans Ausland ab, abgesehen von den
Kapitalanlagen im Auslande:

1. Durch unsere Handelsunterbilanz.
2. Durch die Summen, welche die Auswanderer mit-
nehmen.
3. Durch die Frachtspesen für fremde Schiffe.
4. Durch den Verzehr unserer Landsleute, welche im
Ausland reisen.

Bisher hat der Geldzufluß über den Geldabfluß im Durchschnitt einen
Überschuß von 30—40 Millionen Mk. jährlich ergeben.

Wie soll nun mit einem Male mehr Geld ins Land kommen?

ad 1) Durch das im Auslande angelegte Kapital nicht. Denn die
Silberländer werden nun statt Gold Silber resp. Silberwechsel schicken als
Zinsen und Gewinn. Die Geldmenge wird dadurch aber nicht vermehrt.

ad 2) Die Auswanderer schicken nun statt Gold event. auch Silber oder
Silberwechsel; dadurch tritt auch keine Geldvermehrung ein.

ad 3) Ebenso ist es mit den Frachtspesen, die nun von den Silberländern event. auch in Silber gezahlt werden.

ad 4) Dasselbe trifft auf den Verzehr mit Reisenden zu.

Nun sind noch zwei Arten der Geldvermehrung im Falle des Bimetallismus denkbar. Erstlich können die Silberproduktionsländer ihr Silber teilweise nach den bisherigen Goldwährungsländern schicken, um es dort ausmünzen zu lassen. Dafür lassen sie sich dann aber Gold zahlen, weil Gold billiger verschickt wird und deshalb immer dem Silber vorgezogen werden wird. Dieser Prozeß bedeutet aber ebenfalls keine Geldvermehrung, wohl aber wird er einen Goldabfluß und event. ein Goldagio in den bisherigen Goldwährungsländern bewirken. Für das einströmende Silber fließt eine gleiche Menge Goldes ab.

Der letzte denkbare Weg der Geldvermehrung ist der folgende: Durch die Erhöhung des Silberpreises wird die Silberproduktion gewaltig zunehmen. Die Kaufkraft der Silberproduktions- und sonstigen Silberländer steigt durch die plötzliche Valutasteigerung und die Vermehrung des Silbergeldes. Dadurch nimmt die Ausfuhr nach diesen Ländern zu. Die Preise steigen.

Stellt sich dadurch nun die Handelsbilanz der Goldwährungsländer gegenüber den Silberländern gegen früher günstiger, so wird um diese sich daraus ergebende Differenz die Geldmenge der Goldwährungsländer vermehrt. Das ist aber keine sicher zu erwartende Folge. Denn die Ausfuhr der Silberländer wird jedenfalls auch zunehmen.

Sollte aber auch die Erwartung der Inflationisten sich erfüllen, so würde das Endergebnis folgendes sein: Die Preissteigerung würde, wie alle derartige plötzlichen Hochkonjunkturen, einen wahren Spekulationstaumel entfesseln.

Die Produktion würde ins Ungemessene ausgedehnt. Der Krach müßte sehr bald eintreten. Dann würde der Rückgang aber um so empfindlicher sein. Der Vorteil wäre somit nur ein vorübergehender. Die bitteren Enttäuschungen aber würden einen Sturm der Entrüstung entfesseln, der das künstliche Gebäude des Bimetallismus bald hinwegfegen würde.

Auch dieser Weg der Geldvermehrung ist ein prekärer. Er wird nur dann gegeben, wenn unsere Zahlungsbilanz sich günstiger stellt, und er dauert nur solange, bis der unausbleibliche Krach dem Taumel ein Ende macht.

Die geträumte Geldvermehrung durch den Bimetallismus erweist sich also bei näherer Prüfung als ein Phantom.

Damit ist auch die Voraussetzung für die relative Schuldminderung, die Schulderleichterung, genommen.

Derjenige Bimetallist, der in diesen Zusammenhang eingedrungen ist, und trotzdem weiter für die Einführung des Bimetallismus agitiert, arbeitet somit bewußt der Spekulation in die Arme; er verschafft nur demjenigen, welcher sein Gut während der Hausseperiode verkaufen kann, einen Vorteil,

während er den Käufer, der zu teuer gekauft hat und nach dem Krach
während des Rückganges die größten Verluste erleiden muß, in den Ab-
grund stürzt.

Das darf kein sittlich empfindender und rechtlich denkender Mann.

Die Behauptungen, daß die Einführung der Goldwährung
die Geldmenge verringert, den Preisrückgang veranlaßt,
die Getreidekonkurrenz des Auslandes verschärft, die
Schuldenlast verdoppelt habe, hat sich somit als durchaus unrichtig erwiesen.

Die Einführung der internationalen Doppelwährung wird also den bisherigen Goldwährungsländern nichts nützen, da sie die Geldmenge der Goldwährungsländer nicht oder nur vorübergehend etwas vermehren, da sie die
Getreidekonkurrenz nicht beseitigen, da sie die Schuldenlast nicht verringern
wird. Wohl aber wird sie die empfindlichsten Schädigungen im Gefolge
haben, da sie eine Epoche schlimmster Überspekulation entfachen würde. — —

V. Die thatsächlichen Wirkungen der Einführung der Goldwährung und der Silberentwertung.

Daß der Übergang Deutschlands und Skandinaviens zur Goldwährung
zum Preisrückgang des Silbers mitgewirkt hat, kann nicht geleugnet werden.
Die Schließung der deutschen Münzstätten für die freie Silberprägung hatte
zur Folge die Schließung derjenigen der lateinischen Münzkonvention 1877,
dann später diejenige Indiens und die Sistierung der Silberankäufe der
Vereinigten Staaten 1893. Diese Demonetisierung des Silbers in verschiedenen Ländern mußte, bis nicht andere Absatzstätten gefunden waren,
preisdrückend wirken.

Diese teilweise Demonetisierung des Silbers war aber
nicht der einzige Grund für seinen Preisfall. Seit 1859 ist der Silberpreis
im beständigen Sinken, er fiel von 62⅛ 1859 auf 60⁷⁄₁₆ in 1869. Das
konnte nur die Folge der schnell zunehmenden Silberproduktion
sein, da die monetären Verhältnisse damals noch dem Silber günstig waren.
Wäre Deutschland nicht zur Goldwährung übergegangen, und wäre der
Silberpreis nicht weiter gesunken, dann wäre die Silberproduktion noch
rapider angewachsen, wie das auch trotz der Silberentwertung der Fall war.
Unter diesen Umständen wäre die freie Silberprägung nicht aufrecht zu erhalten gewesen. Der starke Silberzufluß und der Abfluß des Goldes, das
Entstehen und Wachsen des Goldagios hätte unerbittlich zur Schließung der
Münzstätten für das Silber in Deutschland führen müssen, wie das später in

den Vereinigten Staaten der Fall war. Wenn man bedenkt, daß die Silber=
produktion von 905553 kg in 1851—60 auf 5031779 kg in 1893, d. h.
um 484 %, angewachsen ist, trotz des Preisfalles um 42,7 %, dann wird
man begreifen, daß die bei unvermindertem Silberpreise ungeheuer aus=
gedehnte Silberproduktion solche Folgen hätte zeitigen müssen.

Unter diesen Umständen wäre der Silberpreisfall ein plötzlicher und von
den schlimmsten Folgen begleitet gewesen, genau wie dies auch nach Ein=
führung des internationalen Bimetallismus eintreten müßte.

Der Preisrückgang des Silbers ist demnach ein unver=
meidlicher, ob mit oder ohne Bimetallismus; er beruht in
der schnellen Ausdehnung des Silberbergbaues und den in=
folge der verbesserten Technik allmählich auf die Hälfte re=
duzierten Kosten. Er ist ein Naturereignis, gegen das wir
uns vergeblich stemmen.

In seinen Vorlesungen auf dem letzten sozialwissenschaftlichen Kursus in
Halle, April 1891, führte Prof. Conrad folgendes aus:

„Die Bimetallisten schieben diesen Preissturz der letzten zwanzig Jahre
auf den Übergang Deutschlands zur Goldwährung und die Sistierung der
freien Silberprägung in Frankreich. Sie erreichten im Jahre 1878 zum
Nachteil des Reiches eine Einstellung der Silberverkäufe. Wohl kann an=
genommen werden, daß Deutschland durch seine Silberverkäufe bis 5000 Ztr.
im Jahre 1873 die Anregung zum Sinken des Preises gegeben hat, aber
trotz der Sistierung der Silberverkäufe seitens des Reiches sank der Silber=
wert weiter; darin zeigt sich, daß die Bimetallisten in kleinlichen Momenten
die Ursache der Entwertung zu finden glauben, während viel größere Ge=
sichtspunkte dabei maßgebend sind.

Schuld an der Entwertung trägt in der Hauptsache die Erhöhung der
Produktion. Jenen gewaltigen Preissturz der letzten Jahre verursachte die
Sistierung der freien Silberprägung in Indien und die Beseitigung der
sogenannten Shermann-Bill, jenes Gesetzes, welches bestimmte, daß der
amerikanische Staat monatlich 42 Millionen Dollars Silberankäufe aus=
führte.

Unsere Agrarier überschätzen aber weit den Einfluß der Silberentwertung
und seine Wirkung als Exportprämie. Bei dem Getreidehandel ist für uns
allein Indien als Silberland in Erwägung zu ziehen, da die Vereinigten
Staaten im Verkehr mit dem Auslande thatsächlich nach Gold rechnen
Rußland und Argentinien, welches besonders in neuerer Zeit Einfluß auf den
Markt ausübt, Papierwährung haben. Indiens Export ist außerdem stark
im Zurückgehen begriffen. Der Grund der Verbilligung des Getreides ist
vielmehr in der Verbesserung der Kommunikationsmittel, in der Verminderung
der Transportkosten, in der Erweiterung des Marktes durch Eisenbahnbauten

im Innern Indiens zu suchen. Auch die schwankende Papierwährung Rußlands und Argentiniens übt keinen großen Einfluß auf die Höhe des Exports aus, wie aus der Gegenüberstellung des Rubelkurses und der Exportmengen hervorgeht. Es ist das auch erklärlich; wenn wir in einem so hoch kultivierten Lande wie Deutschland nur eine nahezu völlig gleiche Produktion an Getreide haben, so ist es in einem Lande wie Rußland ganz und gar nicht möglich, die Produktion nach dem Stand des Rubelkurses einzurichten; wohl aber werden in geeigneten Momenten für den Export Vorräte flüssig.

Dauert eine entwertete Währung längere Zeit fort, so steigen die Preise und die Löhne im Inland, die Produktionskosten gleichen sich aus, und die erwähnten Vorteile vermindern sich in bedeutendem Maße.

Man überschätzt von Seiten der Agrarpartei völlig den Einfluß der Währungsverhältnisse auf die Getreidepreise; man ignoriert, daß die Schwankungen Handel und Industrie in gewaltigster Weise schädigen, so daß die in Betracht kommenden Länder geneigt sind, enorme Opfer zu bringen, um diese Schwankungen zu beseitigen. Schon ist Österreich zur Goldwährung übergegangen, Rußland bemüht sich zu folgen. Die Klagen in Rußland sind größer als bei uns, trotz oder gerade wegen der entwerteten Valuta. Eine entwertete Valuta ist das allergrößte Unglück für ein Land."

In seinem letzten Vortrage wies dann Prof. Conrad noch besonders darauf hin, welche Nachteile Deutschland aus der Einführung der Doppelwährung erwachsen würden.

„Frankreich und Amerika mit ihrem übermächtigen Silberschatz von 5 Milliarden Mark würden bei einer internationalen Fixierung das Wertverhältnis 1 : 16 durchgeführt wissen wollen, unsere Bimetallisten wie Arendt und v. Kardorff widerstreben dem auch nicht. Dadurch würde nach Einführung einer allgemeinen Münzkonvention in Deutschland Silber ausgeprägt werden und ihm dafür Gold entzogen, denn der Gewinn des Auslandes würde bedeutend sein, da es schon für 16 Pfund Silber anstatt wie jetzt für 30 Pfund — 1 Pfund Gold erhielte. Nun sei mit Sicherheit anzunehmen, daß die Silberproduktion so groß würde, daß Deutschland nicht imstande wäre, das Metall zu absorbieren. Dann würde man sich genötigt sehen, eine Änderung im Ausprägungsverhältnis vorzunehmen, und wer stehe dafür, daß sich dann Amerika nicht auf eigene Füße stellen würde, nachdem es sein überschüssiges Silber abgegeben hat. Der Übergang zum Bimetallismus würde Deutschlands unerhörte Ausbeutung nach sich ziehen."

Professor Conrad erinnerte daran, daß „nicht nur die extremen Anhänger des Bimetallismus das Sinken der Preise auf eine Verteuerung des Goldes zurückgeführt haben, sondern auch Männer, welche auf dem vermittelnden Standpunkt stehen, wie der Referent. Die Goldverteuerung wurde auf die Abnahme der Goldproduktion bei Erweiterung der Nachfrage geschoben und der daraus resultierenden Goldknappheit." Nun sei in den letzten Jahren die Goldproduktion ganz enorm gesteigert, so daß von einer Gold= knappheit nicht mehr die Rede sein könne, sondern man nicht mit Unrecht von einer Überfülle an Gold gesprochen habe, welches sich thatsächlich bei den Hauptbanken im Übermaß aufgestaut hat, wie solches kaum je zuvor zu beobachten gewesen sein dürfte:

„Man kann sich hiernach der Schlußfolgerung nicht entziehen, daß, wenn diese Umgestaltung in der Goldproduktion und der thatsächlich reiche Vor= rat an Gold gar keinen ersichtlichen Einfluß auf die Preise auszuüben ver= mocht hat, auch die frühere unbedeutende Abnahme in der Gold= gewinnung nicht die Ursache in der Preissenkung gewesen sein kann; und in den Nachfrageverhältnissen hat sich in den letzten Jahren so wenig geändert, daß die Verschiebung in der Produktion zur vollen Geltung kommen mußte. Auch in dem Wertverhältnis zwischen Gold und Silber ist gegenüber dem Vorjahre (28$\frac{7}{10}$ d. pr. Unze stand. S.) nur eine unbedeutende Besserung eingetreten, auf 29,6 gegen 35 im Jahre 1893 und 39$\frac{1}{2}$ im Jahre 1892. Es ist mithin auch klar ersichtlich, daß die Entwertung des Silbers nicht eine Folge der Goldknapp= heit ist, sondern der übermäßigen Produktion, die auch in den letzten Jahren mit der des Goldes Schritt gehalten hat. Alle die Aufstellungen der extremen Bimetallisten fallen damit in sich zusammen. Für Deutschland liegt jetzt absolut kein Grund vor, durch irgend ein Opfer den Übergang zum Bimetallismus zu er= streben. Deutschland hat durch die Aufgabe der Goldwährung jetzt nichts zu gewinnen, wohl aber sehr viel zu verlieren. Wenn gleichwohl die Parteiführer trotz der gänzlich veränderten Situation eine Änderung in ihrer Haltung nicht haben eintreten lassen, so ist klar er= sichtlich, daß die Währungsfrage für sie nur Mittel zum Zweck, mithin Agitationsmittel ist, weiter nichts." —

In den Silberländern ist, wie wir gesehen haben, die Anpassung an den gesunkenen Silberwert durch Hebung der Preise und Löhne bereits eingetreten. Der Prozeß wird bald vollendet sein. Dadurch sind die Exportvorteile und die Importnachteile für die Goldwährungsländer bereits ganz oder größtenteils ausgeglichen. Die Preise sind in den Goldwährungsländern infolge der Überproduktion, infolge der Agrarkrisis, infolge der Krisis in den Vereinigten Staaten gesunken, die Preise haben sich in den Silberländern um ebensoviel gehoben. Dadurch ist der status ante quo wieder hergestellt. Die Vorteile der Silber= länder und die Nachteile der Goldwährungsländer sind kom= pensiert.

Würde der Silberpreis wieder auf seine frühere Höhe gehoben, so müßte wieder eine Umwälzung eintreten, deren Folgen unabsehbar sind.

Die Silberländer haben durch die Preissteigerung dort den Vorteil gehabt, daß dadurch relativ mehr Geld ins Land geflossen ist.

Dieser wohlthätige Einfluß erstreckte sich auch auf die Goldwährungsländer. Denn, wie die oben mitgeteilten Daten über die Handelsbewegung der Silberländer beweisen, hat die Einfuhr derselben ganz bedeutend zugenommen. Die industrielle Entwickelung der außereuropäischen Länder vermehrt dort die Bedürfnisse und wird den Import weiter heben.

Eine Hebung des Silberwertes würde dort eventuell wieder die Preise senken, dadurch den Import erschweren und so auch verderblich auf die Goldländer zurückwirken.

Letztere haben somit, da die Anpassung in den Silberländern bereits eingetreten ist und weiter fortgehen wird, kein Interesse mehr an der Hebung des Silberwertes.

Es fragt sich nun, woher kommt diese Preissteigerung in den Silberländern, während gleichzeitig in den Gold- oder Doppelwährungsländern die Preise gesunken sind. Der Grund kann einmal liegen in dem schnelleren Tempo, das auch in diesen Ländern die Kulturentwickelung und zugleich die Volksvermehrung in unserem Jahrhundert eingeschlagen hat. Wir haben ja in Deutschland bis in die Mitte der 70er Jahre hinein ebenfalls ein starkes Steigen der Preise der landwirtschaftlichen Produkte erfahren.

Die rapide Verkehrsentwickelung, welche die Preise von den lokalen Einflüssen unabhängiger machte und dieselben namentlich in den Produktionszentren hob, ist auch in Indien eingetreten. Im Jahre 1879 hatte es 8485 Meilen Eisenbahnen, 1893 18400 Meilen.

Hat nun aber auch die Silberentwertung an der weiteren Preissteigerung mitgewirkt? Zur ganzklaren Erfassung dieses Vorganges ist noch ein näheres Eingehen und ein tieferes Eindringen in denselben nötig.

Das ist von vornherein klar und wird auch allseitig zugegeben, daß eine Einwirkung der Silberentwertung auf die inneren Verhältnisse der Silberländer nur durch den Außenhandel vor sich gehen kann, durch die Preisbewegung der Ein- und Ausfuhrwaren und durch die Edelmetallbewegung.

Nun sind aber die Preise der Importwaren gesunken, sie können also eine Preiserhöhung im Innern nicht zur Folge gehabt haben.

Die Preise der Exportwaren aber sind gestiegen, namentlich Reis. Das Silber ist in der Periode 1893/95 gegenüber 1873/77 um 45 Proz.

entwertet, die Rupie in derselben Zeit von 1,8 sh auf 1,17 sh, also um 35 Proz.

In der Arbeit über Japan in Conrads Jahrbüchern hatte ich behauptet, daß, wenn der Preis der Exportwaren — in Silber gerechnet — stabil bleibt, die Silberentwertung an den Export- und Gewinnverhältnissen des Silberlandes nichts ändert.

Nehmen wir z. B. den Weizen, dessen Exportwert in Indien ungefähr konstant geblieben ist. Wenn in den 70er Jahren in Bombay der Quarter Weizen ca. 50 sh, die Tonne also 200 sh oder 100 Rupien kostete, so brachte damals 1 Tonne Weizen dem Lande 100 R. ein, oder 200 sh. In den Jahren 1893 95, wo die Rupie nur noch 1,2 sh galt, brachte die Tonne nur 120 sh.

Aber diese 120 sh kauften in London 1893 95 wieder ein Quantum Silber, das ungefähr 100 Rupien ausmachte — falls die Rupienentwertung derjenigen des Silbers gleich kam.

Es ist also durchaus einerlei für das Exportland, ob die Rupie 2 sh oder 1,2 sh gilt — wenn der Exportwert im Lande stabil bleibt. Von einer Exportprämie ist in diesem Falle keine Rede, wie bimetallistischerseits immer behauptet wird, ebensowenig von einem besonderen Gewinne des Silberlandes.

Der Silberbezug wird in diesem Falle dem Silberlande weder verteuert noch verbilligt; würde der Exportwert der betr. Waren aber — in Silber gerechnet — herabgehen, so würde um diese Differenz das Silberland geschädigt. Wenn der Wert z. B. von 100 auf 90 sänke, so würden die 90 Rupien nur 108 sh resp. Silber im Werte von 90 Rupien, anstatt früher 100 R., kaufen.

Ein Gewinn entsteht dem Silberlande somit erst im Falle der Silberentwertung, wenn der Exportwert der Waren steigt. In unserem Falle ist derselbe um 8,5 Proz. gestiegen. Waren, welche früher 1000 Millionen R. Silber kauften, bringen also nun (1894 95) 1085 Millionen R. ein, so bleibt somit ein Gewinn von 85 Millionen R.

Aber diese Wertsteigerung der Exportartikel kann nicht durch die Silberentwertung an und für sich hervorgebracht sein, soweit der Wert der Rupie dem Silberwert gefolgt ist. Denn wenn ich für eine Rupie 1,2 sh erhalte und kaufe für 1,2 sh wieder Silber = 1 R., so ist kein Extragewinn bei diesem Geschäft.

Nun aber ist seit der Schließung der indischen Münzstätten für die freie Silberprägung 1893 der Wert der Rupie künstlich etwas erhöht, dem Silber gegenüber etwa um 10 Proz. Dadurch stellt sich seitdem die Rechnung anders. Seit 1893 kaufen 100 R. etwa 120 sh, und diese 120 sh kaufen Silber, welches bei freier Prägung 110 R. ergeben würde. Die Falschmünzerei würde hieraus einen Extraprofit von 10 Proz. ziehen. Der Handel aber kann diesem Profit nicht aus der Prägung ziehen, da die freie Prägung ja nicht mehr möglich ist — und wenn diese wieder eingeführt würde, so würde das Agio der Rupie von 10 Proz. gegenüber dem Silber ja sofort verschwinden.

Wir können daher diesen Umstand außer Rechnung lassen und sagen: Der Export Indiens bringt einen Extragewinn nur durch die Erhöhung des Preises der Exportwaren.

Woher kommt aber diese Erhöhung? Sie kann nur aus innerwirtschaftlichen Verhältnissen, den oben angedeuteten oder aus einer Preiserhöhung auf dem Weltmarkte stammen. Falls nun diese Ursachen, die Kulturentwickelung zusammen mit der Bevölkerungszunahme, die Preissteigerung bewirkt haben, so verschafft die letztere den am Export beteiligten Kreisen einen Extragewinn, diese Gewinnerhöhung pflanzt sich weiter fort, vergrößert die Unternehmungen, steigert die Löhne dieser Zweige weiter, verstärkt also hinwiederum die durch die Kulturentwickelung hervorgerufene Bewegung.

Aber der Glaube, daß die Silberentwertung an und für sich schließlich auf die Silberländer preissteigernd wirken muß, erweist sich als unbegründet. Die Silberentwertung an und für sich bringt keinen Mehrgewinn, zieht nicht mehr Geld ins Land, bringt also auch keine Veränderungen im Lande hervor.

Zur vollständigen Erschöpfung dieser Frage müssen wir auch die Preisentwickelung in den Goldwährungsländern, auf dem Weltmarkte, mit berücksichtigen.

Hier sind — im Falle der Silberentwertung — drei Fälle möglich:
1) die Weltmarktpreise steigen,
2) sie bleiben stabil und
3) sie fallen.

Bei steigenden Weltmarktspreisen erhöhen sich auch die Preise der Exportwaren aus den Silberländern mit. Nehmen wir eine Steigerung von 40 Proz. an, während das Silber auch um 40 Proz. entwertet sein soll. Dann erhält Indien für seine Waren 280 sh. anstatt früher 200. Für diese 280 sh kann es jetzt Silber im Betrage von 232 R. kaufen, anstatt früher 100 R. für 200 sh. Der Gewinn beträgt also 142 R. für Indien in diesem Falle. Dieser bedeutende Mehrgewinn wird ein Steigen der Exportwaren, der betr. Löhne u. s. w. in Indien zur Folge haben müssen. Bei einer Mehrausfuhr von 200 Mill. R. würde der Mehrgewinn 64 Mill. R. betragen. Eine völlige Preisrevolution würde demnach die Folge der Silberentwertung im Falle einer beträchtlichen Preissteigerung auf dem Weltmarkte sein. Würden sich der Export und der Import die Wage halten, dann würde man, da man für 100 R. nur Waren im Werte von 120 sh kaufen, für Waren von 280 sh Wert also jetzt 233 R. hingeben müßte, für den Import ebenso viel mehr ausgeben, wie man für den Export mehr einnimmt. Da diese starke Preiserhöhung der Importwaren aber zusammen mit derjenigen der Exportwaren die Konsumkraft der Bevölkerung zu sehr übersteigen würde, so würde eine Erschwerung und Verringerung des Imports und eine Vermehrung des Exports die Folge sein. —

Im zweiten Falle der Preisstabilität der Weltmarktswaren würde Indien für seine Waren 200 sh in London erhalten und dafür Silber im Betrage von 166 R. eintauschen. Der Mehrgewinn würde 66 R. betragen. Die Wirkungen würden ebensolche sein wie in Fall 1, nur im verkleinerten Maßstabe.

Auch im dritten Falle, d. h. beim Fallen der Weltmarktspreise, ist die Sachlage dieselbe, solange das Fallen der Weltmarktspreise hinter dem Sinken des Silberpreises zurückbleibt. Da nun aber thatsächlich der Silberpreis im Durchschnitt ebenso stark gefallen ist wie die Preise der übrigen Weltmarktsartikel, so handelt es sich für die Praxis zunächst um diesen Fall. Nehmen wir an, daß im Durchschnitt die Waren- und Silberentwertung 40 Proz. beträgt, so stellt sich die Rechnung folgendermaßen: Indien erhält in London für seine Waren jetzt 120 sh anstatt früher 200. Für diese 120 sh kann es Silber im Betrage von 100 R. kaufen, also ebenso viel wie früher. Der Export wirft also keinen Mehrgewinn aus dem Titel der Silberentwertung ab.

Beim Import kaufen 100 R. ebenfalls Waren im Betrage von 120 sh. Demnach gleichen sich Silber- und Warenentwertung völlig aus.

In diesem Falle kann die Silberentwertung ein Steigen der Preise nicht zur Folge haben. Und dieser Fall liegt in der Wirklichkeit annähernd vor. Heben sich aber die Preise wieder, während der Silberpreis stabil bleibt, so fließt den Silberländern sofort ein Mehrgewinn aus der Warenpreiserhöhung zu. Würden dagegen die Warenpreise weiter sinken, während das Silber stabil bleibt, so würde den Exportkreisen der Silberländer ein Verlust erwachsen. Dann wird Indien bei einer Warenentwertung von 50 Proz. und einer Silberentwertung von 40 Proz. in London nur 100 sh erhalten, anstatt früher 200. Dafür kann es Silber im Betrage von 83 R. kaufen, also 17 R. weniger wie früher. Da es beim Import nun auch nur 83 R. braucht, um Waren für 100 sh (früher 200 sh) zu kaufen, so spart es beim Import auch 17 sh. Aber bei einem Mehrexport von 200 Mill. R. hat es einen Verlust von 34 Mill. R. In diesem

Falle würden die Preise in Indien fallen müssen, da Export= und Import=
preise zurückgehen.

Würde nun der Bimetallismus eingeführt werden und die Preise und
das Silber wieder um 40 Proz. steigen, so erhielte Indien wieder 200 sh
in London und würde dafür 100 R. kaufen. Beim Import wäre dasselbe
Verhältnis.

Die Silberländer hätten demnach keinen Vorteil aus der Rehabilitierung
des Silbers. Würden aber dann nach der Haussespekulation die Preise wieder
fallen, der Silberpreis aber al pari bleiben, dann bekäme Indien in London
wieder nur 120 sh, könnte dafür aber nur 60 R. kaufen, es hätte also einen
Verlust von 40 R. Die Preise müßten dann in Indien wieder fallen.
Der Bimetallismus würde im Endresultat nur den Silberländern schaden,
ebenso wie den Goldwährungsländern.

Das Resultat unserer Erörterung ist sonach folgendes: Im Falle
der Silberentwertung bewirkt eine Erhöhung der Welt=
marktpreise oder eine Stabilität derselben oder ein ge=
ringeres Fallen derselben als wie das des Silberpreises
einen stärkeren Geldzufluß nach den Silberländern und
damit eine Erhöhung der Exportwarenpreise und der betr.
Arbeitslöhne. Dieser zunächst den Exportkreisen zugute
kommende Mehrgewinn wird zu einem solchen für das ganze
Land nur dann, wenn die Ausfuhr die Einfuhr übersteigt.
Im Falle der Mehreinfuhr würde sich für das Silberland
eine Kontantenunterbilanz ergeben.

Entspricht das Sinken der Weltmarktspreise demjenigen
des Silberpreises, so bleibt bei einer Mehrausfuhr ein Ge=
winn, bei einer Mehreinfuhr aber ergiebt sich ein Verlust.
Sinken die Warenpreise tiefer als der Silberpreis, so trifft
das Land ein Verlust an Edelmetallen aus dem Export.
Die Wiederherstellung der früheren Verhältnisse durch den
Bimetallismus würde den Kontantenverkehr unberührt
lassen, aber der dann notwendig folgende Preissturz der Waren
den Silberländern den Silberzufluß kürzen und die Preise
dort zum Sinken bringen.

Nur kurz erwähnt soll noch sein der Einfluß der veränderten Valuta
auf den Fremdenverkehr. Die Fremden können in den Silberländern
wegen der Silberentwertung mehr verzehren als früher — wenn man die
Preisbewegung dort unberücksichtigt läßt. --

Alles, was über die Einfuhrerschwerung und die Export=
erleichterung durch die Silberentwertung in den Silber=
ländern behauptet wird, erweist sich als nicht zutreffend.

Eine weitere Folge der Silberentwertung in den Silberländern ist die Umwälzung in den Schuldverhältnissen gegenüber den Goldländern.

Die Bezahlung der Goldschulden erfordert größere Geldsummen, in Silber gemessen. Die Bezahlung der Schulden wird schwieriger. Indes gleicht sich allmählich auch dies Mißverhältnis wieder aus, da die Silberbeschaffung erleichtert ist und die Einnahmen mit den steigenden Preisen zunehmen.

Die Silberschulden bleiben nominell unverändert. Die Gläubiger derselben aber in Goldländern werden benachteiligt, da die Zinsen und das Kapital, in Gold berechnet, an Wert verloren haben.

Wenn auch der Ausgleich hierin ebenfalls bereits durch Fallen der Kurse dieser Papiere — ceteris paribus — für die einzelnen Gläubiger eingetreten ist, so bedeutet doch dieser Ausgleich für das Goldland als Ganzes einen Verlust. Und dieser Verlust ist es in der Hauptsache, welcher Englands Bimetallisten dazu bestimmt, die internationale Regelung der Währungsverhältnisse durch Vereinbarung anderer Länder — ohne England, aber mit der Wiedereröffnung von Indiens Münzstätten — zu empfehlen.

Schließlich sind bezüglich der Silberproduktionsländer die Verluste zu erwähnen, welche die Silberminenbesitzer durch den Preisfall des Silbers erlitten haben. Diese Verluste sind aber in den Hauptproduktionsländern nur scheinbare. Sie werden reichlich durch die Ausdehnung der Produktion und die Verbilligung derselben durch die Fortschritte der Technik ausgeglichen. O. Haupt berechnet die Produktionskosten des Silbers pro Unze jetzt auf durchschnittlich höchstens 23 Pence.

Die Goldwährungsländer erfreuen sich aber auch mannigfacher Vorteile. Zunächst ist hervorzuheben, daß die Valuta eine feste ist gegenüber der schwankenden Valuta der Silberländer. Dieser Vorteil, den die Bimetallisten nicht genug würdigen, ist mit ein Hauptgrund, warum Länder wie Österreich und Rußland die Goldwährung erstreben. Sie erkennen, daß die Exportprämien der Valutaentwertung durch die Anpassung der Preise verschwunden sind, daß eine feste Valuta für Handel und Wandel weit vorteilhafter ist.

Der Markwechsel erringt sich in der Welt immer mehr Achtung und Geltung. Wir emanzipieren uns dadurch, daß die Goldzahlung in Deutschland gesichert ist, mehr und mehr von dem Weltbankier, England, dem wir für diese Leistungen früher jährlich 30—40 Millionen Mk. zahlten.

Der Kredit wächst damit gleichfalls. Da Schwankungen des Geldwertes und damit verbundenes Risiko ausgeschlossen sind, so verbilligt sich der Zinsfuß — ceteris paribus — in Goldwährungsländern, während die schwankenden Valutaverhältnisse stets ein Hindernis für die

Ausbreitung und Verbilligung des Kredits bilden. Darum wird der Zinsfuß auch stets in Ländern mit entwerteter Valuta höher sein.

In Deutschland ist der Bankdiskont von 4,5°/₀ in den Jahren 1861 bis 70 auf 3,44°/₀ in 1891—95, 3°/₀ in 1896 herabgegangen. Die Zinsverbilligung ist auf allen Gebieten, auf dem Wechselmarkte, dem Effektenmarkte und dem Hypothekenmarkte eingetreten.

Seit der Einführung der Goldwährung ist der Zinsfuß um mindestens 1°/₀ gesunken, d. h. die Schuldsumme ist, was die Zinszahlung betrifft, um ca. ⅕ oder 20°/₀ verringert.

Anstatt daß also eine Erhöhung der Schuldenlast durch die Goldwährung eingetreten ist, ist, da die Schuldsummen nominell mit dem Werte nach gleich geblieben, die Zinsenlast aber um 20°/₀ gesunken ist, die Schuldenlast erleichtert.

Der Handel mit den Silberländern hat stetig zugenommen, was allerdings dem Werte nach nicht so hervortritt, da die Warenpreise gesunken sind.

Die Getreideeinfuhr aus den Silberländern ist unbedeutend geblieben, sie ist aus Ostindien, dem einzigen in Betracht kommenden Silberlande, seit 1891 stetig zurückgegangen — trotz fallenden Silberpreises. —

Wie man sieht, ist die Entwickelung schneller gewesen, als man vielfach geglaubt hat. Man hat, namentlich von bimetallischer Seite, die Silberentwertung in ihren Wirkungen so dargestellt, als ob sie plötzlich eingetreten wäre und hat die übrigen Verhältnisse als stabil angenommen Während dessen aber sind die Preise in den Goldländern wegen zu rapider Entwickelung der Technik gefallen, in den Silberländern dagegen die Preise und Löhne durch den beginnenden industriellen Aufschwung gestiegen. So hat in aller Stille der Ausgleich stattgefunden, der aber vielfach noch nicht erkannt und noch weniger anerkannt wird.

Er aber gerade ist es, der die Wiederhebung des Silberpreises auf sein früheres Niveau unmöglich macht.

VI. Die Frage der Durchführbarkeit des Bimetallismus.

Es wird von bimetallistischer Seite fast allgemein zugegeben, daß ohne England nicht an die Einführung der internationalen Doppelwährung gedacht werden kann.

Unsere Bimetallisten sind nun in dem guten Glauben gewesen, daß ihre Gesinnungsgenossen in England alle Hebel in Bewegung setzen, um England zur Einführung des Bimetallismus willig zu machen.

Diese Hoffnung wurde aber in der denkwürdigen Sitzung des englischen Parlaments vom 17. März 1896 grausam zerstört. Alle Redner, Goldwährungsmänner wie Sir Harcourt, Sir Michael, Hicks Beach, und Bimetallisten, wie Whitelen, Sir Houldsworth, Lord Balfour waren darin einig, daß England gegen den Willen der Handelswelt dem Lande keine andere Währung aufzwingen könne, daß England zur Befestigung des Silberwertes anderen Ländern nur soweit die Hand bieten könne, als es die freie Silberprägung in Indien wieder gestatten würde.

Die englische Bimetallisten-Liga hat im Sommer 1896 ihre Jahresversammlung abgehalten. In „Reuters Finanzchronik", dem seit Beginn des Jahres in London erscheinenden Fachblatte, erfährt diese Versammlung von bimetallistischer Seite folgende Besprechung:

„Die Mitglieder der englischen Bimetallisten-Liga hielten ihre Jahresversammlung diesmal unter eigentümlichen Verhältnissen. Auf der einen Seite konnten sie mit Befriedigung auf den Fortschritt zurückblicken, den die Verbreitung der bimetallistischen Ansichten im vergangenen Jahre gemacht hat, vor allem durch den Umstand, daß sowohl in England wie in Frankreich leitende Bimetallisten heute die wichtigsten Staatsämter bekleiden. Auf der anderen Seite aber konnten sie sich der Erwägung nicht verschließen, daß trotz des bimetallistischen Beschlusses des Unterhauses vom 17. März die Erklärungen des Schatzkanzlers die Verwirklichung des bimetallistischen Ideals, d. h. der Eröffnung der Münzstätten aller leitenden Staaten — einschließlich Englands — zur freien Prägung von Gold und Silber in weitere Ferne gerückt hatten und daß infolgedessen neben dem „alten Bimetallismus" jetzt in Europa und Amerika ein „neuer Bimetallismus" in den Vordergrund tritt. Nach seiner vorzüglichen Rede vom 17. März im Unterhause zu schließen, neigt Herr Balfour sich diesem „neuen Bimetallismus" zu, der gewillt ist, eine monetäre Union ohne völlige Teilnahme Englands zu untersuchen, und Herr Balfour war — durch Unpäßlichkeit — verhindert, der bimetallistischen Jahresversammlung beizuwohnen. Der Hauptredner auf dieser Versammlung war Professor F. A. Walker, ein tüchtiger Vertreter des amerikanischen „alten Bimetallismus", der für denselben eine letzte Lanze einlegte. Allein der Hörer konnte bei diesem Vortrage doch nicht vergessen, daß die Landsleute des Herrn Professors über seine Ideen zur Tagesordnung übergegangen waren und daß statt eines Cleveland und Whitney heute die Bryan und Tillmann die Geschicke der Silberleute leiten, ja daß selbst die amerikanische

Bimetallistenliga, dem letzten Rate ihres Führers folgend, die Fahne vor der extremen Silberpartei gesenkt hat. Jeder der Anwesenden wußte, daß die nächste Zukunft folgenschwere Entscheidungen von weltgeschichtlicher Bedeutung in der Währungsfrage bringen wird, daß aber diese Entscheidung nicht in England, sondern jenseits des Ozeans zum Austrag kommen werde und daß die englische Bimetallistenliga fürs erste die Rolle des Zu-schauers zu spielen habe."

Diesen Standpunkt hat Balfour schon in seiner Rede am 18. April 1890 vertreten. Er entspricht genau dem kühlabwägenden Verstande der Briten.

Es erscheint somit schier unbegreiflich, wie unsere Bimetallisten Balfour und die englischen Bimetallisten zu den ihrigen zählen und so große Hoffnung auf dieselben setzen konnten.

England selbst wird nie an die Einführung der Doppel-währung denken. Es will den Bimetallismus in anderen Ländern fördern, indem es Indien dem Silber wieder zu eröffnen geneigt ist, aber für sich selbst reserviert es die Goldwährung.

Man sollte meinen, die deutschen Bimetallisten sollten nun endlich ein-sehen, daß ihr Ziel unerreichbar ist, sollten die unfruchtbare Agitation lassen und an Stelle dessen lieber ihre Kräfte entweder auf ein gründliches Studium dieser Fragen oder auf erreichbare praktische Ziele verwenden.

Die Länder, welche für den internationalen Bimetallismus praktisch in Frage kommen könnten, sind die Verein. Staaten, Frankreich, Deutschland, England, Österreich, Rußland. Dieselben besitzen einen monetären Edelmetallvorrat (Ende 1894):

	Gold	Silber
	Millionen	Dollars
Frankreich	825	492
Verein. Staaten	626	625
Deutschland	625	215
England	550	112
Rußland	455	48
Österreich-Ungarn	130	121

Österreich-Ungarn und Rußland erstreben die Goldwährung, sie sind also für den Bimetallismus nicht zu haben. Es bleiben also nur, da Eng-land niemals für den Bimetallismus zu haben sein wird, in Europa nur Frankreich und Deutschland. Frankreich hat auch bereits einen großen Silbervorrat, den es kaum noch vermehren kann. Somit wäre schließ-lich Deutschland in Europa das einzige Land, das für alle die Kastanien aus dem Feuer holen müßte.

Nun aber haben sich seit kurzem die Silber-Chancen in den Vereinigten Staaten sehr gehoben.

In dem diesjährigen Wahlkampfe ist das Feldgeschrei: Währung und Schutzzoll. Die amerikanische Währung, bekanntlich eine hinkende Gold=währung, leidet noch an den Resten des früheren Bimetallismus. Die Über=labung mit Silber, die übermäßige Ausgabe von Silberzertifikaten, der Be=stand von den sog. Greenbacks, dem früheren Zwangspapiergeld, welche beide vom Schatzamt gegen Gold umgewechselt werden müssen, zieht beständig das Gold aus dem Schatzamt und vermindert die von Zeit zu Zeit wieder durch Ausgabe von Bonds aufgefüllte Goldreserve desselben. Und gerade die heftige Agitation der Silberinteressenten in den Vereinigten Staaten um Wiederher=stellung der freien Silberprägung ist es, welche den Kredit dieses Landes nicht erstarken läßt und immer wieder die amerikanischen Papiere in das Heimatsland zurückjagt und ihre Kurse drückt. Der Ruf nach „nationalem" Geld, d. h. dem bimetallistischen System und „nationaler" Industrie ver=quickt sich miteinander.

Die republikanische Partei, welche bisher an der internationalen Doppel=währung festgehalten hat, war drauf und dran, in diesem Punkte nachgiebiger zu werden. Sie hat den bekannten Hochschutzzöllner Mc.Kinley auf ihren Schild erhoben, und dieser war bisher Silberanhänger, während Cleveland das Haupt der mehr freihändlerischen demokratischen Partei, welche früher für die Goldwährung eintrat, jetzt an der Goldwährung festhält. Die Sach=lage ist demnach sehr verzwickt. Der Osten hat die Vorteile der Goldwährung erkannt, der Süden und Westen dagegen steht mehr unter dem Einfluß der Silberagitation der großen Silberinteressenten, welche den Landwirten ganze Silberberge versprechen durch Steigen der Preise und Fallen der Löhne, wenn das Silber zur freien Ausprägung gelassen wird; daß dann aber sofort das Land in die schwerste Währungskrisis gestürzt wird, das vermögen diese Leute aus der traurigen Währungsgeschichte der Vereinigten Staaten nicht zu lernen.

Inzwischen hat aber die republikanische Partei ihr Währungs-Programm veröffentlicht, in welchem sie sich gegen die freie Silberprägung und für die Aufrechterhaltung der Goldwährung bis zu einer ev. bimetallistischen Ver=ständigung der Goldwährungsländer erklärt. Auch die demokratische Staats=konvention New=Yorks hat sich für die Goldwährung ausgesprochen.

Der Süden und Westen, wie gesagt, ist stark silberfreundlich, er hat Bryan, einen Silbermann, als Kandidaten aufgestellt.

Um Mc.Kinley scharen sich die Goldwährungsmänner aus dem demo=kratischen und republikanischen, um Bryan die Silbermänner aus beiden Lagern. Beide alten Parteien sind gesprengt durch die mit elementarer Ge=walt hervor getretene Währungsfrage.

Die beiden Währungsprogramme besagen:

Das republikanische Währungsprogramm.

„Die republikanische Partei ist ohne Vorbehalt für gesundes Geld. Sie veranlaßte die Annahme des Gesetzes zur Wiederaufnahme der Barzahlungen von 1879, und seitdem ist jeder Dollar gut wie Gold gewesen. Wir opponieren unabänderlich jeder Maßregel, welche bestimmt ist, unsere Umlaufsmittel zu entwerten, oder den Kredit des Landes zu schädigen. Wir sind daher gegen die freie und unbeschränkte Prägung von Silber, ausgenommen auf Grund einer internationalen Vereinbarung mit den leitenden Handelsnationen der Welt, deren Herbeiführung fördern zu wollen, wir uns verpflichten. Bis eine solche Vereinbarung erzielt werden kann, muß die jetzt bestehende Goldwährung aufrecht erhalten werden. „Alles Silber und Papiergeld muß mit Gold gleichwertig erhalten werden, und wir begünstigen alle Maßregeln, welche bestimmt sind, alle Verpflichtungen der Vereinigten Staaten und all unser Geld, gemünztes sowohl wie Papiergeld, unverrückbar auf der Basis der jetzigen Währung, der Währung der erleuchtetsten Nationen der Erde, zu erhalten.“

Das demokratische Währungsprogramm.

„In Würdigung der Thatsache, daß die Goldfrage gegenwärtig alle anderen Fragen an Bedeutung übertrifft, lenken wir die Aufmerksamkeit darauf hin, daß die Verfassung Gold und Silber zusammen als das Geldmetall der Vereinigten Staaten nennt, und das erste vom Kongreß unter der Verfassung erlassene Münzgesetz den Silberdollar zur Werteinheit machte und Goldfreiprägung zu einer nach der Silberdollar-Einheit zu bemessenden Rate gestattete. Wir erklären, daß die Akte von 1873, welche Silber ohne Wissen und Billigung des amerikanischen Volkes demonetisierte, zur Wertsteigerung von Gold und einer entsprechenden Preisverringerung von Artikeln, die vom Volke produziert werden geführt hat; desgleichen zu einer schweren Vermehrung der Steuerlast und aller öffentlichen und Privatschulden, zur Bereicherung der geldverleihenden Klassen daheim und auswärts, zur Lahmlegung der Industrie und zur Verarmung des Volkes. Wir sind unabänderlich gegen alleinige Goldwährung, welche die Prosperität eines fleißigen Volkes untergraben und harte Zeiten gebracht hat. Gold-Monometallismus ist eine britische Politik, begründet auf britische Gewinn- und Machtsucht, und seine allgemeine Annahme hat andere Nationen in finanzielle Knechtschaft von London gebracht. Er ist nicht nur unamerikanisch, sondern antiamerikanisch, und er kann den Vereinigten Staaten nur aufgezwungen werden durch Erdrückung des unbezähmbaren Geistes und der Freiheitsliebe, welche unsere politische Unabhängigkeit im Jahre 1776 proklamiert und dieselbe im Revolutionskriege gewonnen haben. Wir verlangen freie und unbeschränkte Gold- und Silberprägung zum gegenwärtigen gesetzlichen Verhältnis von 16 zu 1, ohne auf die Hilfe oder Zustimmung anderer Nationen zu warten. Wir verlangen, daß der Standard-Silberdollar ein volles gesetzliches Zahlungsmittel, ebenso wie Gold für alle öffentlichen und Privatschulden sein soll, und wir sind zu Gunsten solcher Gesetzerlassung, welche die Demonetisierung irgend einer Art von Legal Tender-Geld durch Privatkontrakt verhindert. Wir sind gegen die Politik und Praxis, den Inhabern von Bundesobligationen die gesetzlich nur der Regierung anheimstehende Wahl zu überlassen, solche Obligationen entweder in Gold- oder Silbermünze einzulösen. Wir sind gegen Emission zinsentragender Bonds der Vereinigten Staaten in Friedenszeiten und verdammen die Abmachungen mit Bank-Syndikaten, welche im Austausch gegen Bonds und zu enormen Profiten für sich selbst den Bundesschatz mit Gold versorgen, zur Aufrechterhaltung der Politik des Gold-Monometallismus. Der Kongreß allein hat die Macht, Geld zu prägen und auszugeben, und Präsident Jackson erklärte, daß diese Macht nicht an Korporationen oder Individuen übertragen werden könne. Wir brandmarken deshalb die Ausgabe von Noten durch Nationalbanken, welche als Geld zirkulieren sollen, weil dieselbe im Widerspruche mit der Bundesverfassung steht, und verlangen, daß alles Papiergeld, welches gesetzliches Zahlungsmittel für öffentliche und Privatschulden ist, oder für Zollgebühren von den Vereinigten Staaten in Zahlung genommen wird, von der Regierung der Vereinigten Staaten ausgegeben werden und in Münzen einlösbar sein soll." —

Was würde nun der Sieg der amerikanischen Silberpartei bedeuten? Zunächst böte er uns eine prächtige Gelegenheit, unsere alten Thaler los zu werden. In ähnlicher Weise würden auch andere Nationen, vor allem Frankreich und Belgien, ihren Silberüberfluß, der ihnen so viele Beschwerden verursacht, auf den amerikanischen Markt abladen, und — wie auch andere Nationen — die amerikanische Freiprägung dazu benützen, um den unvermeidlichen Übergang zur Goldwährung durchzuführen. Ferner wäre es für die Raffinieranstalten und Arbitrageure sehr rentabel, ihr Silber zu verschiffen und dagegen amerikanische Produkte zum halben Preis von dem einzutauschen, was die amerikanischen Konsumenten zu bezahlen haben. Selbst wenn sich die Vereinigten Staaten gegen ausländisches Silber absperren wollten oder genauer könnten, so würde der dortige Münzdirektor zu den 2 Milliarden Silber, die er schon im Keller hat, bald noch verschiedene weitere Milliarden sich ansammeln sehen. Welche Gefahren diese Anstauung fiktiver Werte für das Erwerbsleben in sich schließt, hat das Abströmen von Gold, sowie die Krise von 1893, die Börsenpanik vom 26. Dezember 1895 und 16. Juli 1896 deutlich vor Augen geführt.

Daraus müßten sich aber für die Volkswirtschaft noch weitere Konsequenzen ergeben. Allmählich erfolgte eine Verschiebung des Wertes des gesamten Besitzes und der Einkommensarten und damit eine allgemeine Er-

13*

schütterung des Vertrauens. Eine Einbuße am internationalen Kredit aber muß für ein Schuldnerland, wie die Union, das ohne das europäische Kapital in seiner Entwicklung gehemmt ist, besonders verhängnisvoll wirken. Die Union schuldet an Europa ca. 15000 Millionen Mark, hat aber davon kaum den zehnten Teil in Gold parat. Gewinnt das Bestreben der Silber-Flibustier, die Auslandguthaben mit ungefähr 50", abfinden zu wollen, noch mehr an Boden, so entsteht ein „Run", und ist das Goldagio und die Zahlungsunfähigkeit der Vereinigten Staaten noch eher da, als die „nationale" Währung. Es handelt sich hier um die Ehre der Regierung, um den Welt-kredit des Landes, um das ganze Gebäude des Erwerbslebens. Wohl ist es für die Massen, namentlich der Iren, sehr verlockend, dem „perfiden" Albion ein Schnippchen zu schlagen; wohl erklärte der Präsidentschaftskandidat Bryan, daß es sich hier um die Befreiung der Union handle, wie 1776, und sie hiezu ebenso wie damals stark genug sei. Aber wie sich der Private, der sich im Handelsverkehr, so bringt sich das Land, das sich im Weltverkehr um den kaufmännischen Kredit bringt, zugleich damit auch um das Betriebskapital. Die Prahlereien Bryans sind sofort durch die Börsenpanik vom 16. Juli 1896 dementiert worden; im ganzen Land ist man heute schon nervös und fieberhaft; käme nun noch dazu, daß durch die Silberfreiprägung die Nationen, die mit der Union gegenwärtig in so engen Kredit- und Handelsbeziehungen stehen, zu deren Lösung gezwungen würden, so wäre der Ausbruch einer ruinösen Krise für die Vereinigten Staaten unvermeidlich.

Das amerikanische Münzproblem erörterte im Sommer 1896 die Londoner Wochenschrift „Statist" eingehend in einer Reihe von Artikeln, von denen besonders der letzte viel Interessantes enthält. Der „Statist" berechnet, daß der Gesamtbetrag des amerikanischen Papiergeldes (Schatzscheine, nationale Banknoten) sich gegenwärtig auf 4180 Millionen Mark beläuft, und bemerkt dann weiter: „Daß eine Überfülle an Umlaufsmitteln besteht, wird durch die Thatsache bewiesen, daß das Gold zum Lande hinausgetrieben wird. In den letzten Jahren ist es in erheblichen Beträgen dem Schatzamt entzogen worden. Als die Goldreserve gefährlich klein wurde, machte das Schatzamt Anleihen entweder bei den einheimischen Banken, oder in Europa oder an beiden Stellen; aber sobald die Reserve wieder aufgefüllt war, begannen die Gold-entziehungen aufs Neue. So ist die Verwirrung seit mehreren Jahren weiter gegangen. Trotz aller Bemühungen der Regierung werden die Ent-ziehungen von Zeit zu Zeit wieder aufgenommen. Unzweifelhaft werden sie fortdauern und die Regierung wird wiederum borgen müssen. Das Gesetz, welches die Vernichtung von Schatzscheinen verbietet, vermehrt die Schwierig-keiten für die Regierung. Wäre dieses Gesetz, als Präsident Cleveland ins Amt kam oder kurz darauf, aufgehoben worden, so würde er die Greenbacks, wie sie eingereicht wurden, eingelöst und ungültig gemacht haben und auf

diese Weise würde er, aus den Überschüssen der Staatseinnahmen oder durch
neue Anleihen, einen solchen Betrag haben abzahlen können, daß die Über=
fülle an Umlaufsmitteln heute wahrscheinlich nicht mehr bestände. Aber die
Regierung konnte dies nicht thun, weil das Gesetz es verbot. Jeder, der Gold
zur Ausfuhr oder für irgend einen anderen Zweck braucht, hat sich deshalb
nur Schatzscheine zu verschaffen, sie beim Schatzamt zu präsentieren, das Gold
zu nehmen und nach seinem Belieben zu verwenden. Die Schatzscheine müssen
von der Regierung wieder ausgegeben werden und stehen wieder denen zur
Verfügung, die Gold verschiffen wollen, sie werden wieder gesammelt und
beim Schatzamt zur Einlösung in Gold präsentiert. Das ist nun seit Jahren
so gegangen und wird aller Wahrscheinlichkeit weiter so gehen, bis alles Gold
aus dem Lande geschafft oder das Gesetz geändert ist. Wenn Europa große
Kapitalien in den Vereinigten Staaten anlegte, wenn infolgedessen die Ge=
schäftslage sich gewaltig besserte und die Preise stiegen, würden vielleicht, jeden=
falls für die nächste Zeit, alle Umlaufsmittel im Land Verwendung finden
und die Goldverschiffungen aufhören, aber es ist durchaus unwahrscheinlich,
daß große europäische Kapitalsanlagen erfolgen und die Geschäftslage sich
wesentlich bessern wird. Und ist dies nicht der Fall, so wird die Überfülle
an Umlaufsmitteln fortdauern, die Goldverschiffungen werden sich wiederholen
und entweder wird das Gold schließlich ganz verschwinden oder die Regie=
rung wird wieder und wieder borgen müssen, einzig zu dem Zweck, ihre
Verpflichtungen zu erfüllen. Man sieht, daß die Schwierigkeiten in den Um=
laufsmitteln sich durchaus von den Verlegenheiten unterscheiden, welche durch
die Notwendigkeit der Sendung von Zinsen, Dividenden ꝛc. nach Europa
verursacht werden, aber die Schwierigkeiten in den Umlaufsmitteln werden
durch die Notwendigkeit, diese großen Zahlungen an Europa zu leisten, noch
gesteigert. Anderseits werden die Verlegenheiten, welche aus der Not=
wendigkeit der Übermittelung von Dividenden, Zinsen ꝛc. entstehen, durch die
Schwierigkeiten in den Umlaufsmitteln noch verschärft. Wenn keine Befürch=
tungen betreffs der Währung beständen, würden die Europäer, welchen die
Dividenden, Zinsen ꝛc. geschuldet werden, dieselben ganz oder größtenteils in
den Vereinigten Staaten belassen, sie würden diese Beträge wieder anlegen
oder in anderer Weise verwenden. Aber die Befürchtung betreffs der Wäh=
rung macht sie ängstlich, daß sie nicht in Gold bezahlt werden möchten, und
so ziehen sie alles, was fällig wird, an sich. Die beiden Verlegenheiten
wirken auf einander ein und zurück."

Die Währungsbestrebungen in den Vereinigten Staaten auf die freie
Silberprägung in diesem Lande allein, ein Chauvinismus und eine Selbst=
überschätzung schlimmster Art, ist also keine Etappe auf dem Wege zum Bime=
tallismus, sondern ein Rückfall in das längst überwundene Stadium der
Silberwährung.

Gerade das, gegen das unsere Bimetallisten ankämpfen, als uns an=
geblich so schädigend, das erstreben die amerikanischen Silbermänner. Sie
sind also eigentlich Antipoden unserer Bimetallisten, gleichwohl sympatisieren
letztere mit ihnen! Siegt die Silberpartei in den Vereinigten
Staaten, und treibt sie das Gold aus dem Lande, so schwin=
den die Aussichten des Bimetallismus immer mehr dahin.
Denn dann bliebe nur Deutschland noch übrig und Frank=
reich — und letzteres wird mit Deutschland nichts gemein=
schaftliches unternehmen.

An diesen Verhältnissen wird nun der Bimetallismus scheitern. Wenn
man auch theoretisch noch so sehr ein Anhänger der Doppelwährung
ist, die Thatsachen der Anpassung an den gesunkenen Silberwert sowie die
praktische Undurchführbarkeit sollten doch die theoretische Vorliebe überwiegen
und zur Aufgabe dieser unfruchtbaren Bestrebungen veranlassen.

In der Silberkommission, welche im Februar 1894 zur Be=
ratung von Maßregeln zur Hebung und Befestigung des Silberwertes von
der Reichsregierung berufen wurde, wurden verschiedene Vorschläge
in dieser Richtung gemacht. Professor Lexis trat für die vermehrte
Silberausprägung ein — unter internationaler Vereinbarung — im Ver=
hältnis 1 : 21. Diese Silbermünzen sollten Zahlungsmittel bis zu 1000 Mk.
werden. Die Gesamtsumme aller Silbermünzen solle aber nicht 20 Mk.
pro Kopf der Bevölkerung übersteigen.

Dieser und ein ähnlicher Vorschlag des Bankdirektors König
wurde abgelehnt.

Dr. Arndt und von Schraut brachten zwei Anträge als Übergang
zur Doppelwährung ein, welche die Ausgabe von Silberscheinen gegen Hinter=
legung von Silber mit gesetzlicher Zahlungskraft vorschlugen, bis der auf die
alte Höhe gestiegene Silberwert den völligen Übergang zur Doppelwährung
ermöglichen würde.

Das Resultat dieser Konferenz war die immer größer
erscheinende Schwierigkeit, Mittel und Wege zur praktischen
Durchführung des Bimetallismus zu finden. Eine plötzliche Ein=
führung desselben würde eine ungeheure Spekulation entfesseln, eine schritt=
weise aber nicht minder.

Der Bimetallismus ist durch die Anpassung der Preisverhältnisse über=
flüssig geworden, seine Durchführung erscheint unmöglich.

Würde er aber auch wirklich eingeführt, so würde er die
größten Übelstände herbeiführen:

    1. Die nun bereits ins Gleichgewicht gebrachten Zustände
      würden wieder umgerüttelt. Der steigende Silberwert in
      den Silberländern würde dort die Preise ev. senken, ihre Konkurrenz=

fähigkeit vergrößern und schließlich auch — nach dem eingetretenen Krache in den Goldländern — auf letztere zurückwirken.

2. In den Goldwährungsländern würde eine der unsinnigsten Haussespekulationsperioden beginnen, welche sehr bald ein Ende mit Schrecken nehmen und einer tiefen und langen Depression Platz machen würde.

3. Der Geldspekulationshandel würde zu ungeahnter Blüte gelangen. Die Silberländer würden als Zahlungen ihr Silber senden, und von den Goldländern ihre Bezahlung in Gold verlangen. Das Silber würde so nach den Goldländern strömen, das Gold aber nach den Silberländern abfließen. Die Goldländer würden bald, um ein Goldagio zu verhüten, ihren Diskont erhöhen oder das Prämiensystem einführen oder den internationalen Währungsvertrag brechen müssen.

Jedenfalls müßte der Bimetallismus zum Vorteil der Silberländer und zum Schaden der Goldländer ausschlagen, da das Gold aus letzteren herausgeholt würde. Der Goldkrieg würde noch weit heftiger werden wie bisher.

Das Goldagio mit allen seinen traurigen Folgen wäre, wenn der Währungsvertrag aufrecht erhalten werden sollte, unvermeidlich.

Wäre das nicht aber ein höchst widersinniger und trauriger Vorgang: wir verkaufen unser Silber, kaufen nun wieder teurer Silber zurück und verlieren dadurch unser Gold. Geht dann die Doppelwährung in die Brüche, entwertet sich das Silber wieder, und nun müssen wir unser Gold teurer zurückkaufen. So hätten wir zweimal große Verluste an unserem Volksvermögen um weiter nichts als um eine antiquierte Idee.

4 Müßte so schon der internationale Währungsvertrag wegen dieser Geldverschiebungen in die Brüche gehen, so wird er es aber ganz sicher wegen der nun wieder rapide anschwellenden Silberproduktion. In der Silberkommission wurde allseitig — auch von sachverständiger Seite — die große Ausdehnungsfähigkeit und die Unmöglichkeit der Beschränkung des Silberbergbaues zugegeben.

Die Überschwemmung mit Silber müßte das feste Wertverhältnis wieder sprengen.

Seien wir daher froh, daß wir eine bisher gesicherte Goldwährung haben, hüten wir uns, an derselben zu rütteln, und trachten wir mit allen Mitteln danach, dieselbe immer mehr zu festigen.

Kapitel VIII

Die äußere Bank- und Geldpolitik.

———

Wir haben hier uns mit denjenigen Mitteln zu beschäftigen, welche auf Erhaltung der Währung und den Schutz des Geldkapitals gegenüber anderen Ländern abzielen.

Es handelt sich also im wesentlichen um die Sicherung eines genügenden Zuflusses von Gold, um die Festhaltung desselben und um die Verhütung von Kapitalverlusten.

Es ist hierbei von höchster Wichtigkeit, genau festzustellen, in welcher Weise der Münzedelmetallvorrat des Deutschen Reiches sich seit der Währungsreform vermehrt hat, und wieviel er gegenwärtig beträgt.

Die exakte Lösung dieser Frage begegnet leider sehr erheblichen Schwierigkeiten, weil uns die Statistik dabei vielfach im Stich läßt.

Zwar die Angaben der Münzämter über die Ausprägungen dürften an erreichbarer Genauigkeit kaum zu wünschen übrig lassen, dagegen entbehren die anderen dabei in Betracht kommenden Faktoren vielfach der Zuverlässigkeit.

Zunächst sind wir hinsichtlich des Edelmetallverbrauchs für industrielle Zwecke nur auf Schätzungen angewiesen, wobei man natürlich mit ganz erheblichen Fehlergrenzen rechnen muß. Es sind dies Kombinationen und Taxationen, wie sie Soetbeer angestellt hat, und wie sie — hauptsächlich auf Grundlage der Soetbeerschen Materialien — der amerikanische Münzdirektor alljährlich in seinem Report upon Production of the precious metals seit 1880 gibt.

Sodann haben wir bezüglich der Thesaurierung der Münzen nicht den geringsten Anhalt. Ältere Münzen, Prägungen aus gewissen denkwürdigen Zeiten ꝛc. werden bekanntlich mit Vorliebe thesauriert. Münzsammlungen absorbieren ebenfalls gewisse Quantitäten. Auf dem Lande spielt der bekannte Strumpf in der Bettlade immer noch eine große Rolle.

Schließlich, und das ist wohl der wichtigste Faktor, sind die **Angaben der amtlichen Statistik, namentlich aus den früheren Jahren, nicht vollständig.**

Erst seit dem Gesetz vom 20. Juli 1879 betr. die Statistik des Warenverkehrs ist die Anmeldepflicht gesetzlich eingeführt. Bis 1880 sind daher die Wertangaben, namentlich für die Ausfuhr, nur unvollständige Schätzungen denen wir nur als Minimalgrenzen einigen Wert beilegen können. Wir werden weiter unten sehen, daß in der Zeit von 1872—79 die Edelmetallbewegungs-Statistiken recht bedenkliche Lücken enthält.

Bis 1872, wo die neuen Münzausprägungen begannen, waren im Gebiete des damaligen Deutschen Reichs ausgeprägt:

Goldmünzen	539,3	Millionen Mk.
Thalerwährung	1679,0	„ „
Guldenwährung	204,8	„ „

Den vorhandenen Edelmetallgeldumlauf Deutschlands um 1870 schätzt Soetbeer in seinen „Materialien" ac. folgendermaßen:

Einheimische	Goldmünzen *)	91
„	Silbermünzen	1500
„	Scheidemünzen	85
Ausländische	Münzen	40
Hamburgische	Bankfonds	36
	Summa	1752

Bis Ende März 1879 waren vom Reiche eingezogen:

Goldmünzen	90,8	Millionen Mk.
Silbermünzen	1075,3	„ „

Es blieben also uneingezogen 425 Millionen Silbermünzen, und zwar Thalerstücke, welche sich noch im Umlaufe befinden. Ins Ausland abgegangen, thesauriert oder privatim eingeschmolzen sind also von den Gesamtausprägungen vor 1872 448,5 Millionen Mk. Gold und 808,5 Millionen Mk. Silber, ein recht erheblicher Prozentsatz.

Wir wollen nun zunächst die **Goldbewegung** verfolgen. Nach der amtlichen Statistik sind von 1872 bis Ende 1894 ausgeprägt:

Nach Abrechnung von 3,6 Millionen wieder eingezogener Münzen

---

*) Mit den fremden Goldmünzen zusammen betrug der Goldgeldvorrat vor 1872 wohl sicher 120—130 Millionen Mk.

2891,4 Millionen Mk. Davon sind auf Privatrechnung geprägt: 1572,3 Millionen Mk., also in der Hauptsache Barrengold, welches vom Auslande eingeführt worden ist.

Die Goldein- und Ausfuhr hat nach der amtlichen Statistik betragen (Millionen Mk.):

	Einfuhr		Ausfuhr	
1872	35,3		101,9	
1873	354,0		52,9	
1874	17,6		35,1	
1875	15,4		28	
1876	88,2		22,4	
1877	73,0		46,5	
1878	168,6		1,4	
1879	86,8		5,6	
1880	28,9		29,7	
1881	14,1		45,6	
1882	28,6		39,2	
	Gemünzt	Barren	Gemünzt	Barren
1883	17,0	3,8	26,5	7,5
1884	11,0	7,4	21	9,6
1885	34,6	7,9	14,8	9,7
1886	13,8	33,1	12,4	8,2
1887	35,6	20,2	6,5	8,1
1888	51,2	83,0	74,9	24,2
1889	59,7	6,5	45,2	7,2
1890	81,5	20,4	34,1	7,6
1891	145,4	75,6	102,4	19,1
1892	112,2	66,3	120,1	29,7
1893	64,2	75,9	86,9	14,6
1894	201,4	103,1	43,5	9,8
Sa.	827,3	503,1	598,4	155,2
Sa. Sa.	1330,4		753,6	
Sa. Sa. Sa.	2400,1		1161,9	
	Einfuhr		Ausfuhr	
	Gemünzt	Barren	Gemünzt	Barren
1895	49,9	47,5	62,1	20,2

An Goldwaren*) sind dem reinen Goldwert nach schätzungsweise ein- und ausgeführt (Millionen Mk.).

	Einfuhr	Ausfuhr
1872—94	29	170

---

*) Gold- und Silberwaren werden in der Statistik nicht getrennt. Früher wurden sie unter der Rubrik Kurzwaren und Schmuck aufgeführt. An solchen wurden von 1872—83 für 100,8 Millionen Mk. eingeführt und 588,9 Millionen exportiert. Von Gold- und Silberwaren wurden von 1885—94 59,3 Millionen ein- und 335,7 Millionen ausgeführt.

Produziert sind an Gold in den Jahren 1871—93:

70,7 Millionen Mark.

Demnach erhalten wir für die Zeit von 1872—94 folgende Gesamtsumme an Gold, welche für alle Zwecke der Verwendung zu Gebote stand:

Goldbestand	1872	ca.	91 Millionen Mark	
Goldeinfuhr	1872—94	„	2400,1	„ „
Goldwareneinfuhr	1872—94	„	29	„ „
Goldproduktion	1871—93		70,7	„ „
		Sa.	2590,8 Millionen Mark.	

Dieser Summe von 2590,8 Millionen Mk. stehen folgende Posten gegenüber, welche davon abzuziehen sind: die Goldausfuhr, die industrielle Goldverwendung. Der Rest wäre dann die für die Ausmünzung verwendete
Quantität.

Goldausfuhr	1872—94	1161,97 Millionen Mark
Goldwarenausfuhr	„	170
Industrieller Goldverbrauch *)		546
(exklusive Warenausfuhr)		
	Sa.	1877,97 Millionen Mark.

Demnach wäre für Münzenwechsel nur eine Summe von 712 Millionen
Mk. übrig geblieben. Deutschlands Goldgeldvorrat würde nach dieser Statistik, welche auf die Ein- und Ausfuhr statistisch aufgebaut ist, sich nur auf
712 Millionen Mk. belaufen, während ihm der amerikanische Münzmeister
für 1894 auf ca. 2625 Millionen Mk. berechnet hat.

Es muß also ein Fehler vorliegen, und zwar in den amtlichen Angaben über die Goldeinfuhr.

In der Zeit von 1872—82 sollen nur 910 Millionen Gold eingeführt sein, während bis dahin doch schon 1776 Millionen Mk. Goldmünzen
ausgeprägt waren. Unter Anrechnung des Goldbestandes von 91 Millionen,
hätten sonach mindestens 775 Millionen Mk. Gold schon allein für Münzzwecke bis Ende 1882 mehr eingeführt sein müssen, als die Statistik ergibt.

Dazu kommt nun noch der industrielle Verbrauch, der in den 11 Jahren
etwa 341 Millionen Mk. ausgemacht hat (inklusive Goldwarenausfuhr).

Von den ausgeprägten Goldmünzen des Reiches sollen bis Ende 1880

---

*) Preston schätzt den gegenwärtigen Goldverbrauch Deutschlands für industrielle
Zwecke auf ca. 16000 kg jährlich brutto; für die Zeit von 1872—94 habe ich ihn auf
14000 kg durchschnittlich brutto, im ganzen also auf 322000 kg brutto oder 257600
netto = 716 Millionen angenommen, oder 31 Millionen Mk. jährlich inklusive Goldwarenausfuhr, ohne dieselbe 24 Millionen Mk. jährlich.

210 Millionen Mt. wieder ausgeführt sein, bis Ende 1882 also ungefähr wohl 250 Millionen Mt., während nach der Statistik im Ganzen 408 Millionen Mt. in der angegebenen Zeit ausgeführt sind.

Sonach kommen wir zu dem Resultat, daß die Goldeinfuhr in der Zeit 1872—1882 hätte betragen müssen

$$
\begin{array}{rl}
910 & \text{Millionen Mark} \\
775 & \text{„ „} \\
341 & \text{„ „} \\
\underline{158} & \text{„ „ Goldausfuhr abzüglich der Münzausfuhr} \\
\text{Sa. } 2184*) & \text{Millionen Mark}
\end{array}
$$

Der Goldvorrat stellte sich daher für die Zeit 1872 bis 1882 auf:

$$
\begin{array}{rl}
2184 & \text{Millionen Mark, zuzüglich} \\
\underline{91} & \text{„ „ Goldmünzenvorrat 1872.} \\
\text{Sa. } 2275 & \text{Millionen Mark Davon gehen ab:} \\
341 & \text{„ „ Industrieverbrauch und} \\
\underline{408} & \text{„ „ Ausfuhr} \\
\text{Es bleiben } 1526 & \text{Millionen Mark Mill. Mk. für Münzzwecke Ende 1882}
\end{array}
$$

Der dem deutschen Handelstage im Jahre 1880 vorgelegte Bericht beziffert den Goldvorrat des Deutschen Reichs für Ende 1879 auf etwa 1450 Millionen Mt., für Ende 1885 berechnet ihn Soetbeer auf 1744 Millionen, also 294 Millionen über der von uns gefundenen Summe — nach anderer Schätzung sollte sich der Goldvorrat 1885 auf 1825 Millionen belaufen.

Diesen Kombinationen gegenüber erscheint die von uns berechnete Ziffer von 1526 Millionen Mk. für Ende 1882 nicht unwahrscheinlich zu sein.

Es erübrigt noch, die **Goldbewegung von 1883—94** zu prüfen. Es betrug in dieser Zeit (inklusive Bruchgold):

$$
\begin{array}{cc}
\text{Einfuhr} & \text{Ausfuhr} \\
1489,7 & 753,6 \\
\multicolumn{2}{c}{\text{Goldwaren (schätzungsweise).}} \\
14 & 80 \\
\multicolumn{2}{c}{\text{Goldproduktion}} \\
\multicolumn{2}{c}{59,4}
\end{array}
$$

Es stand also von 1883 bis Ende 1894 nach der offiziellen Statistik eine Goldquantität von 1563,1 Millionen Mk. zur Ausmünzung, industriellen Verwendung und Ausfuhr nun zur Verfügung.

---

*) Die Goldproduktion, welche 1872—82 11 Millionen Mk. ausmachte, lassen wir hier außer Betracht.

Ausgemünzt wurden in den letzten 12 Jahren 1115 Millionen Mk. — nach Abrechnung der wiedereingezogenen Münzen. Für industrielle Zwecke wurden ca. 372 Millionen verwendet (inklusive schätzungsweise Goldwaren= ausfuhr von ca. 80 Millionen).

Ausgeführt wurden 598,4 Millionen Mk. Goldmünzen und 155,2 Mil= lionen Mk. Roh= auch Barrengold.

Die Goldeinfuhr hätte demnach in den Jahren 1883—94 betragen müssen:

```
1115 Millionen Mark
 372    „      „
 155    „      „
1642 Millionen Mark  weniger 14 + 59,4 Millionen, also
1569 Millionen Mark
```

Die Zahlen der Statistik stimmen mit obigen Berechnungen genau überein.

Wir kommen so für Ende 1894 auf folgenden Goldvorrat für Münz= zwecke in Deutschland:

```
1526 Millionen Mk. Goldbestand Ende 1882
1569    „      „   Einfuhr und Produktion.
Sa. 3095 Millionen Mk. Davon gehen ab
 753,6   „      „   Goldausfuhr und
 372     „      „   Industrieverbrauch.
```
Es bleiben 1870,4 Millionen Mk. für Münzzwecke Ende 1894.

Der amerikanische Münzmeister Preston gibt den Goldgeldvorrat Deutschlands für 1894 auf 2500 Millionen Mk. an.

Diese Schätzung stellt sich sonach als bei weitem zu hoch heraus. Wenn wir die Fehlergrenze, namentlich hinsichtlich der industriellen Goldverwendung sehr weit nehmen, und wenn wir den ständigen Betrag der fremden Münzen und des Barrengoldes auf ca. 300 Millionen Mk. ansetzen, so können wir die Behauptung aufstellen:

Der Goldgeldvorrat des Deutschen Reiches belief sich Ende 1894 auf 2100—2200 Mk., er bewegt sich reichlich 3—400 Millionen unter der Prestonschen Schätzung.

Es ist sehr bedauerlich, daß wir hinsichtlich der statistischen Messung eines so wichtigen wirtschaftlichen Faktors auf fremde Schätzungen ange= wiesen sind, die, wie man sieht, weit an dem Ziele vorbeitreffen. Es wäre sehr wünschenswert, wenn endlich unsere Münz= und Edelmetallstatistik nach Art der Amerikanischen erweitert und vervollständigt würde. Zur Beurteilung der Geld= und der Währungsverhältnisse ist eine solide statistische Unterlage unerläßlich.

Leider erfahren wir sogar über den Goldbestand der Reichs=
bank nur von Zeit zu Zeit Näheres. Zum ersten Male wurde in dem
Jahresbericht für 1894 der Goldbestand der Reichsbank für Ende Dezember
1894 angegeben; er betrug damals 714,4 Mk., davon 292 Millionen Reichs=
münzen, Ende 1895 nur 570,9 Millionen Mk.

Für 1880 gibt Soetbeer den Goldbestand der Reichsbank auf 185 Mil=
lionen an, den der übrigen Notenbanken 1881 auf 79,4, 1885 auf 77,9 Mil=
lionen Mk. Sonach wäre der Goldvorrat der Reichsbank von 1880 bis
Ende 1894 um 529,4 Millionen angewachsen, wenn Soetbeers Angabe zu=
treffend sein sollte, während der Münzgoldvorrat des Deutschen Reiches seit
jener Zeit um mindestens 579 und höchstens 700 Millionen zugenommen hat.
Es wären dann dem Verkehr mindestens 50 und höchstens 170 Millionen
Mk. zugeflossen.

Während 1870 auf den Kopf der Bevölkerung 2,2 bis höch=
stens 2,7 Mk. Gold kamen, berechnet sich der Goldumlauf Ende
1894 pro Kopf auf ca. 42, für 1880 berechnet ihm Soetbeer
auf 32,2 Mk. Wenn man den Kriegsschatz in Spandau ab=
rechnet, entfallen auf den Kopf Ende 1894 ca. 40,7 Mk.

Wir gehen nun zur Feststellung des monetaren Silber=
vorrats im Deutschen Reiche über.

Für 1870 wurde derselbe von Soetbeer u. a. auf 1500 Millionen Mk.
geschätzt. Davon wurden bis zum Frühjahr 1879 eingeschmolzen 667,7 Mill=
ionen, umgeprägt 427 Millionen. Im Umlauf blieben also 432 Millionen
Silbermünzen, und zwar Thalerstücke. Da im Frühjahr 1879 der Silber=
verkauf sistiert wurde, so ist es zweckmäßig, die Silberstatistik zunächst bis
Ende 1878 zu verfolgen.

Ende 1878 hatte Deutschland folgenden Silberbestand:

Alte Silbermünzen (Thaler) ca.	432,3	Millionen Mk.
Silberbarren	33,4	„ „
neugeprägte Silbermünzen	427	„ „
	Sa. 892,7	Millionen Mk.

Während dieser Zeit wurden in Deutschland für 177,6 Millionen Silber
produziert, für 498,7 Millionen nach der amtlichen Statistik eingeführt, für
416,9 Millionen ausgeführt und etwa 115 Millionen industriell neuverbraucht.
Die Aktiva der Silberbilanz waren daher für die Periode 1872—78

Silbervorrat 1870	1500	Millionen Mk.
Einfuhr 1872—78	498,7	„ „
Produktion „	177,6	„ „
	Sa. 2176,2	Millionen Mk.

Die Passiva setzten sich aus folgenden Posten zusammen:

Einschmelzungen	667,7 Millionen Mk.
Umprägungen	427 „ „
Thalerbestand	432 „ „
industrieller Verbrauch ca. 115 „ „
Su. 1641,7 Millionen Mk.

Es ergiebt sich demnach ein Überschuß von 534,6 Millionen Mk., welcher ins Ausland exportiert sein muß. Der Silberexport muß sich belaufen haben auf:

539,2 Millionen Mk. (amtliche Silberverkäufe aus den Einschmelzungen)
534,6 „ „ Überschuß.

Sa. 1073,8 Millionen Mk.

Nach der amtlichen Statistik sind während jener Zeit aber nur 416,9 Millionen Mk. ausgeführt, sodaß 656 Millionen Mk. Silber von der Ausfuhr= statistik nicht erfaßt sind. So z. B. sind nach der englischen Statistik im Jahre 1877 für 275 Millionen Mk. Silber aus Deutschland nach England eingeführt, während nach der Reichsstatistik die Silberausfuhr jenes Jahres nur 20 Millionen Mk. ausmachte.

Die Unvollständigkeit der Statistik, insbesondere der Ausfuhrangaben, ist von dem statistischen Amt selbst des öfteren beklagt worden. Seit dem Gesetz vom 20. Juli betr. die Statistik des Warenverkehrs, welches die Anmeldepflicht gesetzlich einführte, ist dieser Übelstand beseitigt. —

In der zweiten Periode, von 1879—94, stellt sich die Silberbilanz folgendermaßen:

Silbereinfuhr	202 Millionen Mk.
Produktion	670,6 „ „
Barrenbestand	33 „ „
Su. 905,6 Millionen Mk.

Ausmünzungen	48 Millionen Mk.
Industrieller Verbrauch ca.	200 „ „
Su. 248 Millionen Mk.

Es blieben für die Ausfuhr sonach ca. 657 Millionen übrig. Nach der Statistik sind 582 Millionen Mk. ausgeführt. Berücksichtigt man die Fehler= grenzen, so sind diese Zahlen ziemlich übereinstimmend. Die Ausfuhrstatistik hat sich also wesentlich vervollkommnet.

Ende 1894 hatte Deutschland folgenden Silbergeldbestand

Reichsmünzen	475 Millionen Mk.
Thaler ca.	400 „ „
Sa. 875 Millionen Mk.

Seit 1870 hat derselbe sich um ca. 625 Millionen verringert.

Während an Silbermünzen 1870 36,7 Mk. auf den Kopf der Be=
völkerung kamen, entfielen Ende 1894 nur noch 16,9 darauf.

Der Edelmetallgeldumlauf, den Kriegsschatz von 120
Millionen abgerechnet, stellte sich sonach auf (Millionen Mk.):

	Gold	pro Kopf Mk.	Silber	pro Kopf Mk.	Zusammen Millionen Mk.	pro Kopf Mk.
1870	91—110	2,2—2,7	1500	36,7	1591—1610	38,9—39,9
1894	ca. 2080	40,7	875	17,1	2955	ca. 58.

Der amerikanische Münzdirektor schätzte für Anfang 1894 den deutschen
Goldgeldvorrat auf ca. 49,0 Mk. pro Kopf, den Silberumlauf auf ca. 18 Mk.,
zusammen auf 67,0 Mk., also, was das Gold anbetrifft, bei weitem zu hoch.
Allerdings sind in den 2500 Millionen Gold, die Preston angiebt, die 120
Millionen in Spandau mit einbegriffen, ohne dieselben würde sich der Gold-
geldumlauf nach Preston auf 46,6 berechnen.

Im ganzen genommen, hat sich sonach der Edelmetallgeldvorrat des
Deutschen Reiches seit 1872 bedeutend — absolut und relativ — vermehrt. —

Im Jahre 1895 hat die Goldein= und Ausfuhr betragen (Millio=
nen Mk.):

	Einfuhr		Ausfuhr	
	1895	1894	1895	1894
Münzen	49,9	201,4	62,1	43,5
Roh-Barren	47,5	103,1	20,2	9,8
	97,4	304,5	82,3	53,3
Einfuhrüberschuß	15,1	251,2		

Der Goldvorrat hat in den letzten 13 Jahren 1883—95 um 45,5 Mil=
lionen Mk. jährlich zugenommen. Dazu kommen noch ca. 80 Millionen
Bruchgold. Von diesen 51,5 Millionen Mk. gingen für Industrieverbrauch
ca. 31 Millionen Mk. ab, sodaß 20,5 Millionen Mk. für Geldzwecke jährlich
übrig blieben.

Ausgeprägt waren Goldmünzen bis Ende Februar 1896 im ganzen
3022 Millionen Mk., der Goldgeldvorrat beträgt im ganzen etwa 2200 Mil=
lionen. Demnach sind an deutschen Goldmünzen ca. 1000 Millionen Mk. ins
Ausland gegangen.

Eingeführt wurden an Gold seit 1871—1895 ca. 3865
Millionen Mk. Die Einfuhr während der ganzen Zeit hat also noch
nicht die Höhe der Kriegskontribution von 4 Milliarden Mk. erreicht. —

Sehen wir uns die Gold- und Silberbewegung anderer Länder auf Grund der amerikanischen Münzberichte an. Es betrug:

	Gold				Silber			
			Millionen Dollars					
	Im-port	Export	Mehr-Imp.	Mehr-Export	Im-port	Export	Mehr-Imp.	Mehr-Export
Verein. Staaten 1848—95	970,8	1485,9	—	515,1	550,8	1468,7	—	917,9
England 1858—94	3186,3	2596,7	589,6	—	1897,4	1873,2	24,2	—
Australien 1851—94	15,2	1585,9	—	1570,6	—	...	—	—
Indien 1835 36—94 95	833,5	132,2	701,3	—	2124,4	329,9	1794,5	—
Frankreich 1815—94	6124,9	4474,3	1650,6	—	2447,7	1735,3	712,4	—
Italien 1862—94	88,1	104,4	—	16,3	149,1 (1878—94)	117,1	32,0	—
Österreich 1859—94	432,5	153,9	278,6	—	202,8	231,6	—	28,8
Deutschland 1872—94	546,3	286,3	260,0	—	164,6	228,5	—	63,9
Rußland 1871—94	334,7	418,8	84,1	—	139,5	69,4	70,1	—
Japan 1872—94	8,3	73,3	—	65,0	142,4	140,1	2,3	—
Mexiko 1870—94	—	—	—	—	—	526	—	526
Argentinien 1881—94 Gold und Silber	135,1	83,1	52,0	—				
Chile 1873—92 Gold und Silber	5,2	107,5	—	102,3				
Kap-Kolonie 1825—90	48,8	30,5	18,3	—	3,3	1,2	2,1	—
Standinavien 1871—94 Gold und Silber	100,4	55,9	44,5					
Niederlande 1851—94 von 1851—75 Gold und Silber	264,8	149,8	115,0	—	33,5 (1876—94)	24,6	8,9	—
Belgien 1852—94 von 1852—75 Gold und Silber	443,3	411,1	32,2	—	93,1 (1876—94)	20,8	72,3	—
Spanien 1871—94 Gold und Silber	237,2	37,9	199,3					
Portugal 1869—94	104,9	43,3	61,6	—	10,4	7,6	2,8	—
Schweiz 1878—94	67,9	30,1	37,8	—	95,5	49,8	45,7	—

Es haben an Gold mehr eingeführt:

	1871—80	1881—89	1890—94	1871—94		
Frankreich	131,2	134,2	821,4	2256,4	Millionen Frcs.	
	1877—90	1891—95		1887—95		
England	117,2	900,3		1017,5	„	Mk.
	1881—90	1891—95		1881—95		
Verein. Staaten		369,2	137,9	1009,8	„	„
			(Mehrausfuhr)	(Mehrausfuhr)		
				1883—95		
Deutschland				669,5	„	„

Es betrug die Mehreinfuhr an Gold pro Jahr (Millionen Mk.):

in Frankreich 1881—94 55,24
in England 1877—95 56,1
in Deutschland 1883—95 51,5

Deutschland steht absolut hinter England und Frankreich in der Gold=
mehreinfuhr nicht weit zurück, relativ aber, d. h. auf den Kopf der Bevöl=
kerung gerechnet, erreicht es dieselben aber doch noch nicht. Der Kapital=
reichtum Deutschlands ist eben noch nicht so entwickelt wie in England und
Frankreich. —

Darum muß Deutschland um so sorgsamer über seinen
Geldvorrat wachen. Das eine große Mittel dazu ist eine richtige
Geld=Bank= und Diskontpolitik.

Im allgemeinen entscheidet über die Edelmetallbewegung der Stand der
Wechselkurse, welcher wieder von der gesamten Zahlungsbilanz des Landes
abhängt. Der Kaufmann zieht den Ankauf der Wechsel und den Versand
derselben vor, da die Versendungskosten weit niedriger sind als die des Goldes.
Steigt aber der Wechselkurs über den jeweiligen Goldpunkt, d. h. den=
jenigen Kurs, wo es billiger wird, Gold zu versenden, so kauft der Betreffende
lieber Gold und verschickt es.

Die Goldversendungskosten betragen von Berlin bis Hamburg 0,07°/₀
oder 0,15 Pfg. pro 1 Pfd. Sterl., von Berlin nach England etwa 0,25%
von New=York nach London 0,5%.

Zwischen London und New=York ist in New=York der Goldpunkt für die
Einfuhr nach London von 4,89 ab Dollar pro Pfd. Sterl., für die Ausfuhr
nach Amerika von 4,84 ab. Parität ist 4,86²/₃.

Die thatsächliche Parität zwischen Deutschland und England ist pro
1 Pfd. Sterl. = 20,4294 Mk. bei Bezug aus Deutschland, und 20,3819 Mk.
bei Bezug aus England. Der Goldpunkt für die Einfuhr nach Deutschland
ist von 20,38 ab, für die nach England von 20,50 ab.

Die Mittel zur Verhütung von übermäßiger Goldaus=
fuhr, resp. zur Heranziehung von Gold sind nun folgende:

1. Richtige Bemessung des Papiergeldumlaufs und Ver=
hütung eines Goldagios.

Ende 1894 hatten nach Preston ungedecktes Papiergeld (Millionen
Dollars):

		pro Kopf (Dollars)
Vereinigte Staaten	475	6,9
Rußland	530	4,27
Italien	167	5,5
Österreich-Ungarn	146	3,38
England	113	2,92
Frankreich	88,5	2,31
Deutschland	88	1,78
Griechenland	42	19,09
Portugal	55	11,81

Je größer der ungedeckte Papiergeldumlauf, um so schwe=
rer ist es, das Gold festzuhalten, wie dies das Beispiel aller Staaten
mit hohem Papiergeldumlauf beweist. Selbst die Vereinigten Staaten haben
stets damit zu kämpfen, der Einwechselungsfonds von 100 Millionen Dollars
im Schatzamt ist seit dem Jahre der Panik 1894 nur durch stete Goldanleihen
aufrecht zu erhalten.

Die erste Voraussetzung zur Verhütung des Goldagios
und Festhaltung des Goldes ist demnach die Beschränkung des
Papiergeldumlaufs, die Ordnung der Finanzen.

2. Richtige Wechselkurs=, Diskont= oder Prämienpolitik
der Staatsbanken.*) Sonstige Mittel.

London ist der Weltmarkt für Edelmetalle, dorthin strömen sie und von
dort fließen sie ab. England kann und darf dieselben nicht festhalten
wollen.

Anders ist es mit Deutschland, wohin in der Regel Gold nur zu Münz=
und Industriezwecken geht. Der monetäre Goldvorrat Deutschlands ist für
die Zirkulation und als Barreserven bestimmt, er verträgt keine bedeutende
Minderung.

Hier kommt der Schutz des Goldes in der Hauptsache auf
die Erhaltung der Barreserve hinaus. Er besteht in der Ver=
hinderung des Eintretens des Goldpunktes.

Eine Verweigerung der Goldausgabe ist in Deutschland gesetzlich unmög=

---

*) c. f. bes. Heiligenstadt's Arbeit in Conrads Jahrbüchern.

lich. Irgend welche Pressionen auf die betr. Bankhäuser sind auch aus=
geschlossen. Für Krisenzeiten hat A. Wagner drei Maßregeln: Prüfung der
Diskontierungsgesuche, Einschränkung der Diskontierung und Verkürzung der
Verfallszeit, vorgeschlagen, doch hat die Reichsbank noch nicht derartige Maß=
regeln nötig gehabt.

Gehen die Wechselkurse in die Höhe, sodaß Goldausfuhren zu befürchten
sind, so wird

1) zunächst das Mittel angewandt, **Posten auswärtiger Wechsel
auf den Markt zu werfen,** um den Wechselkurs herabzudrücken.

2) Sodann benutzt die Arbitrage das ihr zu Gebote stehende Mittel,
Effekten ins Ausland zu senden.

3) Des Weiteren kommen **Wechselprolongationen und Blanko=
trassierungen** in Frage.

4) **In London erhöht die Bank von England** häufig den
Goldpreis bei Entnahme aus der Bank, so kürzlich erst bei der
letzten Bondsausgabe der Vereinigten Staaten. Dies Mittel aber wird von
der Deutschen Reichsbank nicht angewendet, da sie überhaupt nur
deutsche Reichsmünzen abgiebt, aber nicht fremde Münzen und
Barrengold.

5) Dagegen erleichtert die Deutsche Reichsbank den Bezug an Gold aus
dem Auslande, indem sie auf die Anmeldung vom Ausland für Deutschland
abgegangener Goldsummen dem Importeur sofort einen unentgeltlichen Vor=
schuß in der Höhe der betr. Summe gewährt, und insofern das eingeführte
Gold in Hamburg bei der Reichsbanknebenstelle abgeliefert werden kann, die
Transportkosten bis Berlin also gespart werden.

6) **Das Hauptmittel aber bleibt die Diskontpolitik, die
Erhöhung des Diskonts, des Goldpreises im Inlande.**

Dadurch wird Gold aus dem Auslande angezogen. Doch wird die ge=
wünschte Wirkung, Abnahme der Wechseldiskontierung, Goldzufluß, Fallen der
Wechselkurse nur dann eintreten, wenn die Zentralbank den Markt beherrscht,
d. h. wenn der Privatdiskont dem Bankdiskont folgt.

Geschieht das in London nicht, dann hat die Bank von England häufig
das Mittel angewandt, größere Geldsummen auf dem offenen Markte zu ent=
leihen und aus ihm herauszunehmen, um eine Geldverengung dadurch zu be=
wirken.

In Deutschland hat die Reichsbank diese Mittel noch nicht angewendet.
Der Banksatz der Reichsbank folgt den wirtschaftlichen Verhältnissen des In=
landes, während derjenige der Bank von England auch durch den internatio=
nalen Edelmetallverkehr= und Handel beeinflußt wird. Die Deutsche Reichs=
bank beherrscht also den Geldmarkt leichter wie die Bank von England.

Die Deutsche Reichsbank braucht nicht jeder Zinsfußerhöhung in Eng=

laub zu folgen. Die Spesen der Goldversendung nach England betragen etwa
¹⁄₄‰. Soll sich der Goldversand aus Deutschland lohnen, so muß die
Zinsfußdifferenz mindestens 1—1¹⁄₂‰ betragen.

7) In Frankreich wird das Mittel der Diskonterhöhung seltener angewandt als die Erhebung einer Prämie für den Goldbezug aus
der Bank. Dieselbe ist bisher nicht höher als 8‰ gewesen. Der Übelstand dabei ist der, daß die französischen Arbitrageure das Gold häufig der
Zirkulation entnehmen, wenn die Prämie zu hoch bemessen wird, da nur das
Bankgold durch, die Prämie im Preise erhöht wird, nicht das Zirku-
lationsgold.

Ein weiterer Nachteil der Prämie ist der, daß dadurch kein Gold ins
Inland gezogen, daß vielmehr Gold aus der Zirkulation gezogen wird.

Die Bewilligung von Prämien beim Ankauf von Gold seitens
der Bank, das Korrelat der Prämienerhebung, wird nur von der Bank von
England angewandt, während die deutsche Reichsbank durch eine angemessene
Tarifierung des Ankaufspreises Gold anzuziehen sucht.

3. Die Verhütung von Kapitalverschleuderungen an das
Ausland.

Durch die exotischen Emissionen werden dem Lande Kapital und Gold
entzogen. Durch die Zinszahlungen, die Amortisationen und eventuell auch
Bestellungen bei unserer Industrie fließt es allmählich wieder zurück.

Die Staatsbankerotte nun der exotischen Staaten, wie Portugal, Argentinien, Griechenland ꝛc. haben sowohl die Kapitalsummen, wie auch die Zins-
bezüge verringert. Kapital und Gold ist uns dadurch bis in die Hunderte
von Millionen verloren gegangen. Diese Verluste haben unsere Zahlungsbilanz geschädigt und den Goldzufluß verringert.

Es ist daher eine unabweisbare Pflicht des Staates, nicht nur das Eigen-
tum seiner Bürger gegen solche exotischen Räuber zu schützen, sondern auch
dadurch die Verschlechterung der Zahlungsbilanz zu verhüten.

Als Mittel dagegen empfehlen sich einmal das gemeinschaftliche
Vorgehen sowohl der Gläubiger in den Kulturstaaten als
auch eventuell der Regierungen gegen solche böswilligen
Schuldner.

Sodann sind Verschärfungen der Emissionsbedingungen
angebracht.

Die neue Börsenreform Deutschlands wird hierin Wandel schaffen.

Es soll darnach zunächst eine Zulassungsstelle geschaffen werden.
Nach den Kommissionsbeschlüssen sollen von dieser Behörde mindestens die
Hälfte der Mitglieder aus Personen bestehen, welche nicht in das Börsen-

register für Wertpapiere eingetragen sind. Die an der betr. Emission Beteiligten sind von der Beratung und Beschlußfassung über die Zulassung eines Wertpapiers zum Börsenhandel ausgeschlossen. Die Emissionsstelle soll die Verhältnisse genau prüfen und schädliche Emissionen nicht zulassen.

Die Emittenten sollen auf Grund des Prospektes für unrichtige Angaben haftbar sein, wenn sie die Unrichtigkeit der Angaben kannten, oder wenn ein grobes Verschulden vorliegt, ebenso für die Fortlassung wesentlicher Thatsachen, sofern dieselbe auf böswilligen Verordnungen oder böswilliger Unterlassung einer ausreichenden Prüfung beruhen.

Die Ersatzpflicht soll ausgeschlossen sein, wenn die Anwendung derjenigen Sorgfalt seitens des Erwerbers eines Papieres außer Acht gelassen war, welche der Betreffende in eigenen Angelegenheiten beobachte. Zuständig soll das betr. Landgericht oder die Kammer für Handelssachen in I. Instanz, das Reichsgericht in letzter Instanz sein.

Das ist entschieden ein Fortschritt im Emissionswesen. Natürlich ist die gänzliche Verhütung von Verlusten nicht möglich, da sich die Verhältnisse stets ändern, und da man die Zukunft nicht vorhersagen kann.

Was man verlangen und auch annähernd erreichen kann, ist nur die gewissenhafte Prüfung der bestehenden Verhältnisse und deren Darlegung.

Um ein annäherndes Bild über den Besitz und Verlust Deutschlands an den exotischen Werten zu gewinnen, teilen wir Prof. Schmollers Urteil mit, welches er in der Einführung zu den statistischen Ermittelungen der Börsen-Enquetekommission zusammenfaßt. Er sagt, die Ausdehnung der Thätigkeitssphäre der deutschen Börsen ist ein gesundes Symptom des gestiegenen Wohlstandes und kommt der gesamten Nation zu gute, wenigstens soweit es gelungen ist, mit der Kapitalauswanderung zugleich unseren industriellen Export und die Beschäftigung von Deutschen im Auslande zu steigern.

„Um ein teueres Lehrgeld handelt es sich freilich. Es ist in seinem ganzen Betrag zu berechnen, dazu bietet unsere Statistik keine Handhabe. Noch weniger gestattet sie eine Prüfung der Frage, wie die Verluste sich etwa auf die Emissionshäuser und das Privatpublikum, überhaupt auf die verschiedenen sozialen Klassen verteilen. Und das ist ja der Vorwurf, den man, sei es mit Recht oder mit Unrecht, den ersteren macht, daß die „Großen" es sollen verstanden haben, sich in der Regel ohne Verlust, ja mit Gewinnen herauszuziehen, während das große Publikum, die „Kleinen", nun mit den schlechten Papieren sitzen blieben. Eine Entscheidung dieser Streitfrage liegt außerhalb des Bereichs unserer gegenwärtigen Untersuchung. Subjektiv will ich nur meine Meinung dahin aussprechen, daß die Emissionshäuser jedenfalls ein Teil derselben, von solchen Vorwürfen sich nicht ganz rein waschen können,

daß die großen Verluste nicht sie, sondern das Privatpublikum trafen, daß
sie auf Kosten des letzteren sehr große Gewinne machten, daß die Emissions=
häuser meist nur fragten, „ist das Publikum noch kauflustig?" nicht aber:
„sind die Papiere wirklich gute und sichere?" Aber ebenso unzweifelhaft ist
mir, daß die besseren derselben bei diesen heute notleidenden Papieren und
ihrer Einführung wohl in bona fide waren, und daß heute die Verluste, so=
fern es sich um solche für die ganze Nation handelt, überschätzt werden.

„Einen gewissen rohen Anhalt dafür, wie groß dieselben seien, geben
die „Übersichten" der drei deutschen Börsen (Berlin, Hamburg, Frankfurt)
nebst den Angaben der drei entsprechenden Steuerämter über die für Deutsch=
land abgestempelten Papiere dieser Art. Stellt man hiernach von den er=
heblichsten notleidenden Werten die abgestempelten Beträge zusammen, so er=
gibt sich folgende Übersicht:

Argentinier	in Summa 147 804 360	Mk.
Brasilianer	„ „ 21 000 500	„
Buenos Aires	„ „ 90 061 678	„
Griechen	„ „ 210 742 920	„
Lissaboner	„ „ 44 110 000	„
Mexikaner	„ „ 201 516 436	„
Portugiesen	„ „ 373 811 960	„
Serben	„ „ 57 545 458	„
Northern-Pacific	„ „ 150 794 500	„
	1 297 388 412	Mk.

„Das sind 1297 Millionen Nominalbetrag, die wahrscheinlich schon
beim Einkauf nur einen Kurswert von ca. 1100 hatten. Davon mögen in
Summa zwei Drittel verloren sein, mehr doch zur Zeit nicht, also 700 bis
800 Millionen Mk. Gewiß ein großer Betrag, aber von 4—5 Milliarden
auswärtiger Werte doch nur etwa ein Sechstel. Und diesen Verlusten stehen
nun die Gewinne gegenüber, die Deutschland an anderen auswärtigen Papieren
gemacht hat. Ich glaube, allein an amerikanischen und russischen Papieren
hat Deutschland 1860—1892 eine Milliarde gewonnen, abgesehen von den
indirekten Vorteilen, die sich für das deutsche Geschäftsleben an diese aus=
wärtigen Verbindungen knüpften.

„Wollen wir den Gesamtbetrag der heute in Deutschland befindlichen
auswärtigen Effekten und deren Zinsen schätzen, so können wir davon aus=
gehen, daß wir in 10 Jahren 4—5 Milliarden solcher Papiere erwarben, die
direkt an der Börse durch ihre Organe eingeführt wurden; davon gehen
¹/₂—1 Milliarde Verlust ab, aber es kommen die im freien Verkehr einge=
drungenen Werte hinzu; sie wären nach den Hamburger Stempelnachweisen
auf ⁴/₇ der offiziell eingeführten zu rechnen, aber da Hamburg natürlich viel
mehr solcher fremden Werte hat, als das Inland, so mögen sie nur auf ²/₇
angenommen werden; das wären also nochmals 1¹/₄—1¹/₂ Milliarden, zu=

sammen doch über 5 Milliarden; vor 1883 waren sicher auch 4—5 Milliarden fremder Papiere im Inlande. Das gibt 10 Milliarden fremder Werte und dabei sind die Bestände auswärtiger Papiere nicht gerechnet, welche mit dem Arbitragegeschäft nur zeitweilig in die Kassen unserer Banken kommen. Wenn wir aber 10 Milliarden fremder Papiere besitzen, so beziehen wir dafür jährlich vom Auslande 500 Millionen Mk. Zinsen, was für unseren Nationalwohlstand und unsere Zahlungsbilanz von größtem Werte ist."

Besondere Schutzmittel für die Landwirtschaft. Die Reform des Getreideterminhandels, Beschränkung der Zollerleichterungen und der Antrag Kaniß.

Zu den großen Mitteln, welche von den Agrariern als Schutz der Landwirtschaft gefordert werden, gehört die Reform des Getreideterminhandels und der Antrag Kaniß.

I. Reform des Getreideterminhandels.

Als ein wesentliches Stück der geplanten Börsenreform wird von landwirtschaftlicher Seite die Beseitigung der Mißstände, welche der Termin= handel mit sich geführt hat, betrachtet. Man wirft ihm vor allen Dingen vor, daß er immer mehr auf die Baisse zugeschnitten sei, daß die ganze Technik der Getreidebörsen die Baisse begünstige. Sodann wird ihm der Vorwurf gemacht, daß er durch Einführung der Lieferungsqualität ein Termin= getreide herausgebildet habe, das von keinem Müller verwendet werden könne. Preisdrückerei und unbrauchbares Mischgetreide seien die Folge des Blanko=Terminhandels.

In den Vernehmungen der sachverständigen Müller und Provinz= händler durch die Börsenenquete=Kommission wurden von vielen Seiten diese Beschwerden gegen die Berliner Produkten=Börse vorgebracht.

Was zunächst die ungünstigen Einflüsse auf die Preisbildung durch den Terminhandel betrifft, so wird die Sachlage folgendermaßen dargestellt.

Der Terminhandel hat sich eine einheitliche Lieferungsqualität geschaffen. In Berlin gelten darüber seit 1894 folgende Bestimmungen:

Für Weizen: gut, gesund, trocken, frei von Darrgeruch, mindestens 755 g pro Liter.

Rauh-, Kubanka- und syrischer Weizen sind ausgeschlossen.

Für Roggen: gut, gesund, trocken, frei von Darrgeruch, mindestens 712 g pro Liter

Für Hafer: gut, gesund, trocken, frei von Darrgeruch, mindestens 450 g pro Liter.

Lieferungseinheit sind 50 Tonnen = 50 000 kg.

Von dieser Lieferungsqualität kann durch Mischung jede beliebige Menge hergestellt werden. Anders ist es in Amerika und Liverpool, wo nur ein bestimmter Typus auf Termin geliefert wird. Hier muß sich der Terminhandel an bestimmt vorhandene Mengen binden, während er in Berlin unbegrenzte Ausdehnung gewinnen kann, da man zu jeder Zeit beliebige Mengen von Lieferungsgetreide durch Mischen sich zu verschaffen imstande ist.

Ist nun die Sachlage auf Baisse zugeschnitten, steht eine reichliche Ernte in Aussicht, so kann der Spekulant unbegrenzte Mengen blanko verkaufen. Diese Verkäufe drücken die Preise weiter. Ist dann die Baisse einmal eingerissen, dann steht zwar jedem Verkauf ein Kauf gegenüber, aber dieser Kauf hat gegenüber dem Verkauf keine Kraft. Wenn z. B. A 100 Tonnen zu 100 kauft und der Preis schon auf 98 gesunken ist, so verkauft er nun zu diesem 100 noch 100 Tonnen zu 98. Ist dadurch der Preis auf 96 gedrückt, so deckt er sich, wenn Verkaufsangebote zu 96 vorhanden sind, zu 96 ein. Das Rechenexempel ist dann:

Kauf	von 100 Tonnen zu	100	= 10 000 Mk.				
Deckung	„ 200	„ „	96	= 19 200	„	Gewinn von 200 Tonnen 400 Mk.
Verkauf	„ „	„ „	98	= 19 600	„	Verlust für 100 „	200 „
						Gewinn	200 Mk.

Wie man sieht, zieht immer ein Spekulationsgeschäft das andere nach sich, ein Spekulant kommt schwer wieder aus dem Netze heraus, in das er sich eingesponnen hat, falls er nicht von vornherein zur Baisse gehört. In diesem Falle ist das Schema einfacher:

Kauf	von 100 Tonnen zu	100	= 10 000 Mk.			
Deckung	„ „	„ „	96	= 9 600	„	Gewinn 400 Mk.
Verkauf	„ „	„ „	95	= 9 500	„	Verlust 100 „
						Gewinn 300 Mk.

Ein einziger Schlußschein über 100 Tonnen wechselt nun in bewegten Zeiten in einem Monat zehn-, zwanzigmal und noch öfters den Besitzer.

A. verkauft an B., B. an C., C. an D., D. an E. u. s. w. Häufig kauft A. seinen eigenen Schlußschein zur Deckung zurück. Derselbe vermittelt somit Geschäfte im Gesamtbetrage von 1000, 2000 und mehr Tonnen.

Die meisten Termingeschäfte an der Berliner Börse sind, so wird behauptet, keine effektiven Lieferungsgeschäfte, sondern nur Spekulations= Differenzgeschäfte.

Gegen Ende des Monats reicht der erste Verkäufer A. seinen Kündigungs= schein ein an seinen ersten Abnehmer, der ihn weiter gibt, bis er an den letzten Abnehmer gelangt, welcher das Getreide abnehmen muß, falls es der erste Verkäufer verlangt, und dem letzterer liefern muß, wenn es der letzte Käufer verlangt. In der Regel hat sich aber A. schon vorher ein= gedeckt, hat einen Schlußschein gekauft und händigt den dem letzten Käufer aus. Häufig aber, wie gesagt, kaufte A. seinen eigenen Schlußschein als Deckung zurück. Häufig wird auch keine Lieferung verlangt.

Ist einmal eine ausgesprochene Preistendenz vorhanden, dann hat Kauf und Verkauf nicht dieselbe Kraft, denn alle Geschäfte werden ja dann mit der Absicht gemacht, aus der Tendenz Gewinn zu ziehen. Bei der Baisse will der Käufer nur kaufen, um mit Gewinn wieder zu verkaufen, je größer die Differenz, um so besser. Die Eindeckung geschieht ebenfalls aus demselben Grunde. In solchen Zeiten messen Hausse und Baisse nicht ihre Kräfte.

In den letzten Jahren hat sich nun eine ausgesprochene Baissetendenz herausgebildet — allerdings auf Grundlage der allgemeinen Ernteverhältnisse und des Sinkens der Frachtkosten. Im Sommer 1895 sollen die oft genannten Cohn und Rosenberg in Berlin einen künstlichen Tiefstand durch Heranziehung großer Getreidemassen erzeugt haben, da sie sich einmal in der Baisse ver= wickelt hatten. Schließlich aber sollen sie trotzdem große Verluste erlitten haben.

Ueber die Einwirkung der Börse, insbesondere des Ter= minhandels auf die Getreidepreise brachte Prof. Conrad im April= heft 1896 seiner Jahrbücher eine interessante Abhandlung über die Einwirkung der Börse auf die Getreidepreise. Er sagt:

„Am klarsten ergibt sich die Wirkung des Zolls aus der Vergleichung zwischen den Preisen in Danzig und Königsberg bei Weizen, weil in Danzig derselbe unverzollt notiert wird. Hier sind nicht unbedeutende Schwankungen in den einzelnen Monaten zu beobachten, besonders weil im Juli der un= verzollte Weizen schon erheblich sank, während das heimische Korn noch den alten Preis bewahrte, sodaß die Differenz auf 43 Mk. stieg, die in den letzten Monaten des Jahres nur 29 Mk. war. Noch erheblicher verminderte sich die Differenz seit dem Juli zwischen Berlin und England, und zwar allerdings in auffallender Weise auf 24—28 Mk., während die Differenz noch im Juni 48 Mk. betrug. Dies hat zu der Annahme geführt, daß durch beson= dere Börsenspekulationen die Preise in Berlin exceptionell gedrückt worden seien, besonders ist dieses von dem Roggen angenommen,

indessen geben uns hierfür unsere Zahlen keinen besonderen
Anhalt. Wohl gingen in den Monaten August und September die Preise
in Berlin auf 113 und 115 Mk. zurück, aber auch der unverzollte süd=
russische Roggen in Bremen war von 100 Mk. im Juni, im August und
September auf 83,7 und 82,7 Mark gesunken. Die Differenz blieb auch im
August noch 30 Mk. In Wien betrug allerdings der Rückgang nur 7 Mk.,
in Paris 8, in Amsterdam aber gleichfalls 14 Mk., so daß uns hier eine
Überschätzung des Einflusses der Börse vorzuliegen scheint, zumal sich Ende
des Jahres die Preise nicht wesentlich veränderten. Um diesem Punkte noch
etwas näher zu kommen, haben wir auf den graphischen Darstellungen, nach
den dankenswerten Angaben des deutschen statistischen Reichsamtes, bei dem
Weizen für 2 deutsche (Berlin und Mannheim) und 2 ausländische Plätze
(Wien und London) die Preisentwickelung seit 1885—1895 von
Monat zu Monat dargestellt, um den Zusammenhang der Preis=
bewegung im In= und Auslande genau verfolgen zu können. Es ergibt sich
daraus, wie uns scheinen will, schlagend, daß namentlich zwischen London
und Berlin ein außerordentlich enger Zusammenhang vor=
liegt, indem namentlich in den letzten 6 Jahren die Linien
fast die gleichen Bewegungen mitmachen, nur daß bald Berlin,
bald dagegen London mit den Veränderungen beginnt, während der andere
Ort nachfolgt; und bedeutsam ist es, daß keineswegs gleichmäßig zuerst von
London das Steigen oder Sinken anhebt, sondern wiederholt von Berlin
zuerst die Initiative zu einer Veränderung ergriffen wird. Für Roggen
zeigt die Tabelle die Preisentwickelung von Berlin, Mannheim, Bremen einer=
seits und Wien, Amsterdam und Paris andererseits. Das Ergebnis scheint
uns dasselbe zu sein. Die Linien zwischen Wien und Berlin halten vor=
trefflich Schritt miteinander, nur gerade in den letzten Monaten liegt eine
auffallende Abweichung vor, welche aber offenbar auf eine exzeptionelle Preis=
steigerung in Wien zurückzuführen ist, nicht aber auf eine willkürliche Preis=
herabdrückung in Berlin, denn Amsterdam und Paris zeigen genau die gleiche
Bewegung wie Berlin. Wenn man diese Karten vorurteilsfrei ansieht, wird
man sich der Schlußfolgerung nicht zu entziehen vermögen, daß in der That
die Feststellung der Preise für das Brotgetreide sich durch=
aus international vollzieht, und daß ein willkürliches Vorgehen der
einzelnen Börse sich wohl von Tag zu Tag, eventuell von Woche zu Woche
annehmen läßt, aber in keiner Weise von Monat zu Monat oder gar darüber
hinaus. Die Annahme, daß die Berliner Börse mittels des
Terminhandels einseitig à la Baisse zu spekulieren geneigt sei
und zu Ungunsten der Landwirtschaft die Preise herabgedrückt
habe, ist gegenüber diesen Darstellungen absolut nicht auf=
recht zu erhalten. Man thut den einzelnen Börsenmännern in dieser

Beziehung zu viel Ehre an und überschätzt ihre Macht in Deutschland in geradezu kindlicher Weise. Ganz dieselbe Schlußfolgerung erscheint uns aber unausbleiblich in Bezug auf die Wirkung des Terminhandels, und die Männer, welche gerade gegenwärtig bei uns auf die Unterdrückung des Terminhandels in Getreide hinarbeiten, folgen einem Vorurteil, aber nicht dem Druck der Thatsachen." —

Für längere Durchschnittsperioden hat Prof. Conrad ohne Frage Recht. Die Getreidepreise werden international auf Grund der Ernteverhältnisse bestimmt. Vorübergehend aber, für Tage und Monate, haben wir es erlebt, daß — namentlich an der Berliner, aber auch an den amerikanischen Börsen — Hausse- und weit öfters Baisseparteien die Tendenz weit über das gerechtfertigte Maß hinaus getrieben und die Preise spekulativ beeinflußt haben.

Aber das steht fest, daß eine bestimmte Tendenz dauernd nicht bloß auf „Mache" beruhen kann, daß sie vielmehr auf der Grundlage der Produktionsverhältnisse aufgebaut sein muß, wenn sie nicht plötzlich umschlagen und die Macher ins Verderben stürzen soll, daß die Baisse insbesondere durch ihre späteren Deckungen ab und zu eine Befestigung der Preise mit sich bringt; aber das läßt sich auch nicht leugnen, daß für kürzere Zeit künstlich eine Tendenz hervorgerufen werden kann.

Verfolgen wir einmal die internationalen Brodkornpreise:

Nach der amtlichen Statistik des Deutschen Reiches notierte (Mk. pro Tonne):

	London.		New-York.	Paris.	Berlin.
			Weizen.		
	Englischer	Oregon	Red. Winter 2.		
1892	142	165	13,7	188	176,4
1893	123	142	112	169	151,5
1894	107	121	92	156	136,1
1895	108	123	104	155	142,5
1896	123	—	126,7	153,1	156,3
(Februar)					
			Roggen.		
1892				134	176,3
1893				114	133,7
1894				101	117,8
1895				88	119,8
1896				86,1	122,1
(Februar)					

Die Differenz betrug:

	zwischen London und Berlin		zwischen Paris und Berlin		
	Weizen		Weizen		Roggen
	Englischer	Oregon	in	in	in
	in Berlin +		Paris +	Berlin +	Berlin +
1892	31,4	11,4	11,6		42,3
1893	28,5	9,5	17,5		19,7
1894	29,1	15,1	19,9		16,8
1895	34,5	19,5	12,5		31,8
1896	33,3	—	—	3,2	36,0
(Februar)					

Die Preisbewegung für Weizen ist demnach keine völlig einheitliche. In Berlin kommt gegenüber London 1892 der Zoll beinahe zum Ausdruck, 1893 und 1894 dagegen nicht, 1895 aber wieder annähernd, ebenso 1896 im Februar. In Paris fällt der Weizenpreis 1893 und 1894 nicht so stark wie in Berlin, geht dagegen 1895 stärker zurück und fällt 1896 unter den Berliner Preis, trotz der 1894 eingetretenen Zollerhöhung von 5 auf 7 Frcs. — Der Roggenpreis fällt 1893 und 1894 ebenfalls stärker in Berlin gegenüber Paris, hebt sich aber 1895 wieder relativ mehr und ebenso 1896.

In den Jahren 1893 und 1894 hat demnach in Berlin Baissetendenz vorgeherrscht, während in London und Paris die Preise relativ fester waren.

Im Jahre 1895 war die Preisbewegung des Weizens folgende (Mai-, resp. Oktober-, Dezember-Ultimopreise):

	Liverpool	Berlin	Differenz		Liverpool	Berlin	Differenz
5. Jan. 1895	102	141	39	13. Juli 1895	118,4	150,5	32,1
19. „ „	102,1	139,5	37,4	3. Aug. „	123,7	148,2	24,5
2. Febr. „	98,7	136,7	38,0	17. „ „	124	141,7	17,7
16. „ „	97,8	137	39,2	31. „ „	114,2	141	26,8
2. März „	98,9	140	41,1	14. Sept. „	109,3	136,5	27,2
16. „ „	101,1	143,7	42,6	28. „ „	112,3	139,2	26,9
6. April „	100,1	142	41,9	12. Okt. „	116,4	138,7	22,3
20. „ „	102,3	142,2	39,9	26. „ „	119,2	144,2	25,0
4. Mai „	109,1	154,5	45,4	16. Nov. „	120,8	147	26,2
18. „ „	111,3	151,2	39,9	30. „ „	122,2	147,5	25,3
1. Juni „	131,5	160	28,5	7. Dez. „	123,1	149	25,9
15. „ „	129,9	159	29,1	14. „ „	121,8	143,5	21,7
29. „ „	122,8	151,7	28,9	28. „ „	121,3	149	27,7

Aus dieser Tabelle geht hervor, daß seit Ende Mai — mit Ausnahme von Mitte Juli — die Berliner Preise bei

weitem nicht mehr den Zoll zum Ausdruck brachten. In Lon=
don stiegen Ende Mai die Preise relativ höher wie in Berlin
und blieben dann auch über der Parität.

Daraus muß man schließen, daß in Berlin damals die Preise
künstlich unter Druck gehalten wurden. Wäre eine zu erwartende
gute Ernte der Grund der relativ niedrigeren Preise in Berlin gewesen, so
hätte die starke Disparität auch bleiben müssen. Die Differenz zwischen
Liverpool und Berlin ist aber im Jahre 1896 wieder größer geworden, sie
betrug am 1. Februar 28,1 Mk., am 7. März 29,5 Mk., am 4. April
32,9 Mk.

Die starke Verschiebung der Parität beruht somit ohne
Frage auf der Baissespekulation, welche bekanntlich von Cohn und
Rosenfeld 2c. im vorigen Jahre mit allen möglichen Machenschaften durch=
gehalten wurde. Aber diese anhaltende Baissespekulation wiederum war nur
möglich auf Grundlage einer ungünstigen Situation des Getreideweltmarktes.
Wäre eine sichere Aussicht auf Steigen der Preise gewesen, so würde die
Baissepartei vor der Haussepartei die Segel haben streichen müssen.

Der belgische Getreide=Großhändler F. Hammesfahr in
Antwerpen hat eine kleine volkswirtschaftliche Studie gegen den Getreide=
Terminhandel erscheinen lassen, welche aus der Praxis des Getreidehändlers
zu der gleichen scharfen Verurteilung der Blanko=Terminspekulationen kommt,
wie die Untersuchungen des bekannten Liverpooler Getreidemaklers Charles
W. Smith aus dem Gesichtswinkel der Erfahrungen eines Börsenmaklers.
Der Ideengang und die Beweisführung des Herrn Hammesfahr sind so eigen=
artig, daß wir nicht umhin können, dieselben hier im Auszug mitzuteilen.
Hammesfahr beginnt damit ausdrücklich zu betonen, daß zwar nicht die
ganze Depression der Getreidepreise, wohl aber ein sehr wesentlicher Teil der=
selben auf die Schuld der heutigen Terminspekulationen an den großen Ge=
treidebörsen zurückgeführt werden müsse. Und er unterscheidet dann vier
Hauptgruppen von Personen, welche an der Terminbörse operieren. Es
sind dies:

1. Der reine Spekulant, welcher nur in Papiergetreide arbeitet;

2. der Arbitrageur, welcher Getreide kauft bezw. verkauft, um sich
gegen die Gefahren seiner Terminspekulationen zu sichern;

3. der Getreidehändler, welcher gelegentlich sich für das Risiko
seiner Getreidekäufe an der Börse ganz oder teilweise zu decken sucht;

4. das Kommissionshaus, welches immer nur für Andere, in
Papiergetreide hauptsächlich, kauft oder verkauft und dafür seine Kommissions=
gebühren berechnet.

Die Thätigkeit dieser einzelnen Gruppen wird dann von Hammesfahr
in folgender Weise analysiert:

Die Thätigkeit der reinen Spekulanten (mit Papiergetreide) an der Getreidebörse sei nichts als einfaches Wetten, welches als ziemlich harmlos bezeichnet werden könnte, wenn nicht die Haussiers und Baissiers zeitweise versuchten, mittels effektiver Ware den Markt zu vergewaltigen. Das Unheilvolle ist dabei, daß jede künstliche Steigerung der Preise ganz außerordentlich große Getreidemassen auf den betreffenden Markt zusammenströmen lasse, daß aber auch eine künstliche Depression der Preise nur durch gewaltsames Herbeischaffen von Warenvorräten über den Bedarf durchgeführt werden kann. Alle künstlichen Treibereien à la hausse wie à la baisse bringen deßhalb an den Terminbörsen unter allen Umständen eine Depression der Preise hervor.

Der Arbitrageur, welcher seinen Wohnsitz am Börsenplatz hat, verkauft Termin, um dann Getreide aus den Produktionsländern auf Abladung dagegen zu kaufen, oder er kauft Termine und verkauft dagegen Getreide auf Lieferung. Da aber die Differenz zwischen den Terminpreisen an der betr. Börse und der Preislage des Weltmarktes heute selten so groß ist, daß sie dem Arbitrageur Nutzen läßt, in den meisten Fällen ihm sogar Verlust bringt, so rechnet der Arbitrageur zunächst immer nicht, wieviel Nutzen er dadurch erzielt, sondern nur, wieviel er schlimmsten Falls dabei verliert. Der Nutzen der Arbitrage muß deßhalb für den Arbitrageur in jenen Terminspekulationen gesucht werden, welche er auf Grund und mit Hülfe seiner erworbenen Warenbestände durchführt. Der Arbitrageur ist deßhalb Getreideimporteur, dessen Operationen lediglich auf dem Terminmarkt basiert sind. Tritt Preissteigerung in wirklicher Ware ein und hat der Arbitrageur Termine verkauft, um dafür Getreide zu liefern, so gewinnt er an seiner effektiven Ware, was er am Termin verliert. Sobald er aber alsdann seine effektive Ware verkaufen will, kommt er in Konkurrenz mit dem Getreidehändler, der im Termine nichts verliert und deßhalb zufrieden ist, die Ware, die er besitzt, mit einem kaufmännischen Nutzen zu realisieren. Die Hausse-Bewegung der Preise ist also dem Arbitrageur ungünstig, anders die Baissebewegung. Bei einem Sinken der Preise gewinnt der Arbitrageur im Termin, was er an der effektiven Ware verliert. Er kann deßhalb die letztere auf dem Weltmarkt zum Kostenpreis und selbst darunter abgeben und dennoch Nutzen haben, weil der Gewinn aus dem viel größeren Termin-Engagement den Verlust aus seinem Warenbesitz um ein Vielfaches übertrifft. Der Getreidehändler, welcher an den gleichen Terminspekulationen nicht teil genommen, kann ihm bei dem Verkaufe seiner Waren-Bestände keine Konkurrenz machen. Er muß vielmehr zusehen, wie sein Nachbar das Getreide zu Preisen verkauft, zu welchem es niemals hat angekauft werden können. Diese Geschäftspraxis der Arbitrageure gibt die Erklärung für die merkwürdige Thatsache, daß das Getreide, selbst wenn die Preise der Exportländer nicht „Rechnung geben", doch seinen Weg

nach Europa findet und durch die Terminbörsen wie von einem Magnet an=
gezogen wird. Alles in allem hat deshalb die Thätigkeit der Arbitrageure
den gleichen Effekt, wie die der Spekulanten, indem sie Getreide ohne Rück=
sicht auf den Bedarf in großen Mengen heranzieht und dadurch unter
allen Umständen eine Preis=Depression hervorruft. Während aber der Speku=
lant dieses Manöver nur in Ausnahmefällen macht, wirkt die Thätigkeit des
Arbitrageurs zwar langsamer, aber kontinuirlich in der gleichen Richtung
der Baisse.

Demgegenüber ist die Lage des Getreidehändlers keine beneidens=
werte. Wenn er an der Börse nicht regelmäßig mitspielt, wird er bei jeder
Baisse durch die Offerten des Arbitrageurs unterboten und muß dann sein
Getreide mit Verlust realisieren; denn Spesen der Einlagerung verträgt das
Getreide schon lange nicht mehr. Wenn er aber an der Börse regelmäßig
spekuliert, kann er mit dem Arbitrageur doch nicht konkurrieren, weil er nicht
selbst am Börsenplatz wohnt und demnach außer stande ist, jede Fluktuation
für sich auszunutzen. Außerdem ist er dem Arbitrageur gegenüber um den
Betrag der Provision, welche er an sein Kommissionshaus zahlen muß, im
Nachteil. Bei dem geringen Nutzen, welcher hierbei dem Getreidehändler noch
übrig bleibt, hat man sich leider vielfach veranlaßt gesehen, durch größere
Engagements das ursprüngliche Einkommen wieder zu erreichen. Die Masse
muß es bringen! Dadurch wird aber das Risiko natürlich erst recht ver=
größert, und so sehen wir denn, daß die Terminbörse auch den Getreide=
händler veranlaßt, größere Quantitäten von Getreide auf den Markt zu
bringen, als es der Fall sein würde, wenn der Terminmarkt nicht existierte.
Nichts ist nun aber unrichtiger als die Behauptung, der Terminmarkt biete
dem Getreidehändler in Wirklichkeit irgendwie eine Versicherung. Der Ge=
treidehändler, welcher sich der Terminspekulation zur Einschränkung seines
Risikos bedient, sitzt naturgemäß zwischen zwei Stühlen und verliert am
Termin und an seiner Ware. Es ist deshalb nichts Überraschendes
mehr, daß alle Getreidehändler, welche von dieser viel berühmten „Ver=
sicherung" an der Terminbörse Gebrauch machen, der Reihe nach als Opfer
dieser Versicherungsanstalt zu Grunde gehen.

Das Kommissionshaus endlich kauft und verkauft, wie schon er=
wähnt, Termine für Rechnung anderer und will Provisionen dabei verdienen.
Die Bedeutung dieser kleineren und größeren Spekulanten und Spieler,
welche durch solche Kommissionshäuser hereingezogen werden, darf nicht unter=
schätzt werden. Ohne sie könnte die Getreidebörse nicht bestehen! Diese
ahnungslosen Outsiders (oder: Außenstehenden) beleben den Terminmarkt
durch eine Unmasse von Ordres und bilden in der Regel die sog. Gegenmine.
Wenn jedermann arbitragieren wollte, müßte die Maschine sofort versagen.
Das Arbitragegeschäft kann also nicht existieren, ohne sich auf das illegitime

Spiel und den reinen Schwindel zu stützen. „Darf man da überhaupt noch von einem legitimen Getreideterminegeschäft sprechen?"

Es ist demnach unzweifelhaft, daß die Getreide=Terminbörse nicht das geringste Gute schafft. In allen Fällen ohne Ausnahme ziehen die einzelnen Gruppen von Personen, die an ihr thätig sind, Getreide in großen Massen ohne jede Rücksicht auf den Bedarf heran und bringen dadurch eine immerwährende Depression hervor. Wenn an den Getreide= börsen nur Spekulanten und Spieler ihr Wesen trieben, würde der Welt= markt wohl die Börsen, niemals aber diese den Weltmarkt beeinflussen. Und thatsächlich ist vor noch nicht 15 Jahren der Terminkurs ohne Einfluß auf den Weltmarkt gewesen. Aber seit dieser Zeit hat sich der Arbitrageur, dieses vornehmste Organ der Börsenintelligenz, herausgebildet und seine Thätigkeit besteht wesentlich darin, der Getreideterminbörse ihren unheilvollen Einfluß auf den Weltmarkt zu sichern. Die „Fluktuationen" eines jeden Börsen= platzes, welche im Spiele, im Schwindel, in gewaltsamen Manipulationen der verschiedensten Art ihren Ursprung haben, werden durch den Arbitrageur auf den Weltmarkt übertragen. Durch ihn wird jede Terminhausse sofort auf den Exportplätzen, und jede Terminbaisse sofort auf den Konsumplätzen der Erde fühlbar. Das Funktionieren des wunderbaren Organismus, den man Getreide= Terminbörse nennt, ist darauf gerichtet, den Markt einseitig immer nur zu belasten, aber niemals zu entlasten; und „darf man hier wirklich von einem „Sicherheitsventil" sprechen — bei einem Organ, das in Zeiten wilder Börsen=Hausse die Erregung vermehrt durch Getreidekäufe zu unsinnigen Preisen, und das in Zeiten großer Depression die Panik auf dem Weltmarkte erzeugt durch unsinniges Verschleudern großer Getreidemassen?" „Ein sauberes Sicherheitsventil, in der That!" Es ist eine unbestreitbare Thatsache, daß der Aufschwung der Getreide=Terminbörse mit dem Niedergang des Getreidehandels zusammenfällt. Der Ge= treidehändler steht der Konkurrenz der Arbitrageure um so wehrloser gegen= über, als dieser letztere weder auf der gleichen Basis noch mit den gleichen Prinzipien den Kampf führt. Warenkenntnis braucht der Arbitrageur nicht. Er kauft den guten mittleren Durchschnitt in Ware und verkauft Termine, oder umgekehrt. Die Bedürfnisse des Konsummarktes, die Gesetze von An= gebot und Nachfrage sind ihm ganz gleichgültig. Seine kaufmännische Vorsicht erstreckt sich nicht auf die Größe seiner Engagements. Quantitäten spielen bei ihm keine Rolle. „Es ist unmöglich, daß der solide Getreidehändler diese Konkurrenz auf die Dauer aushalte! Denn während seine ganze Tüchtigkeit darin bestehen muß, billig einzukaufen und teuer zu verkaufen, ist es dem Arbitrageur erlaubt, am teuersten einzukaufen und am billigsten zu verkaufen. Man braucht dabei nur noch darüber nachzudenken, wo der Arbitrageur seinen Nutzen hernimmt, und wer zuletzt den Verlust zu tragen hat, der daraus ent=

steht, daß der Arbitrageur das Getreide in der Regel teurer kauft, als er es verkauft, um sich die Frage beantworten zu können, wer von diesen beiden — der Arbitrageur oder der solide Getreidehändler — vom volkswirtschaftlichen Standpunkte aus das Recht der Existenz für sich in Anspruch nehmen darf."

Die Überproduktion, wie so oft behauptet wurde, kann nicht die Ursache des Rückganges der Getreidepreise sein. Wenn man sieht, wie wenig die Produktion zugenommen hat, während andererseits die Zahl der Konsumenten beständig wächst, muß das Vorhandensein einer Überproduktion überhaupt bezweifelt werden. Was aber vor unseren Augen statt hat und nur zu häufig damit verwechselt wird, das ist eine Überschwemmung von fremdem Getreide an den Konsumplätzen, welche jede Bedarfsfrage im Keime erstickt, und das heimische Getreide zwingt, die Konkurrenz zu Schleuderpreisen aufzunehmen. Lediglich die Getreide-Terminbörsen bringen es fertig, diesen unheilvollen Zustand dauernd zu erhalten. Denn nur sie dürfen es sich gestatten, ohne Rücksicht auf den Bedarf immer neue Getreidemassen heranzuziehen. Denken wir uns diese Terminbörsen weg, so ist dieses Übel sofort beseitigt. Denn teure Einkäufe und billige Verkäufe verbieten sich von selbst für den soliden Getreidehandel! Wenn aber nach Aufhebung der Terminbörsen wirklich irgendwo in einem Exportlande eine lokale Überproduktion eintreten sollte, dann wird sich dieses Übel künftig auch an diesem Platze zuerst geltend machen und zu einer Einschränkung der Produktion dortselbst den Anstoß geben. Darin liegt der natürliche „Ausgleich der Verhältnisse", den zu bewirken die Börse sich fälschlich anmaßt. Man mag deshalb diese Sache drehen und wenden, wie man will, das Risiko, welches das solide Getreidegeschäft mit sich bringt, ist eine volkswirtschaftliche Notwendigkeit. Die Getreide-Terminbörse, welche sich einbildet, dieses Risiko aus der Welt geschafft zu haben, hat es in Wirklichkeit nur auf die Schultern der ahnungslosen Außenstehenden, auf die Gegen-Mine überwälzt. In dem Wahn, den „Getreidehandel ohne Risiko" organisieren zu können, fälscht die Terminbörse Angebot und Nachfrage, überschwemmt sie die Konsummärkte mit Getreide ohne Rücksicht auf den Bedarf, setzt sie die Getreidepreise durch alle diese Machinationen fort und fort künstlich herunter und ruiniert dadurch den Handel und die Landwirtschaft. Man mag über die Spiellust des Publikums denken wie man will. Auf keinen Fall darf zur Befriedigung derselben ein System erhalten bleiben, welches den soliden Handel und die Landwirtschaft unzweifelhaft dem Ruine entgegenführt! Es ist nicht wahr, daß der Getreidehandel und der Terminhandel so innig mit einander verwandt seien, daß sie sich nicht ausscheiden ließen. Denn bei dem Getreidehandel ist es stillschweigende Voraussetzung, daß die verkaufte Ware geliefert und empfangen wird. Man sagt von jemandem, der aus irgend einem Grund nicht liefern oder beziehen kann, er ist en défaut. Bei dem Terminhandel aber ist es stillschweigende Voraussetzung, daß das dem Namen nach genannte Getreide weder geliefert noch bezogen zu werden braucht; und wird bei Corners oder künstlichen Depressionen auf Erfüllung der eingegangenen Verbindlichkeiten bestanden, dann wird im Terminhandel das allgemein als unehrenhaft angesehen. Hammesfahr bezeichnet aus allen diesen Gründen als den Zweck seiner Darlegungen aus der Praxis, daß die Getreidebörsen vom Erdboden verschwinden müssen. —

In diesen Ausführungen, welche manches Richtige enthalten mögen, werden die Zunahme der Getreideproduktion, die Erschließung neuer Getreideländer, die günstigen Ernten der letzten Jahre, sowie der enorme Fall der Frachtkosten, nicht genügend gewürdigt, erstere sogar geleugnet.

Diese Momente sind die Grundlage der überwiegenden Baisseoperationen an den Terminbörsen gewesen. Die Baissespekulation ist dann entschieden über das Ziel hinausgeschossen, aber ohne jeglichen thatsächlichen Hintergrund hätte sie nicht so lange den Weltmarkt beherrschen können.

Die Stuttgarter Handelskammer schreibt in ihrem letzten Jahresbericht — für 1895 — über den Getreideterminhandel folgendes:

„Der Anschauung der Agrarier liegt eine Verkennung ebenso der Gestaltung der Getreidepreise auf dem Weltmarkt wie der Natur des Termingeschäfts zu Grunde. Sieht man die Abwickelung des Börsen- und Termingeschäfts näher an, so ergibt sich sofort, daß ein ständiges Überangebot, d. h. eine ständige Spekulation à la baisse, auf ein noch weiteres Sinken der Preise ein Ding der Unmöglichkeit ist. Weit entfernt, daß die Börse etwa die Vereinigung nur von Getreide-Offerten wäre, liegt es gerade in ihrer Natur, daß sich jederzeit und für jedes in der Marktlage gerechtfertigte Angebot sofort ein Konsument, ein Nehmer findet. Wie ein ernsthafter Verkauf ohne einen gegenüberstehenden Käufer undenkbar ist, so auch ein Terminangebot ohne einen gegenüberstehenden Nehmer. Überschätzt einer der Baissespekulanten die thatsächliche Lage der Anfuhren, oder unterschätzt er die Höhe des Bedarfs, so muß er gewärtig sein, daß sich an der Börse sofort ein zweiter findet, der das Angebot eines höheren Preises aufnimmt, um die Differenz von dem Marktpreis zu gewinnen. Naturgemäß müssen deshalb innerhalb eines längeren Zeitraums sich annähernd gleichviel Mengen Getreide als gekauft, wie als verkauft ergeben.

Bei dem früheren Schrannenverkehr, als das Getreide noch nicht Weltmarktartikel war, sah sich der Landwirt dem Zwischenhändler viel mehr preisgegeben als heute; gerade bei den primitiveren Einrichtungen war die Herstellung fingierter, nicht der Marktlage genau entsprechender Kornpreise viel leichter möglich als heute, da jeder Bauer täglich den Preis in seiner Zeitung notirt findet. Heute haben wir vor allem die Weltbörsen Liverpool, Chicago, Newyork, Paris, Berlin und Kalkutta, die sich täglich gegenseitig ihre Preisberechnungen korrigieren. Es wäre denkbar, daß sich eine einseitige Tendenz zu Ungunsten der Landwirtschaft auf einige Wochen ausbilden könnte, wenn etwa nur eine Börse ein Monopol hätte; aber gerade das Zusammenwirken der verschiedenen Börsen ist die beste Schutzwehr gegen etwaige Bevorzugung einseitiger Handelsinteressen.

Dieser internationale Charakter des Termingeschäfts wird sich namentlich bei dem vom Reichstag beschlossenen Verbot geltend machen. Unter den Terminmärkten folgt an Bedeutung Berlin erst an fünfter Stelle nach Chicago, Newyork, Liverpool und Paris, nach Berlin kommt Wien und schließlich Amsterdam. Angesichts dieser Internationalität der Preisgestaltung ist es doch sehr fraglich, welchen Einfluß das Verbot auf den Weizenpreis überhaupt ausüben wird.

Die Gesamterzeugung Deutschlands an Weizen z. B. war 1893 36 Millionen Doppelzentner; dagegen konnten allein die Hauptgetreidelieferanten, Rußland, Nordamerika und Argentinien, das Doppelte dieser Menge ausführen. Diese effektiven Ausfuhren und die fortwährende Steigerung der Weltweizenproduktion, die sich in dem laufenden Jahrzehnt um annähernd 20 pCt. (von 585 Millionen Doppelzentner in dem Jahresdurchschnitt 1883/86 auf 680 Millionen Doppelzentner im Durchschnitt der Jahre 1891/94) gehoben hat, sind es, welche thatsächlich und naturgemäß die Umwandlung auf dem Getreidemarkt erzeugt haben.

Gegenüber diesem inneren Prozeß bildet die Börse und das Termingeschäft nur das feinfühlige Barometer. Man kann es zertrümmern, aber gebessert wird dadurch an dem von ihm angezeigten Zustand nichts. Die Börse ist ein wichtiges Glied des Weltmarktes und hat in dieser Eigenschaft dazu mitgeholfen, daß die Brotfrucht ein Weltmarktartikel geworden ist, so daß unser einheimischer Getreidebau nunmehr die Weltmarktkonjunkturen mitmachen muß. Aber diese Entwickelung wäre auch ohne die Börse naturnotwendig gekommen; nachdem sie sich einmal vollzogen hat, ist zu ihrer Beseitigung selbst das Deutsche Reich nicht mächtig genug. Die Börse hat nur das schärfer und rascher zum Ausbruck gebracht, was auch ohne sie geworden wäre. Man schalte die deutschen Getreidebörsen ganz aus, das deutsche Getreide bliebe trotzdem abhängig von dem Weltmarktpreis und von den auf den Auslandbörsen notierten Preisen. Überhaupt beruht die Forderung, daß die Reichsregierung den binnenländischen Getreidepreis heben solle, auf der Verkennung der heutigen Bedingungen der Preisgestaltung durch die Anfuhren auf dem Weltmarkt und durch die großen Weltbörsen Liverpool, Chicago, Paris u. s. w. Für die kontinentalen Industriestaaten ist es mit der selbstständigen Beeinflussung des Getreidepreises ein für allemal aus." —

Zu diesem Übelstande der Lieferungsqualität und der Baisseneigung der letzten Jahre kommt nun in Berlin ein zweiter hinzu, die Prüfung des zur Lieferung bestimmten Getreides erst nach erfolgter Ankündigung. Je größer die Ankündigung von vorhandenem Getreide durch Terminverkäufer ist, und je weniger Nachfrage nach Effektivgetreide ist, um so mehr drücken diese Ankündigungen auf die Preise. Stellt sich nun, wie das in Berlin häufig der Fall ist, der größte Teil des angekündigten Getreides als unkontraktlich heraus, so braucht der Käufer es nicht anzunehmen, oder nur zu einem von dem Sachverständigen unter dem Tagespreise angesetzten Preise. Häufig ist ganz schlechte Ware angekündigt, diese bleibt unverkäuflich und drückt als „schwimmende Ware" die Preise weiter.

Überhaupt ist das Termingetreide eine für die Müller vielfach unbrauchbare Ware, da es aus weichem und hartem und allerlei Sorten Getreide zusammengemischt sein kann.

In Berlin tritt nun noch ein weiterer Übelstand hinzu: der Mangel an geeigneten Lagerräumen. Die Speicher sind im Privatbesitz und sind völlig unzureichend. Ein großer Teil des Getreides lagert daher auch in Kähnen. Häufig ist es nun vorgekommen, daß Baissespekulanten die meisten Speicher mit Beschlag belegt und daher zu schneller Räumung derselben und zum schnellen Verkaufe des gelagerten und des ankommenden Getreides gezwungen haben. Dadurch erreichten sie einen erheblichen Preisdruck. Diesem Übelstande will nun die Berliner Kaufmannschaft durch Erbauung von Lagerhäusern abhelfen, auch hat sie sich zur Vornahme der Prüfung des Getreides vor der Ankündigung bereit erklärt. —

Der Börsengesetzentwurf wollte diesen Mißständen durch das Börsenterminregister abhelfen. Lieferungsgeschäfte sollten nur gültig sein zwischen Personen, welche in das Register eingetragen sind. Dadurch sollte man die Börsentermingeschäfte auf die eigentlichen Börsenkaufleute beschränken, das Publikum aber davon ausschließen. Sodann wollte man der Ankündigung unkontraktlicher Waren dadurch vorbeugen, daß man den Ankündiger solchen unkontraktlichen Getreides sofort in Erfüllungsverzug erklärte.

Die Börsenkommission in ihrer ersten Lesung hatte den Antrag Schwarze auf Verbot des „börsenmäßigen" Terminhandels überhaupt angenommen. Damit war natürlich nur das Verbot des Terminhandels in den bisherigen börsenmäßigen Formen, also Lieferungsqualität, Lieferungseinheit ꝛc., gemeint; der effektive Zeithandel, d. h. der Verkauf wirklich vorhandener und qualitativ bestimmter Mengen auf Zeit sollte an der Börse weiter bestehen.

In der zweiten Lesung hat man das Verbot des börsenmäßigen Terminhandels fallen lassen, mit 11 gegen 10 Stimmen. Dafür war nun der § 50 a eingefügt, welcher die Feststellung der Lieferfähigkeit vor der Ankündigung der Ware fordert. Die Berliner Kaufmannschaft hatte ihre Zustimmung hierzu erklärt und die Möglichkeit dieser Maßnahme bejaht. Des weiteren hatte die Kommission beschlossen, die Feststellung der allgemeinen Lieferungsbedingungen und insbesondere die Lieferungsqualität durch den Bundesrat geschehen zu lassen, und zwar sollte die Feststellung so geschehen, daß die wesentlichen Qualitätsunterschiede, insbesondere nach Art und Herkunft, in den Schlußscheinen zum Ausdruck kommen. Es sollte demnach nur für die Mühlen geeignetes Getreide zugelassen und die wesentlichen Qualitätsunterschiede in den Schlußscheinen zum Ausdruck gebracht werden. —

Diese Bestimmungen hätten ohne Frage günstig gewirkt. Doch hätte dann noch die Gefahr vorgelegen, daß das Termingeschäft sich, wie bisher schon in Roggen, ausschließlich auf ausländisches Getreide konzentrieren würde.

Bisher ist in Berlin im Roggenhandel fast nur russischer Roggen auf Termin gehandelt.

Diese Gefahr, so meint man, wird dadurch verstärkt, daß die Importeure doch einmal gezwungen sind, ihr Getreide auf Termin zu verkaufen.

Der Getreide-Importeur in den Seestädten oder in Berlin muß das fremde Getreide gleich nach Verladung auf das Schiff gegen Seekonnossemente in bar oder prima Bankaccepte an den Exporteur bezahlen, also 2 bis 4 Wochen vor der Ankunft im eigenen Hafen. Diese ihm durch die Post zugestellten Scheine mit beigefügten Proben von dem schwimmenden Getreide werden nun im sog. Cif-Geschäft (d. h. Cost insurance fright, Einladekosten, Versicherung, Fracht hat der Verkäufer bis zum Bestimmungsort zu tragen) vom Importeur weiter verkauft. Dieses Termingeschäft ist ein einseitiges, da der Importeur bereits bar bezahlt hat. Für denjenigen aber, der das schwimmende Getreide vom Importeur kauft, ist es ein effektives Lieferungsgeschäft. Durch dieses Angebot von Seekonnossementen auf dem Terminmarkt in Berlin könnte das Termingeschäft nun leicht ganz auf den Handel in ausländischem Getreide geworfen werden, wie man befürchtet. Doch sieht man hierin wohl zu schwarz.

Ein Gegengewicht wird die Errichtung von Getreidelagerhäusern bieten, welche jetzt in Angriff genommen wird. Hier können größere Quantitäten von Getreide gleicher Qualität hergestellt und somit dem ausländischen Getreide einer seiner größten Vorzüge genommen werden.

Doch hält man dieses Mittel nicht für genügend, um eine übermäßige Getreideeinfuhr zu verhüten. Die Erhöhung der Zölle ist auf die Dauer der Verträge, also bis 1904, ausgeschlossen. Man möchte daher die Getreideeinfuhr auf das notwendige Maß beschränken.

Ob dies in der Weise geschehen kann, daß das Reich die jedes Jahr nötige Menge ermittelt und sie auf die Importeure kontingentiert, erscheint insofern fraglich, als diese Beschränkung des Handels und der Einfuhr im Widerspruch mit den Bestimmungen der Handelsverträge steht, welche völlige Handelsfreiheit festsetzen.

Dagegen soll die Einführung eines Standards für das Importgetreide, und zwar eines höheren als des Börsenstandards, nicht gegen die Handelsverträge verstoßen. Wird derselbe hochgenug gewählt, sodaß nur gutes Getreide eingeführt werden könnte, so wird dasselbe in den Exportländern im Preise steigen. Es würde somit, so meint man, ein doppelter Vorteil erreicht: Die Einfuhr wird beschränkt, und die Preise des Importgetreides stellen sich höher.

Das Importgetreide müßte schon in den Häfen, jedenfalls aber vor dem Verkaufe und der Ankündigung geprüft werden.

Indessen ist es doch sehr fraglich, ob in absehbarer Zeit die Einführung eines Standards für das Importgetreide durchzusetzen ist, und sodann werden auch die Getreidesilos längerer Zeit bis zu ihrer Ausdehnung über das ganze Land und damit bis zu ihrer Wirksamkeit gebrauchen. Deshalb hat man sich denn entschlossen, den Getreideterminhandel überhaupt aufzuheben. Der Terminhandel in seiner jetzigen Form ist ja noch sehr jung. Es wurde in Berlin für Roggen 1832, für Weizen 1866, in Mannheim 1888, in Liverpool 1883, in London 1887 (hier auch nur an der neuen Börse) eingeführt. Hamburg, Bremen, Königsberg haben keinen Terminhandel. Der Getreideterminhandel findet gegenwärtig statt in Berlin für Weizen, Roggen, Hafer, Mais und Roggenmehl, in Breslau für Roggen und Hafer, in Danzig für Weizen und Roggen, in Stettin für Weizen und Roggen, in Köln für Weizen und Roggen, in Mannheim für Getreide.

Nach Abschaffung des börsenmäßigen Terminhandels wird der effektive Lieferungshandel weiter bestehen. Derselbe ist für Landwirte und Händler notwendig.

In der zweiten Lesung des Börsengesetzes erklärte am 30. April 1896 der Minister für Handel und Gewerbe Freiherr von Berlepsch folgendes:

„Meine Herren! Mit den Ausführungen des Herrn Vorredners stimmen die verbündeten Regierungen nicht überein. (Hört! hört! rechts.) Das geht aus der Thatsache hervor, daß Ihnen die Vorlage gemacht worden ist und daß diese Vorlage in § 46 dem Bundesrat die Befugnis erteilt, den Börsenterminhandel in Waren, also auch in Getreide, von Bedingungen abhängig zu machen oder ihn ganz zu verbieten; aus der Thatsache, daß solche Bedingungen im Gesetz selbst aufgestellt sind. Das geht ferner aus dem § 50 hervor, der bestimmt, daß der Verkäufer in Erfüllungsverzug gerät, wenn er nach erfolgter Kündigung eine unkontraktliche Ware liefert, auch wenn die Lieferungsfrist noch nicht abgelaufen war. Aus diesen Bestimmungen, meine Herren, werden Sie ersehen müssen, daß die verbündeten Regierungen sich den Satz angeeignet haben, der im Bericht der Börsen-Enquête-Kommission enthalten ist, und den ich mir gestattet habe bereits bei der ersten Lesung anzuführen, daß nämlich

die Formen, in denen der Handel sich vollzieht, nur insoweit berechtigt sind, als sie mit dem Bedürfnisse der Produktion und Konsumtion nicht in Widerspruch stehen. Bereitet der Terminhandel in bestimmten Waren den bezeichneten Interessen in der That die schweren Beeinträchtigungen, welche dem Terminhandel zugeschrieben werden, so ist er von Bedingungen abhängig zu machen, und wo solche Bedingungen nicht als hinreichend anzusehen sind, ist er zu verbieten.

Meine Herren, die verbündeten Regierungen stehen auf dem Standpunkte, daß der Terminhandel, wie er sich jetzt an der Börse zeigt, ein solcher ist, welcher mit den Bedürfnissen der Produktion und Konsumtion in Widerspruch steht. (Bravo! rechts.) Die verbündeten Regierungen sind aber der Meinung, daß es angängig ist, Bedingungen für den Terminhandel in Getreide aufzustellen, welche diese Bedenken so weit beseitigen, daß er im übrigen weiter bestehen bleiben kann. Aus diesen Gründen sind, wie gesagt, die von mir genannten Vorschriften in das Gesetz aufgenommen worden; die wesentlichste Vorschrift ist diejenige, daß der Bundesrat befugt sein soll, den Terminhandel von Bedingungen abhängig zu machen, eventuell auch ganz zu untersagen.

Meine Herren, der Herr Vorredner hat die nützliche Seite des Terminhandels hervorgehoben, die seiner Meinung nach wesentlich darin besteht, daß er die großen Preisschwankungen beseitigt, ein stabiles gleichmäßiges, nur geringen Schwankungen unterworfenes Preisniveau herstellt. Ob diese nützliche Seite des Terminhandels immer hervortritt, erscheint mir doch zweifelhaft. Der Terminhandel, wie er jetzt an der Börse geübt wird, hat doch auch zu Preisschwankungen geführt, die recht auffallend sind. Ich erinnere an den viel genannten Fall Cohn-Rosenberg. Meine Herren, der Fall Cohn-Rosenberg spielte in einer Zeit, wo offenbar Tendenz zur Hausse an der Börse vorhanden war. Man nimmt im allgemeinen an, daß der Terminhandel in der Lage ist, eine vorhandene Baisse zu verschärfen, eine vorhandene Hausse noch höher zu treiben, und das ist ganz gewiß richtig. Hier aber im Falle Cohn-Rosenberg gelang es einer Firma, trotz vorhandener Stimmung für Hausse, unter Anwendung von großem Geschick — Geschick ist vielleicht nicht der ganz richtige Ausdruck (Heiterkeit) — eine Baisse herbeizuführen, die den Preisstand des Roggens an der Berliner Börse gegenüber dem Weltmarktpreis plus Zoll unverhältnismäßig herunterdrückte. (Zuruf links.) — Sie fragen: wie lange? Meine Herren, es ist sehr schwer, diesem Geschäft Cohn-Rosenberg bis auf die letzten Details auf den Grund zu gehen, sehr schwer sich klar zu werden über die Summen, um die die deutsche Landwirtschaft dabei geschädigt worden ist. (Sehr richtig!) Nach meiner Meinung liegt der Fall so, daß es der Firma gelungen ist, etwa 3 Wochen lang den Preis in der geschilderten Weise herunterzudrücken.

Es ist auch ungeheuer schwer zu sagen, auf wie hoch dieser Preisdruck zu veranschlagen ist. Die monatlich von den Ältesten der hiesigen Kaufmann= schaft vorgelegten Nachweisungen über Roggen= und Weizenpreise auf in- und ausländischen Märkten, Berlin, London, Paris und Amsterdam geben keine zuverlässige Unterlage für ein Urteil, weil der Pariser Markt für Roggen überhaupt nicht in Betracht kommt, der Amsterdamer Markt nach meiner Überzeugung ganz oder wesentlich von Berlin abhängig ist, und weil die Sorten und Typen, die in London gehandelt werden, nicht mit den hier ge= handelten durchaus in Übereinstimmung zu bringen sind. Deshalb ist es ungeheuer schwer zu sagen, auf wie hoch der ausgeübte Preisdruck sich be= rechnet. Immerhin hat der Roggenpreis von Amsterdam, der Ende Juli 1895 noch über 40 unter dem Berliner Preise stand, dies Verhältnis erst im September wieder erreicht. Es ist also zu konstatieren, daß etwa drei Wochen lang ein solcher nicht unerheblicher Preisdruck ausgeübt worden ist.

Meine Herren, es ist auch über die Summen gesprochen worden, über den Schaden, der durch das erwähnte Geschäft der deutschen Landwirtschaft zugefügt worden sei; man hat von 150 bis 200 Millionen gesprochen. Ich glaube, daß das sehr stark übertrieben ist. Auch hier gebe ich ohne weiteres zu: es sind unzuverlässige und nicht sichere Angaben, die ich mache. Aber ich habe mich bemüht, der Sache auf den Grund zu kommen, und ich nehme an, daß der Schaden im höchsten Fall sich auf 3 bis 4 Millionen beziffert. Aber, meine Herren, selbst wenn die Summe nur so groß ist, so liegt die Thatsache vor, daß es einer Firma gelungen ist, gegen die Haussestimmung an der Berliner Börse eine Baisse zu erzeugen und unzweifelhaft der hei= mischen Produktion in der Zeit, wo die Landwirtschaft mit ihren Produkten auf den Markt kommen muß, unmittelbar nach der Ernte, einen empfindlichen Schaden zuzufügen.

Meine Herren, diesen Vorgängen ähnlich haben sich andere Vorgänge in früheren Zeiten abgespielt; es sind die eklatantesten, die besprochen und er= örtert sind. Ich glaube nicht zweifelhaft sein zu dürfen, daß sich noch eine ganze Reihe weniger besprochener, mehr im Verborgenen gebliebener Geschäfte auffinden ließen, aus denen man mit Recht folgern kann, daß die Art, wie der Terminhandel in Getreide ausgeübt worden ist, namentlich an der Ber= liner Börse, eine solche ist, welche mit den Interessen der Konsumtion und Produktion sich in Widerspruch setzt."

Der Abgeordnete von Bennigsen erklärte seitens der National=
liberalen:

„Es ist eine merkwürdige Erscheinung, daß nicht nur aus Westen und
Süden, sondern auch aus Osten und Norden, wo das börsenmäßige Termin=
geschäft nicht besteht — in einer ernsthaften Ausdehnung besteht es von ganz
Deutschland überhaupt nur in Berlin —, die erfahrensten und vertrauens=
würdigsten erklärt haben: das börsenmäßige Termingeschäft ist für uns nicht
notwendig, ist überhaupt in Deutschland nicht notwendig. Die bedeutendsten
Müller Deutschlands erklärten: Wir können das Börsentermingeschäft nicht
brauchen, auf dem Wege können wir das notwendige Getreide nicht beziehen;
was der Müller da bekommt, ist minderwertig; wenn wir uns decken wollen,
so müssen wir es wo anders nehmen. Die Kreise, die sich in ihrem reellen
Geschäftsverkehr decken müssen, bedürfen allerdings des effektiven börsen=
mäßigen Zeitgeschäfts auch im Getreide. Das Zeitgeschäft wollen wir be=
stehen lassen, aber die Notwendigkeit des börsenmäßigen Termingeschäftes ist
nicht nachgewiesen.

Nun wissen wir doch alle, daß der größte Teil der Geschäfte, die
in dieser Form gemacht werden, reine Spielgeschäfte und zur reellen Ver=
mittelung zwischen Konsumenten und Produzenten, auch zur Ausgleichung
der Preise nicht notwendig ist. Sind also hier, wie man dreist behaupten
kann, $\frac{9}{10}$ aller Geschäfte Spielgeschäfte, so wird man wohl geneigt sein,
zu sagen: Wenn man den Schaden auch allgemein nicht beseitigen kann, so
wollen wir doch wenigstens hier an dieser bestimmten Stelle durch das Ver=
bot dieser Form des Termingeschäftes das Spiel hindern. Damit wird
allerdings viel Unglück und Schaden in Deutschland beseitigt werden. Wie
oft wurden Leute verleitet, viel größere Quantitäten, als sie Einsicht und
Mittel besitzen, Getreide zu kaufen, um es nachher mit dem größten Schaden
wieder verkaufen zu müssen; und sie drücken damit zugleich auch die Preise.
Würde also dieser Teil des Berliner Börsengeschäfts beseitigt und müßte er
zum Unglück ins Ausland wandern, so würden wir das nicht für ein großes
Unglück halten. Mit einem Wort, meine Freunde und ich sind davon über=
zeugt, die Schäden und Nachteile des bestehenden Börsenterminhandels in
Getreide sind viel größer als die möglichen Gefahren, die mit der Aufhebung
desselben verbunden sein können, und deswegen stimmen wir für die Auf=
hebung." (Beifall.)

Das Verbot des Getreideterminhandels wurde vom
Reichstage in der ersten Lesung am 1. Mai 1896 mit 200 gegen
39 Stimmen der Sozialdemokraten und Freisinnigen ange=
nommen, — und ebenso in der dritten Lesung am 6. Juni 1896. Es
tritt am 1. Januar 1897 in Kraft.

Nun fragt es sich aber, wie sich die Sachlage nach Durchführung des

Verbots des Terminhandels in Deutschland gestalten wird. Man befürchtet vielfach, daß das Termingeschäft in Amsterdam und Liverpool sich konzentrieren, daß der Einfluß dieser Plätze auf die Getreidepreise sich heben, daß Deutschland seine führende Rolle im Getreidehandel ein- büßen und ganz von den fremden Börsen abhängig werden wird. Die kon- servative Partei hat deshalb die Reichsregierung ersucht, diplomatische Verhandlungen wegen eines internationalen Verbotes des Getreideterminhandels einzuleiten. Dazu bemerkt Professor Gustav Cohn in der „Soz. Praxis" 1896:

„Es wäre an sich ganz verständlich (ähnlich wie beim internationalen Arbeiterschutz verschiedene Interessen sich die Hand reichen), wenn die Börsen- männer, Emissionshäuser u. s. w. ein Verlangen danach äußerten, daß die strengeren Vorschriften für die Zulassung von Wertpapieren an deutschen Börsen auch auf das Ausland ausgedehnt werden möchten, daß ein Verbot des Terminhandels analoge Gesetze in den Staaten des Auslandes nach sich zöge u. s. w., aus dem naheliegenden Interesse heraus, daß die exklusive Härte des eigenen Staates den gewohnten Gewinn des heimischen Geschäfts- betriebes nicht dem Auslande zuführte. Jedoch bevor diese Forderung geltend gemacht worden, haben in richtiger Erkenntnis des internationalen Charakters aller dieser Geschäftsformen und Geschäftsbetriebe die Gegner derselben die Unzulänglichkeit einer Gesetzgebung begriffen, durch welche sie auf die Grenzen des deutschen Reichs ihre Vorschriften beschränken müssen. Die nächste Folge derselben muß sein, daß außer- halb der Grenzen des Reiches sich die vorhandenen Börsen für die jetzt mit Hemmnissen umringten Zwecke darbieten, sich entsprechend vergrößern, daß im Falle des Bedürfnisses sich neue Börsen aufthun, und daß alle miteinander dasjenige zu leisten fortfahren, was die inländische Gesetzgebung hat unter- drücken wollen. Es würde beispielshalber jetzt erst recht der inter- nationale Charakter des Kornmarktes und der Kornproduk- tion sich entwickeln, wenn die deutschen Kornmärkte auf die Terminbörsen von Amsterdam, Paris, Liverpool, Chicago ꝛc. angewiesen sind. Es würden alle die behaupteten Manipulationen, welche die Kornpreise beeinflussen, sie herabdrücken, sie schwanken lassen u. dergl., von dort aus sich über die deutschen Kornmärkte ausbreiten. Es würden die Verlockungen und leichten Gelegenheiten zum Börsenspiel für be- rufene und unberufene Spekulanten sich von dort aus wie eine Ansteckung nach Deutschland hinüber mitteilen. Oder man müßte, um diese Konse- quenzen zu verhindern, eine Abschließung gegen das gesamte Ausland vor- nehmen, mit welcher verglichen alle bisherigen Kornschutzzölle ein Kinderspiel sind. Man befindet sich vielmehr in der Lage eines Mannes, der sein Haus gegen Mäuse abschließen will, und der nichts gethan hat, wenn er alle Ritzen und

Löcher verschlossen und nur einen einzigen kleinen Durchschlupf offen gelassen hat. So lange es ein kleines Land gibt, welches der Herrschaft der internationalen Gemeinschaft nicht unterworfen ist, hilft diese ganze Gemeinschaft nichts. Und nun frage ich: wie will man eine solche Gemeinschaft herstellen? Jeder einzelne Staat, der dazu gehören soll, muß eine Regierung von gleichen Absichten, muß eine Reichstagsmehrheit wie die deutsche haben. Von den Vereinigten Staaten wissen wir, daß in den letzten Jahren wirklich dort ähnliche Absichten der Gesetzgebung bestanden haben, die immer wieder aufleben können, wie denn den Vereinigten Staaten (nicht einem deutschen Reformator) der Ruhm gelassen werden muß, daß dort die Wiege des ersten Entdeckers des Terminuregisters gestanden hat. Der neueste Schritt der deutschen Reichsgesetzgebung könnte den Herren im Kongresse der Vereinigten Staaten neuen Mut einflößen, und es möchten hier etwa sich die ersten Aussichten eröffnen für einen internationalen Vertrag. Würden sie sich verwirklichen? und welche Hoffnungen hätten die Bewerbungen um die übrigen Staaten, die in Betracht kämen — Belgien, Niederlande Frankreich, Großbritannien, Österreich? Und wenn das nahezu alles Erfolg hätte, zuletzt brauchte nur ein einziger übrig bleiben, und der Zweck wäre vereitelt, der im Interesse der Landwirtschaft damit verbunden worden wäre. Gelänge aber selbst dieses, so entstände die Frage, welche Leistungsfähigkeit der große Handel in den Surrogatformen zu entwickeln imstande sein möchte. Damit wären wir in dem Zirkel der Betrachtungen an dem Ausgangspunkte wieder angekommen, von welchem aus wir darauf verzichteten, irgend eine der thatsächlichen Erscheinungen vorauszusagen, welche als Folge des neuen Gesetzes sich vollziehen werden."

Daß diese Argumentation vieles Richtige enthält, wird auch ein Verteidiger des Terminhandelsverbots zugeben.

Gewiß der Getreidehandel ist international, und man kann ein Land nicht hermetisch gegen die Außenwelt abschließen. Doch könnte man vielleicht, wie man bereits sich über sehr viele Dinge international verständigt hat, man denke an Post, Telegraphie, Eisenbahntarife, Patente, Zölle 2c. 2c., den Getreidehandel international regeln.

Österreich wird ganz sicher dafür zu haben sein, ebenso vielleicht auch England. Wenn dann wirklich ein ganz kleiner Staat sich ausschließt und den Terminhandel gestattet, so dürfte die dortige Börse kaum imstande sein, die Preise irgendwie zu beeinflußen. Anders ist es, wenn Frankreich und Belgien den Terminhandel nicht verbieten. Dann würde allerdings das Verbot in Deutschland wenig nützen. Darin stimmen wir Professor Cohn völlig bei.

Zunächst heißt es abwarten, bis sich die Sache klären wird. Daß selbst manche Getreideimporthändler gegen den börsenmäßigen Terminhandel sind, zeigt uns die Resolution der Bremer Getreidehändler.

Laut der „Weser=Zeitung" beschloß nämlich die Vereinigung der Bremer Getreidehändler einstimmig, dem Senat mitzuteilen, daß sie ein Verbot des börsenmäßigen Getreideterminhandels im Interesse des Getreide= geschäfts und der Mühleninduftrie Bremens mit Freuden begrüßen würden.

Man darf sich natürlich nicht zu großen Optimismus hingeben bezüglich der Wirkungen, welche das Verbot des Getreidetermin= handels in Deutschland ausüben wird.

Zunächst muß man bedenken, daß in der Hauptsache nur Berlin da= von getroffen wird.

Und wenn auch Berlin sich allmählich eine sehr bedeutende Stellung im Getreidehandel errungen hatte, so war diese Bedeutung doch großenteils durch die Kapitalzentration im Getreidetermingeschäft bewirkt.

Berlin war oft tonangebend in der Preisbildung, aber für längere Zeit entscheidet über die Preise doch die Gesamtheit der Meinungen an allen Ge= treidebörsen der Welt, namentlich aber der Bedarf Englands an Getreide.

Der Fortfall des Terminhandels in Deutschland wird vielleicht kaum einen merkbaren Einfluß auf die Weltmarkt= preise des Getreides ausüben. In gleichem Sinne äußerte sich auch die „Korresp. des Bundes der Landwirte":

„Das Vorhandensein einer Weltmarktpreisbewegung ist von keiner Seite jemals geleugnet worden. Wenn man aber meint, daß ein solches gegen die Schädlichkeit des Börsenterminhandels beweist, so ist dies ein gewaltiger Irrtum. Das verderbliche des Terminhandels liegt in der natürlichen Über= legenheit der Baisse, die gerade infolge des Vorhandenseins einer Weltmarkt= preisbewegung so gefährlich ist, weil dadurch jeder Triumph, den die Baisse irgendwo errungen hat, bald auf alle anderen Börsenplätze übertragen wird. Die nationale Beseitigung des Terminhandels vermag deshalb einen durch= greifenden Einfluß auf die Preise nicht auszuüben, sondern ist nur dadurch von Bedeutung, daß die preisdrückende Thätigkeit des Börsenhandels einge= schränkt wird, und vor allem, daß eine notwendige Vorbedingung für jede weitere Organisation des nationalen Getreidehandels geschaffen wird."

Sollte sich die Hoffnung auf eine Verständigung bezüg= lich des Getreideterminhandels nicht verwirklichen, sollten die Preise weiter so niedrig bleiben, sollte Berlin seine Be= deutung auf dem Getreidemarkte einbüßen — ohne daß da= durch die Verhältnisse in dem Getreidehandel gebessert würden — dann allerdings würde man mit Kanonen nach Spatzen geschossen haben.

Dann aber dürfte man sich auch nicht scheuen, den Fehler

wieder gut zu machen und einen auf das richtige Maß be-
schränkten Terminhandel wieder zu gestatten.

Auch Prof. Weber in Freiburg wendete sich in einem beachtenswerten Artikel in der deutschen Juristenzeitung gegen die zu weitgehenden
Beschuldigungen der Getreideterminbörsen und gegen die optimistischen Er-
weiterungen bezüglich des Verbots des Terminhandels. Er schreibt:

„Für die Zwecke der Prolongation steht auch hier die Form des Reports
zu Gebote — der Hereinnahme und Einlagerung seitens eines kreditgebenden
Kapitalisten, der durch den relativ immerhin hohen Reportzinsfuß sein
Kapital ziemlich risikolos privatwirtschaftlich nutzbar macht und dadurch volkswirtschaftlich zur Verteilung der Vorräte über das Jahr hin mit-
wirkt. Diese letztere Wirkung kann in dieser Art nur durch den
Terminhandel entstehen: das Einlagerungsrisiko eines Effektivhändlers bei
fehlendem Terminhandel ist offensichtlich ein außerordentlich viel größeres
als das des Reporteurs, der seinerseits gar kein Preisrisiko trägt, während
andererseits der hereingebende Terminspekulant einen ausgiebigen Zeitraum zur
Realisation zur Verfügung hat .... Die marktbildende Kraft des Terminhandels übt in eminentem Maße eine den Umsatz örtlich konzentrierende Wirkung. Er wirkt zu Gunsten des Terminplatzes, wenn an diesem die Bedingungen für die Marktentwickelung in dem betreffenden Produkt günstig
liegen, ähnlich wie die Verleihung eines Umschlags- oder Stapelrechts im
Mittelalter. Provinzialmärkte büßen zu Gunsten des zentralen Termin-
marktes an Umsätzen und Bedeutung ein, — dies der Grund, weshalb z. B.
ein Teil der Bremer Kaufleute das Verbot des Getreideterminhandels,
der die Stellung Berlins emporgeschraubt hatte auf Kosten der Provinzial-
plätze, gern gesehen hat, wobei freilich nicht bedacht ist, daß nicht in erster
Linie Bremen, sondern englische und holländische Plätze den Vorteil von dem
Verbot haben werden. Von Wichtigkeit ist diese künstliche Marktbildung
namentlich für kapitalistisch minder entwickelte Länder, welche sich in ihrer
Preisbildung auf eigene Füße stellen wollen. So z. B. für Deutschland
im Getreideverkehr London und Holland, im Kammzugverkehr Frankreich und
Antwerpen gegenüber. London vermag in Getreide den Terminhandel zu
entbehren, ohne an seiner Bedeutung als Marktort zu verlieren, weil seine
ungeheure Kapitalmacht die Einlagerung auch ohne jene Teilung des Risikos
gestattet, die der Terminhandel ermöglicht.... Das einseitige Verbot des
Terminhandels in einem Artikel für Deutschland wirkt in erster Linie
diesem Streben nach ökonomischer Verselbständigung des
deutschen Marktes entgegen. Es wird keineswegs eine Katastrophe
der Kredit- und Absatzverhältnisse nach sich ziehen, wie es gewisse ziemlich
inhaltleere Drohungen hier und da in Aussicht stellten, sondern die Wirkung
wird in einem Herabmindern der ökonomischen Machtstellung

Deutschlands, erhöhter Abhängigkeit von fremden Märkten und Abnahme der Bedeutung der deutschen Börsen bestehen. Auch wird sich dies keineswegs nur in dem betreffenden Handelszweige fühlbar machen, sondern allgemein.... Die Gefahr für die Stetigkeit der Preisbildung, welche die durch den Terminhandel nicht geschaffene aber erleichterte Beteiligung kapitalloser Elemente am Markt mit sich bringt, ist im allgemeinen nicht zu bestreiten, und ihre Tragweite freilich keineswegs festgestellt. In wie weit hier durch technische Mittel Abhilfe zu schaffen war, oder wo im Interesse der Stetigkeit der Preisbildung und Produktion eine internationale Unterdrückung des Terminhandels zu erstreben war, konnte nur sorgfältigster Einzelerwägung des Bundesrates überlassen werden. Stets aber mußte dabei der Gesichtspunkt feststehen, daß eine starke Börse kein Klub für ethische Kultur ist und sein kann, sondern ebenso wie die großen Bankkapitalien eines der modernen Machtmittel, mittelst deren die Nationen den unerbittlichen Kampf um die ökonomische Suprematie führen, auf welcher schließlich auch ihre politische Größe beruht. Ob Italien und Rußland finanziell nach Paris oder Berlin blicken, ist eine wichtigere Frage, als ob eine Anzahl derjenigen, welche „nicht alle werden", Gelegenheit haben, ihr Geld, welches sie im Börsenspiel riskiren, zu verlieren. Es handelt sich bei Beurteilung von Börsenfragen für eine im ökonomischen Machtkampf begriffene Nation heute nicht um Fragen der „Moralität" irgend welcher Spekulationsgeschäfte, sondern ganz allein um die technische Frage der Sicherung korrekter Preisbildung und um die politische Frage der Stärkung der deutschen Märkte auf Kosten anderer. Statt dessen steigerte sich der moralisierende Standpunkt, dem schon die Börsenenquetekommission viel zu weitgehende Konzessionen gemacht hatte, im Reichstage noch weiter und führte zu den bekannten Beschlüssen."

London und Paris machen inzwischen die erdenklichsten Anstrengungen, den von den deutschen Börsen verscheuchten Terminhandel an sich zu ziehen. In Paris hat sich ein großes Aktienunternehmen gebildet, eine „Warenhandelsbank", die in zahllosen Exemplaren ihre Prospekte in Deutschland verbreitet, um spekulationslustige Kapitalisten zum An- oder Verkauf der verschiedensten Waren unter bisher nie gekannten günstigen Bedingungen zu bewegen. Die Anzahlungen sind so gering — 50 Frks. bei 25 Sack — und die Mindestmenge so niedrig bemessen, daß die Gesellschaft augenscheinlich beabsichtigt, auch die breitesten Schichten der Bevölkerung für den Terminhandel zu gewinnen. Die „Warenhandelsbank" führt Aufträge aus schon auf 25 Sack Zucker, Mehl, Kaffee, Pfeffer, 25 hl Alkohol, 25 Ztr. Rapsöl, Leinöl, 25 Ztr. Weizen, Hafer, Roggen, Kartoffelmehl, 25 Ztr. Talg, Petroleum, 25 Ztr. Kupfer, Blei, Zinn, Zink, 25 $\frac{1}{2}$ Ztr. Häute, 25 Ballen Baumwolle, Wolle, Indigo, während es an deutschen Börsen üblich ist, nur das Zehn- bis Zwanzigfache als Mindestmenge zu handeln, eine Maßregel, die namentlich dazu dient, wirtschaftlich Schwache vom Börsenspekulationsgeschäft fern zu halten. Die deutsche Regierung steht leider dem Treiben dieser Pariser „Warenhausbank" völlig machtlos gegenüber.

Nach Aufhebung des Getreideterminhandels stellte Dr. Ruhland in der Korresp. des Bundes der Landwirte vom 13. Juni 1896 der Regierung folgende zwei wirtschaftspolitische Aufgaben:

„Die wirtschaftspolitischen Aufgaben in der durch die beschlossene Auf= hebung der Blanko-Termingeschäfte geschaffenen Situation zerfallen in zwei Teile. Die eine und vielleicht dringlichere bezieht sich auf die Vorkehrungen gegen die Rache des absterbenden Terminhandels... Die Aufgabe einer zielbewußten Wirtschaftspolitik nach beschlossener Aufhebung der Blanko= Termingeschäfte muß deshalb darin bestehen, durch eine entsprechende Be= teiligung der Staaten mit Kapital an den Terminspekulationen an der Börse die heute nicht mehr vorhandene Hausse=Partei zu ersetzen und damit die einseitige und durch nichts begründete Herrschaft der Baisse=Partei auf= zuheben. Geschieht dies nicht, und läßt auch hier, wie so oft, der Staat die Dinge gehen und laufen, wie es Gott gefällt, dann ist es höchst wahrschein= lich, daß in diesem Herbste, wenn die deutschen Landwirte ihre geernteten Erträge zur Deckung ihrer Schuldverpflichtungen verkaufen müssen, Schund= preise für Getreide an der Berliner Börse notiert werden — zum größten Gaudium der Blanko=Terminspekulanten und aller agrarischer Gegner. Würde aber der Staat mit einem Kredit von einigen Millionen die Blanko=Ausbietungen der Baissiers übernehmen und von ihnen alsbann im Herbste die Lieferung ver= langen, die freilich dann nicht — wie es merkwürdigerweise die Seehand= lung gethan hat — zu einem möglichst ungeschickt ausgewählten Zeitpunkt wieder an den wenig aufnehmbaren Berliner Spekulationsmarkt abgegeben werden dürften, so wäre es ein leichtes, ohne irgend welche Verluste und Einbußen des Staates die Weizenpreise für die neue Ernte, mindestens auf 180 Mk., die Roggenpreise mindestens auf 150 Mk. zu halten. Hoffen wir, daß die Reichsregierung es wenigstens in diesem Falle nicht versäumt, ihr für die notleidende Landwirtschaft vorgeblich so warm empfindendes Herz durch die That zu erweisen.

Die andere Aufgabe bezieht sich auf die positive Neuorganisation des Effektivmarktes für Getreide. Unsere heutigen Marktordnungen in den verschiedensten Städten, Provinzen und Einzelstaaten sind immer wieder nach dem alten Schema der Ordnung eines Lokalmarktes abgeschrieben worden. Und auch heute besteht merkwürdigerweise immer wieder die Absicht, rein lokale Marktordnungen zu erlassen, rein lokale Marktkommissionen zu schaffen und damit dann das Gefühl zu verknüpfen, daß der Gesetzgeber alles gethan habe, was ihm zu thun möglich war. Diese lokalen Marktkommissionen, — denen auch nicht im geringsten irgendwelche andere Hilfsmittel zur Verfügung stehen, als durch das Umfragen bei den größeren Getreidehändlern des Ortes für sie flüssig werden, — schreiben dann nach wie vor gewissenhaft in das Formular hinein, was man ihnen als den Preis des Marktes mitzuteilen beliebt. Und diese durch nichts geprüften und von den wirklichen Verhältnissen nur zu weit differierenden Preise werden dann im Amtsblatte unter dem Schutze des amtlichen Wappens als offizieller amtlicher Marktbericht für alle Welt hinausgegeben!

Solchen ungeheuerlichen und bisher für unmöglich gehaltenen Mißständen auf den lokalen Getreidemärkten gegenüber muß zur positiven Neuorganisation des Effektivmarktes für Getreide gerade jetzt nach beschlossener Aufhebung des Blanko-Terminhandels in Getreide unseres Erachtens folgendes geschehen:

1. Es ist eine Sachverständigen-Kommission aus Landwirten, Getreidehändlern und Müllern zu berufen, welche für das ganze Deutsche Reich jene Getreide-Provenienzen festsetzt, die in Zukunft allerwärts gesondert notiert werden müssen. Aufgabe dieser gleichen Kommission wäre es ferner, für diese verschiedenen Provenienzen vielleicht vier verschiedene Qualitäten auszuwählen, deren Preisunterschied ebenfalls auf dem Kurszettel ersichtlich zu machen ist. Und endlich würde dieselbe Kommission zu ermitteln haben, wie am besten alljährlich nach der Ernte die besonderen bei Streitigkeiten maßgebenden Typen dieser Provenienzen und Qualitäten aufgearbeitet würden.

2. Der heute bestehende Ausschluß der Marktbeamten von den Frühbörsen muß prinzipiell beseitigt werden. Denn gerade auf den Frühbörsen werden die wichtigsten und größten Umsätze in Effektivware zwischen den Großhändlern und Großmüllern abgeschlossen. Die Marktbehörden müssen deshalb gerade diesen Frühbörsen eine ganz besondere Aufmerksamkeit zuwenden und dabei unterstützt werden durch eine Verordnung, welche bestimmt, daß die Vereinbarungen über jeden Kauf von 100 Zentnern und mehr Getreide sowohl hinsichtlich des Preises, wie hinsichtlich der Quantität, der Qualität und Provenienz der Ware der Lokalmarktbehörde von Seiten des Käufers wie des Verkäufers bei hoher Strafe angemeldet werden müssen.

3. Der moderne weltwirtschaftliche Verkehr und die dominierende Bedeutung der Weltmarktspreise fordern dringend eine Zentral-Marktbehörde für das Deutsche Reich. An diese Zentral-Marktbehörde sind von seiten der Lokalbehörden regelmäßig die Marktberichte einzusenden, um hier verarbeitet und überprüft zu werden. Dieses insbesondere hinsichtlich der Frage, ob den Landwirten auch überall der der allgemeinen

Marktlage entsprechende g e m e i n e Wert gezahlt worden ist oder nicht. Diese
sämtlichen Preisveränderungen sind von seiten dieser Zentral-Marktbehörde
sorgfältigst zu beobachten und nach der Richtung der wirkenden Ursachen zu
analysieren. Diese Untersuchungen und Feststellungen müssen mit dem Ziffern-
material periodisch veröffentlicht werden und sind je nach der Erfordernis mit
besonderen zweckdienlichen Vorschlägen zur Beseitigung der Übelstände zu be-
gleiten. Ebenso wäre dieser Zentral-Marktbehörde die Beaufsichtigung der
Getreidespeicher innerhalb der Grenzen des Deutschen Reiches zu übertragen,
zu welchem Ende ein besonderes G e t r e i d e s p e i c h e r - G e s e t z zu erlassen
wäre. Und dieses letztere hätte speziell die Zentral-Marktbehörde zu ermäch-
tigen, der in Zukunft immer drohenden Gefahr einer großkapitalistischen
Spekulation in e f f e k t i v e r Ware durch E i n s p e r r e n derselben jeweils
dadurch wirksamst zu begegnen, daß die Getreidespeicher-Inhaber nach Aufforderung der Zentral-Marktbehörde den Besitzern eingesperrter Ware das
Lagerrecht innerhalb der Grenzen des Reiches unverzüglichst zu k ü n -
d i g e n haben.

Nur wenn alle diese Forderungen erfüllt sind, wird der Getreidemarkt
nach Aufhebung der Blanko-Termingeschäfte in einer solchen Weise funktionieren, daß dabei Bauer und Bürger bestehen können."

Zu diesen Vorschlägen bemerkte die „Rheinisch-Westfälische" Zeitung:
„Gegen die Punkte 1 und 2 des zweiten Vorschlages wird wohl kaum jemand
besondere Einwendungen erheben können, der es ehrlich damit meint, eine
naturgemäße und gerechte Preisfestsetzung für Getreide zu schaffen. Die seit-
herige Art der Preisnotierung an den Börsen ist ohne Frage eine wenig zuverlässige und der Verbesserung bedürftig. Auch würde die Einführung beider Punkte keine besonderen Schwierigkeiten und Kosten verursachen. Etwas
anders liegt es mit Punkt 3. Die Errichtung einer Zentral-Marktbehörde für
das Deutsche Reich, gewissermaßen als statistisches Amt für Registrierung der
Marktpreise und Marktberichte, die in demselben geprüft und verarbeitet
werden, könnte sicherlich segensreich wirken. Anfechtung wird aber die weitere
Thätigkeit erfahren, die Ruhland der Zentralstelle zuweisen will, daß diese
auf Grund eines neu zu schaffenden Getreidespeichergesetzes (falls natürlich
die benötigten Getreidespeicher in einer erheblichen Zahl gebaut werden) das
Recht besitzen soll, zur Verhinderung von großkapitalistischer Spekulation durch
Einsperrung den Spekulanten die Lagerräume zu kündigen. Ruhland hat
nämlich dabei außer acht gelassen, daß über Privatspeicher diese Behörde unmöglich verfügen kann und niemand den Kaufmann zu hindern vermag, sein
Getreide in beliebigen privaten Speichern zu lagern. Was in den staatlichen
Speichern verhindert werden soll, würde auf privatem Grund und Boden
unbelästigt vor sich gehen können. Diese Maßregel würde also unwirksam
sein. Es ist wohl zu verstehen, was Ruhland zu diesem Vorschlage veranlaßt,

obwohl eine Einsperrung nur den Zweck einer Getreidehausse haben kann. Rußland sucht im richtigen Interesse der Landwirtschaft zu verhindern, daß ungesunde außerordentliche Haussen eintreten, die nicht durch die natür= lichen Verhältnisse der Welternte, sondern durch Spekulation hervorgerufen sind. Er möchte die Getreidepreise auf einer mittleren Höhe halten, um vor= zubeugen, daß von seiten der Konsumenten bei etwaigen allzuhohen Preisen eine Agitation ins Werk gesetzt wird, die alle Errungenschaften der Landwirt= schaft, auch sogar die Zölle über den Haufen werfen könnte.

Die Befürchtungen Rußlands erscheinen uns deshalb zu weitgehend und es ist von keiner Bedeutung, wenn sein dritter Vorschlag in dieser Richtung wirkungslos ist. Wir wollen aber gern anerkennen, daß Rußlands dritter Vorschlag uns aus den besten Absichten hervorzugehen scheint. Zurückdräng= ung der Preisfeststellung von der Terminbörse, Beschränkung des Handels auf die effektive Ware und Übergabe des Marktes an Getreideproduzent und Getreideverbraucher scheinen — falls völlig durchgeführt — uns schon eine genügende Grundlage, auf welcher weitergebaut werden kann."

Dr. Ruhland hat an die Verhältnisse in England gedacht und dieselben sich zum Vorbild genommen. In England ist man in dieser Beziehung schon weiter fortgeschritten, dort werden allwöchentlich die Durchschnitte der wirk= lichen Verkaufspreise in 150 bis 200 Städten festgestellt und in der Londoner „Gazette" publiziert.

Jeder Käufer von Getreide in jeder Stadt, d. h. 1. jeder, der in dieser Stadt mit britischem Getreide handelt; 2. jeder, der in einer solchen Stadt das Gewerbe eines Kornmaklers, Müllers, Mälzers, Brauers oder Brannt= weinbrenners betreibt; 3. jeder Eigentümer oder Teilhaber eines Transport= geschäfts, das Güter oder Personen gegen Bezahlung nach der Stadt, aus der Stadt oder in die Stadt transportiert; 4. jeder, der als Kaufmann, An= gestellter, Agent oder in anderer Eigenschaft in einer Stadt britisches Ge= treide zum Verkauf als Getreide oder zum Verkauf als Grobmehl, Feinmehl, Malz oder Brot verkauft — hat wöchentlich, am letzten Markttage der Woche in jener Stadt oder an einem von J. Majestät im Konseil näher zu bestim= menden Tage der Woche dem für jene Stadt ernannten Inspektor für die Getreidestatistik an der gemäß diesem Gesetze dazu bestimmten Stelle einen schriftlichen, von ihm unterzeichneten Bericht einzureichen. Darin ist für die letzten sieben Tage einschließlich des Berichtstages für jede Partie und jede Sorte britischen Getreides, das von ihm in der Stadt, sei es vom Produ= zenten oder anderswoher gekauft ist, gesondert, die Menge, der Preis, das Gewicht oder das Maß, wonach gekauft worden ist, anzugeben, ferner der Name des Verkäufers und, falls das Getreide für Rechnung einer anderen Person verkauft oder gekauft wird, der Name dieser Person. Wenn ein In= spektor für die Getreidestatistik einen unter dieses Gesetz fallenden Getreide=

käufer schriftlich aufforbert, anzugeben, woher, burch wen unb unter welchen Umständen britisches Getreibe an ihn geliefert worben ist, so muß ber Käufer über bie von ihm eingeforberten Einzelheiten in einer besonberen schriftlichen, von ihm unterzeichneten Aufstellung Bericht erstatten.

Durch biese Bestimmungen bes Gesetzes von 1882 über bie Getreibe= statistik erfährt man allwöchentlich bie wirkliche Preislage in Englanb.

Während wir bemnach ber zweiten Aufgabe, ber einheitlichen Organi= sation bes Marktwesens, teilweise zustimmen, erscheint uns bie erste, bas Eingreifen bes Staates selbst in bie Terminspekulation boch sehr bebenklich.

Das Termingeschäft in Teutschlanb ist auf ein Minimum rebuziert, es kann also jetzt nicht mehr ber Grunb für ein Tiefbleiben ber Preise sein. Jetzt müßte boch bas Verhältnis von effektivem Angebot unb effektiver Konsum= nachfrage bie Situation beherrschen, unb, wenn ber Weltmarkt wirklich günstig liegt, bie Preise heben.

Da bies aber nicht geschieht, so geht boch baraus beutlich hervor, baß jetzt (Anfang Juni 1896) nicht mehr bie Baissespekulation, sonbern bie Lage bes Weltmarktes bie Preise bei uns niebrig hält. Es müssen bie Welt= vorräte boch größer sein, als wie sie von ben Getreibestatistikern angegeben werben.

Die statistische Lage bes Weizenweltmarktes war am 1. Juni im Ver= gleiche mit ben letzten Jahrgängen folgenbermaßen beschaffen:

Quarters.	1896	1895	1894
Schwimmenb nach Englanb	2 293 000	3 866 000	3 807 000
nach bem Kontinent . . .	1 200 000	1 646 000	1 677 000
Handelsbestänbe			
in Englanb	1 275 000	1 750 000	2 300 000
in französischen Häfen .	175 000	325 000	1 200 000
in Paris (einschließl. Mehl)	200 000	190 000	427 000
in Antwerpen	275 000	310 000	145 000
in Berlin, Stettin, Tanzig	77 000	120 000	183 000
in russischen Häfen . .	1 400 000	1 450 000	1 675 000
Zusammen in Europa	6 995 000	9 657 000	11 414 000
Amerikas Vorräte östlich			
ber Felsengebirge . . .	8 600 000	8 045 000	8 975 000
westlich bo. . . .	325 000	1 055 000	1 025 000
Zusammen in Amerika	8 925 000	9 100 000	10 000 000
Gesamtvorräte	15 920 000	18 757 000	21 414 000
am 1. Mai	17 593 000	20 316 000	22 784 000
„ 1. April	19 409 000	21 906 000	23 982 000
„ 1. März	20 873 000	22 904 000	24 647 000
„ 1. Februar	21 555 000	24 799 000	25 543 000
„ 1. Januar	23 291 000	25 384 000	25 721 000

	1895	1894	1893
am 1. Dezember . .	22 438 000	25 110 000	25 583 000
„ 1. November . .	21 204 000	24 011 000	23 700 000
„ 1. Oktober . .	17 764 000	21 852 000	21 345 000
„ 1. September .	15 950 000	19 786 000	19 337 000
„ 1. August . . .	16 115 000	18 704 000	19 671 000
„ 1. Juli . . .	17 650 000	19 197 000	20 069 000

Die kontrollierten Vorräte der Welt wurden am

1. Juni 1893 mit 24 495 000 Crs.
1892 „ 16 300 000 „
1891 „ 12 750 000 „

beziffert. Im laufenden Jahre wird ihre Verminderung gegen den Vormonat demnach mit zirka 1 670 000 Crs. bemessen, gegen 1½ Millionen 1895 und 1,3 Millionen 1894. Mehr noch springt die Abnahme gegen den Jahresanfang in die Augen:

in diesem Jahre ca. 7,4 Millionen Crs.
1895 „ 6,6 „ „
1894 „ 4,3 „ „
1893 „ 2,7 „ „

In diesen von Dornbusch und Beerbohm in London regelmäßig mitgeteilten Zahlen sind aber die Vorräte in den Provinzen, die von der russischen Regierung beliehenen Getreidemassen, Argentiniens, Rumäniens Vorräte nicht enthalten. Diese Zahlen gewähren also nur ein unvollkommenes Bild von der Lage des Weltgetreidemarktes.

Außerdem wird die große Maisernte Amerikas von 1895 von den Beurteilern des Welt-Getreidemarktes nicht in Betracht gezogen.

Beerbohm hatte Anfang Oktober 1895 in seiner „Corn Trade List" über die Welt-Weizenernte folgende Ziffern angegeben:

	1895	1894	1893	1892
	Millionen Quarters			
Europäische Länder	177,9	190,9	179,4	171,7
Übrige Länder . .	121,5	128,8	127,9	129,6
Zusammen	299,4	319,7	307,3	301,3

Nach einer Anfang November 1895 im „Wjestnik Finanssow" erschienenen Übersicht waren 1894 84,6 Mill. Pud Weizen und 31,3 Mill. Pud Roggen als Unterpfand von der russischen Regierung angenommen, d. h. 41 und 38 pCt. der Ausfuhr oder 1,4 und 0,508 Mill. Tonnen. Seitdem haben diese Bestände noch zugenommen, sodaß man sie zusammen wohl auf 2½ Mill. Tonnen annehmen kann, während die Weizenfehlernte nach Beerbohm 4,6 Millionen Tonnen betragen haben soll.

Nun ist aber noch die große Maisernte der Vereinigten Staaten im vorigen Jahre in Betracht zu ziehen. Dieselbe betrug:

1895	1894	1888—94
Millionen Tonnen		
54,5	30,7	43,7

Mais ist aber in den Vereinigten Staaten ein beliebter Brotstoff. Die reichliche Maisernte muß also, zusammen mit den von der russischen Regierung aufgehäuften Vorräten, einen Faktor bilden, welcher das Manko der Weltweizenernte reichlich auszugleichen imstande war.

Ob unter diesen Umständen die preußische Regierung durch Spekulationskäufe die Getreidepreise zu heben imstande sein, oder ob dieser Versuch nicht fehlschlagen, und das hineingesteckte Kapital verloren gehen wird, das ist unschwer zu entscheiden.

So gern wir auch der Landwirtschaft höhere Preise wünschen, wir können es doch nicht billigen, wenn die Regierung das, was sie eben durch ein Gesetz verbietet, die Terminspekulation, nun selber thut. —

Ziehen wir das Facit aus unseren Erörterungen, so lautet dasselbe:

Der Terminhandel hat manche unangenehme Schattenseiten aufzuweisen, die übermäßige Blankospekulation. In den letzten Jahren hat ohne Frage die Baissetendenz an der Berliner Börse überwogen, aber ebenso auch an den anderen Terminbörsen, gestützt auf die reichen Ernten und das Sinken der Frachtkosten. An und für sich und für die Bedeutung der Berliner Börse wäre es besser gewesen, wenn man eine Reform und Beschränkung des Terminhandels, vielleicht zusammen mit der Einführung eines Standards für das Importgetreide — dem Verbot des Terminhandels vorgezogen hätte, da, wenn der Terminhandel in den anderen Ländern bestehen bleibt, die Abschaffung desselben in Berlin wenig nutzen wird. Sollte sich das herausstellen, so wäre die Wiedereinführung eines gesetzlich geregelten Terminhandels geboten.

II. Die gemischten Privattransitläger und die Zollerleichterungen.

Der Warenverkehr mit dem Auslande vollzieht sich bekanntlich mittels der öffentlichen Niederlagen unter amtlicher Aufsicht und mittels der Privattransitläger.

Letztere sind entweder reine, d. h. nur der Ausfuhr, oder gemischte,

d. h. dem Absatz nach dem Auslande oder in den freien Verkehr des Inlandes dienende. Die Lagerfrist dauert in Deutschland 5 Jahre, der Zoll ist
vierteljährlich zu entrichten.

Die gemischten Privattransitläger sind namentlich eine Institution des Getreidehandels geworden. Ursprünglich eine Erleichterung für
den Transithandel, für die Durch= und Ausfuhr, sind sie mehr und mehr
vom Einfuhrhandel benutzt.

Sie sind eine Institution für den Getreidehandel, durch welche letzterem
die Gewährung des Zollkredits auf 3 Monate ermöglicht wird.

Für die Mühlen erfüllen denselben Zweck die Mühlenkonten und
Mühlenläger.

Alle diese 1880 eingeführten Handelserleichterungen, Transitläger,
Mühlenkonten, Aufhebung des Identitätsnachweises, Zollkredit, Einfuhrscheine,
welche durch das am 1. Mai 1894 in Kraft getretene Gesetz vom 14. April
1894 ihre Neuregelung erfuhren, hatten ursprünglich den Zweck, die Ausfuhr
von Getreide und Mühlenfabrikaten zu erleichtern, sind aber immer mehr in
den Dienst der Getreideeinfuhr hineingezogen. Denn aus diesen Transit-
und Mühlenlägern sind in den inländischen Verkehr abgesetzt:

1885—1889 39 °/₀
1890—1894 67 °/₀ der Lagerbestände.

Auf die seit längerer Zeit schon von vielen Seiten erhobenen Beschwerden
aus den der Landwirtschaft wohlgesinnten Kreisen wie seitens der Landwirt=
schaft selbst hat dann der Bundesrat in seiner Sitzung vom 13. Mai 1896
beschlossen, daß in den Orten, Tilsit, Thorn, Inowrazlaw, Berlin, Ruhrort,
Duisburg, Elbing, Rosenheim, Leipzig, Freiburg, Elsfleth, Bremen, Vegesack
und Hamburg gemischte Transitlager von den in Nr. 9 des Zolltarifs genannten Waren nicht mehr zu gestatten und die daselbst vorhandenen
derartigen Lager mit dem Ablauf des Monats September d. Js. aufzuheben sind.

Im Jahre 1894 waren an 39 Plätzen 202 gemischte Privattransitläger
vorhanden und 149 Mühlen mit Zollkonten.

Des weiteren haben die Abg. Graf v. Schwerin=Löwitz (deutschkons.)
Dr. Paasche (nat.=lib.) und Szmula (Zentr.) im Reichstag folgenden
Antrag auf Beschränkung des Zollkredits bei der Einfuhr
von Getreide und Mühlenfabrikaten eingebracht: § 1. Bei der
Einfuhr der unter Nr. 9a—f des Zolltarifs aufgeführten Waren (Getreide)
und der daraus hergestellten — unter Nr. 25m 2 des Zolltarifs genannten
Mühlenfabrikate — welche zum Absatz in das Zollinland bestimmt sind,
findet eine Kreditierung des Zolles vom 1. Juli 1896 ab nicht mehr statt.
§ 2. Sollen die im § 1 bezeichneten Waren an der Grenze in den freien
Verkehr treten, so ist der Zoll nach näherer Anordnung des Bundesrats im
Anschluß an die Eingangsabfertigung zu entrichten. Sollen die Waren un-

verzollt von dem Grenzzollamt auf ein zur zollamtlichen Abfertigung be=
fugtes Amt im Innern abgelassen werden, so sind dieselben in der Regel
binnen längstens vierzehn Tagen zur Schlußabfertigung zu gestellen und zu
verzollen. Diese Frist kann ausnahmsweise verlängert werden, sofern sich
deren Unzulänglichkeit voraussehen läßt, oder Naturereignisse oder Unglücks=
fälle des Transports diesen verzögern. § 3. Wenn Waren der in Nr. 9a—f
des Zolltarifs aufgeführten Art zum Absatze entweder in das Zollausland
oder in das Zollinland bestimmt und demgemäß zunächst in ein gemischtes
Getreidetransitlager (§ 7 Ziffer 1 Absatz 3 und 4 des Zolltarifgesetzes) auf=
genommen sind, sind die Zollbeträge für die demnächst in den freien Verkehr
getretenen derartigen Waren vom Tage der ersten Abfertigung zu einem
solchen Lager — bis zum Tage der Zollzahlung mit 4 v. H. zu verzinsen. —
§ 4. Diejenigen Zollbeträge, welche Mühlen= oder Mälzereibesitzer, denen
gemäß § 7 Ziffer 3 Absatz 1 des Zolltarifgesetzes ein Zollkonto bewilligt ist,
auf Grund der Kontoabrechnungen zu zahlen haben, sind vom Tage der Ab=
fertigung der zollpflichtigen Getreidemenge zum Konto bis zum Tage der
Zollzahlung mit 4. v. H. zu verzinsen. § 5. Die in den Ausführungsbe=
stimmungen zum Zolltarifgesetz vom 14. April 1894 unter Ziffer 8 vom
Bundesrat getroffene Vorschrift, wonach Einfuhrscheine erst nach Ablauf einer
Frist von vier Monaten vom Tage der Ausstellung an gerechnet auf Zoll=
gefälle für Waren der in der Anlage bezeichneten Art statt barer Zahlung in
Anrechnung zu bringen sind, ist dahin abzuändern, daß die Einfuhrscheine
sofort nach ihrer Ausstellung, welche bei der Ausfuhrabfertigung erfolgt, zur
Begleichung auch solcher Zollgefälle in Anrechnung gebracht werden können.

Da von vielen Seiten diesen Institutionen große Wichtigkeit beigelegt
wird, und da andererseits die Kenntnis derselben nur wenig verbreitet ist,
so dürfte eine eingehendere Würdigung derselben vom volkswirtschaftlichen
Standpunkte aus vielen erwünscht sein.

Ein Bedürfnis für Getreidetransitläger überhaupt ergab sich
durch die Einführung der Getreidezölle im Jahre 1880. Es wurde damals
neben der Errichtung von reinen ausschließlich für den Absatz nach dem Aus=
lande bestimmten Transitlägern auch die Eröffnung sogenannter gemischter
Transitläger, denen neben dem ausländischen auch der Absatz im Inlande
gestattet ist, zugelassen. Die Bewilligung der letzteren Art von Lägern wurde
dabei von dem Nachweise des vorhandenen Bedürfnisses und von der jedes=
maligen Genehmigung des Bundesrates abhängig gemacht. Dabei war die
Auffassung maßgebend, daß auch die gemischten Transitläger in erster Linie
dem Durchfuhrverkehr zu dienen hätten; nur in denjenigen Fällen, in denen
sich bei der Einlagerung noch nicht bestimmen läßt, ob das Getreide im In=
lande oder Auslande abgesetzt werden würde, sollte dem Lagerinhaber die
Wahl des schließlichen Absatzgebietes freistehen.

Der Händler, welcher ein gemischtes Privattransitlager besitzt, führt aus dem Auslande beliebige Mengen Getreide zunächst zollfrei ein; dieselben sind bei der betr. Amtsstelle zuvor anzumelden und, wenn sie wieder aus dem Lager ausgeführt werden, abzumelden.

In der Anmeldung ist das Getreide nach den verschiedenen Zollsätzen getrennt aufzuführen, sowie der Lagerraum genau anzugeben. Von den letzteren Angaben können aber Getreidegroßhändler (d. h. solche, welche jährlich über 250 Tonnen Getreide importieren) entbunden werden.

Auf dem Lager werden die einzelnen Posten nicht getrennt aufbewahrt, eine Mischung derselben miteinander ist gestattet. Die im Ausland oder Inland abgesetzten Mengen werden von dem jedesmaligen Bestande des Lagers, die in den freien Verkehr des Inlands gebrachten Mengen ausländischen Getreides von dem Bestande des angeschriebenen importierten abgeschrieben. Bei der Ausfuhr ins Ausland ist nur eine Abschreibung von dem Lagerbestand überhaupt nötig, da ja für alle ausgeführten Mengen, gleichgültig ob inländischen oder ausländischen Getreides, ein Einfuhrschein für einen gleichen Zollbetrag ausgehändigt wird.

Der Müller also, welchem ein Zollkonto zugebilligt ist, darf auf Zollkonto angeschriebenes ausländisches Getreide in unverarbeitetem Zustande nur ausnahmsweise mit Genehmigung des Hauptamtes veräußern. Die Gewährung der Zollerleichterung für Mühlen ist nur zur Beförderung der Ausfuhr erfolgt. Doch enthält das Gesetz vom 14. April 1894 und das zugehörige Ausführungsregulativ eine Lücke, insofern die Abgabe der Mühlenfabrikate in den inneren freien Verkehr nicht ausdrücklich verboten ist, obwohl der Gesetzgeber dies nicht wollte.

Betrachten wir nun die Wirkungen, welche die Zollerleichterungen auf die Durch- und Ausfuhr gehabt haben.

Es hat nach der amtlichen Statistik im Deutschen Reich betragen:

| | Einfuhr | Durchfuhr | Davon: | |
			a) Direkte Durchfuhr	b) Durchfuhr üb. Niederlagen
		in 1000 Tonnen		
1883	16 297	3 403	2 188	1 216
1884	17 788	2 910	2 027	883
1885	17 867	2 676	1 678	998
1886	16 945	2 455	1 684	771
1887	19 387	2 652	1 760	892
1888	21 868	2 955	1 780	1 175
1889	26 612	2 850	1 733	1 117
1890	28 143	2 725	1 817	908
1891	29 013	2 885	1 942	944
1892	29 510	2 503	1 623	880
1893	29 816	2 654	1 847	807
1894	32 023	2 771	1 973	798

Seit 1888 hat die Durchfuhr über Niederlagen abgenommen, wie auch die Durchfuhr überhaupt seit den 80er Jahren zurückgegangen ist — eine Folge der zu hohen Eisenbahntarife gegenüber den weit billigeren Seefrachten.

Würden die Eisenbahnen endlich zu der Einsicht kommen, daß durch die Verbilligung der Tarife die Einnahmen nicht geringer werden, da dadurch der Verkehr wächst, so würde die Durchfuhr durch das zentral gelegene Deutschland einen ganz anderen Umfang aufweisen.

Was die Durchfuhr über zollinländische Niederlagen anbelangt, so ergibt sich bei derselben ein noch bedeutenderer Rückgang als bei der direkten Durchfuhr, ein Beweis, wie auch hier der Gütertransport von Ausland zu Ausland mehr und mehr das Bestreben zeigt, außerhalb der Zollgrenzen sich abzuwickeln. Der Niederlageverkehr im ganzen hat zwar gegen früher zugenommen, dabei vermitteln aber heute unsere Niederlagen weit mehr die Einfuhr in den freien Verkehr des Zollgebietes als die Durchfuhr. Früher war der Zweck der Niederlagen vorwiegend der, dem Transitverkehr zu dienen, während sie heute in erster Linie als Kreditlager, zum Zwecke der Zollkreditierung beim Wareneingange, benutzt werden. Im Jahre 1883 wurden 2 526 435 Tonnen vom Auslande auf zollinländische Niederlagen eingeführt, und 1 215 598 Tonnen, d. i. beinahe die Hälfte des Einganges, sind von Niederlagen nach dem Auslande abgegangen. Im Jahre 1894 dagegen stellte sich das Verhältnis folgendermaßen: Eingang auf Niederlagen 3 337 000 Tonnen; Absatz nach dem Auslande: 798 000 Tonnen, d. i. viel weniger als ein Viertel des Einganges. Der inländische Absatz der Niederlagen ist gleichzeitig von 983 069 Tonnen auf 2 471 000 Tonnen angewachsen; dabei haben sich im Laufe der Jahre die Lagerbestände in einer Weise angehäuft, daß dieselben namentlich bei den Hauptartikeln des Niederlageverkehrs, Getreide, Holz, Zucker, Petroleum, Spiritus, Kaffee, Tabak u. s. w. vielfach einen recht fühlbaren Preisdruck auszuüben vermögen.

Was speziell den Getreideverkehr betrifft, so wurden beispielsweise in den ersten vier Jahren 1880 bis 1883 von ausländischem Weizen, Roggen, Hafer und Gerste auf inländische Zollniederlagen überhaupt eingeführt bezw. aus denselben nach dem Auslande und dem Inlande abgesetzt:

	Einfuhr auf Niederlagen Tonnen	Abgang von Niederlagen nach dem Auslande Tonnen	nach dem Inlande Tonnen
1880	441 324	133 773	68 701
1881	628 835	270 055	167 271
1882	1 025 463	549 544	329 721
1883	1 014 912	485 062	407 049

In jedem Jahre war also der ausländische Absatz erheblich größer als die Einfuhr in den inländischen Konsum. Ganz anders stellt sich das Verhältnis in den vier letzten Jahren:

	Einfuhr auf Niederlagen Tonnen	Abgang von Niederlagen nach dem Auslande Tonnen	nach dem Inlande Tonnen
1891	1 074 405	259 921	509 661
1892	837 815	191 208	936 672
1893	876 181	220 991	460 555
1894	925 000	193 936	770 000

Man sieht, die vorhandenen Getreideläger dienen heute der Einfuhr in den freien Verkehr in viel höherem Maße als dem Durchfuhrverkehr; sie werden vorwiegend nur zum Zwecke der Zollkreditierung benutzt.

Die Einfuhr auf Mühlenlager hat nach der Reichsstatistik betragen (1000 Tonnen).

	Einfuhr			Davon für den Inlandsverkehr verzollt:		
	Weizen	Roggen	Gerste	Weizen	Roggen	Gerste
1886	107	143	7	10	43	5
87	116	172	13	24	100	7
88	119	222	14	26	55	9
89	146	313	21	23	100	12
90	137	261	28	52	214	19
86—90	625	1111	83	135	412	52
91	259	262	29	53	161	19
92	309	115	25	233	188	25
93	226	126	36	182	27	22
94	316	267	38	196	34	29
95	355	326	28	295	165	30
91—95	1465	1096	156	959	575	125

Es wurden demnach von den Mühlenlagern ins Inland abgesetzt:

	Weizen	Roggen	Gerste
1886—90	21,6 %	37 %	62 %
1891—95	65,4 %	52 %	80 %
1895	83 %	50 %	103 %

Wie man sieht ist der Absatz in den freien Verkehr des Innern beständig gewachsen. Derselbe hat in den 10 Jahren 1886—95 durchschnittlich für die drei Getreidearten 225 800 Tonnen betragen, 1895 aber 490 000 Tonnen, also 117 % über dem Durchschnitt.

Es sind demnach allein im Jahre 1895 490 000 Tonnen Mühlengetreibe in den freien Verkehr des Inlandes gesetzt, anstatt in das Ausland ausgeführt.

Die Zollerleichterungen der gemischten Transitläger und der Mühlenläger haben also die Einfuhr von Getreide in rohem und vermahlenem Zustande stark begünstigt.

Natürlich sträubt sich der Getreidehändlerstand gegen die Aufhebung dieser Läger. Bringen sie doch dem Importeur den Vorteil, daß er das Getreide 3 Monate zollfrei lagern lassen kann. Dadurch spart er auf die Dauer der Lagerung des Getreides die Zinsen für die Zollzahlung, zu 4% gerechnet etwa 1 Mk. pro Tonne und Jahr. Aber das ist noch der geringste Vorteil. Der Hauptvorteil besteht darin, daß er Betriebskapital im Betrage des Zolles spart. Wenn der Importeur, welcher ein solches Privattransitlager besitzt, sofort bei der Ankunft an seinem Bestimmungsort den Zoll zahlen muß, so braucht er ein um den Zoll größeres Betriebskapital wie der Inhaber eines solchen Lagers, er ist also demselben gegenüber stark im Nachteil.

Das Vorsteheramt der Kaufmannschaft zu Königsberg bespricht in seinem Jahresbericht für 1895 eingehend den Plan, die gemischten Privattransitläger für Getreide, welche schon an einigen Plätzen in Fortfall gekommen sind, auch in Königsberg, Danzig und Memel aufzuheben. Es heißt darüber in dem Bericht:

„Unsere gemischten Transitläger dienen thatsächlich ganz überwiegend dem Transithandel und der Ausfuhr deutschen Getreides. Für unseren Handel sind sie unentbehrlich. Reine Transitläger kann Königsberg nicht verwenden, weil von denselben jeder Absatz im Zollgebiete verboten ist. Der Absatz nach dem Zollgebiete ist aber erheblich und unumgänglich nötig, wenngleich er ganz überwiegend aus deutschem oder aus solchem ausländischen Getreide besteht, das bei der Abschreibung vom gemischten Transitlager als deutsches behandelt wird. Die Benutzung reiner Transitläger würde somit die Möglichkeit dieses Absatzes rauben. Sie würde nicht einmal gestatten, so viel ausländisches Getreide von den Transitlägern im Zollgebiete abzusetzen, als von denselben inländisches nach dem Auslande ausgeführt worden ist. Sie würde es sogar unmöglich machen, das auf die Transitläger gebrachte inländische Getreide im Inlande wieder zu verwenden. Demgemäß würde sie den Getreidehandel auch in dem Ankauf inländischen Getreides behufs Mischung desselben auf den Transitlägern mit russischem und an der Ausfuhr solcher Ware nach dritten Ländern einengen. Sie würde damit die Aufnahmefähigkeit Königsbergs auch für inländisches Getreide bedeutend beschränken. Die russischen Konkurrenzhäfen hätten aber nach wie vor die Möglichkeit, das ihnen zugeführte russische Getreide seewärts sowohl nach Westdeutschland als nach dritten Ländern abzusetzen. Somit wäre es für die russischen Produzenten überhaupt vorteilhafter, ihr Getreide nicht nach Königsberg, sondern nach den russischen Konkurrenzhäfen zu senden. Die Bewerkstelligung unseres Verkehrs mit russischem Getreide durch Verwendung von Einfuhrscheinen unter barer Verzollung der Ware beim Eingang ist gleichfalls ausgeschlossen. Ebenso wie den eigenen russischen Ausfuhrhäfen wird Königsberg russisches Getreide täglich bahnwärts in einzelnen Posten zugeführt. Dasselbe wird von den kaufenden Exporteuren zunächst zu Lager genommen, durch Mischung mit anderen Qualitäten bearbeitet und je nach Bedarf später nach den einzelnen Konsumtionsgebieten zusammen mit dem inländischen Getreide seewärts abgesetzt. Zwischen der bahnwärtigen Ankunft und der seewärtigen Verschiffung liegt in der Regel ein mehrmonatlicher Zeitraum. Bei sofortiger barer Verzollung beim Eingang würde der Königsberger Händler also, da der Zoll ein Drittel bis die Hälfte des Wertes der Ware ausmacht, mit einem entsprechend höheren Betriebskapital arbeiten müssen, als sein Mitbewerber in den russischen Häfen. Er würde die Zinsen des Zollbetrages bis zur Wiederausfuhr verlieren. Im allgemeinen würde deshalb durch die Beseitigung der gemischten Transitläger unser Getreidehandel gegen die russischen Häfen außer Wettbewerb gesetzt, und soweit er noch bestehen bliebe, wahrscheinlich von wenigen Großkapitalisten monopolisiert werden. Die Ausfuhr russischen und inländischen Getreides ist aber die Grundlage des hiesigen Handels, die Haupterwerbsquelle unserer Arbeiterschaft. Die Beseitigung der gemischten Transitläger in Königsberg, Danzig und Memel kann somit der ostpreußischen Landwirthschaft einen Vortheil überhaupt nicht bringen, würde vielmehr auch sie erheblich schädigen. Ebensowenig kann die Landwirtschaft anderer deutscher Landesteile durch eine solche Maßregel gewinnen. Wird der Absatz nach dem westdeutschen Zollgebiete und die zollfreie Lagerung ausländischen Getreides in den Seehäfen Königsberg, Danzig und Memel unterbunden, so wird der Verkehr mit russischem Getreide zur Verschiffung nach Westdeutschland lediglich nach den russischen Hafenplätzen, dem Hamburger Freihafengebiet, nach Rotterdam und anderen zollfreien Hafenplätzen des Auslandes gedrängt. Diese Verhältnisse sind so klar und einleuchtend, daß wir der bestimmten Erwartung uns hingeben, die königliche Staatsregierung werde dem bedauerlichen Beschluß der ostpreußischen Landwirtschaftskammer keine Folge leisten."

Wir glauben auch, daß man die gemischten Privattransitläger nicht sämtlich über einen Kamm scheren darf.

In denjenigen Orten wie in Königsberg, wo dieselben in der Hauptsache der Ausfuhr dienen, sind sie entschieden eine nützliche Institution.

Würden sie dort aufgehoben, so würde die russische Getreideausfuhr über die ruſſiſchen Häfen gehen, es käme aber von da vielleicht in noch größeren Quantitäten nach Deutſchland.

Man muß alſo die Transitläger, welche thatſächlich der Ausfuhr, und diejenigen, welche thatſächlich der Einfuhr dienen, trennen.

Vom Standpunkte der geſamten Volkswirtſchaft dürfte die Aufhebung der letzteren keinen Bedenken begegnen. Die Beſtimmungen für die beſtehenbleibenden gemiſchten Privattranſitläger könnten dann neu geregelt werden. Der Abſatz des in dieſe Läger gebrachten einheimiſchen Getreides in den freien Verkehr wäre weiter zu geſtatten; derjenige des ausländiſchen Getreides nur inſoweit, als die Ausfuhr einer gleichen Menge einheimiſchen Getreides nachgewieſen wird.

Indes darf man einen Punkt hierbei nicht außer Augen laſſen. Die Getreidepreisbildung iſt eine internationale. Der Inlandspreis korreſpondiert mit dem Auslandspreis. Je weniger fremdes Getreide über unſere Grenzen gebracht wird, um ſo mehr drückt es im Ausland die Preiſe, was dann wieder auf unſere Preiſe zurückwirkt.

Mit der Aufhebung der gemiſchten Privattranſitläger wird man vielleicht dieſelbe Erfahrung wie mit derjenigen des Getreideterminhandels machen: ſie bleiben ohne Wirkung, da in den wirtſchaftlichen Dingen auf einen Druck ſtets ein Gegendruck folgt.

Hinſichtlich der Mühlenkontos ſind wir auf dasſelbe Faktum geſtoßen wie bei den gemiſchten Privattranſitlägern. Mindeſtens die Hälfte des Mehls geht in den Inlandsverkehr über.

Dieſe großen Mühlen ſind an den Waſſerſtraßen und an den Küſten entſtanden. Sie ſind den im Innern des Landes gelegenen Mühlen gegenüber weit im Vorteil, und zwar aus folgenden Gründen:

1. Da der Zoll auf ein Vierteljahr geſtundet wird, ſo wird dadurch das Betriebskapital der Mühlen vergrößert, ſie können infolge deſſen um ſo mehr Getreide einführen und thun es auch, um ihr Kapital zu beſchäftigen.

In den letzten beiden Jahren ſind ca. 600 000 Tonnen Brotgetreide auf Mühlenlager eingeführt, das Betriebskapital der ca. 140 Kontomühlen iſt alſo um 5,2 Millionen Mk. $(\frac{600\,000}{4} \times 35)$ vergrößert, im Durchſchnitt um 36 800 Mk., eine ganz hübſche Summe, die wir den Mühlen ſehr gern gönnen würden, wenn ſie alle ihre Erzeugniſſe aus dem fremden Getreide exportierten.

2. Da dieſe Mühlen faſt ausnahmslos an den Waſſerſtraßen oder an der Küſte liegen, ſo beziehen ſie zum großen Teil ausländiſches Getreide, im Durchſchnitt 4400 Tonnen im Jahre, d. i. ca. $\frac{1}{4}$ bis $\frac{1}{5}$ ihres Jahresbedarfs.

Der Wassertransport aber gewährt ihnen folgende Vorteile:

Das auswärtige Getreide ist in der Regel billiger, ebenso die Ladekosten, sodann die Verfrachtung des Mehls.

Die binnenländischen Mühlen müssen also teureres Korn beziehen, teurere Ladekosten und teurere Mehlfracht zahlen. Dieselben stellen daher folgende Forderungen:

Die Frachtkosten für Mehl und Getreide sind auf den Bahnen gleich bemessen. Würden die Getreidefrachtkosten entsprechend der Ausbeute um 25 %, niedriger sein wie die Mehlfrachtkosten, so würde dadurch den Binnenmühlen der Getreidebezug wesentlich verbilligt und ihre Konkurrenzfähigkeit verstärkt.

Will man die Binnenmühlen schützen, was zugleich auch einen Schutz der Landwirtschaft, welche bei den Lokalmühlen ihr Getreide absetzt, bedeutet so würde eine Erhöhung der Mehlfracht um 25 % den lokalen Mehlabsatz, der kleinen und mittleren Mühlen befördern, die Mühlenindustrie im Innern des Landes wieder kräftigen und stärken.

Allerdings darf dabei nicht vergessen werden, daß eine Erhöhung der Mehlfrachten nur den mittleren und westlichen Gegenden zu gute kommen würde.

Für den Osten würde eine Erhöhung der Mehlfracht nur von den Küstengebieten aus eintreten können, während andererseits die Mehlfracht vom Osten nach dem Westen nicht erhöht werden darf; hier wäre sogar eine Wiedereinführung der Staffeltarife sehr erwünscht. Denn wenn der Osten sein Getreide ebenso billig wie das Mehl nach dem Westen fahren kann, wird dasselbe im Osten nicht vermahlen, die Mühlenindustrie des Ostens, die ihm so nötig wäre, kann deshalb sich nicht entwickeln. Darum müßte der Osten für Mehl relativ billigere Frachtkosten nach dem Westen haben wie für Getreide, während andererseits die Mehlfrachtkosten von dem Westen nach dem Osten und von den Küsten nach dem Innern zu erhöhen wären. Doch erscheint es sehr fraglich, ob diese Mittel wirklich ausführbar sind.

Ein anderes Mittel wird jetzt von den Müllern selbst empfohlen. Dieselben schlagen in einer Petition an den Reichstag die Einführung einer staffelförmigen Produktions- bezw. Umsatzsteuer vor, die hauptsächlich die großen Mehlfabriken und Riesenmühlen treffen soll. Die Binnenland Mühlen leiden wie es in der Petition heißt, seit Jahren an der gewaltigen Überproduktion der großen Hafenmühlen in Stettin, Danzig, Kiel, Berlin, Ludwigshafen u. s. w., die großenteils billiges Auslands-Getreide vermahlen, die Mehlpreise drücken und dabei auch die Produkte der deutschen Landwirtschaft vom heimischen Markte verdrängen. „Eine durchgreifende Besserung in den bestehenden Zuständen dürfte wohl nur aus einer Einschränkung der Gewerbefreiheit zu erwarten sein. Wie man bei einzelnen Berufsarten z. B. im Schankgewerbe, die Bedürfnisfrage geltend macht, so hätte diese auch im Mühlengewerbe ihre Berechtigung. Man würde dann nur in einzelnen Fällen zur Neuanlage von Mühlen gelangen und sich im übrigen auf die Vervollkommnung der bestehenden Werke beschränken können. Die vorhandenen Mühlen im Deutschen Reiche sind bequem imstande, an Mehl das dreifache Quantum dessen zu liefern, was die einheimische Bevölkerung bedarf. Mit Ausnahme der größten Mehlfabriken, die den Absatz sich zu erzwingen wissen, arbeiten heute die meisten Mühlen nur mit halber Kraft, sofern sie nicht zeitweilig ganz feiern." Es heißt dann weiter in der Petition: „Bis zur Einführung einer durchgreifenden Maßregel könnte man sich mit folgenden Maßnahmen behelfen: 1) Die maßlose Überproduktion könnte verhütet werden durch eine, auch schon von anderen Berufszweigen geforderte staffelförmige Produktions- oder Umsatzsteuer, wobei die durchschnittliche Jahres-Produktion der Mühlen zur Grundlage für die Berechnung zu nehmen wäre. Diese Steuer wäre so zu bemessen, daß sie die kleineren Betriebe frei ausgehen ließe und nur die Großbetriebe in steigendem Verhältnis träfe. Man könnte die Steuer etwa bei Mühlen von 20 000 Ztr. Jahres-Vermahlung mit einer geringen Abgabe (vielleicht 1 bis 2 Pfg. pro Ztr.) beginnen lassen; sie müßte aber progressiv derartig ansteigen, daß sie bei den allergrößten Betrieben (von denen einzelne täglich einige hundert Tonnen bezw. Wispel Getreide, also mehr als 1000 kleine Mühlen zusammen vermahlen) jeden verarbeiteten Zentner Mahlfrucht mit mindestens 25 bis 30 Pfg. belastete, da die Steuer sonst unwirksam sein würde. Scheut man aber vor Einführung einer besonderen Steuer zurück, so wäre zum mindesten eine Reform in der Berechnung der Gewerbe- bezw. Einkommensteuer zu fordern. Auch für eine gerechte allgemeine Besteuerung müßte die Produktion bezw. der Jahres-Umsatz des Betriebes zu Grunde gelegt werden, da jeder andere Maßstab für die Schätzung des Ertrages eines Betriebes trügerisch ist."

Dieser Vorschlag scheint durch die Agitation für die Besteuerung der Warenhäuser angeregt zu sein. Gewiß ist es heutzutage für die kleinen Gewerbetreibenden traurig, wenn sie sich gegenüber dem schnell anwachsenden Großbetrieb nicht mehr halten können — und leider ist das ja in vielen Gewerbezweigen so.

Aber die ganze Entwickelung der Technik drängt nun einmal auf den Großbetrieb hin. Ob dieser Prozeß durch künstliche Mittel aufgehalten werden kann, ist doch sehr fraglich, allerhöchstens würde er dadurch nur verlangsamt werden.

Andererseits aber liegt auch in der Entwickelung des Großbetriebes eine immense Bedeutung für ein Land. Er führt die Produktion einer immer vollkommeren und rationelleren Gestaltung zu, während im Kleinbetriebe viel Kraft und Zeit vergendet wird. Der Großbetrieb ist zu einem eminenten Pionier der Kultur geworden, der für die Verbesserung der Lage der arbeitenden Klassen weit mehr leisten kann wie der Kleinbetrieb.

Aber der Übergang bringt immer Schmerzen bei den davon Betroffenen.

Eine Extrasteuer der großen Betriebe würde das Anwachsen derselben kaum verhindern; jedenfalls dürfte sie nicht so hoch sein, daß sie die Groß= betriebe konkurrenzunfähig machte; eine niedriger bemessene aber würde teils durch technische oder Betriebsverbesserungen wieder wett gemacht, teils aber eventuell auch durch Lohndrückerei oder Preisdrückerei bei Einkauf des Ge= treides — Konsequenzen, welche doch gewiß nicht wünschenswert sind.

Das einzige wirksame Mittel wäre Beschränkung der Zahl der Betriebe; da wir aber das in keinem Produktiv= gewerbe bisher haben, so ist auch dieser Weg zunächst prak= tisch nicht beschreitbar.

Der Mehlexport muß auf jede Weise erleichtert werden, während andererseits der Absatz von Mehl im Inlande seitens der Konten= müller beschränkt werden muß.

Im Jahre 1825 wurde erst die erste Dampfmühle in Deutschland, und zwar in Magdeburg, errichtet. Etwa ein Dezennium später waren schon 27 und 1864 gar 668 Dampfmühlen in Preußen vorhanden. Der Kataster der Müllerei-Berufsgenossenschaft zählt Anfang 1893 gar 742 reine Dampf= mühlen. Die Zahl der Windmühlen hat hierzu nicht unbedeutend abge= nommen. Im Jahre 1849 gab es 13150 Windmühlen in Preußen, 1864: 14867 in Preußen und 1893: 14301 in ganz Deutschland; Wassermühlen waren in den gleichen Jahren 14475, 14713 in Preußen und 25851 im Reich gezählt; die Zahl der Mühlen im Zollvereinsgebiet von 1864 und im Reich von 1893 ist von 59118 auf 43298 zurückgegangen, und ohne Frage sind hier kleinere Mühlen eingegangen, namentlich Windmühlen. In den Berichten der Kommission für Arbeiterstatistik haben einzelne Gesellen= vertretungen es ausgesprochen, daß der Untergang der Windmüllerei nur eine Frage der Zeit sei, und man schon jetzt diese Mühlengattung nicht vermissen würde, wenn sie plötzlich ihren Betrieb einstellte.

Allerdings ist unsere Mühlen=Großindustrie jetzt auch nicht auf Rosen gebettet. Dem „Hamb. Korr." vom 21. Juni 1896 wurde ge= schrieben:

„Wie in eingeweihten Kreisen längst bekannt, ist über unsere Mühlen= industrie eine ernste Krisis hereingebrochen, die auch unsere Landwirtschaft in Mitleidenschaft zieht. Es sind überall in Deutschland große Läger von Weizenmehl entstanden, obgleich die Mühlen ihren Betrieb schon so wesent= lich eingeschränkt haben, daß ein Mangel an Kleie sich fühlbar macht und

der Kleiepreis im Vergleich zu unseren gegenwärtigen Weizenpreisen ein un=
gewöhnlich hoher geworden ist. Viel schlimmer in entgegengesetzter Richtung
wirkt diese Betriebseinschränkung der Mühlen auf den Preis unseres heimischen
Weizens, der einen ganz bedenklichen Tiefstand erreicht hat. Als Grund für
den mangelnden Absatz von Weizenmehl sind zolltechnische Schwierigkeiten an=
zusehen, durch die unseren Mühlen ihr früher so reger Absatz nach dem Aus=
land versperrt ist, nachdem Frankreich ein viel gerechteres Zollabfertigungs=
verfahren eingeführt und dadurch seinen Mehlexport zum Nachteil Teutsch=
lands ganz außerordentlich gehoben hat. Frankreichs Mehlausfuhr stieg nach
England von 2500000 kg im Jahre 1893 auf 56000000 kg im Jahre 1895
und nach Belgien von 12184900 kg im Jahre 1892 auf 40788500 kg im
Jahre 1894.

Dagegen ist die Mehlausfuhr von Teutschland nach England, die sich
in früheren Jahren auch um 50 Mill. kg bewegte, zurückgegangen auf rund
10 Mill. im Jahre 1894 und hat nach Skandinavien jetzt ganz aufgehört.
Es ist deshalb dringend geboten, daß Landwirtschaft und Mühlenindustrie
vereint Schritte bei unserer Regierung thun, die geeignet sind, unsere Mühlen
in Stand zu setzen, daß sie wieder mehr einheimischen Weizen für Export=
zwecke vermahlen können."

Der Jahresbericht der Dortmunder Handelskammer meldet über das
Getreide= und Mühlengeschäft des Jahres 1895 folgendes: "Wenn auch das
Getreide= und Mühlengeschäft im Geschäftsjahre 1895 kein sehr einträgliches
genannt werden kann, so ist es doch von den schweren Verlusten und kolossalen
Aufregungen verschont geblieben, die ihm die Jahre vorher so häufig brachten.
Als sehr segensreich auch für das Getreide= und Mühlengeschäft der west=
lichen Provinzen hat sich auch die Aufhebung der Staffeltarife und des
Identitätsnachweises erwiesen, da namentlich durch die letztere Maßregel der
bleierne Druck, der durch das ständige Angebot des inländischen Getreides aus
den Ostseeprovinzen, dem jetzt andere naturgemäße Absatzgebiete wieder ge=
öffnet sind, aufgehört, und die unsere westliche Mühlenindustrie seit Jahren
so schädigende Konkurrenz der Ostseemühlen seit dieser Zeit nachgelassen hat,
ein Beweis, daß auch diese Mühlen anderweit lohnendere Verwendung für
ihr Fabrikat gefunden haben. Es konnten ferner größere Quantitäten
rheinischen Getreides über die Zollgrenzen nach Holland und Belgien aus=
geführt werden, ein Beweis, daß das neue Gesetz auch für die westliche
Landwirtschaft segensreich wirkt. Auch hat die letztere für ihre Produkte fast
durchweg in hiesiger Gegend dieselben Preise erzielt, welche für besten russischen
Roggen und kleberreichen ausländischen Weizen zur Zeit angelegt wurden,
während früher durchweg eine nicht unerhebliche Preisdifferenz bestand. War
so das Getreide= und Mühlengeschäft im ersten Halbjahre noch einigermaßen

17*

zufriedenstellend, so schlug es nach der neuen Ernte geradezu in das Gegenteil um. Wer von den Müllern nicht den Mut hatte, Mehl auf Monate hinaus in Blanko zu verkaufen, was ja bei den ohnehin sehr niedrigen Preisen ein überaus gefährliches Experiment schien, der konnte im laufenden Geschäfte nicht die Selbstkosten decken. Die Hauptschuld hieran trägt die fortwährende Vergrößerung der Mühlenetablissements und die durch die sich immer mehr vervollkommnenden Einrichtungen stets steigende Produktion, welcher der Konsum nicht in gleichem Maße gefolgt ist. Daß solche Verhältnisse bedauerlich, sehr ungesund und auf die Dauer unhaltbar sind, ist klar, leider aber haben die bis jetzt unternommenen Schritte, eine Betriebseinschränkung herbeizuführen, noch zu keinem Resultat geführt."

Die „Kölnische Zeitung" brachte im August 1896 folgenden beachtenswerten Artikel:

„Schon seit geraumer Zeit werden im Lager der Müllerei wie in der Bankwelt gewichtige Stimmen laut, welche eindringlich vor dem Bau weiterer „Riesenmühlen" mit ihren technisch auf das vollkommenste eingerichteten Betrieben warnen und zwar mit Rücksicht auf die von Jahr zu Jahr sich immer unbefriedigender gestaltende Lage der Müllerei. So spricht sich u. a. der Jahresbericht der Handelskammer für Elberfeld über das Geschäftsjahr 1895, soweit Getreidehandel und Mühlengewerbe dabei in Frage kommen, dahin aus, daß es in demselben für Unternehmer, die rechtzeitig zu verkaufen wußten, wohl etwas zu verdienen gab, während der gediegene Geschäftsbetrieb in solchen Zeitläufen um so bestimmter seine Rechnung nicht finde, zumal da die teuer eingekauften Rohstoffe oft kaum noch mit Nutzen in Mehl verwandelt werden konnten. Dazu kommen die vielen Mißbräuche, die sich in den Mehlhandel allmählich einzuschleichen gewußt haben und fast unausrottbar erscheinen, vor allem die unsinnigen Verkaufsgebräuche, wie die planlosen Vorausverkäufe auf viele Monate hinaus, die in Anbetracht des meist herrschenden Zinsfußes viel zu hohe Zinsvergütung für Barzahlung, die ungemein tadelnswerten Verkäufe zu einem zwar bestimmten Preise auf beliebigen Abruf, welcher Preis aber nur im Falle einer mittlerweile eingetretenen Preiserhöhung bindende Kraft für beide Teile habe, im Falle eines Preisrückganges jedoch den Verkäufer zu einem entsprechenden Preisnachlaß zwinge (die sog. Baisse-Klausel) und dergl. mehr.

Die unseligste Wirkung übt jedoch jahraus jahrein die vielberufene Zuvielerzeugung aus. Auch die kürzlich in Berlin abgehaltene Jahreshauptversammlung des Verbands deutscher Müller hatte in ihre Tagesordnung eine Besprechung über „Die Notwendigkeit der Verminderung der Mehlerzeugung" aufgenommen, bei welcher Gelegenheit letztere zwar allgemein anerkannt wurde unter der hervorstechenden Begründung, daß die Absatzgebiete der großen inländischen Ausfuhrmühlen wie Dänemark, England, Holland, Norwegen und Schweden, innerhalb des letzten Jahrzehnts durch die Ungunst der Zollverhältnisse und den Wettbewerb anderer Länder teilweise verloren gegangen seien, aber ein Heilmittel auch nicht gefunden wurde. Am meisten versprach man sich noch von der Einführung einer staffelförmigen Umsatzsteuer, welche die gewaltige Zuvielerzeugung der großen an den Wasserwegen gelegenen Mehlfabriken in Stettin, Danzig, Kiel, Berlin, Ludwigshafen u. s. w. einzuschränken geeignet sein möchte. Nach dem Geschäftsbericht der Ludwigshafener Walzenmühle, zugleich der neuesten Gründung auf dem Gebiete der Riesenmühlen, besitzt diese eine Vermahlungsfähigkeit von täglich 1000 Sack Roggen und 1200 Sack Weizen; ihr Bedarf an letzterer Fruchtgattung wird aber durch Vergrößerung sich auf 1700 Sack steigern, sodaß sie jährlich 1684000 Ztr. Getreide zu vermahlen imstande sein wird, von dem aber nur ein verschwindender Teil deutsches Bodenerzeugnis ist, ein Beweis für die Gefahr, welche in diesen Riesenmühlen auch für die deutsche Landwirtschaft liegt.

In Frankfurt am Main soll eine gleich große Gründung im Werke sein, in Berlin wird eine gewaltige Dampfmühle für Weizenvermahlung neu gebaut, und nun verlautet gar aus Hamburg, daß daselbst auf der Elbinsel „Wilhelmsburg" so eben der erste Spatenstich für eine von der Firma Georg Plange in Soest zu errichtende „Riesenmühle" geschehen ist, deren tägliche Leistung mit über 2000 Sack gleich 20 Doppellader Getreide veranschlagt wird. Die Mühle, welche eine der größten Unternehmung ihrer Art in Norddeutschland werden soll, wird mit ihren Nebengebäuden, dem Silospeicher, den Maschinen= und Verwaltungsgebäuden 2c. insgesamt einen Flächenraum von etwa 12000 qm bedecken.

Demgegenüber mag es Interesse erregen, von einer Zusammenkunft von Hamburger und Altonaer Mühlenbesitzern zu hören, welche vor einigen Tagen im Altonaer Kommerz=Kollegium, unter Beteiligung der Hamburger Handelskammer, die sich durch einen ihrer Sekretäre vertreten ließ, stattgefunden hat. Es handelte sich darum, über Schritte zu beraten, wie dem Notstand der Mühlen=Industrie, der schon viele Mühlen zur Verringerung ihres Betriebes, andere zur fast völligen Einstellung desselben veranlaßt habe, abzuhelfen sein möchte. Von den Vertretern der großen „Baltischen Mühlengesellschaft", sowie des „Harburger Mühlenbetriebs" wurde hervorgehoben, wie namentlich dadurch, daß von der französischen Regierung den dortigen Mühlen eine Ausfuhrvergütung gewährt wird, unser deutsches Mühlengewerbe so schwer geschädigt, teilweise sogar brachgelegt worden sei. Wenn in erster Linie hiervon die großen Ausfuhrmühlen in den Hafenstädten getroffen würden, so seien folgerichtigerweise auch die Mühlen im Inlande in ebenso große Mitleidenschaft gezogen, da doch die Ausfuhrmühlen, die ihre Erzeugnisse nicht im Auslande abzusetzen vermöchten, natur-

gemäß gezwungen wären, Absatz im Binnenlande zu suchen und damit einen
erdrückenden Wettbewerb zu eröffnen, der auf die Dauer zum Rückgang der
einst blühenden Mühlen-Industrie führen muß.

Man vergleiche damit die Auslassungen im Jahresbericht der Wurzener
Kunstmühlenwerke vorm. F. Krietsch, wonach die Lage des Mühlengeschäfts
sich im Laufe des Rechnungsjahres leider noch weiter verschlechtert habe, indem sich zur rückläufigen Bewegung der Weizen- und Roggenpreise, wie zu
dem ungewöhnlich reichen Ergebnis der Kartoffelernte das Entstehen n e u e r
g r o ß e r W e t t b e w e r b s u n t e r n e h m u n g e n im Südwesten von Deutschland gesellte, während andererseits die bedeutenden Mühlen an der Nord- und
Ostsee, deren Ausfuhr nach England, Dänemark und Schweden-Norwegen von
dem durch hohe Ausfuhrvergütungen unterstützten französischen Wettbewerb
geschmälert worden sei, nun für einen großen Teil ihrer Erzeugung ebenfalls
Absatz im Innern Deutschlands suchten.

Wohin man auf der ganzen Linie blicken mag: überall dieselbe Trost-
losigkeit der Zustände. Selbst von dem einstigen Mühlen-Eldorado der ungarischen Landeshauptstadt, dessen sieben bedeutendste Aktienmühlen mit ihren
auf der höchsten Stufe der Technik stehenden Einrichtungen groß genug sind,
um nahezu die Hälfte des auszuführenden ungarischen Weizenüberschusses zu
vermahlen, muß der Pester Lloyd angesichts der Betriebsverhältnisse des
Jahres 1895 rundweg zugeben, daß von einem lohnenden Ergebnisse schon
lange nicht mehr die Rede sein könne. Das Blatt wagt schon den Vorschlag,
die Zahl der hauptstädtischen Mühlen zu verringern, doch mißt es selbst in
einem Atem die Folgen ab, welche sich daraus ergeben würden, daß die Pester
Mühlen-Industrie mit ihrem ungeheuren Wert für Hauptstadt und Land um
etwa 4 Millionen Kilozentner Mehl jährlich weniger herstellen und eine dem-
entsprechende Menge Weizens weniger einkaufen möchte.

So stehen allenthalben scharfe Kämpfe für die Zukunft in Aussicht, alles
klagt über den Absatz und die Verstopfung der Ausfuhrmöglichkeit, aber alles
vergrößert sich trotzdem und wagt dazu noch ins Ungemessene gehende Neu-
anlagen. Da hat die Frage allerdings ihre volle Berechtigung: Ist der
Müllerruf „Glück zu" überhaupt noch ernst zu nehmen?"

Der Verband deutscher Müller hat sich infolge dessen zu Erhebungen
veranlaßt gesehen, die ein erschreckendes ·Bild von dem Rückgang unseres
Mehl-Exports gesehen haben.

„Von den am Export beteiligt gewesenen Mühlen haben 42 genaue
Angaben gemacht, nach denen sich im fünfjährigen Durchschnitt ihr jährlicher
Export von Weizenmehl gestellt hat

auf 806 920 Doppelzentner in 1881/85,
„ 546 030   „   „ 1886/90,
„ 397 950   „   „ 1891/95.

aber in den ersten 6 Monaten des laufenden Jahres auf 93 490 Doppel=
zentner zurückgegangen ist, die hauptsächlich zur Erledigung alter Kontrakte
aus dem Vorjahre gedient haben.   Damit ist evident nachgewiesen, daß
die Ausfuhr von Weizenmehl jetzt beinahe ganz aufgehört hat, obgleich
unsere Mühlenindustrie in ihrer Technik auf der Höhe der Zeit steht.   Ein
wesentlicher Moment für das Aufhören unseres Exports ist in unserem Zoll=
regulativ zu finden, das bei Weizen eine Ausbeute von 75 Prozent vorschreibt,
die nur bei dem mehlreichen einheimischen Weizen zutrifft.   Der Mehlgehalt
des ausländischen Weizens, der wegen seines Klebergehaltes und der damit
verbundenen Backkraft als Beimischung unentbehrlich ist, bleibt weit hinter
75 Prozent zurück und erreicht gewöhnlich nur 68 bis 70 Prozent, sodaß bei
dem eingeführten Weizen 5 bis 7 Prozent Mehl mehr verzollt werden müssen,
als derselbe enthält.   Die damit verbundene Verteuerung des Mehles will
das Ausland selbstverständlich nicht bezahlen.   Eine Verbilligung durch Zu=
satz von einheimischem Weizen ist aber nicht mehr möglich, seitdem die Auf=
hebung des Identitätsnachweises bei der Ausfuhr von Körnern den Preis
unseres einheimischen Weizens erheblich gesteigert hat.   Diese Steigerung er=
gibt sich aus den Marktberichten der Hamburger Börse, wo kein Termin=
Differenz= sondern nur Lieferungsgeschäft nach Probe gemacht wird.

Die Durchschnittspreise von Weizen gleichartiger Qualitäten waren für
1000 kg

einheimischen	ausländischen verzollten	
Mk. 223 —	Mk. 232$^1\!_2$	in 1891
„ 181$^1\!_2$	„ 190$^1\!_2$	„ 1892
„ 154 —	„ 158$^1\!_2$	„ 1893
„ 135 —	„ 139	„ 1894
„ 140 —	„ 141 —	„ 1895
„ 152$^1\!_4$	„ 150 —	im Jan. Juni 1896

Danach ist einheimischer gegen verzollten ausländischen Weizen infolge
der Aufhebung des Identitätsnachweises jetzt Mk. 2,25 per 1000 kg teurer
wogegen er in den Jahren 1891 92 etwa 9 Mk. 25 Pfg. billiger gewesen
ist.   Das sind die Ursachen für das Aufhören unseres Mehlexports, die nun
noch durch die Konkurrenz der viel besser gestellten französischen Mühlen ver=
schärft sind.

Frankreich, das jetzt nach Typen exportiert, kennt seinen Vorteil besser;
da hat neuerdings der Ober=Landwirtschaftsrat die Ausbeute bei Weizen auf
68 bis 70 Prozent festgestellt, in der richtigen Erkenntnis, daß dadurch der
Import des mehlärmeren ausländischen Weizens nicht vergrößert, wohl aber der
Export des mehlreicheren französischen Weizens in Fabrikaten außerordentlich ge=
hoben werden kann.   Es liegt auf der flachen Hand, daß auch unserem ein=
heimischen Weizen ein besseres Rendement zu gute kommen und ihn wieder

lohnender für die Exportmüllerei machen müßte, was nur günstig auf seinen Preisstand wirken und für unsere Landwirtschaft von großem Vorteil sein könnte."

Der Rückgang unserer Mehlausfuhr ist also durch die Mehlüberproduktion der ganzen Welt und durch die günstigeren Ausbeuteverhältnisse und die höheren Ausfuhrprämien Frankreichs veranlaßt.

Der französische Ober-Landwirtschaftsrat, in welchem Ministerpräsident Méline den Vorsitz führte, hat über die zollfreie Zulassung von Getreide (d. h. die zollfreie Einfuhr von Getreide unter der Bedingung, daß das zu Mehl verarbeitete ausländische Getreide innerhalb einer bestimmten Zeit ausgeführt werde) ein Gutachten abgegeben, nach welchem 60 kg Mehl zu einem Auszuge von 60 %„ und 10 kg Mehl zu einem Auszuge von 80 %„ zur Ausfuhr gelangen müssen. Ferner wurde beschlossen, einen Mehltypus von 50 %„ Auszug zu schaffen, um mit den ungarischen Mehlen zu konkurrieren.

Bisher also war der Haupttypus Mehl von 60 %„ Ausbeute. Für die Ausfuhr von 60 kg Mehl von 60 %„ und 10 kg Mehl von 80 %„ Ausbeute, zusammen für 72,5 kg können 100 kg Weizen eingeführt werden, während in Deutschland auf 75 kg Weizenmehlausfuhr 100 kg Weizeneinfuhr kommen. Frankreich zahlt also eine thatsächliche Prämie von ca. 7,5 °„. Würde es den neuen Mehltypus von 50 °„ Ausbeute schaffen, so würden auf 62,5 kg Mehlausfuhr 100 kg Weizeneinfuhr gerechnet, die Prämie also wesentlich erhöht.

Deutschland kann, wenn es seine Mehlausfuhr nicht aufgeben will, nicht umhin, dieselben Wege einzuschlagen, und die Mehlexportprämien zu erhöhen.

Die Ein- und Ausfuhr von Mehl und sonstigen Mühlenfabrikaten hat sich in den letzten Jahren folgendermaßen gestaltet:

| | Einfuhr | | Ausfuhr | |
	Mehl	Schrot, Graupen ꝛc.	Mehl	Schrot, Graupen ꝛc.
		1000 Tonnen		
1886	17	3	133	5
1887	21	3	132	5
1888	11	2	151	4
1889	14	2	145	4
1890	14	2	116	5
1891	17	2	104	4
1892	27	3	105	7
1893	27	3	147	11
1894	31	3	188	27
1895	33	4	167	22

Nach dem Rückgang der Ausfuhr in den Jahren 1890—92 trat ein lebhafter Aufschwung ein bis 1894, 1895 erfolgte dann wieder ein Rück=schlag. Die Klagen der Müller können sich demnach in der Hauptsache nur auf das laufende Jahr (1896) beziehen.

III. Der Antrag Kanitz.

Als nach den niedrigen Getreide=Preisen der 80er Jahre seit 1888 ca. die Preise wieder zu steigen begannen und 1891 ihren Höhepunkt erreichten, glaubte niemand, daß sie sobald wieder auf ein noch tieferes Niveau herab=gehen würden. Darum war die Opposition gegen die Handelsverträge von 1891 selbst auf agrarischer Seite noch nicht allgemein und lebhaft. Erst als mit 1892 — und scheinbar mit Herabsetzung des Zolles von 5 auf 3,50 Mk. — ein bedeutender Rückschlag eintrat, brach infolge des Aufrufes des Rittergutspächters Ruprecht-Ransern vom 21. Dez. 1892 der Sturm der Landwirte los, welcher zur Gründung des Bundes der Landwirte am 18. Febr. 1893 führte. Man schob nun alle Schuld an dem Niedergang der Preise auf die Handelsverträge, kämpfte gegen die 1893 folgenden Handels=verträge mit Rumänien und Serbien und namentlich gegen den 1894 mit Rußland abgeschlossenen.

Da nun der Differenzialzoll gegen Rußland gefallen war, das letzte vermeintliche Bollwerk gegen den Preisniedergang, da auch die Staffeltarife nach dem Westen abgeschafft wurden und die Preise weiter fielen — im Osten hoben sie sich allerdings durch die Beseitigung des Identitätsnach=weises relativ —, sann man auf Mittel, um die Preise wieder zu heben.

Im Jahre 1894 erschien der Vorschlag des Grafen Kanitz, der übrigens schon aus dem Jahre 1887 stammt. In seiner Begründung wurde ausgeführt, daß der Bedarf an Brotgetreide etwa 4,8 Ztr. pro Kopf der Bevölkerung ausmache, daß daher nur das Manko der inländischen Ernte eingeführt zu werden brauche. Den Import dieses Zuschusses solle das Reich für seine Rechnung übernehmen und zu einem Preise verkaufen, der dem Durchschnitt der Jahre 1850 – 90 entspreche (215 Mk. für Weizen und 165 Mk. für Roggen). Dadurch würden die Inlandspreise auch auf diese Höhe ge=hoben werden — außer im Falle überreichlicher Ernten. Im Osten müßte der Preis abzüglich der Transportkosten, also mindestens um 15 Mk. niedriger angesetzt werden.

Der Antrag Kanitz wurde zum ersten Male im März 1894 an den Reichstag gebracht und von diesem nach der Beratung am 13. und 14. April mit 159 gegen 46 Stimmen abgelehnt.

In der nächsten Session wurde er wieder eingebracht. Die Beratung wurde aber mit Rücksicht auf den für den März 1895 einberufenen Staats=rat und deutschen Landwirtschaftsrat, denen der Antrag zur Beratung vor=gelegt werden sollte, bis in den März verschoben.

Nachdem er im Staatsrat im März 1895 mit 39 gegen 4 Stimmen für undurchführbar erklärt war — der deutsche Landwirtschaftsrat hatte sich mit 36 gegen 32 Stimmen für eine ähnliche Maßregel wie den Antrag Kanitz ausgesprochen — wurde er am 29. März 1895 vom Reichstage einer Kommission überwiesen, welche aber mit seiner Durchberatung nicht fertig wurde.

In der Session 1895/96 wurde er zum dritten Male in etwas ver=änderter Form eingebracht.

Er lautete: Der Reichstag wolle beschließen: den Herrn Reichskanzler zu ersuchen, dem Reichstage baldigst einen Gesetzentwurf vorzulegen, wonach: für die Dauer der bestehenden Handelsverträge zum Zweck einer Befestigung der Getreidepreise auf mittlerer Höhe 1) der Ein= und Verkauf des zum Verbrauch im Zollgebiet bestimmten aus=ländischen Getreides mit Einschluß der Mühlenfabrikate, in einer den 1891—1894 abgeschlossenen Handelsverträgen nicht wider=sprechenden oder mit den beteiligten Vertragsstaaten näher zu vereinbarenden Weise, ausschließlich für Rechnung des Reiches er=folgt; 2) die Verkaufspreise des Getreides nach den inländischen Durchschnitts=preisen der letzten vierzig Jahre, die Verkaufspreise der Mühlenfabrikate nach dem wirklichen Ausbeuteverhältnis, den Getreidepreisen entsprechend be=messen werden; — 3) über die Verwendung der aus dem Verkaufe des Ge=treides und der Mühlenfabrikate zu erzielenden Überschüsse derart Bestimmung getroffen wird, daß: a) alljährlich eine den durchschnittlichen Getreidezoll=Einnahmen seit dem 1. April 1892 gleichkommende Summe an die Reichs=kasse abgeführt wird, b) ein Reservefonds gebildet wird, um in Zeiten hoher In= und Auslandspreise die Zahlung der an die Reichskasse jährlich abzu=führenden Summe (a) und den Verkauf des ausländischen Ge=treides zu den sub 2 festgesetzten Preisen — auch bei höheren Einkaufspreisen — zu ermöglichen; — 4) bei Erschöpfung dieses Reservefonds die ad 2 bestimmten Verkaufspreise des Reichs um so viel zu erhöhen sind, daß sie der Reichskasse einen Überschuß in Höhe der durchschnittlichen Getreidezoll=Einnahmen seit dem 1. April 1892 gewähren.

Die gesperrt gedruckten Worte waren neu eingefügt. Man rühmte diesen Einschaltungen nach, daß sie den Antrag mit den Handelsverträgen vereinbar gemacht hätten.

In der Vorberatung dieses Antrages in der Kommission der wirtschaft=

lichen Vereinigung des Reichstages legte Graf von Schwerin-Löwitz folgenden Ausführungsentwurf vor:

„§ 2. Die Einkaufspreise und Lieferungsbedingungen für das vom Reich zu kaufende ausländische Getreide werden den Auslandspreisen entsprechend allmonatlich einmal durch das Reichsschatzamt einen Monat im voraus festgesetzt und bekannt gegeben.

Die Wiederverkaufspreise werden den Durchschnittspreisen der letzten 40 Jahre gemäß unter entsprechenden Zuschlägen für die einzelnen teuer produzierenden Gebietsteile des Deutschen Reiches ein für allemal vom Bundesrat festgesetzt.

§ 3. Zur Unterbringung des eingekauften Getreides hat die Monopolverwaltung an den Haupteinfuhrplätzen Lagerhäuser zu errichten (nach Kanitz etwa 21) oder mietsweise zu übernehmen, welche zusammen mindestens ¹/₃ der durchschnittlichen jährlichen Getreideeinfuhr fassen. Auch wird die Regierung ermächtigt, für außerordentliche Fälle — Krieg, Mißernten — außerordentliche Vorräte anzusammeln.

Daneben erfolgt jedoch von seiten des Reichs der Ein- und Verkauf von Getreide- und Mühlenfabrikaten in der Weise, daß die Importeure das ihnen vom Reich abgekaufte Getreide oder Mehl sofort und ohne vorherige Einbringung in die fiskalischen Lagerhäuser zu den gesetzlich bestimmten Wiederverkaufspreisen des Reiches zurücknehmen, — also gegen Zahlung der Differenz der im § 2 festgesetzten Ein- und Verkaufspreise das Recht zur unbeschränkten Verwendung ihres Getreides im deutschen Zollgebiet erwerben.

Dieses Recht wird auch durch die Ausfuhr einer gleichen Menge Getreide derselben Gattung oder einer entsprechenden Menge von Mühlenfabrikaten auf Grund eines bezüglichen Einfuhrberechtigungsscheins erworben."

In diesem Entwurfe waren die beiden Modalitäten der Durchführung vereinigt:

Einmal: Ankauf des ausländischen Getreides nach Weltmarktpreis auf Grund von Lieferungsverträgen, Magazinierung dieses ganzen vom Reiche gekauften Getreides ausschließlich in staatlichen Magazinen und Wiederherausgabe aus diesen Magazinen je nach Bedarf im Lande zu den im Antrage vorgesehenen gesetzlichen Normal-Wiederverkaufspreisen. Gegen diese Methode wurde in der Kommission hauptsächlich eingewandt, daß es unmöglich sein würde, den Weltmarktpreis festzustellen, dann, daß dann der ganze Einfuhrhandel beschränkt würde, und endlich, daß dazu doch sehr erhebliche Lagerhäuser für die Monopolverwaltung notwendig werden würden, die nicht zur Verfügung ständen. Zur Vermeidung dieser Übelstände, die bis zu einem gewissen Grade anerkannt werden konnten, obwohl sie in einer

Darlegung des Grafen Kaniß zum größten Teil als unbegründet zurückge=
wiesen wurden, wurde von Freunden des Antrags eine andere Ausführungs=
art empfohlen, wonach von einer Magazinierung für das Reich ganz ab=
gesehen und es lediglich den großen Importeuren selbst aufgegeben werden
sollte, gegen sofortige Zahlung der Differenz zwischen dem von der
Monopolverwaltung bestimmten Einkaufspreis und dem gesetzlich feststehenden
Wiederverkaufspreis des Reichs zu importieren. Hiergegen wurde eingewandt,
daß dies doch nur eine andere Form eines variablen Zolles sei, und daß
diese Modalität, wenigstens allein angewandt, dem Sinne der Handelsverträge
widersprechen würde.

„In dem Entwurfe sind also, wie Graf Schwerin in der Deutschen Tages=
zeitung ausführte, die beiden vorher auseinandergesetzten Arten der Durch=
führung so kombiniert, daß durch die an den Grenzen zu errichtenden und
mindestens ¹⁄₃ des jährlichen Bedarfs fassenden Magazine gewissermaßen ein
Ausgleichungsbassin geschaffen wird, an dem die Reichsmonopolver=
waltung jederzeit erkennen kann, ob im Lande mehr Nachfrage nach Getreide
als Angebot vom Auslande vorhanden ist oder umgekehrt. Damit wird die
Notwendigkeit einer Vorausberechnung des Bedarfs im Inlande voll=
kommen überflüssig, es wird auch die Berechnung eines allgemeinen Welt=
marktpreises ganz unnötig. Alles dies ergibt sich einfach aus dem An=
gebot an die Magazine, eigentlich genau ebenso wie jetzt bei den Proviant=
ämtern für die Armee. Die ganze Sache hat auch kaum einen sehr viel
größeren Umfang als jetzt bei der Militärverwaltung und daneben wird voll=
kommen unbeschränkt der Einfuhrhandel gegen Differenzzahlung aufrecht erhalten.

Sobald also in einem Monat bei den Magazinen zu viel Getreide
angeboten worden ist, würde dies dadurch korrigiert werden, daß die Monopol=
verwaltung ihren Einkaufspreis für den nächsten Monat um 1 oder 2 Mk.
herabsetzt. Dann wird die Differenz zwischen dem Einkaufspreis des
Reichs und den gesetzlich feststehenden Wiederverkaufspreisen um so viel
größer, — die Zollwirkung des Monopols — wenn man es so nennen
darf — wird dadurch um 1 bis 2 Mk. höher. — Tritt dagegen der ent=
gegengesetzte Fall ein, — wurde in einem Monat den Magazinen zu wenig
ausländisches Getreide angeboten, sodaß sich dieselben leerten, so setzt die
Verwaltung den Einkaufspreis für den nächsten Monat um ein paar Mark
herauf; — die Differenz mit den gesetzlichen Wiederverkaufspreisen — die
sogenannte Zollwirkung — vermindert sich, das Angebot vom Aus=
land wird zunehmen, und von einem Mangel in den Magazinen
wie im Lande wird ebenso wenig die Rede sein können als vorher von allzu
großem Überfluß. Wir haben damit thatsächlich die Wirkung eines
Zolls mit gleitender Skala, nur haben wir dabei nicht den Übelstand,
der mit dieser Einrichtung früher verbunden war, daß sich nämlich an die

bei gewissen Preisänderungen gesetzlich vorgeschriebene Zolländerung große Spekulationen knüpfen konnten. Die Preisregulierung erfolgt hier bei einem so gehandhabten Monopol durchaus selbstthätig, ohne daß sich für eine unberechtigte Spekulation dabei irgend eine Handhabe bietet."

Am 16. und 17. Januar fand die Beratung des Reichstages über den Antrag Kaniß statt. Er wurde vom Grafen Kaniß begründet. Gleich nach ihm erhob sich der Staatssekretär Frh. von Marschall-Bieberstein, welcher ihn unter umfassender Kritik seitens der Regierung ablehnte. Nach ihm sprach namens des Zentrums Graf v. Salm gegen den Antrag, Graf v. Schwerin-Löwitz für ihn, Rickert gegen ihn für die freisinnige Vereinigung, Graf von Bismark für ihn, Graf Bernstorff (Welfe) gegen ihn. Am 17. Januar erklärte sich namens der Polen Fürst Radziwill gegen den Antrag, von Bennigsen seitens der Nationalliberalen ebenfalls, seitens der Regierung sprach sich der Minister Frhr. von Hammerstein sehr scharf gegen den Antrag und den Bund der Landwirte aus. Die Sozialdemokraten lehnten durch Herbert ab. Es sprachen noch von Kardorff für den Antrag, Richter dagegen, Liebermann von Sonnenberg im Schlußwort dafür.

Die Abstimmung ergab 219 dagegen und 97 Stimmen dafür.

In seiner ausgezeichneten Rede führte Frhr. von Marschall folgendes aus: . . . „Ich habe neulich gelesen, daß heute der große Tag sei, wo die Prüfung bezüglich der politischen Weisheit und der „nationalen Gesinnung" stattfinden werde. Ich fürchte, ich werde diese Prüfung nicht bestehen (Heiterkeit links), und ich habe nur zu wünschen, daß die große Mehrheit des Hauses mein Schicksal teilen möge. Wer heute nicht für den Antrag Kaniß stimmt, gilt als Manchestermann, als ob zwischen Cobben und Kaniß eine mittlere Meinung überhaupt nicht mehr möglich wäre. Wer für den 3,50-Markzoll gestimmt hat, gilt als Freihändler, so daß man sich unwillkürlich fragen muß: was für eine Zoll- und Wirtschaftspolitik haben wir denn im Jahre 1879 getrieben, als wir den Zoll auf 1 Mk. für den Doppelzentner festgesetzt haben und der Herr Abg. Graf v. Mirbach einer der tüchtigsten Befürworter dieser Zollpolitik gewesen ist?

Ich werde stets nach den Grundsätzen der Zollpolitik von 1879 als erste Sorge des Staats betrachten, daß der deutschen Arbeit der innere Markt erhalten bleibt (Unruhe rechts), gleichzeitig aber auch, daß für die Ausfuhr Licht und Luft zum Gedeihen verbleibt. Unsere Ausfuhr ist auch nationale Arbeit. (Sehr wahr! links.) Wir führen über 2500 Millionen an Werten Fabrikate alljährlich aus, und darunter ist viel Arbeitslohn, denn die Arbeit für die Ausfuhr ist zum großen Teil hoch belohnte Arbeit. Das „made in Germany", was einst nicht allzu freundlich gegen uns gemeint war, ist heute ein Empfehlungsbrief für uns geworden (Sehr richtig! links); der deutsche Handel und die deutsche Schiffahrt verkünden, indem sie deutsche Produkte nach dem Ausland führen, das, was Deutschlands Fleiß und Deutschlands Kraft vermag; und ich meine, wir hätten allen Anlaß, stolz darauf zu sein, daß auf diese Weise unser Ansehen in fernen Ländern begründet wird.

Ich habe den Antrag Kanitz gewissenhaft geprüft. Ich werde ihn bekämpfen, weil ich glaube, daß er handelspolitisch unmöglich ist, daß er praktisch nicht durchführbar ist (Widerspruch rechts), und daß er vom sozialpolitischen Standpunkte aus schweren Bedenken unterliegt.

Als eine Verbesserung des Antrages erkenne ich an, daß er die Frage der Vereinbarung dieses Antrages mit unseren Handelsverträgen zur Erörterung stellt. Ich fürchte nur, daß die verbündeten Regierungen das Vertrauen nicht zu rechtfertigen vermögen, was er ihnen dadurch bekundete, daß er es ihnen anheimstellte, die Lösung dieser Aufgabe zu finden. Die Aufgabe ist nicht lösbar. Der Herr Vorredner hat eingehend von dem Geist und von dem Wortlaut gesprochen. Ich will einfach die Sachlage klarstellen. Wir haben an drei Getreide ausführende Länder: an Österreich-Ungarn, an Rußland, an Rumänien das bindende Versprechen abgegeben, daß wir auf längere Zeit hinaus ihr Getreide zum ermäßigten Zollsatze von 3,50 Mk. bei uns einlassen würden, daß nach Übernahme dieser Belastung ihr Getreide mit dem unsrigen frei konkurrieren könne, und daß wir kein Einfuhrverbot erlassen würden. Für diese Konzession unsererseits haben wir für deutsche Produkte ähnliche Zollermäßigungen von jenen Staaten erwirkt. Nun wünscht der Herr Vorredner eine Revision dieser Verträge: ich soll zu den Staaten herantreten und ihnen sagen: wir wünschen diese Verträge nach folgenden Richtungen abzuändern: 1. Euer Getreide soll künftig, wenn es bei uns eingeht, nicht mit 3,50 Mk. belastet werden, sondern mit der ganzen Differenz zwischen dem Weltmarktpreis und dem Antrag Kanitz, d. i. ungefähr 10 oder 12 Mk., das heißt das Dreifache des Konventionalzollsatzes; 2. auch nach Übernahme dieser Belastung soll Euer Getreide nicht in freie Konkurrenz mit dem im Inland erzeugten Getreide treten; es soll dem Monopol des Staates unterliegen, der nur nach Maßgabe des Bedarfs einführt, und 3. darüber, was der Bedarf ist, entscheidet ausschließlich das Deutsche Reich. Nehmen wir einmal den umgekehrten Fall an, stellen wir uns vor, daß einer unserer Vertragsstaaten einen analogen Antrag stellen würde bezüglich der deutschen Produkte, z. B. der Textilbranche, der chemischen Branche, der Eisenbranche, hinsichtlich deren wir in unseren Verträgen Zollermäßigungen erwirkt haben. Was würden wir wohl dazu sagen? Ich würde einigermaßen um den parlamentarischen Ausdruck verlegen sein, mit dem ich einen solchen Antrag bezeichnen sollte. (Sehr gut! links.) Ich würde erwidern: Das ist ja keine Revision, das ist die Negation der Verträge; denn die Grundlage, auf der sie aufgebaut sind, wird weggezogen, ja sie wird auf den Kopf gestellt; denn während wir die Absicht hatten, unseren Güteraustausch zu erleichtern, wird er wesentlich erschwert. Ich habe nicht den geringsten Zweifel, daß die anderen Vertrags= staaten uns dieselbe Antwort geben würden. Mit der Feststellung, daß der Antrag Kaniß mit diesen konkreten Handelsverträgen in Widerspruch steht, ist aber noch nicht einmal der Kernpunkt der Sache getroffen. Ich kann ohne Übertreibung sagen: der Antrag Kaniß steht mit dem Begriff eines Handelsvertrags in Widerspruch (Sehr gut! links.) Denn jeder Staat, der einen solchen abschließt, hat in allererster Reihe die Absicht, seine Produkte in dem anderen Lande gegen die Behandlung sicherzu= stellen, die der Antrag Kaniß dem fremden Getreide ange= deihen lassen will. (Sehr richtig! links.) Jede handelspolitische Ver= einbarung, sie mag im übrigen enthalten, was sie wolle, strebt danach, die eigene Ware der Willkür des anderen Staates zu entziehen und die Voraus= setzungen festzulegen, welche zu erfüllen sind, damit die eigene Ware mit der im Inland des anderen Staates erzeugten Ware konkurrieren kann. Ist für die inländische Ware des anderen Staates das Recht des freien Verkehrs nicht vorhanden, besteht das Monopol bezüglich der Inlandsware, so muß selbstredend auch die Ware, die aus dem Ausland kommt, diesem Monopol sich unterwerfen. Darum ist in den Handelsverträgen die Zulässigkeit des Monopols ausgesprochen. Wenn aber der Herr Vorredner daraus schließt, wir können ohne weiteres das Getreidemonopol einführen, so ist das nicht zutreffend. Ich kann nicht heute die Zollermäßigung auf ein gewisses Produkt zum Gegenstand eines Handelsvertrages mit einem anderen Staate machen und am folgenden Tage sagen, jetzt mache ich die Thür zu, jetzt führe ich das Monopol ein. (Widerspruch rechts.) Was aber absolut un= möglich ist, ist dieses Teilmonopol, das der Antrag Kaniß vorschlägt, (Sehr richtig! links), welches sich nur auf das ausländische Getreide bezieht, denn ich wiederhole, jeder Handelsvertrag hat seinen Begriff nach den Zweck, die Behandlung zu vermeiden, die der Antrag Kaniß fordert. Der Herr Vorredner hat dann eine Andeutung gemacht, wir könnten ja den anderen Staaten diese Pille dadurch schmackhaft machen, daß wir unsere Meist= begünstigungsverträge mit überseeischen Staaten kündigen und gleichsam diese drei Vertragsstaaten zu unseren ausschließlichen Getreidelieferanten ernennen. Der Vorschlag ist ja auch in der agrarischen Presse gemacht worden. Ich frage mich, ob es wohl der Würde eines großen, unabhängigen Staates ent= spricht, (Bewegung rechts), daß er sich vertragsmäßig bindet, den Bedarf an gewissen Produkten nur von bestimmten Staaten zu nehmen. Mir ist kein ähnlicher Vertrag unter unabhängigen Staaten bekannt. Aber, wie sollen wir weiter mit Österreich, Rußland, Rumänien die Quote feststellen, die jährlich von dort geliefert werden soll, auf welche Weise soll hierüber eine Einigung erzielt werden, wie viel Roggen und Weizen soll prozentuell auf

Rußland, Österreich und Rumänien fallen? Wie soll die Kontrolle ausgeübt werden? Die fremden Staaten werden kaum ohne weiteres uns das
volle Vertrauen schenken, daß wir nicht einmal heimlich 100 Tonnen argen-
tinischen Weizen einführen. Wenn eine Prämie darauf gesetzt würde, die
wirtschaftlichen und handelspolitischen Beziehungen zwischen verschiedenen
Ländern zu einem Chaos zu verwickeln, dann allerdings würde dieser Vorschlag in erster Reihe in Betracht kommen (Heiterkeit links.) Will man den
Antrag Kanitz durchführen, so muß man den Zeitpunkt abwarten, wo wir in
dem vollen Besitz unserer Autonomie sein, wo wir weder Tarifverträge noch
Meistbegünstigungsverträge haben, dann kann man juristisch den Antrag
durchführen; ob man es wirtschaftlich kann, hängt von der Frage ab, ob die
Interessenten, die an unserer Ausfuhr beteiligt sind, bereit und geneigt dazu
sind, eine gleiche Behandlung für die deutschen Produkte seitens anderer
Länder zu ertragen, wie dieser Antrag Kanitz sie dem fremden Getreide angedeihen läßt; denn in internationaler Beziehung gilt ein grausames und un-
erbittliches Gesetz, das „Wie Du mir, so ich Dir“. Die handelspolitische
Unmöglichkeit des Antrages Kanitz wird, wenn es einen Komparativ von
„unmöglich“ gäbe, noch potenziert, wenn nicht einmal die Durchführbarkeit
desselben über allem Zweifel erhaben ist. Ich kann mit dem Herrn Vorredner insoweit gehen, als ich zugebe, so lange Deutschland seinen eigenen
Bedarf an Getreide nicht erzeugt, so lange es $^1/_{10}$ bis $^1/_{12}$ desselben aus dem
Auslande zuführen muß, so lange wird das Reich, wenn es den Ein- und
Verkauf in seine alleinigen Hände nimmt, in der Lage sein, eine sehr erhebliche Wirkung auf den Inlandspreis des Getreides auszuüben. Das ist ja
aber nicht der eigentliche Zweck des Herrn Vorredners; was er wünscht,
was die Grundlage seines ganzen Antrages bildet, ist die Schaffung von
stabilen, normalen Getreidepreisen. Indem das Reich das ausländische Getreide in seiner Hand monopolisiert, übernimmt es die gesamte Ver-
antwortlichkeit für die Getreideversorgung des Deutschen Reichs, und diese Aufgabe ist nicht allein eine Quantitätsfrage, es handelt sich nicht einfach
darum, auf jede 10 oder 12 Tonnen, die in Deutschland gewachsen sind, eine
Tonne ausländischen Getreides einzuführen, die Frage ist im eminenten Sinne
eine Qualitätsfrage (Sehr richtig! links), d. h. das Reich muß in der
Lage sein, in jedem Augenblick, an jeder Stelle in Quantität
und in Qualität das Getreide bereit zu halten, was der Bedarf verlangt. Es muß also eine Aufgabe lösen, an deren Lösung heute
Hunderttausende von Menschen beschäftigt sind; es muß Kenntnisse besitzen, die wir
heute nicht besitzen (Widerspruch und Unruhe rechts) nämlich darüber, was an
Quantität und Qualität im Lande vorhanden ist: es muß richtige Schätzungen
haben über die zukünftige Ernte und, wenn die Ernte vorüber ist, was die Ernte
uns gebracht hat. Begeht die Reichs-Getreideverwaltung Irrtümer, so wird es

mit dem normalen Preise des Getreides sofort zu Ende sein. Dazu kommt
aber noch etwas. Es wächst doch auch im Inlande nicht jedes Jahr dieselbe
Qualität von Getreide; die Qualitäten sind außerordentlich verschieden je
nach dem Klima, je nach dem Boden und dazu kommen die elementaren Ereignisse, während der Blüte, während der Ernte, die die Qualität des Getreides verändern und verschlechtern. Wenn in einem Jahre in großen
Quantitäten Hafer wächst, den man nicht backen kann, oder Hafer wächst,
den die Pferde nicht fressen, wie will es nun die Getreideverwaltung an-
stellen, durch den Verkauf von ausländischem Getreide zu bestimmten Preisen,
daß auch dieses Getreide einen Käufer zum normalen Getreidepreise des
Antrages Kanitz findet? Das ist vollständig unmöglich. Der deutsche
Bauer wird sich dann mit dem kleinen Finger nicht begnügen, den ihm der
Antrag Kanitz durch Feststellung eines Normalgetreidepreises bietet; er wird,
und zwar mit Recht, die ganze Hand verlangen, nämlich den Anspruch stellen,
daß er auch einen Käufer findet, der ihm den normalen Preis des Antrages
Kanitz bezahlt, und wenn dieser Käufer ausbleibt, so wird er sagen, daß das
Gesetz ein Versprechen gegeben hat, das zu erfüllen es außer Stande ist.
Daraus wird Erbitterung und Unzufriedenheit entstehen. (Sehr richtig!
links.) Und wie will der Antrag Kanitz denn die Verkäufer dazu zwingen,
daß sie niemals unter diesem Preise ihr Getreide weggeben? Man stellt
einen Weizenpreis von 215 Mk. fest. — Der Verkauf vollzieht sich aber nicht
rasch: da sind Bauern, die müssen ihr Getreide verkaufen, weil sie Geld
brauchen, sie unterbieten sich gegenseitig, der eine sagt: ich verkaufe mein
Getreide für 200 Mk. —, der andere: für 180 Mk. Aus diesem Unterbieten wird nach meiner festen Überzeugung in der Landwirtschaft Streit und
Zank entstehen, der wahrhaftig der Landwirtschaft nicht zum Vorteil ge-
reichen kann. (Sehr wahr! links.) Will man einen normalen Preis für
Getreide schaffen, so bleibt nur ein Mittel, das ist das Ganzmonopol, das
sich nicht bloß auf das ausländische, sondern auch auf das inländische bezieht. (Sehr richtig! links.) Aber dann muß man auch dem deutschen
Bauer vollkommen klaren Wein einschenken, was ihm bevorsteht (Sehr richtig!
links), daß er nicht mehr auf seinem eigenen Acker machen kann, was er
will (Sehr richtig! links), daß der Getreidebau monopolisiert wird, daß ihm
die Sorten vorgeschrieben werden, die er pflanzen muß, daß ein Heer von
Beamten aufgestellt wird, welches ihn dann Tag und Nacht kontrolliert,
(Sehr richtig! links), kurz, daß alle die Einrichtungen getroffen werden, von
denen ich behaupte nach meiner Kenntnis des deutschen Bauernstandes: sie
sind dem deutschen Bauer die allerverhaßtesten. (Sehr richtig! links und in
der Mitte.) Das meine Herren, muß man den deutschen Bauern sagen, und
dann bin ich überzeugt, daß es mit der werbenden Kraft des Antrages
Kanitz bald zu Ende sei. (Sehr richtig! links, Widerspruch rechts.)

Was ich — und damit komme ich zum Schluß — dem Antrag des Herrn Vorredners endlich entgegenhalte, ist: ich fürchte, daß, wenn er je zur Durchführung gelangte, er ungleich und ungerecht wirken müßte. Die Personen, welche in erster Reihe einen unmittelbaren finanziellen Vorteil aus dem Antrage bezögen, nämlich diejenigen, welche selbsterzeugtes Getreide verkaufen, die bilden doch, was ihre wirtschaftliche Lage und ihre Bedürftigkeit betrifft, eine überaus verschiedenartige Gruppe, und der Umstand, daß die Lebenshaltung des Produzenten beeinflußt wird von dem Preise seiner Produkte, ist doch nicht der Landwirtschaft eigentümlich; er trifft bei der gesamten Produktion zu. (Sehr richtig! links.) Ich weise auf die große Gruppe von Menschen hin, die nichts besitzen als ihrer Hände Kraft, die menschliche Arbeit verkaufen und deren Lebensexistenz mitsamt ihrer Familie von der Verkäuflichkeit ihrer Arbeit und von der Höhe des Arbeitslohnes abhängt. (Unruhe rechts. Sehr richtig! links.) Der Herr Vorredner sagt: wir verlangen mittlere Getreidepreise. Wie will er es ablehnen, wenn von anderer Seite der Antrag gestellt würde: wir verlangen staatlich fixierte Normallöhne. (Zuruf rechts.) Der Normalarbeitstag hat damit absolut gar nichts zu thun. Denken wir uns unser Wirtschaftssystem graphisch dargestellt, und ziehen wir die Linie des Antrages Kanitz: Das Ergebnis wird sein, daß er eine Reihe sehr potenter Existenzen in seine Fürsorge einschließt (Sehr wahr! links) und große Gruppen von Dürftigen ausläßt. Das würde ungleich und ungerecht wirken, und der Deutsche vermöge seines empfindlichen Rechtsgefühls wird durch nichts so erregt, als wenn Ungleichheit und Ungerechtigkeit von der Stelle ausgeht, von der er allezeit Gerechtigkeit und gleiches Maß erwartet. (Bravo! links.) Der Herr Vorredner hat den Satz ausgesprochen: man kann einem Produzenten nicht zumuten, daß er unterhalb seiner Produktionskosten verkaufe. Ich halte diesen Satz in seiner Allgemeinheit für falsch und für unvereinbar mit unserer privatwirtschaftlichen Ordnung; will man ihn aber einführen, dann darf man nicht beliebig die Landwirtschaft herausgreifen, so wichtig sie sein mag, auch nicht aus der Landwirtschaft die Getreideproduktion. Dann muß man diesen Satz entweder auf unsere Gesamtproduktion anwenden oder die Grenze so ziehen, daß sie alle diejenigen und nur diejenigen einschließt, welche vermöge ihrer Bedürftigkeit in erster Reihe Anspruch auf diese Fürsorge haben, und dann würden neben den Landwirten noch andere große Gruppen in die Fürsorge eingeschlossen werden müssen. Man hat mir vorhin, während ich sprach, eingeworfen, daß durch den Antrag Kanitz die Arbeitslöhne würden erhöht werden. Das ist eine Variation des bekannten Satzes, daß, wenn der Bauer Geld hat, die ganze Welt es hat. Der Satz ist an sich gewiß richtig, er wird aber falsch, wenn man ihn dahin bis zum Extrem führt, daß man sagt: gebt nur der Landwirtschaft, was wir haben wollen, dann wird ein Strom von Glück und Gedeihen auf alle anderen Stände herüberfließen. (Sehr richtig! rechts.) Wenn der Wechsel, den Sie damit auf die Landwirtschaft ziehen, nicht eingelöst wird, wenn der Strom ausbleibt, was dann?" ...

Herr von Hammerstein-Loxten führte folgendes aus: ... „Interessant ist mir eine diesbezügliche Äußerung gewesen, welche Herr Graf Bismarck gestern gethan hat — ein Herr, der ja in seiner früheren dienstlichen Stellung den auswärtigen Verhältnissen besonders nahe gestanden hat. Graf Bismarck sagte, wenn ich ihn richtig verstanden habe: Die Frage, ob durch Verhandlungen mit den Vertragsstaaten die Schwierigkeiten aus dem Vertrage aus dem Wege zu räumen sind — das wolle er einräumen — könne verantwortlich und in ihrem vollen Umfange nur die Reichsregierung prüfen und entscheiden, weil dabei Umstände in betracht zu ziehen seien, welche sich dem außerhalb der Regierung Stehenden entziehen. Die Königlich preußische Regierung hat nun gerade auch diese Frage — Herr v. Marschall hat das eingehend begründet — sorgfältig geprüft, und sie ist zur Entscheidung gekommen, daß es unmöglich ist, und daß es geradezu gefahrbrohend sei, wenn wir überall und besonders in dem gegenwärtigen Stadium auf derartige Verhandlungen eingehen würden. Meine Herren, ich glaube, damit den springenden Punkt der ganzen Sache erledigt zu haben, und ich könnte möglicherweise nun sagen: ich habe jetzt keine Veranlassung, mich überall zur Sache weiter zu äußern. Aber, meine Herren, ich beabsichtige das deshalb nicht, weil ich glaube, noch diesen oder jenen Gedanken hier vortragen zu können, der bisher bei den Verhandlungen weder im Plenum, noch in der Kommission vorgebracht ist. Meine Herren, es ist ja zweifellos allbekannt, daß der Versuch, die Preisbildung in die Hand zu nehmen, in verschiedenen Jahrhunderten in verschiedenen Ländern gemacht ist. Es ist zu römischer Zeit geschehen; wenn Sie darüber die Mommsensche römische Geschichte nachlesen, so werden Sie finden, zu welchen bedenklichen Konsequenzen das geführt hat. Unter Friedrich dem Großen ist es versucht, und ich will dazu nur bemerken: Was zur Zeit Friedrich des Großen paßte, paßt zweifellos nicht in unsere gegenwärtige politische Lage. (Zurufe rechts.) Ich will daran erinnern, daß man zur Zeit der französischen Revolution versucht hat, in die Preisbildungen von Staatswegen mit drakonischen Mitteln einzugreifen. Ich beschränke mich auf die allgemeine Bemerkung, daß man bekanntlich aus der Geschichte überall nicht zu lernen pflegt, aber ich will mich mal auf die neueste Geschichte der Gedanken, welche dem Antrage Kanitz zu Grunde liegen, beschränken. Alle Anträge und Vorschläge, welche von Interessen-Vertretungen, von der Presse, aus den Kreisen des Reichstags und des Abgeordnetenhauses heraus in Deutschland und anderen Ländern in den letzten Dezennien hier gemacht sind, bezwecken sämtlich die Beschränkung der

Preisbildung; sie sollen sie anders gestalten, als es nach dem Gesetz von An=
gebot und Nachfrage geschieht. Besonders interessant sind Maßnahmen,
welche die portugiesische Regierung seit dem Jahre 1889 ergriffen
hat; sie hat durch eine sehr weitgehende Beschränkung der Weizen=, Mais=
und Mehleinfuhr, und dadurch daß sie diese Einfuhr dem Müller allein über=
trug, versucht, im weitesten Umfange auf die Preisbildung dieses vornehmsten
Volksnahrungsmittels in Portugal einzuwirken. Die verschiedenen Ände=
rungen der gesetzlichen und der Ausführungsbestimmungen, welche in Por=
tugal seit 1889 erlassen sind, beweisen, wie schwierig die Sache ist. Aus
diesen Bestimmungen ist aber ein stetiger Streit zwischen der Bevölkerung,
den Produzenten, den Verarbeitern der Produkte, und zwischen der Staats=
regierung entstanden: ein Streit, welcher häufig einen sehr akuten Charakter
angenommen hat. Gestern Morgen ist mir noch ein Bericht des deutschen
Konsuls aus Portugal zu Händen gekommen, dessen Darlegung vollständig
mit dem übereinstimmt, was ich aus verschiedenen Broschüren über diese Frage
gelesen habe. Ich will nicht tiefer auf die Sache eingehen, sondern will kurz
das Resumé der Erfahrungen, zu denen diese Maßnahmen geführt haben,
mitteilen. Zunächst hat sich die ganze Müllerei aus den Händen bisher einer
großen Zahl kleiner Mühlen in den Händen von 37 großen Mühlen in Por=
tugal konzentriert (Hört! hört!), und das ganze kleine Müllereigewerbe ist
ruiniert. Es haben sich die landwirtschaftlichen Preise für Weizen und Mais
allerdings sehr erheblich gehoben; sie haben aber auch wiederholt zu einer
bedenklichen Brotverteuerung geführt (Hört, hört! links), so daß die Regierung
hat einschreiten müssen. Dann haben sich die Vorteile konzentriert auf die
Latifundienbesitzer, und behauptet wird, daß dem mittleren und kleineren
Grundbesitz aus diesen Maßnahmen ein Vorteil nicht erwachsen ist. (Hört,
hört! links.) Und endlich, meine Herren, während unter der Herrschaft der
Privatwirtschaft — und das konstatiere ich namentlich hier für Preußen,
auch für den größeren Teil Deutschlands: — sich von Jahr zu Jahr ein
großer Fortschritt auf landwirtschaftlichem Gebiet vollzogen hat, ist unter der
Herrschaft dieser Einwirkung auf die Preisbildung in Portugal der land=
wirtschaftliche Betrieb zweifellos zurückgegangen. (Hört! hört! links.) Diese
Erfahrungen scheinen mir zur Nachahmung in Deutschland nicht gerade ver=
lockend zu sein. Dann hat man in Spanien, dem Grenzland von Portugal
erwogen, ob man diese Maßnahmen nachahmen solle. Man hat sich dahin
entschieden, daß das nicht geschehen dürfe und könne. Dann haben auch zu
zwei verschiedenen Zeiten in Frankreich diese Fragen den Gegenstand sehr ein=
gehender Beratung in der Presse und dem Parlament gebildet, und inter=
essant ist es, daß von sechs Herren der sozialdemokratischen Partei unter
Führung eines Herrn Jaurés der Antrag im französischen Parlament gestellt
wurde, als man dort die Frage erwog, ob die bisherigen Getreide-Eingangs=

zölle nicht zu niedrig und durch entsprechend höhere Zölle zu ersetzen seien, weil durch die zu niedrigen Zölle der Niedergang der französischen Land- wirtschaft nicht erreicht sei. Der Antrag ist sehr eingehend geprüft, und fast wörtlich sind diejenigen Gesichtspunkte, welche hier, namentlich von meinem Nachbarn Herrn v. Marschall als ausschlaggebend für die Ablehnung geltend gemacht sind, dort durch Herrn Léon Say als Gründe für die Ablehnung geltend gemacht, und das französische Parlament hat mit 480 Stimmen gegen 52 Stimmen die Annahme der Vorschläge abgelehnt. Auch in Österreich — und das ist ja gestern hier schon gestreift — hat man sich ernstlich, nicht im Parlament, wohl aber in der Presse mit der vorliegenden Frage beschäftigt. Auch über diese Vorschläge war ich unterrichtet: neu ist mir allerdings ge- wesen, daß der Antragsteller, ein Herr Till, sich an den Führer des Bundes der Landwirte gewendet hat, diesem seine Vorschläge mitgeteilt hat; und in- teressant ist mir gewesen, daß dieser Herr damals diese Vorschläge, welche auf derselben Basis beruhen wie der Antrag Kanitz, seinerzeits als undurch- führbar und sozialistisch bezeichnet haben soll. Dann will ich kurz daran er- innern, welches in Deutschland der Erfolg aller auf dem Boden dieser Vor- schläge stehenden Anträge gewesen ist. Es sind hier in Deutschland Kon- tingentierungs- und Monopolisierungsvorschläge nach der verschiedensten Richtung hin gemacht; es sind auch andere Vorschläge gemacht, z. B. die Bildung einer Zwangsgenossenschaft und der Vorschlag einer Konsumtionsabgabe und Gewährung einer Produktionsprämie; ferner der Vorschlag einer staffel- mäßigen Besteuerung des von auswärts eingehenden Getreides; endlich der Vorschlag, alles von auswärts eingehende Getreide reichsregierungsseitig auf- zukaufen und in Staatsmühlen zu verarbeiten und so wieder in den Verkehr zu bringen. Meine Herren, interessant ist, daß bisher nicht allein der Reichs- tag, sondern auch die Interessenvertretungen, Landwirtschaftsrat ꝛc., nach ein- gehender, ernster Prüfung nicht gewagt haben, für die Vorschläge sich zu ent- scheiden. Es giebt doch zu denken, daß bei ruhiger, objektiver Prüfung sogar Interessenvertretungen, welche doch vornehmlich den Zweck haben, einseitig ihre Interessen zu vertreten, zu einer Ablehnung des Antrages sich ent- schlossen haben. Meine Herren, aus dieser Geschichte der Anträge in den letzten Dezennien ziehe ich folgende Schlüsse: Zweifellos sind die An- träge, wenigstens in Frankreich, sozialistischen Ursprungs, und gerade in Frankreich hat man wegen der sozialistischen Bedenken und wegen des Ursprungs der Anträge Anstand genommen, auf die Sache ein- zugehen. Zweitens folgere ich daraus, daß, wenn selbst die Interessenver- tretungen nicht wagen, die Vorschläge zu empfehlen, die Regierung um so sorgfältiger prüfen muß, ob die Anträge annehmbar, da sie berufen ist, nicht einseitige Interessen, sondern die Gesamtinteressen zu vertreten. (Sehr richtig! links.) Endlich entnehme ich aus dieser Geschichte, daß der einzige

Staat, welcher es gewagt hat, in diese Dinge einzugreifen, nach den vor=
liegenden Erfahrungen günstige, zur Nachahmung verlockende Ergebnisse nicht
erzielt hat. Meine Herren, ich berühre nun kurz den sozialistischen
Charakter des Antrages: Meine Herren, die preußische Regierung er=
kennt bereitwillig an, daß an sich der Wunsch nach Hebung der Getreide=
preise berechtigt ist, weil die Getreidepreise unverhältnismäßig niedrige sind
und weil zweifellos bessere Preise geeignet sind, die unbedingt anzuerkennende
Notlage der Landwirtschaft zu lindern. Meine Herren, es wäre erwünscht
gewesen — wir Minister waren an der Beratung im Staatsrat nicht be=
teiligt —, daß das Gutachten des Staatsrats, welches sich im wesentlichen
auf den Antrag Kanitz beschränkt hat, auf alle in der Presse und Interessen=
vertretungen 2c. gemachten Vorschläge ausgedehnt worden wäre, und das war
nach dem Programm auch in Aussicht genommen. Meine Herren, daß das
Programm beschränkt wurde, war gewiß berechtigt, um einer zu zeitraubenden,
mehr wissenschaftliche Diskussion vorzubeugen. Meine Herren, damals hat
man im Staatsrat als Zweck der Anträge zweifellos die Hebung der Ge=
treidepreise hingestellt und hat diesen Zweck als unbedenklich hingestellt. Meine
Herren, was ist nun nach meiner Auffassung der Zweck des Antrages? Ich
will denselben bestimmt präzisieren. Der gegenwärtige Antrag — ich erinnere
daran, daß in den früheren Anträgen auch gesagt wurde, man bezwecke die
Hebung der Getreidepreise, — ist meines Erachtens nicht prinzipaliter
Ausgleichung der Getreidepreise, was als Zweck vorangestellt ist.
Meine Herren, nehmen Sie es mir nicht übel, sowohl aus den Verhandlungen
der Reichstagskommission, wie auch aus den Darlegungen im Hause bin ich
zu der Ansicht gelangt, daß die Veränderung der Zweckangabe ein
taktisches Ziel verfolgte. (Sehr richtig! links, Widerspruch rechts.)
Der Zweck meine Herren, ist zweifellos: Hebung der Getreidepreise.
Zweifellos wenigstens hat der Bund der Landwirte bei seinen Vorschlägen
und der Hereintragung dieser Vorschläge in die weitesten Kreise als Zweck
Erhöhung der Getreidepreise festgestellt. Meine Herren, können Sie die Ge=
treidepreise mit den zulässigen Mitteln heben, dann bin ich der Meinung,
daß das für die Landwirtschaft eine große Wohlthat wäre. Ich will hier
wiederholen, was ich in dieser Hinsicht schon im Abgeordnetenhause aus=
gesprochen habe. Ich sagte, ich könne nicht verkennen, daß die Konsumenten
einen Anspruch darauf hätten, daß der gegenwärtige niedrige Getreidepreis=
stand erhalten bleibe. Ich glaube, alle Parteien im Hause sehen es für
erwünscht an, wenn eine mäßige Hebung der Preise einträte. Aber, meine
Herren daraus folgt nicht, daß ich anerkenne: der Staat müsse in Konsequenz
des vorbezeichneten Ausspruchs, den Landwirten einen ihre Produktionskosten
und einen geringeren Überschuß gewährenden Preis für ihr Getreide sichern.
Das ist etwas ganz anderes. Meine Herren, der Zweck aller der Vorschläge,

die ich erst genannt habe, auch der Antrag, der uns heute hier beschäftigt,
ist nach meiner Auffassung die Hebung der Getreidepreise
unter Feststellung eines Minimalpreises von Staatswegen.
Es sollen die Produktionskosten erstattet werden und ein Unternehmergewinn
von Staatswegen gewährt werden. Es soll das Gesetz von Angebot und
Nachfrage, nach welchem in der bestehenden Privatwirtschaft die Preise sich
regulieren, beseitigt werden und die staatliche Regulierung der Getreidepreise
an die Stelle treten, und, meine Herren, es soll das geschehen bezüglich des
wichtigsten Volksnahrungsmittels: des Getreides. Das, meine Herren, ist der
Zweck des Antrages. Wenn wir so weit kommen, daß in der Privatwirtschaft der Staat die Preisbildung besorgt, dann haben
wir den sozialistischen Staat so sicher, wie $2 \times 2 = 4$. Be-
treten Sie den Weg für das Getreide, so ist es richtig dieselbe Forderung zu
stellen für alle anderen Gewerbetreibenden. (Zuruf des Abg.
v. Plötz: Nein!) An jede menschliche Einrichtung knüpfen sich hin und
wieder Auswüchse. Diese muß man beseitigen, was durch die Vorlegung des
Börsen-Gesetzes und eine Reihe anderer Maßnahmen geschehen ist. Man
muß aber nicht das Kind mit dem Bade ausschütten, daß thut man aber,
wenn man von Staatswegen die Preisbildung regeln will. Der Zweck
des Antrages ist der, durch Hebung der Getreidepreise
der agrarischen Krisis abzuhelfen. Die Krisis der Landwirtschaft
hat begonnen zu einer Zeit, als wir günstigere Preise hatten, als sie Graf
Kanitz schaffen will. Ich bestreite die Krisis keineswegs, aber ich
bestreite, daß durch Steigerung der Preise eine Heilung der
Schäden eintritt. Ich glaube, daß wir die gegenwärtigen
niedrigen Preise auf die Dauer nicht behalten. Die Anbaufläche für Getreide ist in Nordamerika und Argentinien wesentlich zurückgegangen. Dadurch ist das Angebot schon im Rückgange; das ist nur nicht
hervorgetreten, weil wir mehrere Jahre hintereinander gute Ernten hatten.
In jedem Jahre muß für den Zuwachs an Menschen, der Millionen beträgt, Nahrung geschaffen werden, das wirkt auf das Angebot. Wenn die
Preisbildung nicht allein die Ursache der Notlage ist, so kann durch Hebung
der Preise die Notlage nicht beseitigt werden. (Widerspruch des Abg. von
Ploetz.) Es ist eine beliebte Manier, mir immer entgegenzuhalten, daß
die von mir vorgeschlagenen kleinen Mittel nicht helfen. Man kann
aber auf die Preisbildung dadurch einwirken; die Aufhebung des Identitätsnachweises hat z. B. eine Verschiebung des Getreidepreises zu
Gunsten des Ostens herbeigeführt. Durch den Bau von Eisenbahnen,
durch die Tarife kann man ebenfalls einwirken, ebenso durch die Verminderung der Produktionskosten und durch die Steigerung der
Produktion. Die kleinen Mittel liegen zum Teil auf dem Gebiete der

Reichsgesetzgebung, zum Teil auf dem der preußischen Gesetzgebung. Aber weder in der Währungsfrage, noch in dem Antrage Kaniß ist schnelle Hilfe gegeben. Die Währungsfrage kann nicht von heute bis morgen gelöst werden, und auch der Antrag Kaniß ist in so kurzer Zeit nicht durchführbar. Ich erkenne in vollem Umfang, daß Graf Kaniß durch sein unermüdliches Streben, durch seine Überzeugungstreue und seine zweifellos große Liebe für die Landwirtschaft das größte zu leisten versucht hat. Aber einen Vorwurf kann ich ihm nicht ersparen. Ich bin gestern und früher seinen Reden mit der strengsten Aufmerksamkeit gefolgt. Immer bei jeder neuen Rede war Graf Kaniß niemals in der Lage, näher darzulegen, wie er die Sache durchzuführen gedenkt. Ich habe seine früheren Reden studiert, aber ich bin zur absoluten Klarheit nicht gelangt. Sie werden vielleicht sagen, das wird am landwirtschaftlichen Minister und seinem kleinen Gehirn liegen. (Heiterkeit.) Aber einen sehr wesentlichen Punkt hat man gar nicht berührt. Glaubt man denn, daß man eine große Anzahl Leute brotlos machen kann, ohne die Leute zu entschädigen? Beim Tabakmonopol hat man eine Entschädigung des Kaufmanns- und Fabrikantenstandes in Aussicht genommen. Aber ich vermisse jeden Hinweis darauf in dieser Beratung. Wir sind aus praktischen Gründen gegen den Antrag, aber es liegt auch auf der Hand, daß er zum sozialistischen Staat führt. Freilich, man scheint das nicht für so furchtbar gefährlich zu halten; man betrachtet den Antrag als einen Notbehelf, bei dem man ein bißchen Sozialismus ertragen könne; Graf Bismarck hat den Antrag als einen Notbehelf bezeichnet. Wenn Schwierigkeiten und prinzipielle Bedenken in so großer Menge vorhanden sind, wie kann man es wagen, einen solchen Notbehelf für eine so beschränkte Zeit mit so einschneidender Wirkung einzuführen? Die Frage der Preisbildung ist eine der schwierigsten wirtschaftlichen Fragen, die es giebt. Ich kann sie als ein Problem bezeichnen. Diese Probleme trägt man in die untersten Schichten der Bevölkerung und regt die entferntesten Kreise auf, und nicht in objektiver Weise, indem man sich bemüht, die Schwierigkeit der Lösung dieses Problems, die Konsequenzen zugänglich zu machen, das thun die Herren vom Bunde der Landwirte nicht. (Zwischenruf des Abg. v. Plötz: Oh, bitte!) Man sagt nur: Wollt ihr höhere Preise haben, wir wollen sie euch verschaffen, aber die Regierung will nicht. (Zwischenruf des Abg. v. Plötz: Da hört doch alles auf!) Wenn Sie mit einem solchen goldenen Regen in die Kreise der Landwirtschaft hineingehen, dann sagen die Landwirte: das ist unser Mann. (Sehr richtig! links.) Der Glaube greift immer mehr um sich, die Regierung könne helfen, wolle aber nicht. (Sehr richtig! links.) Das ist eine Erscheinung, welche die größten sozialen Gefahren für unsere bestehende Wirtschafts- und Gesellschaftsordnung enthält. (Sehr richtig! links; lebhafter Widerspruch rechts.) Wer Wind säet, der erntet Sturm; die Geister bannt

man nicht so leicht (Lebhafter Wiederspruch rechts), das hat sich auch zur
Zeit der Bauernkriege gezeigt. Lernen Sie aus der Geschichte und ich gebe
mich der Hoffnung hin, ähnlich wie Herr v. Bennigsen heute, daß, wenn der
Reichstag die Kraft hat, jetzt ein Ende mit der Sache zu machen, die Herren
so viel Kraft besitzen werden, von dem Antrage abzustehen (Lebhafter
Widerspruch rechts), und von dieser Lösung des Problems, die eine geradezu
gemeingefährliche ist. (Stürmischer Widerspruch rechts.) Das ist die Hauptsache in einer Zeit, wo wir Schwierigkeiten genug zu überwinden haben, daß
wir erwarten müssen, daß uns nicht von sogenannter konservativer Seite neue
Schwierigkeiten bereitet werden. (Stürmische Unruhe und Lärm rechts.) Ich
habe als preußischer Minister mich für verpflichtet gehalten, klar Farbe zu
bekennen, wohin schließlich bei dieser Art der Agitation die Reise geht."
(Lebhafter wiederholter Beifall links. Stürmischer Widerspruch rechts.) —

Die Ausführungen Herrn von Marschalls bezweckten vornehmlich
die Darlegung der handelspolitischen und praktischen Undurchführbarkeit des Antrages.

Der Antrag bedeute ein Monopol für das Einfuhrgetreide,
also nur ein Teilmonopol, während nach den Handelsverträgen nur ein
völliges Monopol — für in- und ausländisches Getreide — möglich sei, das
aber auch gegen den Geist der Verträge verstoße.

Praktisch sei der Antrag Kanitz auch nicht durchführbar, da dabei die
Qualitätsfrage mindestens ebenso wichtig sei wie die Quantitätsfrage,
jene aber nicht vom Reich gelöst werden könne; da ferner die Preise im Inlande den Verkaufspreis des ausländischen nicht erreichen könnten, und daraus
sich Unzufriedenheit ergeben werde.

Auch die sozialpolitische Seite, die Verteuerung des Lebensunter-
haltes, die einseitige Begünstigung eines einzigen Standes auf Kosten der
anderen beleuchtete Herr von Marschall kurz.

Herr von Hammerstein-Loxten legte den Hauptnachdruck einmal
auf die historische Seite, indem er nachwies, daß die bisherigen Ver-
suche der Preisfixierung stets gescheitert seien, daß in Portugal gegenwärtig
die Durchführung einer ähnlichen Maßregel nur den Großen Vorteile gebracht, im Volke aber große Mißstimmung erregt habe.

Sodann betonte der Minister den sozialistischen Ursprung des
Antrages in Frankreich, den sozialistischen Charakter des Antrages
überhaupt, da der Staat in der Privatwirtschaft die Preisbildung besorgen
solle. Aber die Notlage der Landwirtschaft habe schon vor dem niedrigen
Preisstand begonnen, sie sei also nicht allein durch den niedrigen Preisstand
hervorgerufen, sondern auch durch andere Umstände. Damit zielte der
Minister auf die auch in teuren Zeiten angewachsene Verschuldung, auf die zu hohe Wertbemessung der Güter ꝛc. ab. —

Beim Antrag Kaniß sind verschiedene Seiten zu unterscheiden:

1. Die handelspolitische, d. h. das Verhältnis zu den Handelsverträgen.
2. Die Fixierung der Preise an sich.
3. Die Bemessung der Preishöhe.
4. Die sozial- und nationalpolitischen Wirkungen.
5. Die praktische Durchführung.

Die handelspolitische Seite ist vom Frhrn. von Marschall eingehend erörtert.

Der Antrag verstößt gegen die Bestimmungen und gegen den Geist der
Handelsverträge. Er ist also bis 1904 nur mit Zustimmung der Vertragsmächte durchführbar. Würden dieselben aber auch ev. zustimmen, so würde
man ihnen auch gleiche Maßregeln bezüglich der Einfuhr deutscher Waren
zugestehen müssen. Gingen aber die anderen Vertragsmächte nicht auf die
Propositionen des Antrags Kaniß ein — der wahrscheinlichste Fall —, so
wird die vertragsbrüchige Durchführung desselben sofort eine Reihe von Zollkriegen zur Folge haben, welche die deutsche Ausfuhr großenteils gänzlich
lahm legen müßte. Es handelt sich hierbei um einen Export von ca. 900 bis
1000 Millionen Mk. — abgesehen von der Erschwerung unserer Ausfuhr
überhaupt durch die Verteuerung der Getreide- und Brotpreise gegenüber
dem Auslande.

Es würden also leicht große Gefahren für unsere Industrie, unser ganzes
Erwerbsleben heraufbeschworen, welche in letzter Linie auch auf die Landwirtschaft zurückfallen müßten. —

Die Fixierung der Preise an sich, namentlich der von den
schwankenden Produktionsverhältnissen stark abhängigen Getreidepreise, ist
bisher stets mißlungen. Sie wäre nur dann auf die Dauer denkbar, wenn
man auch die Produktion gleichmäßig gestalten könnte. Traut sich das ein
einsichtiger Landwirt zu?

Aber der Antrag will ja auch nur die Preise für das Importgetreide fixieren. Da der ausgesprochene Zweck des Antrages die
Hebung der Preise im Inlande auf die im Antrage festgesetzte mittlere Höhe
und die Festhaltung der Preise auf derselben ist, so kommt thatsächlich die
Fixierung der Preise des Importgetreides auf die Fixierung der Inlandspreise
hinaus. Der obige Einwurf wird also durch den ausgesprochenen Zweck des
Antrages selbst widerlegt.

Die Preise sollen nun nach dem Durchschnitt der letzten 40
Jahre fixiert werden, für Roggen auf 165, für Weizen auf
215 Mk.

Sind nun diese Preise die „gerechten"?

Für die Zeit von 1816—94 berechnet sich für Preußen ein Durchschnittspreis pro Tonne:

	Weizen	Roggen	Hafer
1816—70	175	130,3	114,3
1871—90	202,8	162,1	150,5
1891—94	172,2	156,5	150,6
1816—90	182,4	138,7	

Die Preise des Antrags entsprechen etwa denen von 1871—90, stehen
aber erheblich über denen von 1816—70 und denen von 1891—94. Sie
sind ohne Zweifel für eine plötzliche Erhöhung der Preise zu hoch gegriffen.

Eine langsam steigende Preisrichtung mag entsprechend der allgemeinen Kulturentwickelung wünschenswert sein. Aber das ist auch ohne
Frage, daß die Preissteigerung von 1820 — bis in die 70er Jahre der
deutschen Kulturentwickelung vorausgeeilt war. In keinem einzigen Kultur-
staate waren die Getreidepreise so hoch wie in Deutschland, in England
sind sie sogar seit Anfang des Jahrhunderts stetig gefallen.

Werden die Unterschiede in den Nahrungspreisen gegenüber allen anderen
Kulturländern zu hoch, dann ist damit, falls nicht der allgemeine Wohlstand
entsprechend gestiegen ist — und das ist in Deutschland nicht der Fall —,
eine große Gefahr für die Bevölkerung verbunden: die schlechtere Lebenshaltung und die Schwächung der Konkurrenzfähigkeit gegenüber dem Auslande.

Wir leben nicht isoliert in der Welt, wir können uns nicht völlig von
den Lebensbedingungen aller anderen Völker emanzipieren.

Und damit sind wir bereits bei den sozial- und nationalpolitischen Wirkungen des Antrages angelangt.

Es kostete nach den Angaben der monatlichen Nachweise über den auswärtigen Handel im Jahre 1895 die Tonne:

	Berlin	Paris	Wien	Pest	London	New-York
Weizen	142,5	155	125	114,8	108,4	104
Roggen	119,8	88,3	108,5	97	—	—
Hafer	121,4	126,9	112,8	106,3	104,8	—

In Berlin stand der Weizen um 12,5 Mk. niedriger wie in Paris,
dagegen um 17,5 Mk. höher wie in Wien, um 27,7 Mk. höher wie in
Pest, um 34,1 Mk. höher wie in London und um 38,5 Mk. höher wie in
New-York.

Im Februar hatten sich diese Verhältnisse schon beträchtlich verschoben.

Es notierte der Februar-Preis 1896 nach derselben Quelle:

	Berlin	London	New-York	Paris
Weizen	156,3	122,9	116,7	153,1
Roggen	122,1	—	—	86,1
Hafer	118,7	100,5	—	122,4

Weizen war in Berlin jetzt schon höher wie in Paris, er stand um 32,4 Mk. höher wie in London und 39,6 Mk. höher wie in New-York.

Würden die Preise nun auf die Kanitzsche Höhe gehoben, so würden sie um 80 Mk. höher wie in London und um 86 Mk. höher wie in New-York stehen.

Nun behaupten allerdings Sachkenner wie Edm. Klapper u. a., daß durch diese Preissteigerung keine Brotverteuerung eintreten würde, da einmal durch die Preisfixierung eine Getreideteuerung über den fixierten Preis hinaus ausgeschlossen sei, und da andererseits durch die Festlegung der Preise die Schwankungen, die Quelle der höheren Differenzen zwischen Getreide- und Brotpreisen, verhindet würden.

Allein erstlichmal werden wir vielleicht längere Zeit nicht derartig hohe Getreidepreise wieder bekommen, daß in Amerika und London dieselben über diejenigen des Antrags steigen würden; sollte das aber dennoch auf längere Zeit der Fall sein, dann würde die Fixierung bei uns nicht lange aufrecht erhalten werden können — und die gerühmte Preisausgleichung wäre dahin.

Sodann aber ist es fraglich, ob die Inlandspreise nicht doch stete Schwankungen zeigen werden. Nach der amtlichen Statistik betrug die Differenz zwischen Roggen- und Brotpreis in Berlin:

	Roggenpreis	Brotpreis	Differenz
	Mk. pro Tonne		
1886	131	208	77
1887	121	206	85
1888	134	212	78
1889	155	247	92
1890	170	272	102
1891	211	317	106
1892	176	295	119
1893	134	219	85
1894	118	204	86
1895	119	206	87

Der Brotpreis folgt dem Aufwärtssteigen des Roggenpreises sofort, eilt ihm sogar mehrfach voraus, folgt dagegen dem Fallen desselben nur zögernd und unvollkommen nach.

Die Spekulationsschwankungen bilden an sich unzweifelhaft eine dauernde Quelle effektiver Brotverteuerung, aber sie sind nicht die einzigen und nicht einmal die ausschlaggebenden. In den 70er Jahren betrug die Differenz noch 25 Mk. Seitdem ist sie bis auf 98 Mk. gestiegen. Daran trägt die Hauptschuld ohne Frage einmal die Verteuerung der Mieten und andererseits die Überfüllung des Bäckerhandwerks, welche bei der durchschnittlichen Abnahme des Absatzes höhere Preise bedingt.

Klapper rechnet nun folgendermaßen:

a) im Durschschnitt der letzten 10 Jahre:

    1. Roggenpreis . . . 146 Mk.
    2. Zwischenhandelzuschlag 92 „
    3. Summa Brotpreis . . . . 238 Mk.

b) im Durchschnitt der letzten 5 Jahre:

    1. Roggenpreis . . . 150 Mk.
    2. Zwischenhandelzuschlag 98 „
    3. Summa Brotpreis . . . . 248 Mk.

Obwohl also der Antrag Kanitz für den Berliner Markt eine Preiserhöhung für Roggen gegenüber

den letzten 10 Jahren um 161 — 146 = 15 Mk.
und „ „ 5 „ „ 161 — 150 = 11 „ } pro Tonne

bedingt, so würde damit, entsprechend den hier unter Beweis gestellten wirtschaftlichen Thatsachen, keine Brotverteuerung bewirkt werden, sondern es würde eine Brotverbilligung resultieren:

gegenüber dem Brotpreis der letzten 10 Jahre um 238 — 186 = 52 Mk.
„ „ „ „ „ 5 „ „ 248 — 186 = 62 „ } pro Tonne

Zu diesem Resultat kann Klapper nur dadurch kommen, daß er im Falle des Antrags Kanitz den Zwischenhandelszuschlag einfach streicht. Wenn er das wollte, dann müßte er aber unsere ganzen Miets- und die Verhältnisse im Bäckerhandwerk auf die Zeit vor 20 Jahren zurückdividieren.

Mag er vielleicht die Differenz auf 80 annehmen, dann erhält er folgende Rechnung:

    Roggenpreis für 1895 120 Mk.
    Differenz 98 „
    Brotpreis 218 Mk.

Im Falle des Antrags Kanitz:

    Rogenpreis 161 Mk.
    Differenz 80 „
    Brotpreis 241 Mk.

Die Brotverteuerung beträgt also 241 — 218 = 23 Mk. pro Tonne.

Nun aber läßt Herr Klapper außer Acht, daß eine plötzliche Erhöhung des Roggenpreises nach dem von ihm selbst entwickelten Gesetz den Brotpreis noch über die bisherige Differenz treiben würde, daß sie bei den auch später sicher schwankenden Brotpreisen kaum unter die bisherige Höhe wieder
herabbewegen würde.

Von einer Brotverbilligung durch den Antrag Kanitz kann also thatsächlich keine Rede sein. Eine solche würde nur für den Fall eintreten, wenn
im Auslande längere Zeit sich die Brotgetreidepreise über die Preise des Antrages heben würden und es gelänge, im Deutschen Reiche diese Preise festzuhalten
— was aber sehr zweifelhaft erscheint. Und auch dann würde eine Brotverbilligung nur gegeben sein, wenn die Differenz der Preise im Auslande
über den Preisen des Antrages auf die Dauer länger wäre als die vorher-
gegangene Differenz unter den Preisen desselben. —

Die Wahrscheinlichkeit spricht demnach dafür, daß der Antrag Kanitz eine Brotverteuerung bringen wird.

Diese Verteuerung würde gegenüber London für Weizen ca. 100 Mk.,
für Roggen ca. 50 Mk. pro Tonne Korn bedeuten. Eine solche Verteuerung
um 100 und 50% aber kann unmöglich ohne Einfluß auf die Löhne bleiben.
Entweder müssen dieselben entsprechend steigen, oder, wenn das nicht der
Fall ist, die Ernährung und damit die Leistungsfähigkeit unserer Arbeiter
wird schlechter.

In beiden Fällen aber wird unsere Konkurrenzfähigkeit auf dem Weltmarkt geschwächt, welche bisher nur durch unseren überwiegenden Konsum
des billigeren Roggens gegenüber dem Konsum des relativ teureren Weizens
in England einigermaßen aufrecht erhalten worden ist.

Aber dieser Rückgang des Exports, welcher im Falle des Antrags
Kanitz sicher eintreten muß, wird von den Verfechtern des Antrages gar nicht
ungern gesehen. Dieselben argumentieren so:

Geht der Export zurück, dann werden eine Menge Arbeiter
in den Städten überflüssig die nun wieder auf das Land zurück müssen. Dieser Rückfluß von Arbeitskräften auf das
Land drückt auf die Löhne und giebt so der Landwirtschaft
ausreichende und billige Arbeitskräfte wieder. —

In dieser Argumentation sind zwei Punkte bedenklich: Einmal die
Rückverwandlung städtischer Arbeiter in ländliche. Wir glauben
nicht, daß das möglich ist. Dieser Versuch würde kläglich scheitern, resp.
unzuträgliche Konsequenzen für die Gutsbesitzer nach sich ziehen, insofern die
betr. Arbeiter die schwere Arbeit nicht verrichten können, unzufrieden wären
und die sozialistischen Ideen unter den eingesessenen Arbeitern verbreiten
würden.

Der andere Punkt ist die Vernichtung von großen, in der Exportindustrie angelegten Kapitalmassen, das Sinken der Arbeitslöhne, die Verringerung der Konsumfähigkeit der Arbeiter und weiter Unternehmerkreise, also ein bedeutender Kulturrückschritt.

Wenn dem gegenüber behauptet wird, daß durch die Steigerung der Einnahmen der Landwirtschaft die Verluste der Industrie wieder wett gemacht würden, so trifft das doch nicht ganz zu. Wenn die Erhöhung der Weizen- und Roggenpreise ca. 50 Mk. pro Tonne beträgt, so macht das bei ca. 10 Millionen Tonnen Ernte, von denen aber nur vielleicht 6 Millionen in den städtischen Konsum übergehen 50 × 6 = 360 Millionen Mk. aus. Die Schädigung des Exports würde sich aber auf eine weit höhere Summe belaufen, und wenn sie auch nur in der Verhinderung und Erschwerung der Ausdehnung desselben bestehen sollte.

Nimmt nun die innere Konsumkraft ab, so wird das bald wieder auf die Binnenpreise zurückwirken müssen, die Getreidepreise werden ins Wanken geraten, und zwar um so mehr und um so eher, je mehr die heimische Produktion zunehmen würde. Sollte das Ideal, die vollständige Versorgung Deutschlands mit eigenem Getreide, wirklich bald erfüllt werden, dann würden die Preise sich nicht mehr auf der Höhe des Antrags Kanitz halten können, weil ja dann das künstliche Korrektivmittel, die Preise des Importgetreides, fortfällt und damit wieder die natürliche Preisbildung auf Grundlage von innerem Angebot und innerer Nachfrage in ihre Rechte tritt.

Das eigentliche letzte Ziel dieses Antrages, die Emanzipation von dem Bedarf an ausländischem Getreide, würde also seine erhofften Wirkungen, die Regulierung der Preise und Hochhaltung derselben auf einer bestimmten Linie, selbst illusorisch machen.

Wer würde demnach einen Vorteil von dem Antrag Kanitz haben?

Die Industrie würde geschädigt, ebenso die Arbeiter. Von den Landwirten würde ein vorübergehender Vorteil den hauptsächlich auf den Getreideverkauf angewiesenen, zufallen. Die hauptsächlich Viehzucht oder Rübenbau treibenden Gegenden, welche noch Getreide zukaufen müssen, würden durch den Antrag Kanitz Schaden erleiden; ebenso diejenigen Landwirte, welche in dieser Periode der Hochkonjunktur Güter teuer kaufen oder pachten oder Erbregulierungen vornehmen würden.

Nach Zusammbruch dieses ganzen künstlichen Gebäudes würden aber die nachteiligen Folgen dieser kurzen Blütezeit mit all den geweckten und wieder zerstörten Hoffnungen um so furchtbarer sein. —

Dazu kommt nun noch, daß mit vollem Rechte auch alle anderen Berufsstände vom Staate eine Garantie für ihre Einnahmen verlangen können.

Das kann aber der Staat nicht, da er nicht omnipotent ist. Der Antrag Kaniz führt so bei näherer Betrachtung zu unhaltbaren Konsequenzen.

Er ist wohlgemeint, aber er ist ein unnatürliches Mittel das allen wirtschaftlichen und sozialen Gesetzen ins Gesicht schlägt. —

Die Durchführung des Antrages denkt sich Herr Klapper folgendermaßen:

Bedarf des Deutschen Reiches an Roggen nimmt er auf ca. 10 Millionen Tonnen an. Die schlechteste Ernte betrug 7 Millionen Tonnen. Eine eiserne Vorratslagerung von 3 Millionen Tonnen ist also völlig ausreichend. Diese 3 Millionen Tonnen kauft das Reich ein, und zwar zunächst im Inlande bis der Preis auf den Antragspreis gestiegen ist. Steigt er über denselben, dann soll das Reich im Ausland kaufen.

„Diese 3 Millionen Tonnen werden für Reichsrechnung in Reichsspeichern reserviert; sie existieren zuvörderst für den Konsum nicht.

Sobald das Reich diese Einlagerung besorgt hat, wird die Grenze absolut gesperrt.

Inzwischen ist die Zentralgenossenschaft der deutschen Produzenten ins Leben getreten.

Deren Grundregel ist: ausschließlicher Verkauf an den Konsum, d. h. also an die Müllerei.

Eine weitere Regel ist: Regulierung des Angebots in allen Bezirken des Reichs so, daß überall der Lokalpreis, der aus der Kalkulation des nächsten staatlichen Depotpreises plus Fracht zum Konsumort sich ergibt — thatsächlich erreicht wird.

Neigt das erste Betriebsjahr nun zu Ende, dann sind drei Fälle möglich:

a) die Vorräte der Genossenschaft langen nicht zu, um den Konsum vollkommen zu decken;

b) oder diese Vorräte zeigen sich dem Bedarf konform;

c) oder endlich: es verbleibt ein mit Eintritt der Ernte nicht verbrauchter Überschuß.

Im ersten Fall öffnet das Reich seine Speicher und läßt den Fehlbetrag in den Verkehr ein, — aber gleichfalls nur direkt an den Mühlenkonsum, unter Ausschluß also des Zwischenhandels.

Damit ist dann das für das kommende Jahr erforderliche Einfuhrkontingent gegeben! Ich lege Wert darauf ausdrücklich zu betonen, daß hiernach die Kontingentierung nicht eine langwierige und schwierige Zukunftsspekulationsrechnung mit mehr oder minder unsicheren Zahlen bedingt und so die Gefahr eines Irrtums in sich schließt, wie das immer angenommen wird, wenn von Kontingentierung der Einfuhr die Rede ist; vielmehr ist bei der hier skizzirten Einrichtung das diesjährige Kontingent auf **Pfund und Lot** vorgezeichnet!

Der Pegelstand im Reichsbassin ergibt dieses Kontingent. Da dieses Bassin die höchste in der Dauer eines ganzen Jahres je denkbare Zuschußsumme faßt, so kann **niemals** die Gefahr ungenügender Vorsorge entstehen und die Menge, die gegebenenfalls im Sommer 1896 zur Konsumbedarfsdeckung aus dem Bassin geflossen ist, und die auf den Zentner buchmäßig feststeht, repräsentiert das **während des ganzen Jahres** 1896/97 neu zu beschaffende Kontingent.

Nun sind für diese Wiederbeschaffung zwei Wege offen, — welchen man zu wählen hat, ergibt sich aus der Größe der Ernte, die in dem betreffenden Sommer gewachsen ist.

Das kann eine sehr gute, eine mittlere, oder eine schlechte Ernte sein.

Ist es eine sehr gute Ernte — nach dem bisherigen Schätzungsmaßstab — dann wird die Ergänzung des Reichsdepots im Inlande aus **dieser** Ernte zu erfolgen haben, d. h. das Reich ist **verpflichtet im Inlande** zu kaufen, so lange zu 170 Mk. angeboten ist, — bis zur Kompletierung auf wiederum 3 Mill. Tonnen.

Ist nur eine Mittelernte, so mag das Reich in Höhe des Bedarfskontingentes importieren, aber vorsichtig beginnend und einen Teil, vielleicht ein Drittel oder die Hälfte des Bedarfs für den Fall noch reservierend, daß weiterhin, im Januar, Februar, März doch noch — weil die Ernte ergiebiger war, als vordem geschätzt wurde — Inlandsangebote zu 170 Mk. kommen.

Im dritten Falle, also bei schlechter Ernte, ergibt sich die Deckung im Auslande von selbst.

Die Kontingentierung an sich bietet also nicht die mindeste Schwierigkeit oder Unsicherheit.

Ich gehe nun zum zweiten oben gezeichneten Fall über: daß die Vorräte der Genossenschaft gerade dem Bedarf konform sich erweisen und so mit Eintritt der neuen Ernte geräumt sind.

Hierfür ist nur zu bemerken: daß die Verfügungen der Zentralleitung natürlich darin bestehen müßten, daß, wenn Rheinland z. B. im Juni ausgeleert ist, aber in Pommern noch Vorräte lagern, natürlich nicht der rheinländische Reichsspeicher sich öffnet, um dort auszuschließen, während in Pommern Überschüsse bleiben.

Erst wenn der pommersche oder ein sonstiger Überschuß nach Rheinland dirigiert ist und **dann noch** dort Bedarf bleibt, öffnet sich dort der Reichsspeicher.

Ich betrachte nun den dritten Fall: die neue Ernte ist da und die Genossenschaft hat, weil sie nirgends unter dem Normalpreis abgab, Vorräte behalten. Das wäre also der Fall, der, wie früher erwähnt wurde, angeblich oder anscheinend die Unwirksamkeit des Antrags Kaniß verursachen müßte.

Da wird zunächst die Frage sein: wie groß sind diese Vorräte? Und wie sieht dazu die kommende Ernte aus, die ja zu diesem Zeitpunkt schon annähernd zu beurteilen ist?

Da denke ich mir: einer Genossenschaft von der Größe und Stärke der gesamten deutschen Landwirtschaft kann es nicht schwer fallen, an gewissen Zentralpunkten, sagen wir in jeder Provinz, einen Genossenschaftsspeicher zu schaffen. Diese Speicher würden dazu bestimmt sein, die Überschüsse guter Jahre für Privatrechnung der Genossenschaft aufzusammeln, damit, wenn einmal eine schlechtere Ernte kommt, nicht die Reichsspeicher sofort ihre Schleusen öffnen, sondern vorerst die Genossenschaftsüberschüsse guter Jahre Verwendung finden.

Da diese Läger lombardiert werden können, so sehe ich keine ernste Schwierigkeit für die Einrichtung.

Wenn die deutsche Produzentenschaft vor die Frage gestellt ist, ob sie durch einen vielleicht 5 oder 10% nur betragenden Vorratsüberschuß den Marktpreis des gesamten deutschen Erntequantums um 25 oder 30% sich entwerten lassen will, — oder ob sie, das zu verhüten, solchen relativ kleinen Überschuß ein Jahr oder zwei aufsparen soll: ich denke da kann gar kein Zweifel sein, wofür die Landwirtschaft sich zu entscheiden hat.

Ich denke mir also neben dem Reichsspeicher, der die äußerste Notreserve des Reiches repräsentieren soll, — Genossenschaftsspeicher, mit der Bestimmung, die möglichen Ernteschwankungen, innerhalb zwei, drei Jahren zu nivellieren, im Wege einer gleichfalls bis zu etwa 3 Mill. Tonnen gehenden Einlagerung.“ —

So einfach, wie hier dargestellt, würde die Durchführung doch wohl kaum vor sich gehen. Zunächst erhebt sich die Frage, wie sollen die Preise für die verschiedenen Qualitäten festgesetzt werden, dann die Preise für die verschiedenen Landesteile? Wie soll dann das Reich all die verschiedenen notwendigen Qualitäten beschaffen?

Wird die Lagerung von 3 Millionen Tonnen sowie die ev. genossenschaftliche Lagerung nicht hohe Kosten erfordern? Wird der ganze Apparat nicht überhaupt sehr teuer arbeiten, und soll das Publikum auch noch diese hohen Kosten tragen?

Das allerdings geben wir zu: wäre der Antrag Kaniß vom handelspolitischen und national- und sozialpolitischen Gesichtspunkte aus möglich, dann würde sich auch schon der Weg zur Durchführung finden — aber er ist eben leider von den beiden Gesichtspunkten aus nicht möglich.

Er ist und bleibt eine schöne Utopie, und je eher die Landwirte ihn als solche erkennen, um so besser ist es für sie. —

Kapitel X.

Der Schutz der Arbeiter gegen die Konkurrenz fremder Arbeiter und die innere Kolonisation.

Deutschland leidet bezüglich seiner Einheitlichkeit an verschiedenen Übelständen, es umfaßt eine ganze Reihe verschiedener Nationalitäten und in der kulturellen Entwickelung sehr differierende Gebiete.

Durch die jahrhundertelange Mißhandlung durch alle möglichen Völker ist Deutschland die Fähigkeit der Kolonisation, der Germanisierung, der Aufsaugung anderer Volkselemente verloren gegangen, namentlich gegenüber der slavischen Rasse.

Die Polen vermehren sich in Deutschland weit schneller als die Deutschen, sei es durch den eigenen Bevölkerungsüberschuß, sei es durch den Zuzug aus dem russischen Polen. Der Osten des Reiches erliegt immer mehr dem Slavismus, der sich dort durch seine rastlose nationale Agitation allmählich eine beherrschende Position geschaffen hat.

Im Osten herrscht nicht mehr das Deutschtum, sondern das Slaventum. Durch die hetzerische Presse und Geistlichkeit ist das Polentum soweit gebracht, daß es sich nicht mehr als Glied des Deutschen Reiches fühlt, sondern sich überall in Gegensatz dazu stellt und national polnischen Zielen zustrebt. Der stets zentrifugale Sinn und der mangelhafte Zusammenhalt der Deutschen ist den Polen dabei sehr zu statten gekommen. Diese Polonisierungsgefahr greift nun aber allmählich auch nach dem Westen über, die polnischen Arbeiter bringen immer weiter in die Industriebezirke vor, in Berlin gibt es schon eine Menge polnischer Handwerker, in Westfalen bilden die polnischen Bergarbeiter bereits ganze Dörfer mit eigenen Zeitungen ꝛc. Überall schließen sich die Polen feindselig gegen die Deutschen und das Deutschtum ab.

19*

Langsam aber sicher erobert das Slaventum eine Position nach der andern — in Österreich geht dieser Prozeß noch schneller vor sich.

Aber auch fremde Nationalitäten bringen immer mehr in Deutschland ein. Die Damenschneider in Berlin z. B. sind, wie der Streik in der Konfektionsbranche 1896 aufgedeckt hat, merkwürdigerweise fast durchgängig Tschechen. Italienische Arbeiter werden namentlich gern bei Eisenbahn- und Tunnelbauten verwendet. Dazu kommt nun ein weiteres Moment, das besonders in den letzten Jahren die Diskussion beschäftigt hat, die Sachsengängerei mit ihren Konsequenzen. Alljährlich wandern — 1892 111523 — Burschen und Mädchen aus den östlichen Provinzen nach den westlichen Rübendistrikten, überhaupt nach dem Westen, um dort für den Sommer Arbeit zu suchen und dann im Herbst mit ihren Ersparnissen nach Hause zurückzukehren. Die meisten dieser Sachsengänger sind Polen. Diese Erscheinung ist zunächst auffallend. Denn allgemein wird im Osten über Arbeitermangel geklagt. Es wäre doch das naturgemäßere, daß die Arbeiter des Ostens im Sommer zu Hause blieben und im Winter nach dem Westen wanderten, um Arbeit zu suchen, resp. überhaupt seßhaft blieben. Es müssen also andere Gründe wirksam sein. Der Mangel an Arbeit ist nicht der Grund, derselbe liegt vielmehr in den sozialen Verhältnissen.

Auch in die Hütten des Ostens ist die Kunde von dem Reichtum des Westens mit allem was er bietet, gedrungen. Der polnische Arbeiter liest und hört von den besseren Lebensverhältnissen im Westen. Verwandte sind dort Bergarbeiter und kleine Handwerker, freie unabhängige Männer geworden. Alljährlich kehren zu ihnen ihre Söhne, welche des Königs Rock tragen oder getragen haben, zurück und berichten Wunderdinge aus den großen Städten. Kein Wunder, daß auch allmählich im Osten die Sehnsucht nach besseren Lebensverhältnissen sich regt. Sie treffen dort meistens bessere Wohnungen, bessere Kost, geselliges Leben an und finden größere Freiheit, sie fühlen sich dort mehr als Menschen. Dazu kommt nun noch ein wichtiges Moment, das der Barlöhnung. Im Osten ist noch teilweise Naturallöhnung gebräuchlich. Da nun bekanntlich die Naturalien von den Arbeitern stets als etwas selbstverständliches angesehen und kaum noch als Lohn gerechnet werden, so erscheint ihnen der Geldlohn niedrig im Verhältnis zu dem ausschließlichen Geldlohn im Westen. Außerdem wird jedenfalls der Lohn der Sachsengänger auch höher sein als wie der im Osten übliche, er beträgt pro Saison etwa 575—600 Mk. bei den Männern, bei den Mädchen ca. 450 Mk. So ziehen denn alljährlich immer größere Scharen von Arbeitern nach dem Westen, von denen nicht wenige dauernd im Westen bleiben.

Mögen nun auch aus dieser Sachsengängerei einige volkswirtschaftliche und nationale Vorteile erwachsen wie Abfluß von Geld nach dem Osten durch die Ersparnisse — über 20 Millionen Mk. jährlich — und ein kultivierender

Einfluß auf die Arbeiter, so stehen doch dem weit größere Nachteile gegen=
über: so immer weiteres Vordringen des polnischen Elements nach dem
Westen, das nicht etwa dort aufgesogen wird, sondern sich zu polnischen Ge=
meinschaften zusammen= und abschließt. Sodann verliert die Bevölkerung an
Seßhaftigkeit und vielfach überhaupt den Sinn für dieselbe. Das schwer=
wiegendste Moment aber ist die Hereinziehung russisch=polnischer Arbeiter an
Stelle der Sachsengänger, 1892 21 367 Arbeiter. Diese nehmen ihrerseits
ihre Ersparnisse wieder mit nach Rußland, die dem Osten wieder entzogen
werden. Sodann aber bleiben von diesen russischen Polen mindestens ebenso=
viel im Osten sitzen, als von den Sachsengängern im Westen: Der Osten
wird also durch die Sachsengängerei immer mehr polonisiert. So werden
die Verhältnisse des Ostens immer weiter heruntergedrückt, sodaß die deutschen
und dann auch die besseren einheimischen polnischen Arbeiter allmählich aus
dem Osten vertrieben werden. Die völlige Polonisierung des Ostens ist dann
nur eine Frage der Zeit.

Das ist eine große nationale Gefahr, die leider noch viel zu wenig er=
kannt und sehr unterschätzt wird. —

Zunächst einige statistische Daten. Es waren Fremde im Deutschen
Reich (in Tausenden):

	1880	1890
Österreicher	118	200
Schweizer	28	40
Russen	15	17
Italiener	7	15
Sa.	168	272
Überhaupt	276	433

Am meisten haben sich die Österreicher (inklusive Ungarn) vermehrt, und
zwar die Mausefallenjungen und die tschechischen Schneider. Relativ haben
am meisten die Italiener zugenommen, welche sich mehr als verdoppelt haben.

Leider liegen für 1895 die Daten noch nicht vor, aber höchstwahrschein=
lich wird die Zahl der Ausländer eine bedeutende Steigerung erfahren haben. —

In Preußen gehörten die Staatsangehörigen folgenden Nationalitäten an
(in Tausenden):

	Deutsche	Polen	Böhmen und Mähren	Bevölkerung überhaupt
1880	24 395	2 454	50	28 318
1890	26 438	2 816	76	29 957
	+ 8,3 %	+ 10,6 %	+ 52 %	+ 5,8 %

Die slavische Bevölkerung nimmt also teils durch größeren Geburten=
überschuß, teils aber auch durch Zuwanderung weit schneller zu wie die übrige
Bevölkerung.

Die Hauptresultate der letzten Volkszählung von 1895 sind folgende:

Staaten	Ortsanwesende Bevölkerung am 2. Dezember 1895	1. Dezember 1890	Zu (+) oder Abnahme (—) 1890—1895 absolut	in % der Bevölfg. von 1890	seit 1871 bis 95 %
Provinz Ostpreußen . .	2 005 234	1 958 663	+ 46 571	+ 2,38	10,0
„ Westpreußen . .	1 493 866	1 433 681	+ 60 185	+ 4,20	13,6
Stadt Berlin	1 677 851	1 578 794	+ 98 557	+ 6,24	102,7
Provinz Brandenburg .	2 822 080	2 541 720	+ 280 360	+11,03	38,5
„ Pommern . .	1 574 020	1 520 889	+ 53 131	+ 3,49	9,9
„ Posen . . .	1 828 120	1 751 642	+ 76 478	+ 4,37	15,4
„ Schlesien . .	4 411 630	4 224 458	+ 187 172	+ 4,43	19,0
„ Sachsen . .	2 699 207	2 580 073	+ 119 134	+ 4,62	28,3
„ Schleswig-Holstein	1 286 330	1 219 523	+ 66 807	+ 5,48	23,0
„ Hannover . .	2 422 174	2 278 348	+ 143 826	+ 6,31	23,5
„ Westfalen . .	2 700 250	2 428 661	+ 271 589	+11,18	52
„ Hessen Nassau .	1 756 554	1 664 439	+ 92 115	+ 5,53	25,4
„ Rheinland . .	5 105 962	4 710 391	+ 395 571	+ 8,40	42,6
Hohenzollern	65 121	66 085	— 964	— 1,46	
Königreich Preußen .	31 847 899	29 957 367	+ 1 890 532	+ 6,31	28,9
Bayern rechts des Rheins	5 031 500	4 866 643	+ 164 857	+ 3,39	
Bayern links des Rheins (Pfalz)	765 914	728 339	+ 37 575	+ 5,16	
Königreich Bayern . .	5 797 414	5 594 982	+ 202 432	+ 3,62	19,2
Sachsen	3 783 014	3 502 684	+ 280 330	+ 8,00	49,5
Württemberg	2 080 898	2 036 522	+ 44 376	+ 2,18	14,4
Baden	1 725 470	1 657 867	+ 67 603	+ 4,08	18,1
Hessen	1 039 388	992 883	+ 46 505	+ 4,68	
Mecklenburg-Schwerin .	596 883	578 342	+ 18 541	+ 3,21	
Sachsen-Weimar . .	338 887	326 091	+ 12 796	+ 3,92	
Mecklenburg-Strelitz .	101 513	97 978	+ 3 535	+ 3,61	
Oldenburg	373 662	354 968	+ 18 694	+ 5,27	
Braunschweig	433 906	403 773	+ 30 133	+ 7,46	
Sachsen-Meiningen . .	233 972	223 832	+ 10 140	+ 4,53	
Sachsen-Altenburg . .	180 012	170 864	+ 9 148	+ 5,35	
Sachsen-Coburg-Gotha .	216 624	206 513	+ 10 111	+ 4,90	
Anhalt	293 123	271 963	+ 21 160	+ 7,78	
Schwarzburg-Sonders- hausen	78 248	75 510	+ 2 738	+ 3,63	
Schwarzburg-Rudolstadt .	88 590	85 863	+ 2 727	+ 3,18	
Waldeck	57 782	57 281	+ 501	+ 0,87	
Reuß älterer Linie . .	67 454	62 754	+ 4 700	+ 7,49	
Reuß jüngerer Linie .	131 469	119 811	+ 11 658	+ 9,73	
Schaumburg Lippe . .	41 224	39 163	+ 2 061	+ 5,26	
Lippe	134 617	128 495	+ 6 122	+ 4,76	
Lübeck	83 324	76 485	+ 6 839	+ 8,94	59,7
Bremen	196 278	180 443	+ 15 835	+ 8,78	60,4
Hamburg	681 632	622 530	+ 59 102	+ 9,49	101,1
Elsaß Lothringen . . .	1 641 220	1 603 506	+ 37 714	+ 2,35	5,9
Deutsches Reich . . .	52 244 503	49 428 470	+ 2 816 033	+ 5,70	27,2

Die bedeutendste Zunahme der Bevölkerung haben seit 1890 Westfalen — durch den Bergbau und die Industrie —, Brandenburg — durch die Vororte von Berlin —, Rheinland — durch seine Industrie —, Sachsen — durch seine Industrie — und die verschiedenen Großstädte aufzuweisen, während die östlichen Provinzen sich am wenigsten vermehrt haben.

Gleichwohl haben die östlichen Provinzen den größten Geburtenüberschuß:

		1893
	Ostpreußen	14,1 °/₀₀
	Westpreußen	16
	Posen	17,7
	Schlesien	11,6
	Pommern	11,3
	Westfalen	17,1
	Rheinland	14,6
	Berlin	8
	Königreich Preußen	13,3
	Deutsches Reich	12,2
1892	„ „	11,6
1894	„ „	13,6

In den Industriebezirken resultiert der starke Überschuß von der zahlreichen Arbeiterschaft her.

Nun sind in der Zeit 1890—94 nach der Reichsstatistik 462172 Deutsche ausgewandert. Rechnen wir die zurückgewanderten und eingewanderten Fremden ab — nur schätzungsweise, da darüber die Daten fehlen — so sind der Bevölkerung als solcher, da in der Zeit von 1880—90 die Fremden in Deutschland sich um 157000 vermehrt hatten, wohl etwa 380000 Seelen verloren gegangen.

Diese Auswanderer stammen größtenteils aus dem Osten.

Auf 1000 Bewohner kommen Auswanderer:

in	1881	1880	1891	1894
Westpreußen	17,14	6,20	10,94	1,23
Pommern	17,00	4,38	6,40	1,60
Posen	13,27	3,91	10,41	1,49
Bremen	9,18	5,32	6,43	3,04
Pfalz	5,30	3,20	4,28	4,02
Hannover	6,71	2,74	2,94	1,95
dagegen in				
Ostpreußen	1,17	0,86	1,37	0,35
Schlesien	1,47	0,71	0,63	0,24
Anhalt	1,57	0,33	0,59	0,37
Braunschweig	1,80	0,69	0,62	0,46
Altenburg	1,58	0,47	0,78	0,16

Namentlich Posen und Westpreußen stellen das größte Auswandererkontingent.

Der Überschuß, welchen die östlichen Provinzen au den Westen abgeben, ist sehr bedeutend. Nach der Volkszählung von 1890 waren von der anwesenden Bevölkerung geboren (1000):

Anwesende Bevölkerung in	von der anwesenden Bevölkerung geboren im		
	Osten	Westen	Süden
Osten	17 442	16 912	491	39
Westen	19 671	631	18 804	236
Süden	11 796	56	217	11 523
	48 909	17 598	19 512	11 798

Bei dieser Zusammenstellung ist als Grenze zwischen Westen und Osten die Elbe, und gegen Süden der Main angenommen. Dadurch ist das Bild unvollständig, denn die überwiegende Zahl der vom Osten Auswandernden bleibt diesseits der Elbe. Wäre der Osten bis zur Oder gezogen, so würde die Zahl der aus dem Osten Stammenden weit größer sein.

· Nach den einzelnen Landesteilen und Provinzen ergibt die Differenz der Zugezogenen und Weggezogenen folgende Tabelle auf S. 297.

Demnach haben die östlichen Provinzen einen Verlust von 1 134 378 Seelen, Berlin ein Plus von 712 451, Hamburg von 246 500, Kgr. Sachsen von 193 221, Rheinland von 138 694, Elsaß-Lothringen von 133 280, West= falen von 79 096 Seelen. Verluste haben auch noch Hannover, Oldenburg, Sachsen, Braunschweig, Anhalt, Thüringen, Hessen-Nassau, Hessen, Bayr. Pfalz, Württemberg und Bayern.

Verluste haben also die mehr landwirtschaftlichen Gegenden, einen Zu= wachs dagegen die Industriezentren und größeren Städte erlitten. —

Aus diesen Wanderungen der Arbeiter aus dem Osten nach dem Westen — in den Bergbau, in die Rübenbezirke —, aus dem Zuzug polnischer Arbeiter aus Rußland und tschechischer Schneider nach Berlin, geht ohne Frage hervor, daß die Konkurrenz niedriger stehender Arbeiter den höher stehenden gefährlich wird oder werden kann.

Natürlich trifft das nicht für alle Arbeiterkategorien zu. Der Zuzug ungelernter Arbeiter wird die gelernten Arbeiter wenig berühren. Ebenso werden eingeübte, gut genährte deutsche Handarbeiter ungeübten polnischen Arbeitern überlegen sein. Wo es aber nur auf die rohe Kraft ankommt, weniger auf die Übung und geistige Konzentration, da werden die einfachsten, aber gut genährten ländlichen Arbeiter das Übergewicht haben. Noch ein anderes Moment ist ausschlaggebend für solche körperlichen Arbeiten: die Mäßigkeit und das einheitliche Zusammenarbeiten. In beiden Momenten übertreffen die italienischen Arbeiter die unserigen, sie haben sich daher auch schon öfters, namentlich beim Eisenbahnbau und beim Mauern den unserigen überlegen gezeigt.

Gebietsteile	Aus anderen Teilen des Reichs Zugezogene		Nach anderen Teilen des Reichs Weggezogene		Gewinn (+) oder Verlust (—) bei den inneren Wanderungen	
	absolut	‰ der anw. Bevölf.	absolut	‰ der Geb.-Bevölf.	absolut	‰ der Geburts-Bevölf.
Östliches Deutschland						
Ostpreußen	53 331	27,4	324 351	146,1	— 271 020	— 122,1
Westpreußen	141 692	99,4	243 133	159,3	— 101 441	— 66,5
Polen	136 128	78,1	321 319	166,7	— 185 191	— 96,1
Schlesien	143 275	34,3	475 866	105,5	— 332 591	— 73,7
Pommern	118 956	78,4	282 876	168,3	— 163 920	— 97,5
Beide Mecklenburg . . .	55 601	82,5	135 716	180,1	— 80 115	— 106,3
					1 134 378	
Schleswig Holstein u. Lübeck	175 418	138,6	156 223	125,3	+ 19 195	+ 15,4
Hamburg	294 174	485,8	47 674	132,8	+ 246 500	+ 686,5
Brandenburg mit Berlin .	997 582	244,3	285 131	84,6	+ 712 451	+ 211,3
Westliches Deutschland						
Hannover und beide Lippe	246 783	101,5	296 890	119,6	— 50 107	— 20,2
Oldenburg	49 093	139,1	57 488	159,2	— 8 395	— 23,2
Bremen	70 890	400,4	20 238	100,1	+ 50 652	+ 400,7
Sachsen, Braunschweig, Anhalt	372 105	114,7	517 591	152,7	— 145 486	— 42,9
Königreich Sachsen . . .	348 451	101,5	155 230	47,9	+ 193 221	+ 59,7
Thüringen	134 097	105,9	204 778	159,2	— 70 681	— 52,0
Hessen-Nassau und Waldeck	205 356	120,2	233 326	134,3	— 27 970	— 16,1
Westfalen	307 130	127,3	228 034	97,7	+ 79 096	+ 33,9
Rheinland	386 733	83,3	248 039	55,0	+ 138 694	+ 30,8
Süddeutschland						
Hessen	101 693	102,9	107 374	108,1	— 5 681	— 5,7
Bayer. Pfalz	45 496	62,7	79 412	104,6	— 33 916	— 44,7
Elsaß-Lothringen . . .	169 774	100,1	36 494	25,6	+ 133 280	+ 93,7
Baden	120 512	73,5	106 167	65,4	+ 14 345	+ 8,8
Württemberg und Hohenzollern	60 308	28,9	147 069	67,6	— 86 761	— 39,9
Bayern rechts des Rheins .	127 456	26,6	151 615	31,4	— 24 159	— 5,0

Ist aber auch die Geschicklichkeit, die Körperkraft, die Intelligenz zweier Arbeiter gleich, so ist dennoch derjenige im Übergewicht, welcher im Verhältnis zu der beiderseitigen gleichen Leistung die geringsten Ansprüche macht, mit dem geringeren Lohne fürlieb nimmt und sich damit gut einzurichten weiß, oder anders ausgedrückt: steigen die Lohnansprüche, ohne daß die Leistungen damit gleichen Schritt halten, bleiben die Leistungen hinter den Löhnen zurück, so wird dadurch die Konkurrenzfähigkeit der betr. Arbeiter geschwächt. Höhere Löhne sollen daher mit höheren Leistungen — und deshalb mit kürzerer Arbeitszeit — verbunden sein. Ein Land, welches die Löhne unverhältnismäßig steigert, ohne auch in gleichem Maße die Leistungen der Arbeiter zu erhöhen, wird unfehlbar große Massen ausländischer Arbeiter ins Land locken, welche die einheimischen Arbeiter aus dem Felde schlagen, ihnen ihr Brod nehmen und die Löhne wieder erniedrigen.

Die Lohnerhöhungen sollen daher ein Ausleseprozeß sein, d. h. von den tüchtigsten Arbeitern gemäß ihren Leistungen ausgehen und nur nach und nach die anderen Arbeiter unter Erhöhung der Arbeitsleistungen nach sich ziehen.

Eine Massenerhöhung der Löhne ohne Leistungssteigerung würde schließlich nur den Arbeitern schaden.

Die Löhne sind in Deutschland jetzt wesentlich höher wie in Österreich, Italien, Rußland. Die Leistungen der qualifizierten Arbeiter sind aber auch in Deutschland proportionaliter gestiegen. Nicht in dem gleichen Maße scheint dies bei den einfachen Handarbeitern der Fall zu sein, darum ist auch hier die Gefahr der Konkurrenz ausländischer Arbeiter am größten.

Der deutsche Landarbeiter wird von dem polnischen mehr und mehr verdrängt, weil er höhere Lebensansprüche macht, höheren Lohn gebraucht und im Verhältnis dazu direkt wohl nicht mehr leistet wie der Pole — die mehr indirekte Mehrleistung durch größere Intelligenz, Anstelligkeit, Gewissenhaftigkeit wird ja meistens rechnerisch nicht mit veranschlagt.

Die Hauptgefahr trifft den Osten: Verdrängung der deutschen Arbeiter und Polonisierung des Ostens. Das Hauptübel dort ist die Bodenverteilung, der Mangel an größeren Städten und an Industrie. Dauern die jetzigen Verhältnisse, Abwanderung der deutschen und zum teil auch polnischen Arbeiter nach dem Westen und Zuzug russisch-polnischer Arbeiter an, so wird der Osten bald total slavisiert sein.

Darum müssen energische Mittel zur Abwendung diese ungeheuren Gefahr für das deutsche Reich angewendet werden:

Einerseits innere Kolonisation des Ostens, andererseits Verbot der Zuwanderung russisch-polnischer Arbeiter.

Durch die innere Kolonisation will man die nachteiligen Wirkungen eines zu stark entwickelten Großgrundbesitzes beseitigen, man will mehr bäuerlichen Grundbesitz im Osten schaffen und auch den Arbeitern die Möglichkeit, Grundbesitz zu erwerben, geben.

Das preußische Gesetz vom 26. April 1886, betr. die Beförderung deutscher Ansiedelungen in Posen und Westpreußen, und das Rentengutsgesetz vom 27. Juni 1890 und 7. Juli 1891 sollten dazu die Handhabe bieten.

Die Beseitigung der Bestimmung des Einführungsgesetzes zu dem Bürgerlichen Gesetzbuche, die sich auf die fortdauernde Geltung der Ansiedelungsgesetzgebung bezieht, hat zu der Frage Anlaß gegeben, ob hiermit das preußische Gesetz vom 26. April 1886 über die Ansiedelungen in den Provinzen Preußen und Posen in Wegfall gekommen ist. An und für sich läßt sich viel für die Bejahung sagen, soweit die Bestimmungen über das Ansiedelungsrecht in Betracht kommen; die Streichung der Vorschrift des Einführungsgesetzes gestattet ja keinen Zweifel darüber, daß die Absicht der Mehrheit des Reichstages darauf gerichtet war, dieses Gesetz mit dem Inkrafttreten des Bürgerlichen Gesetzbuches zu beseitigen. Damit ist jedoch keineswegs gesagt, daß von diesem Zeitpunkte ab Rentengüter, wie sie in dem Gesetze von 1886 erwähnt sind, nicht mehr errichtet werden könnten. Das Gegenteil ist aber der Fall; wenn auch das Ansiedelungsgesetz als solches mit dem Inkrafttreten des Bürgerlichen Gesetzbuches seine Geltung einbüßt, so können gleichwohl Rentengüter noch errichtet werden, und zwar nach Maßgabe der preußischen Gesetze vom 27. Juni 1890 bezw. 7. Juli 1891, deren fortdauernde Geltung ja nicht in Zweifel gezogen werden kann. Die Grundsätze des Ansiedelungsgesetzes sind aber bekanntlich dieselben wie die der beiden Gesetze, die für das ganze Staatsgebiet gelten und die Rentengutsform in wirtschaftlich-sozialem Interesse verwenden, während das erstere sich nur auf die Provinzen Posen und Westpreußen bezieht und die Errichtung solcher Güter zu national-politischen Zwecken vorsieht. Thatsächlich dürfte also der Wegfall des Vorbehalts zu gunsten der Ansiedelungsgesetzgebung nur sehr wenig bedeuten, der Bestand der errichteten Rentengüter wird hierdurch ebensowenig gefährdet, wie die fernere Gründung derselben eine Hinderung oder Erschwerung erfährt. Um deswillen hat auch in der Sitzung des Reichstags jedenfalls die preußische Regierung es unterlassen den Antrag auf Streichung des Vorbehalts zu bekämpfen. Möglich, vielleicht sogar wahrscheinlich, daß der polnische Abgeordnete, der den betreffenden Antrag stellte, anderer Meinung war, daß er glaubte, mittels dieses Husarenstückchens die vielgehaßte Bismarcksche Ansiedelungsgesetzgebung mit Stumpf und Stiel beseitigen zu können. Er hat sich eben dann verrechnet und nicht bedacht, daß Rentengüter nach dem Gesetze von 1890 genau dasselbe sind wie nach dem Gesetze von 1887. Selbstverständlich berührt aber die jetzige Streichung nicht die Bestimmung des § 1 des Gesetzes vom 26. April 1886, wonach der Staatsregierung ein Fonds von 100 Millionen zur Verfügung gestellt ist, um zur Stärkung des deutschen Elements in jenen beiden Provinzen Westpreußen und Posen gegen polonisierende Bestrebungen durch Ansiedelung deutscher Bauern und Arbeiter Grundstücke käuflich zu erwerben u. s. w. Dieser Kredit ist der preußischen Staatsregierung rechtsgültig eingeräumt, und er kann nachträglich nur durch ein besonderes preußisches Gesetz eingeschränkt oder eingezogen werden.

Das Gesetz von 1886 ist laut der Denkschrift für das Jahr 1895 durch die Ansiedelungskommissionen in folgender Weise ausgeführt.

In den 10 Jahren 1886—95 sind erworben:

		Kaufpreis
am Gutsareal	87 811 ha	52 935 076 Mk.
„ bäuerlichen Areal	1 392 „	941 510 „
Sa.	89 204 ha	53 876 586 Mk.

Im Jahre 1895 wurden 7566,4 ha erworben, gegen 6264,2 ha im Vorjahre. Der Erwerbspreis betrug 1895 571 Mk. pro ha, gegen 573 Mk. in 1894.

Der Durchschnittspreis für sämtliche bisher erworbenen Liegenschaften beträgt 604 Mk. pro ha.

Bis 1895 waren planmäßig aufgeteilt von jenen 89 204 ha 58 855 ha. Der Höhepunkt fällt in das Jahr 1892 mit 11 257 ha, 1895 wurden 5822 ha aufgeteilt. Bis zum 1. April 1896 sind 67 490 ha aufgeteilt, oder 75,9 % der Gesamterwerbungen. Zu Rente wurden bis Ende 1895 28 142 ha mit 17,9 Millionen Wert, zu Pacht 3296 ha mit 1,9 Millionen Wert, zusammen 31 439 ha mit 19,9 Millionen Wert begeben, und zwar an 1784 Ansiedler. Die Ansiedelungsstelle betrug im Durchschnitt 17,6 ha mit 11 152 Mk. Wert.

Die Gesamtseelenzahl der Angesiedelten wird auf ca. 11 000 geschätzt.

Wenn man nun bedenkt, daß die Einwohnerzahl der beiden Provinzen Ende 1895 ca. 3,4 Millionen betrug, daß also die Angesiedelten noch nicht ganz 0,3 % der Einwohnerzahl ausmacht, dann darf man den bisherigen Erfolg des Ansiedelungsgesetzes nicht überschätzen.

Gewiß, man wird diese Thätigkeit auf jede Weise unterstützen müssen, aber man darf keine übertriebenen Hoffnungen darauf setzen.

Am stärksten sind bisher die Ansiedelungen vertreten in den Kreisen Gnesen, Znin, Mogilno, Witkowo, Wongrowitz, Adelnau, Lissa, Wreschen, Briesen und Straßburg. In der Verwaltung der Ansiedelungskommission befanden sich im Wirtschaftsjahr von Johanni 1894 bis dahin 1895 90 Güter mit 75 531 ha. Die Ansiedler haben die seitens der Kommission verwendeten Gelder nur sehr mäßig zu verzinsen; dieselben bewegen sich meistens zwischen 2 und 3 Prozent. Die Zahl der sich meldenden Ansiedler war mit 255 etwas höher als in den beiden Vorjahren. Die Zahl der wirklichen Punktationsabschlüsse betrug jedoch nur 186 gegen 222 und 241 in den beiden Vorjahren. Was die bisherige Heimat der Ansiedler betrifft, so entstammt die Mehrzahl der Inhaber der bis zum Schluß des Vorjahres vergebenen 1784 Stellen den Provinzen Westpreußen (320), Brandenburg (227), Pommern (151), Posen (390), Schlesien (131), Ostpreußen (18), Sachsen (46). Von den mittel- und westdeutschen Provinzen steht Westfalen mit 197 obenan, dann folgt die Rheinprovinz mit 49 und Hessen-Nassau mit 24 Ansiedlern. Schleswig-Holstein und Hannover haben nur 7 und 10, Württemberg dagegen hat 54 Ansiedler geliefert. Bayern und Baden verhalten sich mit 1 und 8 zugewanderten Ansiedlern noch abwartend. Die kleinen deutschen Staaten sind jedoch erfreulicherweise schon mit 68 Zuzüglern vertreten. 1653 Ansiedler sind evangelisch, 131 katholisch. Die Ansiedelungskommission wünscht hauptsächlich Zuzug aus dem Westen. Es fehlt auch nicht an Landwirten, die sich nach der Besichtigung wohl melden, aber nachher nichts wieder von sich hören lassen. Wenn man nach dem Grunde des Ausbleibens fragt, so erfährt man, daß die Schwierigkeit, den heimatlichen Besitz zu angemessenem Preise los zu werden, ein großes Hindernis ist. Dazu kommt ferner der Widerwille der Frauen gegen das Ansiedeln, wegen der Schwierigkeiten und Unbequemlichkeiten, die der eigene Aufbau und die Ausrüstung des Hofes mit sich bringt. Um diesen nicht zu unterschätzenden Schwierigkeiten, namentlich der letztgenannten Art, die Spitze zu nehmen, will man im laufenden und nächsten Jahre den Versuch machen, durch billige und größere Bequemlichkeiten für den Wirtschaftsbetrieb bietende Hofbauten auf fiskalische Kosten das Ansiedelungsgeschäft zu beleben. Man beabsichtigt auch die Dorflagen um die möglichst früh zu erbauenden Kirchen thunlichst geschlossen anzulegen und mit solchen fiskalischen Gehöftsbauten zu besetzen. So wird es möglich sein, nicht nur fiskalischerseits eine örtliche Bauaufsicht über eine größere Anzahl von fiskalischen Bauausführungen einzurichten und dadurch die Technik zu verbessern sowie die Baukosten zu ermäßigen, sondern auch die Verkäuflichkeit dieser Höfe sicher zu stellen, denn die Lage in der Nähe der Kirche wird immer eine besonders begehrte sein. In einzelnen Fällen war es nicht zu verhindern, daß aller Aufsicht und Hülfe ungeachtet eine Anzahl Ansiedler die besetzten Stellen nicht behauptet haben. Es waren im ganzen 33 Fälle festgestellt worden, und zwar 16 bei Rentenansiedlern und 17 bei Pächtern. Es sind dies jedoch noch nicht 2 Prozent der bisher angezogenen Ansiedlerfamilien. Weiterhin kam es in 21 Fällen vor, daß in Schulden geratene Rentenansiedler, also Besitzer, zu Pächtern wurden; durch Erwerbung der von ihnen errichteten Gebäude seitens des Fiskus bekamen sie bares Geld in die Hand. Solche Fälle betragen aber auch nur etwas mehr als 1 Prozent. Selbstverständlich kommen auch noch andere nicht angenehme Rückgänge aus verschiedenen Ursachen vor, doch geht dessen ungeachtet die wirtschaftliche Entwickelung der Ansiedler vorwärts, wenn auch gehemmt durch die niedrigen Preise des Getreides bei stellenweise schlechten Ernten. Wie überall, so zeigt sich auch hier, daß die persönlichen Eigenschaften des Besitzers einen ausschlaggebenden Einfluß auf das Gedeihen einer Ansiedlerstelle ausüben. Es wurden ferner im vorigen Jahre fünf neue Darlehnskassen in Ansiedlergemeinden gegründet, dazu kommen drei Drainagegenossenschaften zur Unterhaltung der vom Fiskus angelegten Drainagen; auch beabsichtigt man die auf dem kürzlich erworbenen Gute Orchowo, Kreis Mogilno, gut erhaltene

Brennerei mit 800 Hektoliter Kontingent in eine Genossenschaftsbrennerei für die Ansiedler umzuwandeln. Um gutes Material an Rindvieh zu beschaffen, hat man schon vor einigen Jahren drei Depots eingerichtet; dazu kam im Herbst des Vorjahres ein viertes im Kreise Strasburg in Westpreußen. Aus diesen vier Depots sind bisher an Ansiedler auf Grund von Kaufverträgen 372 Kühe und Rinder im Werte von 74526 Mk. abgegeben worden. Die darauf bisher pünktlich geleisteten Abzahlungen belaufen sich auf 44120 Mk. Die Ansiedelungskommission war auch wie in früheren Jahren besorgt, ihre Schutzbefohlenen mit Obstbäumen zu versorgen. Ganz besonders gut gedeihen dort die Äpfel. Bei der Fürsorge, mit welcher die Kommission den Ansiedlern entgegenkommt, findet der Übergang von Stellen aus der ersten in die zweite Hand nur in beschränktem Umfange statt. Im letzten Jahre kamen nur 34 derartige Veränderungen vor, und zwar 18 von Renten- und 16 von Pachtstellen. Von diesen gingen zwei, von den ersteren fünf durch Erbschaft auf die Söhne oder Schwiegersöhne über. In 16 Fällen von obigen 34 bezogen die Abgebenden Gewinne von 400 bis zu 4800 Mk. In 16 Fällen sind solche zu vermuten, aber nicht festzustellen, und nur in 2 Fällen scheinen Vermögensverluste eingetreten zu sein. Der Übergang in die zweite Hand ist im allgemeinen nicht zu beklagen, weil die Erwerber meist kapitalkräftiger sind als die Verkäufer.

Während die Ansiedelungskommissionen das Land selbst ankaufen und nur an deutsche Kolonien wieder verkaufen, vermitteln die Generalkommissionen zur Errichtung von Rentengütern nur zwischen den beiden Parteien. Sie schaffen auch polnische Rentenstellen und suchen möglichst selbständige Landgemeinden mit verschiedenen Besitzkategorien zu bilden.

Bis Ende 1894 sind 3784 Stellen mit 40208 ha gebildet, davon 2690 Stellen durch die Generalkommission zu Bromberg in den drei Provinzen Ostpreußen, Westpreußen und Posen. Dazu kamen weitere noch nicht erledigte Fälle: 3297 Stellen mit 34090 ha, im Ganzen also 7081 Stellen mit 74298 ha.

Von diesen 7081 Stellen entfielen auf die 3 genannten Provinzen 5148 mit 55696 ha, auf Pommern und Brandenburg 871 mit 11930 ha, auf Schlesien 780 mit 4718 ha.

Die Größe dieser endgültig begründeten Rentengüter war folgende:

	unter 7,5 ha	über 7,5 ha	darunter über 25 ha	Sa.
Neue Stellen	1165	1496	305	2661
Abrundungsstücke	757	366	30	1123

Der Taxwert betrug 32,6 Millionen Mk., oder 811 Mk. pro ha., der

Kaufpreis in Rente 1,1 Millionen Mk. (= 27,5 Millionen Kapital), in Kapital 6,5 Millionen Mk., zusammen 34 Millionen Mk., oder 963 Mk. pro ha. Von diesen 34 Millionen Mk. wurden 4,6 Millionen Mk. angezahlt, die Verschuldung betrug also 29,2 Millionen Mk. oder 89,6 % des Taxwertes.

Demnach erscheint der Kaufpreis dieser Güter um 1,4 Millionen Mk. zu hoch, ebenso ist auch die Verschuldung, welche weit über ³⁄₄ des Wertes beträgt, zu hoch. Die Lebensfähigkeit dieser Kolonisten ist daher von vornherein vielfach in Frage gestellt.

Bis Ende 1895 sind amtlicher Nachweisung zufolge nach dem Gesetze vom 7. Juli 1891 bis Ende 1895: 605 Güter ganz oder teilweise zur Rentengutsbildung verwendet worden. Der Flächeninhalt der ganzen Güter betrug 141 129 ha, derjenige der aufgeteilten Ländereien 53 116 ha. Von den letzteren waren 530 ha Hofraum und Garten, 40 873 ha Acker, 8223 Wiese und Hütung, 2958 ha Holzung und 532 ha Wege, Gewässer und Unland. Die Zahl der von den Generalkommissionen ausgelegten Rentengüter bezifferte sich auf 5021; davon 410 unter 2½ ha, 1088 von 2½ bis 5 ha, 1023 von 5 bis 7½ ha, 716 von 7½ bis 10 ha, 1344 von 10 bis 25 ha und 440 über 25 ha. Von der Gesamtzahl der ausgelegten Rentengüter sind 3485 Neuansiedelungen und 1536 Adjacentenkäufe; es sind davon ferner 2828 in evangelischer, 2182 in katholischer, 6 in israelitischer und 5 in mennonitischer Hand; 3233 in deutscher, 1630 in polnischer, 86 in litthauischer, 89 in masurischer, 2 in österreichischer und 1 in schweizerischer Hand. Der Taxwert der Rentengüter beläuft sich auf 43 363 838 Mk. oder pro Hektar auf 820 Mk., der Kaufpreis der Rentengüter in Rente auf 1 395 680 oder pro Hektar 26 Mk., in Kapital auf 9 361 634 oder pro Hektar 176 Mk. Die Veräußerer erhielten an Anzahlungen 6 688 453 Mk., Rentenbriefen 30 479 839 Mk., Privatrenten 112 228 Mk. und Hypotheken 2 793 487 Mk. Die Darlehen in Rentenbriefen für die erstmalige Einrichtung bezifferten sich auf 1 233 030 Mk. Der Betrag der Rentenbankrenten für die Rentenbriefe war 1 365 367 Mk.

Im ganzen werden jetzt von den Ansiedelungs- und den Generalkommissionen im Osten etwa 140 000 ha aufgeteilt und ca. 5000 neue Stellen geschaffen sein, worauf ca. 30 000 Seelen angesiedelt sind. —

In Pommern kamen von den 1 985 290 ha umfassenden landwirtschaftlichen Fläche 1892 57,4 % auf Betriebe über 100 ha, in den 7 östlichen Provinzen 42 %.

Diese über 100 ha umfassenden Güter beliefen sich auf 2363, deren Besitzer nur auf 1633, die Gesamtfläche auf 1 141 729 ha.

Güter über 1000 ha besaßen nach Prof. Konrads Untersuchungen (Jahrbücher. Band X. H. 5.) 433 Besitzer mit einer Gesamtfläche von 916 212 ha.

Diese 916312 ha machten 60 °/₀ der gesamten landwirtschaftlichen Fläche und 30,5 °/₀ der Güter über 100 ha aus. Im Jahre 1888 waren 80 Fidei= kommisbesitzer vorhanden.

In Ost= und Westpreußen, Posen und Schlesien werden die Verhältnisse wohl nicht ganz so ungünstig liegen, aber ähnlich werden sie auch sein.

In den Provinzen Ost= und Westpreußen, Pommern, Posen und Schlesien betrug die landwirtschaftlich benutzte Bodenfläche 1893 18,5 Millionen ha, das Ackerland allein 9,1 Millionen, die Wiesen 1,5 Millionen, die Weiden 0,8 Millionen, die Forsten 3,5 Millionen ha. Rechnen wir 50 °/₀ auf die Güter über 100 ha, so erhalten wir dafür eine Fläche von 9,3 Millionen ha; rechnen wir ferner auf die Güter über 1000 ha 30 °/₀ der Fläche über 100 ha, so erhalten wir für den Großgrundbesitz eine Fläche von 2,8 Millionen ha. Was wollen dagegen die bisher aufgeteilten 140000 ha besagen! Ehe nicht der bäuerliche Grundbesitz im Osten um mindestens 1 Million ha vermehrt ist, werden soziale und wirtschaftliche Wirkungen kaum zu spüren sein.

Wenn nun wenigstens noch ausschließliche deutsche Kolonien angesiedelt würden!

Die Generalkommissionen für Rentengüter aber begeben die Stellen ohne Unterschied der Person und Nationalität an einigermaßen zahlungsfähige Käufer. Es sind thatsächlich eine beträchtliche Anzahl Polen angesiedelt, so= daß der Germanisierung durch das Ansiedelungsgesetz auf dem Wege der Rentengesetzgebung wieder entgegengearbeitet wird! Das ist ein großer Übelstand, welcher dringend der Abhülfe bedarf. Es dürfen ferner nur Deutsche im Osten angesiedelt werden, sonst ist die gänzliche Polonisierung desselben unausbleiblich.

Es muß aber auch diese Kolonisation weit energischer betrieben werden. Bisher sind jedoch jährlich etwa 20000 ha aufgeteilt. Geht es so weiter fort in dem seitherigen Tempo, so wird der bäuerliche Besitz etwa erst in 43 Jahren um 1 Million ha vermehrt sein. Wir müssen es aber soweit bringen, daß dies Ziel mindestens in 20 Jahren erreicht wird, es müßten also jährlich mindestens 40000 ha an deutsche Kolonien begeben werden. —

Sodann muß die Forderung gestellt werden, daß die Vermittelungs= thätigkeit der Agenten aus dieser Rentengutsschaffung ausgeschlossen wird. Die Generalkommissionen müssen diese Arbeit selbst übernehmen. Denn da den betr. Gutsverkäufern in der Regel die nötige Geschäftskenntnis fehlt, sind dieselben auf Vermittler angewiesen, welche natürlich nicht ohne erheb= lichen Nutzen arbeiten. Dadurch wird aber die Rentengutsbildung übermäßig verteuert. Es müssen daher den betr. Kommissionen größere Mittel zur Ver= fügung gestellt werden.

Am 9. Oktober 1895 ist in Berlin eine Aktiengesellschaft mit der Firma „Landbank" gegründet worden, welche sich folgende Aufgaben gestellt hat:

Erwerb und Veräußerung von Liegenschaften im preußischen Staate, landwirtschaftlichen Betrieb nebst Anlagen auf den erworbenen zur Veräußerung
bestimmten Liegenschaften, oder deren Verpachtung, Bildung und Besiedelung
von Rentengütern aus eigenen oder nicht eigenen Liegenschaften und sonstigen,
Geschäftsbetrieb zur Förderung der landwirtschaftlichen Interessen. Das
Grundkapital der Gesellschaft beträgt 5 000 000 Mk. und ist in 5000 auf den
Inhaber lautende Aktien eingeteilt, welche bei der Gründung mit 50⁰/₀ ein-
gezahlt wurden. Die Gesellschaft ist befugt, auf Beschluß des Aufsichtsrats
Obligationen auszugeben. Die Dividendenverteilung ist statutenmäßig auf
höchstens 7⁰/₀ beschränkt. Das Geschäftslokal der Landbank befindet sich in
Berlin, Behrenstraße 43 44, 1 Treppe. Die Direktion besteht aus dem Regierungsrat a. D. Karl Stobbe, früher Spezialkommissar in Bromberg,
dem Rittergutsbesitzer und Staatsanwalt a. D. Dr. jur. Otto Wehner und
dem Kaufmann Alfred Binder.

Es hat sich sehr bald herausgestellt, daß es für viele Privatleute.
also Gutsbesitzer, schwer ist, die Parzellierung ihrer Güter, sei es im Wege
der Rentengutsbildung, sei es ohne Vermittelung der Rentenbanken ganz
oder auch nur teilweise vorzunehmen. Die praktische Durchführung einer
selbst nur kleinen Kolonisation erfordert vor allen Dingen Zeit, Geld und
große Geschäftsgewandtheit.ˊ Die staatliche Hilfe, die die Generalkommission
und Spezialkommission gewähren, reicht nicht aus, die Schwierigkeiten zu
überwinden. Reelle Bankfirmen gewähren ja auch Kredit bei Rentenguts-
bildungen, aber regelmäßig erst dann, wenn die Rentengutsbildung fast durchgeführt ist.

Je schneller die Ansiedler gewonnen werden, desto leichter lassen sich
auch die finanziellen Schwierigkeiten überwinden, denn um so schneller kann
das Verfahren abgeschlossen werden.

Die Landbank soll unter Vermeidung dieser Mißstände der privaten
Parzellierung die Wege ebnen. Sie kauft Güter, um dieselben in Parzellen,
vornehmlich in Rentengüter, zu zerlegen, diese weiter zu veräußern und dadurch
aus selbständigen Gutswirtschaften Bauern- und Arbeiterkolonieen zu bilden.

Jedes so erworbene Rentengut ist von dem eingetragenen Eigentümer
frei durch Auflassung veräußerlich und unterliegt gesetzlich nur der Einschränkung, daß dasselbe ohne Genehmigung der Staatsbehörde nicht weiter
parzelliert werden kann und daß die Rentenbankrente, die seitens des Staates
selbst unkündbar ist, vom Rentengutsbesitzer ohne Genehmigung der königlichen Generalkommission nicht vor 10 Jahren abgestoßen werden kann.

Die bisherigen Erwerbungen der Landbank bestehen in den Gütern
Alt Lipke bei Zantoch in dem stark bevölkerten Netze- und Warthedistrikt,
etwa 3000 Morgen, und Karbowo bei Straßburg in Westpreußen, etwa
14 000 Morgen. —

Das zweite Mittel, die deutsche Arbeit und den Osten vor gänzlicher Polonisierung zu schützen, ist das strikte Einwanderungsverbot für russisch-polnische Arbeiter. Nach einer angemessenen Übergangsfrist ist seine strenge Durchführung unerläßlich. Im Jahre 1892 wurden 22367 russisch- und galizisch-polnische Arbeiter deutscherseits angeworben. Wie viel davon in Deutschland geblieben sind, ist nicht konstatiert. Es ist aber höchst wahrscheinlich, daß eine größere Anzahl derselben in Deutschland geblieben ist. Von diesen 22367 Arbeitern waren 1843 Industrie- und Bergwerksarbeiter. Diese werden sicher im Lande geblieben sein.

Hoffen wir, daß über diese großen Gefahren im Osten immer weitere Kreise aufgeklärt werden und dann in patriotischer Weise mit Hand anlegen zum Schutz der deutschen Arbeit und Nationalität. — —

Anhang 1.

Litteraturangaben.

A. Allgemeines. Zölle.

— List, das nationale System der politischen Ökonomie. N. A. 1883. Stuttgart.

Lehr, Schutzzoll und Freihandel. 1877.

Fawcett, Freihandel und Schutzzoll. Deutsch von Passow. Berlin 1878.

R. Walcker, Schutzzölle, laisser faire und Freihandel. 1880. Leipzig.

— Henry George, Schutz oder Freihandel. Deutsch von Stöpel. Berlin 1887.

— Beer, Allgemeine Geschichte des Welthandels. 4 Bde. 1860—84. Wien.

Die Schriften des Vereins für Sozialpolitik über die Handelspolitik der einzelnen Staaten.

Lexis, im Handwörterbuch der Staatswissenschaften, herausgegeben von Prof. Conrad, Elster, Lexis, Löning. Die Artikel: Einfuhrverbote; Einfuhrzölle; Handelspolitik; Schutzsystem.

Paasche, die Artikel, Getreidezölle, ebendort.

Prince-Smith, Gesammelte Schriften Bd. II.

— Lexis, im Handbuch von Schönberg, Abschnitt: Handel.

— R. Ehrenberg, Hamburg und England im Zeitalter der Königin Elisabeth. 1895. Jena.

Der Zollkompaß, herausgegeben vom Österreichischen Handelsmuseum.

J. Forster, die Großindustrie, eine der Grundlagen nationaler Sozialpolitik. Jena 1896.

A. Peez, zur neuesten Handelspolitik. Wien 1896.

— Grunzel, Der internationale Wirtschaftsverkehr und seine Bilanz. Leipzig 1895.

— Schmoller, zur Sozial- und Gewerbepolitik der Gegenwart. Leipzig 1890. Besonders darin: Der Übergang Deutschlands zum Schutzzollsystem. Rede aus dem Jahre 1879.

Losch, Nationale Produktion und nationale Berufsgliederung. Leipzig 1892. Namentlich S. 1—23 und S. 270—295.

B. Handelsverträge.

v. Aufseß, die Zölle, Steuern und vertragsmäßigen Handelsbeziehungen. 1892.

v. Schraut, System der Handelsverträge und der Meistbegünstigung. Leipzig 1886.

Deutsches Handelsarchiv.

20*

A. Zimmermann, die Geschichte der preußisch-deutschen Handelspolitik. Leipzig 1892.

A. Enden, Handelsverträge, im Handwörterbuch der Staatswissenschaften. 1892.

C. Ausfuhrprämien.

Lexis, die französischen Ausfuhrprämien. Bonn 1870.

Lexis, Ausfuhrprämien und Ausfuhrvergütungen im Handwörterbuch der Staatswissenschaften 1890.

Paasche, Zuckerindustrie und Zuckerhandel der Welt. Jena 1892.

D. Verkehrswesen.

G. Tuch, die Sonderstellung der deutschen Freihäfen. Hamburg 1878.

R. Ehrenberg, Wie wurde Hamburg groß? I. Leipzig 1888.

R. Ehrenberg, Freihäfen, im Handwörterbuch der Staatswissenschaften. 1891.

Lexis, Schiffahrt, im Handwörterbuch der Staatswissenschaften. 1893.

Annede, die staatlich subventionierten Dampferlinien in Deutschland. (Schmollers Jahrbücher. 1886.)

von Philippovich, Dampfersubventionen, im Handwörterbuch der Staatswissenschaften. 1891.

E. Say, Die Verkehrsmittel in Volks- und Staatswirtschaft. Wien 1878—1879.

— Transportwesen im Handbuch von Schönberg.

Ulrich, das Eisenbahntarifwesen. Berlin 1886.

Lehr, Eisenbahntarifwesen und Monopol. Berlin 1879.

Cohn, Untersuchungen über die englische Eisenbahnpolitik. 1879. 1883. Leipzig.

v. d. Leyen, die amerikanischen Eisenbahnen. Leipzig 1885.

Eisenbahnen, im Handwörterbuch der Staatswissenschaft, von G. Cohn, v. d. Leyen und E. v. Neumann. 1891.

Kanäle, im Handwörterbuch der Staatsw., von Kurs. 1895.

van der Borght, das Verkehrswesen, im Hand- und Lehrbuch der Staatswissenschaften, herausgegeben von A. Frankenstein. VII Bde.

E. Konsulatswesen. Kolonialpolitik.

v. König, Handbuch des deutschen Konsularwesens. 4. Aufl. Berlin 1888. 5. Aufl. 1896.

— Konsularrecht im Handwörterbuch 1891. —

W. Roscher, Kolonien, Kolonialpolitik und Auswanderung. 3. Aufl. 1885.

Hübbe-Schleiden, überseeische Politik. I. Bd. 1881. II. Bd. 1883. Hamburg.

— Deutsche Kolonisation, eine Replik. 1881. Hamburg.

Schäffle, Kolonialpolitische Studien, in der Tübinger Zeitschrift für d. ges. Staatswissenschaften. Bd. 42, 43, 44.

E. v. Philippovich, Auswanderung und Auswanderungspolitik in Deutschland, Schrift des Vereins f. Sozialp. 52. 1892. Leipzig.

Rathgen, Englische Auswanderung ꝛc. im 19. Jahrh. Leipzig. Band 52 der Schriften des V. f. S. 1896.

v. Stengel, Deutsches Kolonialrecht ꝛc., in den Annalen des Deutschen Reiches, 1887.

— Die deutschen Kolonialgesellschaften ꝛc., in Schmollers Jahrb. 1888.

— Die deutschen Schutzgebiete ꝛc., in seinem Wörterbuch des deutschen Verwaltungsrechts. I. Ergänzungsband 1892. 3. Aufl. 1895.

R. Kärger, Tangaland und die Kolonisation Deutsch Ostafrikas. 1892. Berlin.

W. v. Koschitzky, Teutsche Kolonialgeschichte. I. Bd. 1887. II. 1888.

Teutsche Weißbücher seit 1883.

Export, Organ des Zentralvereins für Handelsgeographie. Berlin seit 1879.

Teutsche Kolonialzeitung, Organ des deutschen Kolonialvereins seit 1884.

Koloniales Jahrbuch. Berlin seit 1888.

Teutsches Kolonialblatt, Amtsblatt für die Schutzgebiete des deutschen Reiches seit 1890.

Carl Peters, Die deutsch-ostafrikanische Kolonie. 1889. Berlin.

Ernst Bohsen, Ein Kolonialprogramm für Ostafrika. 1891. Berlin.

Schäffle, Teutsche Kern- und Zeitfragen. 1894. Berlin.

Max Beneke, Die Ausbildung der Kolonialbeamten. 1894. Berlin.

Amtliche Tenkschriften. 1893—1895.

Kiebow, Die deutsche Kolonialgesetzgebung. 1893. Berlin.

v. Wißmann, Afrika. Schilderungen und Ratschläge. 1895. Berlin.

Sieber, Über die Aussichten von tropischen Kulturen in Ostafrika und Neu-Guinea, im Kolon. Jahrbuch. 1893.

Dr. Peters, das deutsch-ostafrikanische Schutzgebiet. 1895. München.

W. Brose, Tie deutsche Koloniallitteratur von 1891 bis 30. Juni 1893, im Kolonialen Jahrbuch 1893.

E. Hasse, Kolonien und Kolonialpolitik, im Handw. der Staatsw. 1892 und 1895. I. Ergänzungsband.

Beuckemann, Die Auswanderung über Hamburg von 1887—1894 ⁊c., in der Statistik des Hamb. Staates, Heft 17.

Fr. J. v. Bülow, in der Post mehrere Artikel über Südwestafrika. 1896.

Prof. Wohltmann, Reiseberichte über Kamerun, in der Illustrierten landwirtschaftlichen Zeitung. 1896.

F. Währungspolitik.

Schäffle, Für internationale Toppelwährung. Tübingen 1881.

A. Wagner, Für bimetallistische Münzpolitik Teutschlands. Berlin 1881.

Lexis, Erörterungen über die Währungsfrage. Leipzig 1881.

— Die Währungsfrage nach der Münzkonferenz (Schmollers Jahrbücher 1881).

— Die Währungsfrage und die Produktionsverhältnisse der Edelmetalle (Schmollers Jahrb. 1886).

— Die Währungsfrage, in den Jahrbüchern für Nationalökonomie, N. F. Bd. V; Bd. XVI; Bd. X; Bd. XIII; Bd. XVII; Bd. XXI; Bd. XXXIV.

L. Haupt, Währungspolitik und Münzstatistik. Berlin 1884.

Soetbeer, Die hauptsächlichsten Probleme der Währungsfrage. Jahrb. für N. N. F. I. 1880.

H. A. Bueck, Beiträge zur Währungsfrage. Tüsseldorf 1880.

Soetbeer, Die Wertrelation der Edelmetalle, in Hirths Annalen 1875.

— Edelmetallproduktion und Wertverhältnis zwischen Gold und Silber, in Petermanns Mitteilungen. Ergänzungsheft Nr. 57.

— Edelmetallgewinnung und Verwendung, Jahrb. für N. u. St. 1889—91.

Statistische Tabellen zur Währungsfrage der österreichisch-ungarischen Monarchie, verfaßt im Finanzministerium. Wien 1892. 1896.

Soetbeer, Das Gold, in der „Gegenwart“. 1856.

— Die Goldfrage, in der Zeitschrift für Staatswissenschaft. 1862.

— Tenkschrift, betr. deutsche Münzeinigung. 1869.

— Zur Statistik der Edelmetalle, in den Jahrb. für N. u. St. 1881.

Soetbeer Materialien zur Erläuterung und Beurteilung der Edelmetallverhältnisse. Berlin 1886. 2. Aufl.

— Litteraturnachweis über Geld- und Münzwesen. Berlin 1892.

Sueß, Die Zukunft des Goldes. Wien 1877.

Bamberger, Reichsgold. Leipzig 1876.

— Die Stichworte der Silberleute. 1893. Berlin.

Paasche, Studien über die Natur der Geldentwertung. Jena 1878.

J. Wolf, Verstaatlichung der Silberproduktion x. 1892.

Hertzka, Das internationale Währungsproblem. Leipzig 1892.

Sueß, Die Zukunft des Silbers. 1892.

O. Haupt, Arbitrages et parités. Paris 1883. 6. Aufl.

Amtliche Denkschrift über die Ausführung des Gesetzes über die deutsche Münzreform, in Hirths Annalen 1871—82.

Report of the director of the Mint. to the Secretary of the treasary Washington, jährlich seit 1862.

Report of the Comittee appointed to inquire into the Indian Currency. London 1893. (Teutsch von Ostersetzer, Wien 1893.)

Lindsay, die Preisbewegung der Edelmetalle, verglichen mit der der anderen Metalle. Jena 1893.

Ellstätter, Indiens Silberwährung. Stuttgart 1894.

Launhardt, Mark, Rupel und Rupie. Berlin 1894.

Zewen (von Schrant), Studien über die Zukunft des Geldwesens. Leipzig 1892.

Lexis, Die deutsche Silberkommission, in den Jahrb. f. N. III. F. B. VIII.

Scharling, Die deutsche Silberkommission, Preuß. Jahrb. Bd. 79. S. 431 ff.

Loß, Die Ergebnisse der deutschen Silberenquete, in den Jahrb. für Gesetzg. u. Verw. Bd. XIX.

O. Wülfing, Währungsfrage und Industrie. Berlin 1894.

Dr. Stall, die Zukunft des Silbers. 1893. Berlin. Die Silberfrage für Industrie und Handel. Berlin 1895.

Wissenschaftliche Gutachten über die Währungsfrage, von Lexis, Scharling, Kleinwächter, Conrad, Schäffle, Hermann Schmidt. Berlin 1893.

Arendt, Leitfaden der Währungsfrage. 1895. 17. Aufl.

— Herr Reichsbankpräsident Dr. Koch und die Währungsfrage. Berlin 1895.

Boissevain, Zur Währungsfrage. Berlin 1895.

Walter Caron, Die Beseitigung der internationalen Silberkrisis. Düsseldorf 1895.

E. Aschendorff, Die wirtschaftliche und soziale Bedeutung der Währung. 1894. Berlin.

Hehn, Die Erfolglosigkeit einer Hebung des Silberpreises. 1895. Berlin.

Hertzka, Goldwährung und Papierumlauf, in den Jahrb. für Nat. u. St. III. F. Bd. X. 1895.

Schwerin, Die Lösung der Silberfrage auf Basis der Goldwährung. Berlin 1895.

Cohnstädt, Goldzuwachs und Warenpreise. 1895.

Lexis, Währungsfrage, im Handwörterbuch der Staatsw. 1895.

van Gülpen, Terminhandel und Währung. Berlin 1896.

Die Währungsbibliothek des Vereins zum Schutze der Goldwährung bei Dr. Helferich, die Währungsfrage. Stuttgart 1895.
Derselbe, Währung und Landwirtschaft. Stuttgart 1895. Goldwährungskorrespondenz Stuttgart.

Bimetallistische Monatsschrift. Berlin seit 1895.

Korrespondenz des deutschen Bimetallistenbundes. Berlin.

Graf Mirbach, Aus den Verhandlungen der Reichs-Silber-Kommission von 1894. Berlin 1896.

J. Bernicke, zur Währungsfrage im „Reichsboten" Nr. 159, 177, 186, 189, 251 des Jahres 1895.

Lexis, die Edelmetallgewinnung und Verwendung in den letzten 10 Jahren, in den Jahrbüchern für Nat. und St. III. F. XI. Bd. 1896. S. 507 ff.

Rochussen, Währung, Banken und Handel. Berlin 1896.

Karl Helfferich, zur Geschichte der Goldwährung. Heft 137 der „volksw. Zeitfragen, 1896.

Biermer, Leitsätze zur Beurteilung der gegenwärtigen Währungssituation. 1896.

Soetbeer, H. Kosten der Beförderung von Getreide und Sinken der Getreidepreise seit 1870, in Conrads Jahrbüchern für Nat. u. St. 1896. S. 866.

J. Bernicke, Japan und die Silberentwertung, in Conrads Jahrbüchern. Juniheft 1896.
— Indien und Silberentwertung, ebendort, Oktoberheft, 1896.

Lexis, Goldagio und internationaler Handel, im Economic Journal. 1896.

G. Bank- und Geldpolitik.

R. Hildebrand, Die Theorie des Geldes. Jena 1883.

Struck, Der internationale Geldmarkt, Schmollers Jahrbücher N. F. X. Jahrg.

A. Wagner, System der Zettelbankpolitik. 2. Aufl. 1873. Freiburg.
— Kredit und das Bankwesen, in Schönbergs Handbuch.

W. Lotz, Geschichte und Kritik des deutschen Bankgesetzes von 1875. Leipzig 1888.

v. Schraut, die Lehre von den auswärtigen Wechselkursen. Leipzig 1881.

C. Heiligenstadt, Beiträge zur Lehre von auswärtigen Wechselkursen, in den Jahrb. für Nat. 1892. III. F. IV. Bd. u. Fortf. 1893. V. Bd.

Julius Landesberger, Währungssystem und Relation, Wien 1892.
— Goldprämienpolitik und Zettelbanken. Wien 1892.

Cisterser, Währungswechsel und Aufnahme der Barzahlungen. Wien 1892.

Deutsches Börsenreform-Gesetz von 1896.

H. Getreideterminhandel. Antrag Kanitz.

Sonndorfer, Die Technik des Welthandels. Leipzig 1889.

G. Cohn, Zeitgeschäfte und Differenzgeschäfte, Jahrb. f. Nat. Bd. VII. S. 377 ff.

M. Wirth, Geschichte der Handelskrisen. 3. Aufl. Frankfurt a. M. 1883.

Materialien der Börsenenquetekommission, Stenographische Berichte. Beratungsprotokolle. Statistischer Anlageband.

Eschenbach, Zur Börsenreform. 1892. Berlin.

Munch, Börsenmißstände. 1892. Berlin.

Wiener, Differenzgeschäfte vom jetzigen Standpunkte der Rechtsprechung. 1893. Berlin.

Weber, Zur Börsenreform, in der Zeitschrift für Handelsrecht. Bd. 43 (unvollständig).

G. Cohn, Zur Börsenreform. 1895.

Graf Arnim, Ist die Börse reformbedürftig? Berlin 1896. Äußerungen aus den Protokollen der Börsenenquete.

G. Ruhland, Für Aufhebung der Blanko-Termingeschäfte in Getreide, ein wissenschaftliches Gutachten. Berlin 1896.

Karl Fürst zu Isenburg, Die Notlage des Grundbesitzes und Vorschläge zu deren Beseitigung. Offenbach 1895.

Charles W. Smith, Der Ruin der Landwirtschaft, mit einem Vorwort von Graf Arnim-Muskau. Berlin 1895.

Fr. J. Pfleger und L. Gschwindt, Börsenreform in Deutschland, in den Münchener volkswirtsch. Studien. Stuttgart 1896.

Thorwart, zum Börsengesetz. 1896. Berlin.

J. Wernicke, Zur Börsenreform, in Nr. 47 des „Reichsboten". 1896.

J. Conrad, Die Preisentwickelung im Jahre 1895 und den Vorjahren, in den Jahr=
büchern für Nat. u. St. III. F. XI. Bd. 1896. S. 612.

F. Hammesfahr, Der Getreideterminhandel. Antwerpen 1896.

Weber, Die technische Funktion des Terminhandels, in der deutschen Juristenzeitung 1896.

Frh. v. d. Goltz, Die agrarischen Aufgaben der Gegenwart. Jena 1894.

v. Graß=Klanin, Kornhäuser gegen Antrag Kanitz. 1895.

Ackermann=Zalisch, Der Ziloismus und der Antrag Kanitz. Berlin 1895.

— Zum Antrag Kanitz. Berlin 1895.

Graf von Schwerin=Löwitz, Staatliche Getreideeinfuhr oder Kornzölle? Anklam 1894.

— Reden im Reichstage.

— In der 21 Generalversammlung der vereinigten Steuer= und Wirtschaftsreformer am
24. Febr. 1896. Die veränderte Gestaltung der auf Beseitigung der Getreidepreise
hinzielenden Anträge.

Graf Kanitz, Reden im Reichstage.

E. Klapper, Zur Reform des Getreidehandels. Leipzig 1896.

Frhr. v. Thilmann=Jacobsdorf, Deutsche Volkswirtschaft oder Weltwirtschaft. Breslau 1895.

J. A. Zehnter, Der Antrag Kanitz auf Verstaatlichung der Getreideeinfuhr. Heidelberg 1895.

Pichler, Der Antrag Kanitz. Köln 1896.

E. v. Selchow=Kudnik, Der Antrag Kanitz eine Forderung nationaler Sittlichkeit. Berlin
1896.

I. Schutz der Arbeiter. Innere Kolonisation.

v. Miaskowski, über Rentengüter in „Agrarpolitische Zeit= und Streitfragen". Leipzig
1889.

Sombart=Ermsleben, Das preußische Gesetz über Rentengüter, in Jahrbücher f. Ges. u.
Verw. Bd. 14. 1890.

Verhandlungen des Vereins für Sozialpolitik im Jahre 1893. Leipzig 1893.

Sering, Innere Kolonisation im östlichen Deutschland, 1893, Schriften des Vereins
für Sozialpolitik.

— Rentengüter im Handwörterbuch der Staatsw. 1893. S. 421 ff.

Lucke, Die deutschen Ansiedelungen in Westpreußen und Posen. Berlin 1891.

H. Delbrück, Das Polentum, Preußische Jahrbücher Bd. 76. H. 1 u. 3.

Stobbe, Die Rentengutsgründung in Schemlau. Graudenz 1894.

Buchenberger, Agrarwesen u. Agrarpolitik. Bd. I. Leipzig 1892.

Waldhecker, Die preußischen Rentengutsgesetze nach Theorie und Praxis. Berlin 1894.

Sering, die Artikel: Ansiedelungsgesetz und innere Kolonisation, im Handwörterb. der
Staatsw. I. Supplementband 1895.

Schäffle, Deutsche Kern= und Zeitfragen. Berlin 1894.

A. Tille, Fremde Arbeit, in der Zeitschrift: Die Zukunft, vom 3. Juni 1893 und 25. April
1896.

Rauchberg, Untersuchung der Gebürtigkeitsverhältnisse der Bevölkerung Österreichs, in
der Statistischen Monatsschrift. Bd. 18.

Chüden, Die Rentengutsbildung in Preußen, eine wirtschaftliche und eine soziale Gefahr
für die Ostprovinzen der Monarchie. Königsberg 1896.

Zolltarife,

entnommen dem Zollkompaß von 1895.

Der deutsche Zolltarif hat zur Grundlage das Gesetz vom 15. Juli 1879; Abänderungen und Zusätze brachten die Gesetze vom 6. Juli 1881, vom 23. Juni 1882, vom 13. Mai 1884. Neue Redaktion vom 22. Mai 1885. Weitere Änderungen durch die Gesetze vom 18. April 1886, 21. Dez. 1887, 9. Juli 1887, 31. Mai 1891, 8. Juni 1891, 6. Dez. 1891.

Der Russische Zolltarif datiert von 11. Juni 1891. Den Zoll erhebt Rußland in Gold. Er ist ermäßigt durch den 1894 abgeschlossenen Handelsvertrag mit Deutschland.

Der Zolltarif der Vereinigten Staaten ist durch das Gesetz vom 1. Oktober 1890 eingeführt. Von den nicht im Zolltarif aufgeführten Rohprodukten wird ein Wert-Zoll von 10 %, von solchen Fabrikaten ein Wert-Zoll von 20 % erhoben. Auf Waren, welche nicht auf Schiffen der Vereinigten Staaten oder der Vertragsländer einlaufen, wird ein Differenzialzollaufschlag von 10 % gelegt. Die Wilsonbill brachte im Jahre 1894 verschiedene Zollermäßigungen, belegte dagegen den Zucker pro amerik. Pfund mit 40 Cents und — sofern Exportprämien gezahlt werden — noch mit $^{1}/_{10}$ Cent Differenzialzoll. 1 Pfund = 16 Unzen = 0,453 kg; 1 Gallone = 4,405 l = 7,5 Pfund; 1 Bushel = 35,337 l, 1 Bushel Gerste = 48 Pfund, 1 B. Mais = 56 Pfund.

Frankreich führte durch das Zollgesetz vom 11. Januar 1892 seinen neuen Tarif ein. Für die meistbegünstigten Länder gilt der Minimaltarif, für Italien, Portugal, Rumänien und Spanien der Generaltarif. Mit Rußland hat es 1893 einen Handelsvertrag abgeschlossen. Der Weizenzoll ist 1894 auf 7 Frcs. erhöht.

Spanien stellte durch das Gesetz vom 31. Dez. 1891 einen neuen Zolltarif auf, der am 1. Febr. 1892 in Kraft getreten ist.

Für Deutschland gilt der Generaltarif, der Vertragstarif ist in Klammern beigefügt.

	Deutsches Reich per 100 kg.	Rußland 1 Pud 16,380 kg. 6 Pud = 98,280 kg. 1 Rubel 2,16 Mk. 1 Rubel Gold 3,24 Mk. In Rubeln pro 6 Pud.	Vereinigte Staaten pro 200 Pfund = 90,6 kg in Dollars = 4,25 Mk.	Frankreich pro 100 kg in Frcs.	Spanien pro 100 kg in Frcs. Maximal-Minimaltarif.
1. Abfälle von Eisen, Blut, Lumpen ꝛc.	frei				
2. Baumwolle u. B.-Waren					
a) rohe Baumwolle	frei				1,50
b) B.-Watte	1,50 Mk.	13,20—66	20—96 resp.	15—310	
c) Garn	12—48 Mk.		50°/₀		150—300 Ma. 125—250 Mi.
d) B.-Zwirn	70 Mk.				
e) Dochte	24 Mk.				
f) B.-Waren	3, 6, 10, 60—350 Mk.	80—330	35—50°/₀	62—800	460—1620 Ma. 385—1350 Mi.
3. Blei		0,60—180			
a) rohes Blei	frei			frei	
b) Bleiwaren	3—24 Mk.		4—450, resp. 20—35°/₀		Ma. Mi.
4. Drogerie-Waren	2—20 Mk.		1—500	7—100	1,20—x 1—x
5. Eisen u. E.-Waren		Gußeisen 1,80—3	Roheisen 0,60 Stabeisen 1,60	Eisenerz: frei Roheisen 1,50	Gußeisen 2,40—21 Ma. 2—17,50 Mi.
a) Roheisen	1 Mk.	Stahl 3,60—6	Flacheisen 2	Schmiedeisen 4,50	
b) schmiedbares E.	2,50 Mk.	3,60—6	Träger 1,80	Blech 7—11	1,65—66 Ma.
c) E.-Waren	2,50—60 Mk.	10,4 Minimum	Kesselbleche 1—7	Stahl 5—15	1,35—55 Mi.
			Eisenwaren 1,80—100	Metallwaren 0,45—1000	
6. Asbest	16—60 Mk.				Ma.
7. Flachs roh Flachsgewebe	frei				roh 1,20—12 1—10 Mi. 70—3750 Ma. 60—3125 Mi.
8. Getreide	vertrags-mäßig	frei	für 5 Bushel = 108,720 kg = 1,67 hl		
a) Weizen	5:3,50 Mk.		1,25	5	
b) Roggen	5:3,50 „		0,50	3	
c) Hafer	4:2,80 „		0,75	3	
d) Buchweizen	2 Mk.				
e) Hülsenfrüchte	2:1,50 Mk.				
f) Gerste	2,25:2 „		1,50	3	
g) Mais, Dari	2:1,60 „		0,75	3	
h) Malz	4:3,60 „		2,25	4	
i) Kartoffeln	frei		1,25	0,40	

Deutsches Reich per 100 kg.	Rußland 1 Pud = 16,380 kg, 6 Pud = 98,280 kg. 1 Rubel = 2,16 Mk. 1 Rubel Gold in Dollars = 3,24 Mk. In Rubeln pro 6 Pud.	Vereinigte Staaten pro 200 Pfund = 90,6 kg	Frankreich pro 100 kg in Frcs.	Spanien pro 100 kg in Frcs. Maximal-Minimaltarif.
9. Weinbeeren 10 u. 15; 4				
10. Glas 4—30 Mk. Vertragszölle	3,60—60	45—60°/₀	1—700	13—145 10 - 110
11. Häute u. Felle frei	rohe 1,50 und 3,00			
12. Holz		10—35°/₀	0,65—2 2—30	
a) Brennholz frei				
b) Holzartikel 0,10 - 30 Mk.	12—60		Möbel 5—50	
13. Hopfen 14 Mk.	60			
14. Instrumente, Maschinen, Fahrzeuge.	Messer 96 Waffen 144 Maschinen 4,20—12	Dutzend 0,12 bis 50°/₀ (Gewehre, Stück 0,40—6 und 35°/₀	8—150 Waffen 30 bis 1000 musikalische Instrumente:	
a) Lokomotiven 8 Mk.	Orgeln Stück 132		Stück bis 300	
b) Schiffsmaschinen frei	Pianinos 80)			
c) Eisenbahnfahrzeuge 6 u. 10°	600—930 pro Stück		5—220	
d) Wagen Stück 150	24			
e) Schiffe frei	6—38 pro Tonne		0,75—40 pro Tonne	
f) wissenschaftl. Instrumente frei	48		4—1250	
g) andere Instrumente 20—30 Mk. pro 100 kg	Brillen 2c. 96			
18. Kleider 2c.			Modeartikel: frei	
a) seidene 1200 Mk.			Mieder 0,30 bis 1,20 pro Stück	
b) halbseidene 675 „	720			
c) Leibwäsche 150 „			frei	
d) künstl. Blumen 900			0,35—1,20 pro Stück	
e) Herrenhüte, 180, 300 Mk.	Stück 1,20			
f) Damenhüte Stück 0,20;				
g) Spitzen 0,80—1 Mk.	840—1800			
19. Kupfer, rohes frei **Waren** 8- 60 Mk.	15		frei 10	0,60—90 Ma. 0,50—75 Mi.

	Deutsches Reich per 100 kg.	Rußland 1 Pud = 16,380 kg, 6 Pud 98,288 kg. 1 Rubel 2,16 Mt. 1 Rubel Gold = 3,24 Mt. In Rubeln pro 6 Pud.	Vereinigte Staaten pro 200 Pfund = 90,6 kg in Dollars = 4,25 Mt.	Frankreich pro 100 kg in Frcs.	Spanien pro 100 kg in Frcs. Maximal-Minimaltarif.
20. Schmuckgegenstände, Galanteriewaren ꝛc.	30—600 Mt.	(Goldsachen 1040) 120—480	50°/₀	Blattgold 7,50 (Gold ꝛc. Waren 500 Edelmetallmünzen: 1 Bijouterien 20—200 0,45 · 90	Goldsachen 1 kg 300, 250 Silbersachen 42, 35
Uhren	0,40—1,50 pro Stück	Stück 1—2,50	10 und 25°/₀		
21. Leder und L.-Waren	3—10 Mt.	48—720	10—50°/₀		
22. Leinewand	4—800 Mt.	240		24—530	
23. Litterarische und Kunstgegenstände	frei	Gemälde frei Bücher frei	Ölgemälde 15°/₀		
24. Material-, Spezerei-, Konditorwaren u. andere Konsumtibilien		Konditorwaren 57,60			
a) Bier	4 Mt.	19, Flaschenbier 0,45	9 pro hl	9	
b) Branntwein 1. Liköre	180 Mt.			80	
2. andere Br. in Fässern	125 Mt.	72	56 pro hl	70 pro hl	
in Flaschen	180 Mt.	1 für 0,60 l			
c) Essig in Fässern	8 Mt.	7,80	1,68 pro hl	6 pro hl	
„ „ Flaschen	48 Mt.				
d) Wein in Fässern roter Verschnitt	24, 20*) Mt.	24	11 pro hl	pro Grad Alkohol u. hl 0,70 (1,20)	
Wein	10 Mt.				
Wein in Flaschen Schaumweine	80 Mt.	1,40 pro Flasche 1,60	8 pro Pfd. „ „		
andere	48 Mt.				
e) Butter	20, 16*) Mt.				
f) Fleisch	20, 15 u. 17*) Mt.	Wurst 25°/₀		12—27	
g) Fische, frische	frei	0,72		5—48	
„ gesalzene	3 Mt.	0,50			
Häringe Konserven	60 Mt.	30°/₀			
h) Geflügel	30, 12*) Mt.				
Wild	30, 20*) Mt.				

*) Vertragsmäßig.

	Deutsches Reich per 100 kg.	Rußland 1 Pud = 16,380 kg, 6 Pud = 98,280 kg 1 Rubel = 2,16 Mk. 1 Rubel Gold in Dollars = 3,24 in Rubeln pro 6 Pnd.	Vereinigte Staaten pro 200 Pfund = 90,6 kg	Frankreich pro 100 kg in Frcs.	Spanien pro 100 kg in Frcs. Maximal-Minimaltarif
i) Früchte, frische	12.4*) Mk.				
Feigen, Korinthen, Rosinen	24.8*) Mk.				
getrocknete	30.10*) „				
k) Gewürze	50 Mk.				
l) Kaffee	40 „	18		156	
„ gebrannter	50 „	24		208	
m) Cacao	35 u. 45 Mk.	18 u. 24		104 und 150	
n) Caviar	150 „				
o) Käse	20. 15*) „	36		15	
p) Austern	50 Mk.				
q) Reis	4 „	2,40	2,50 4	3	
r) Tabak, Blätter	85 „	92,40	70	für d. Regie frei	
Cigarren und Cigaretten	270 Mk.	768	900 und 25 %	3600	
andere	180 „				
Thee	100 „			208	
t) Zucker	36 „	18 u. 24		67	
Syrup, Melasse	15 „				
andere	30 „				
u) Mehl	10,50 — 7,30*) Mk.	1,20		8 12	
Kraftmehl	12,50 „	Kartoffelmehl 17			
Nudeln	13,50 „				
25. Öl u. Fette	2—20 Mk.		ca. 20	Talg: frei Rüböl: 12	4
Petroleum	6 Mk.			18	
Schmieröle	10 „			12—28	
26. Papier und Pappwaren	1—24 Mk.	2,10—87	0,25—0,70, resp. 10—35 % für 100 kg	9—225	
27. Pelzwerk Schafpelze x.	6 Mk.	39—300	35 %	rohes: frei bearbeitetes	
andere Pelze	150 Mk.			10—200	
28. Seide u. S.-Waren					
a) Cocons	frei	1,80		frei	10
b) Rohseidengeweb.	10 Mk.	6			
c) S.-Watte	24				
d) S.-Zwirn	222. 140*) Mk.	180—336	30 u. 35 %	75—400	260—520 Ma. 200—400 Mi.
e) S.-Waren	250—1000 Mk.	1800	300—700 resp. 50 %		1200—3600 Ma. 1000—3000 Mi.

*) Vertragsmäßig.

	Deutsches Reich per 100 kg.	Rußland 1 Pud = 16,380 kg, 6 Pud = 98,280 kg 1 Rubel = 2,16 Mt. 1 Rubel Gold = 3,24 Mt. In Rubeln pro 6 Pud.	Vereinigte Staaten pro 200 Pfund = 90,6 kg in Dollars = 4,25 Mt.	Frankreich pro 100 kg in Frcs.	Spanien pro 100 kg in Frcs. Maximal-, Minimaltarif.
29. Spielkarten	60 Mt.				
30. Steine				teils frei, teils	0,40—40 Ma.
Edelsteine	60 Mt.	720 Mt.	10—25%	0,40—40	
unechte Edelsteine	20 Mt.				0,20—30 Mi.
Stein-Blöcke x.	0.50—3 Mt.				Ma. Mi.
31. Stein- u. andere Kohlen Teer, Pech, Harze, Asphalt	frei	0,06—0,18			0,3 0,250
	"				
32. Thonwaren			gemeine Thonwaren 25% wertzoll	gemeine 0,40—8	
a) Teracotta	10. 8*) Mt.				
b) Porzellan einfache	14. 10*) Mt.	31,8 Minimum	55%	10	68,25 52,50
bessere farbige	30. 20*) Mt.		60%	15—25	155 120
33. Tiere u. Tier-Produkte	Stück	frei	Stück		
Eier	3. 2*) Mt.			6	
Pferde	20. 10*) "		30, resp. 30%	30	
Maulesel, Esel	10 Mt.			5	
Stiere u. Kühe	9 "		10		
Ochsen	30. 25,50*) Mt.				
Jungvieh (2½ Jahr)	6. 5*) Mt.		2 (unter 6 Jahre)	pro 100 kg 10 leb. Gew.	
Kälber (6 Wochen)	3 "			12 "	
Schweine	6. 5*) "		1,50	8 "	
Spanferkel	1 "			1,5 Stück	
Schafvieh	0,50 "		1,50	15,50 pro 100 kg	
Ziegen	frei			Lämmer Stück 1,50	
34. Wolle, rohe	frei	12 nicht gefärbte 18 gefärbte	22—45	rohe: frei	2,40—66 Ma. 2—55 Mi.
gekämmte W.	2 Mt.			25	
Garn	8—24 Mt.	33—72		15—145	300—585 Ma. 250—485 Mi.
W.-Waren	100—450 Mt.		33—99 und 35—40%	50—1000	210—600 Ma. 175—500 Mi.

*) Vertragsmäßig.

Deutsches Reich per 100 kg.	Rußland 1 Pud = 16,380 kg, 6 Pud = 98,280 kg, 1 Rubel = 2,16 Mk. 1 Rubel Gold in Dollars 3,24 Mk. In Rubeln pro 6 Pud.	Vereinigte Staaten pro 200 Pfund = 90,6 kg in Dollars 4,25 Mk.	Frankreich pro 100 kg in Frcs.	Spanien pro 100 kg in Frcs. Maximal, Minimaltarif
				Ma. Mi.
35. Zink, rohes — frei	3 u. 6	2,50—5	frei	6 5
a) gewalztes 3 Mk.			4	18 15
b) Z.Waren grobe 6 „				33 26
c) „ feine 24 „				
36. Zinn, rohes — frei	2,70 u. 6	8	frei gewalztes 6	15 12,50
a) b) c) wie bei Zink				
Dünger, natürlicher	frei			
künstlicher	0,12—0,72			
Säuren		0,50—150		
Farben und Firnisse		0,50—24	teils frei, teils 1 zubereitete frei, oder 5—100	
Nickel		3—20, resp. 25—30%	Erz: frei gewalztes 10	Ma.
Flachs, Hanf, Jute		35—60%		roh 1,20—12 1—10 Mi.
Knöpfe		10—50%		
Schirme		45—50%	0,25—1,25 pro Stück	
Garne von Flachs			16—170	12,60—155 Ma. 10,50—120 Mi.
„ von Jute			6,75—14	
Waren		35—60%		70—3750 Ma. 60—3125 Mi.
Erze				0,030 0,025

Vergleichung der russischen und österreichischen Vertragstarife.

Tarif-Positionen		Gegenstände	Eingangszoll pro 100 kg in Mark	
russ.	österr.		russ.	österr.
5¹	35 bis	gedarrte Cichorien	7,78	1,50
6¹	29	frische Früchte	11,65	4,—
13	92	Konserven	82,80	70,—
26¹	38	Hopfen	84,—	14,—
35	85	Käse	105,—	20,—

Tarif-Positionen		Gegenstände	Eingangszoll pro 100 kg in Mark	
russ.	österr.		russ.	österr.
37²	88	Fische, marinierte	82,80	30,—
55¹	215	Leder, lackierte	132,60	18,—
57²	218	Damenschuhe	1 348,—	65,—
74¹	249 bis	Thongeschirre	4,86	1,—
74³	251	Thongeschirre, verziert	3,90	1,—
75²	254a	Fayence, verziert	24,42	8,—
75³	254b	Fayence, vergoldet	64,20	16,—
77³	232b	Glaswaren	62,40	6,—
77¹	234	Glaswaren, geschliffen	93,60	12,—
139¹	257	Gußeisen, roh	6,—	1,30
140¹	259	Schmiedeeisen	9,72	5,—
140¹	260	Eisenbahnschienen	9,72	5,—
141	261f	Eisenblech, lackiert u. s. w.	30,18	16,—
142¹	259	Stahl	9,72	5,—
147²	274b	Zinkblech	15,60	3,—
148¹	307	Juwelierarbeiten	34 160,—	600,—
150¹	258. 262	Gußeisen unbearbeitet	11,65	3—4,—
151	262b	Eisen- u. Stahlfabrikate	27,30	8,—
152	265 bis	Kesselarbeiten	27,30	15,—
156²	261. 261 bis	Eisen- und Stahldraht	62,40	8—14,—
156²b	267b-c	Kupfer- u. Messingdraht	145,80	18—60,—
156³	264	Drahtnägel	47,40	13,—
160	264	Sensen, Spaten u. s. w.	27,30	10,—
163³	279	Fabrikate aus Zink	84,—	36,—
167¹	279	Fabrikate aus Kupfer	84,—	36,—
167³	286	Lokomotiven, Maschinen	35,—	24,—
167⁵	282	Lokomobilen	23,40	16,—
172²	300a	Flügel und Orchestrions Stück	363,—	40,—
		Pianinos "	208,—	40,—
172⁴	300b	andere Musikinstrumente	77,60	20,—
177⁴	190	Papier, einfarb.	64,20	6,—
177⁵	191b	Papiertapeten	116,50	36,—
177⁶	191	Papier, farbig	169,80	10,—
183	124. 125	Baumwollengarn	81.50 187,—	12—28,—
186²	154	Wollengarn	165,60	3—32,—
186⁷	154	desgl.	190,—	3—32,—
187¹—⁴ } 188¹ }	128 9 } 130 1 }	Baumwollengewebe	272—1052,—	64—200,—
192¹	118	Zwillich	311,20	12,—
193a	158	Wollene Stoffe	820,—	100—220,—
205¹⁻ª	158	Posamentierarbeiten	466—7880,—	
209⁵	176	Damenmäntel	4 660,—	500,—
211¹	316a	Schirme, halbseidene Stück	4,86	1,—
211²	316b	Schirme, baumwollene Stück	1,95,—	0,50

Anhang III.

Über die Entwickelung des auswärtigen Handels der einzelnen Länder teilen wir folgende Tabellen mit:

I. Außenhandel von 12 Ländern.

(Aus dem Parlamentspapier Foreign Trade, Comparative Growth 1891. Nr. 26, mitgeteilt von Fuchs, die Handelspolitik Englands. Leipzig 1893. Schriften des Vereins f. Sozialp.).

1. Einfuhr.

Länder	1854 1000 £	1859 1000 £	1864 1000 £	1869 1000 £	1874 1000 £	1879 1000 £	1884 1000 £	1889 1000 £
Frankreich	68 368	94 160	136 296	160 348	176 900	223 172	209 560	212 812
Deutsches Reich	—	—	—	—	235 410	239 665	242 170	278 220
Belgien	24 878	35 554	50 170	68 490	90 343	98 453	110 901	124 274
Holland *	28 212	32 134	38 584	47 560	54 284	67 978	92 736	108 483
Rußland *	11 140	25 228	25 843	54 144	74 654	58 771	53 694	43 197
Österreich-Ungarn	20 873	34 172**	37 767	60 577	68 575	72 952	76 966	49 097
Dänemark	6 356	6 675	—	—	12 955	11 058	15 231	16 907
Schweden	4 370	4 124	5 293	7 359	16 516	11 848	17 791	20 687
Norwegen	3 111	3 667	4 472	5 170	10 321	7 346	8 822	10 645
Spanien	8 135	12 617	16 601	13 730	20 350	22 834	29 379	34 111
Portugal **	4 171	—	—	5 083*	6 633	8 932	9 481	13 906
Verein. Staaten	62 001	69 028	65 926	86 990	118 209	92 870	139 104	155 236
Vereinigtes Königreich	152 389	179 182	274 952	295 460	370 083	362 992	390 019	427 638

*) Spezialhandel (bei Holland seit 1869).
**) Inklusive Edelmetalle.

2. Ausfuhr

Länder	1854 1000 £	1859 1000 £	1864 1000 £	1869 1000 £	1874 1000 £	1879 1000 £	1884 1000 £	1889 1000 £
Frankreich	71 507	122 260	156 848	159 744	188 084	170 784	168 736	192 140
Deutsches Reich	—	—	—	—	117 655*	139 785	239 695	234 325
Belgien	28 539	34 138	46 886	59 619	82 808	85 569	107 107	120 521
Holland *)	24 202	28 411	33 214	40 901	42 248	48 217	69 847	89 907
Rußland *)	10 345	26 230	28 526	41 869	68 368	62 777	58 990	76 600
Österreich- Ungarn	21 802	36 491**	44 626	62 329	58 622	83 572	83 539	63 848
Dänemark	4 376	4 469	—	—	9 994	8 681	9 911	11 629
Schweden	4 401	4 370	5 220	6 845	12 501	10 277	13 255	16 755
Norwegen	2 356	2 644	2 798	4 330	6 733	4 957	6 233	7 370
Spanien	9 985	10 260	12 182	10 390	18 400	21 005	24 672	35 345
Portugal **)	3 246	—	—	4 007*	5 889	5 884	6 448	7 837
Verein. Staaten	49 334	61 021	33 091	59 607	122 142	148 008	154 274	154 667
Vereinigtes Königreich	115 821	155 693	212 620	237 015	297 650	248 783	295 968	314 706

II. Englands Außenhandel.
(Generalhandel.)

Jahr	Ein- fuhr	Aus- fuhr	Mehr- einfuhr	Jahr	Ein- fuhr	Aus- fuhr	Mehr- einfuhr
	Millionen Pfd. St.				Millionen Pfd. St.		
1860	210	165	46	1878	369	245	123
1861	217	160	58	1879	363	249	114
1862	226	166	60	1880	411	286	125
1863	249	197	52	1881	397	297	100
1864	275	213	62	1882	413	307	106
1865	271	219	52	1883	427	305	121
1866	295	239	56	1884	390	296	94
1867	275	226	49	1885	371	271	99
1868	295	228	67	1886	350	269	81
1869	295	237	58	1887	362	281	81
1870	303	244	59	1888	388	299	89
1871	331	284	47	1889	427	316	112
1872	355	315	40	1890	421	328	92
1873	371	311	60	1891	435	309	126
1874	370	298	72	1892	424	292	132
1875	374	282	92	1893	405	277	128
1876	375	257	118	1894	408,5	273,7	134,3
1877	394	252	142	1895	416,7	286,1	130,6

Englands eigene Warenausfuhr betrug (Millionen Pfd. St.):

1895	1894	1893	1892	1891	1890
226,2	216,2	218,1	227,1	247,3	263,5

*) Spezialhandel (bei Holland seit 1869).
**) Inklusive Edelmetalle.

III. Deutschlands Außenhandel.
(Spezialhandel.)

Jahr	Einfuhr	Ausfuhr	Mehreinfuhr	Mehrausfuhr
		Millionen Mark		
1880	2819,0	2893,0	—	74,0
1881	2961,8	3028,8	—	67,0
1882	3099,0	3224,1	—	125,1
1883	3220,3	3274,0	—	53,7
1884	3236,2	3207,9	28,3	—
1885	2922,4	2866,7	55,7	—
1886	2873,1	2974,3	—	101,2
1887	3109,0	2937,8	171,2	—
1888	3264,3	3207,4	56,9	—
1889	3989,6	3164,8	824,8	—
1890	4145,5	3326,5	819,0	—
1891	4150,8	3175,5	975,3	—
1892	4018,5	2954,1	1064,4	—
1893	3961,7	3092,0	869,7	—
1894	3938,2	2961,5	976,7	—
1895	4120,7	3318,1	802,6	—

IV. Frankreichs Außenhandel.
(Spezialhandel.)

Jahr	Einfuhr	Ausfuhr	Mehreinfuhr
		Millionen Mark	
1881	3891	2849	1042
1882	3857	2859	998
1883	3843	2761	1082
1884	3475	2586	889
1885	3271	2470	809
1886	3366	2599	767
1887	3221	2597	624
1888	3286	2597	689
1889	3453	2963	480
1890	3549	3003	546
		Millionen Frcs.	
1890	4436,9	3753,4	682,5
1891	4767,8	3570	1197,8
1892	4188	3460,7	727,3
1893	3853,7	3236,4	617,3
1894	3856,4	3078,8	777,6
1895	3698 7	3387,8	310,9

V. Österreich Außenhandel.

(Spezialhandel.)

Jahr	Einfuhr	Ausfuhr	Mehrausfuhr
		Millionen Gulden.	
1881	641,8	731,5	89,7
1882	654,2	781,9	127,7
1883	624,9	749,9	125
1884	612,6	691,5	78,9
1885	557,9	672,1	114,2
1886	539,2	698,6	159,4
1887	568,6	672,9	104,3
1889	533,1	728,8	195,7
1890	589,2	766,2	177
1891	618,3	787,6	168,3
1892	627,2	723,6	95,4
1893	675,7	806,7	131
1894	700	795,5	95,5
1895	727,4	742,5	15,1

VI. Rußlands Außenhandel.

(Spezialhandel.)

Jahr	Einfuhr	Ausfuhr	Mehreinfuhr	Mehrausfuhr
		Millionen Rubel.		
1877	321,0	527,9	—	206,9
1878	595,6	618,2	—	22,6
1879	587,7	627,8	—	40,1
1880	622,8	498,7	124,1	··
1881	517,7	506,4	11,3	—
1882	566,8	617,8	—	51,0
1883	562,2	640,3	—	78,1
1884	536,9	589,9	—	53,0
1885	435,4	538,7	—	103,3
1886	426,5	488,5	—	62,0
1887	399,6	623,0	—	223,4
1888	386,1	793,9	—	407,8
1889	432,0	766,0	—	334,0
1890	406,7	705,1	—	298,4
1891	371,6	721,6	—	350,0
1892	399,5	489,4	—	89,9
1893	463,5	613,7	—	150,2
1894	515,2	664,2	—	149,0
1895	489,4	691	—	201,6

VII. Außenhandel der Vereinigten Staaten von Amerika.
(Spezialhandel.)

Jahr (endend mit 30. Juni)	Ein= fuhr	Aus= fuhr	Mehr= ein= fuhr	Mehr= aus= fuhr	Jahr (endend mit 30. Juni)	Ein= fuhr	Aus= fuhr	Mehr= ein= fuhr	Mehr= aus= fuhr
		Millionen Dollars.					Millionen Dollars.		
1860	353,6	333,6	20,0	—	1878	437,1	694,9	—	257,8
1861	289,3	219,6	69,8	—	1879	445,8	710,4	—	264,7
1862	189,4	190,7	—	1,3	1880	668,0	835,6	—	167,7
1863	243,3	204,0	39,4	—	1881	642,7	902,4	—	259,7
1864	316,4	158,8	157,6	—	1882	724,6	750,5	—	25,9
1865	238,7	166,0	72,7	—	1883	723,2	823,8	—	100,7
1866	434,8	348,9	86,0	—	1884	667,7	740,5	—	72,8
1867	395,8	294,5	101,3	—	1885	577,5	742,2	—	164,7
1868	357,4	282,0	75,5	—	1886	635,4	679,5	—	44,1
1869	417,5	286,1	131,7	—	1887	692,3	716,2	—	23,9
1870	436,0	392,8	43,2	—	1888	724,0	696,0	28,0	—
1871	520,2	442,8	77,4	—	1889	745,1	742,4	2,7	—
1872	626,6	444,2	182,4	—	1890	789,3	857,8	—	68,5
1873	642,1	522,5	119,7	—	1891	844,9	884,5	—	39,6
1874	567,4	586,3	—	18,9	1892	827,4	1030,3	—	202,9
1875	533,0	513,4	19,6	—	1893	866,4	847,7	18,7	—
1876	460,7	540,4	—	79,6	1894	655,0	892,1	—	237,1
1877	451,3	602,5	—	151,2	1895	731,9	807,7	—	75,8

Großhandelspreise.

A. Einheimische Waren.

I. Landwirtschaftliche Produkte.

	1893	1894	1895	1895 Dezember	1896 März	1896 April	1896 Mai
1. Roggen 1000 kg							
Berlin minb. 712 gr	133,6	117,7	119,7	118,4	118,9	118,5	116
Königsberg „ 714 „	120,4	106,8	112,4	108	106,5	105	105,75
Köln „ 712 „	152,4	127,1	126,9	127	129,6	130	128,25
	406,4	351,6	359,0	353,4	355,0	353,5	350,00
	135,5	117,2	119,0	117,8	118	117,8	116,7
2. Weizen 1000 kg							
Berlin, minb. 755 gr	151,5	136,1	142,5	144,7	156	157,3	156,67
Königsberg „ 749 „	143	126,9	139,7	138	145	145	148
Köln „ 755 „	164,2	140,6	147,2	151,3	159	160	158,25
	458,7	403,6	429,4	434,0	460	462,3	462,90
	152	134,5	143	145	153	154,1	154,3
3. Hafer 1000 kg							
Berlin minb. 450 gr	157	131,2	121,4	119,6	118,7	118,4	123,88
Königsberg „ 447 „	140,2	120	108,4	108	106	109	111
Köln „ 450 „	166,2	140,2	127,3	128,3	130,3	133	132,75
	463,2	391,4	357,1	355,9	355,0	360,4	367,63
	154,4	130,5	152	118,6	118	120,1	122,5
4. Gerste 1000 kg							
Magdeburg, mittel	173,6	163,6	146,2	153,5	156	160	161
Königsberg, minb. 647 gr,	115,4	108,8	106,5	108	107	107	107
Stettin, Durchschnitt.	149,8	145,8	130,7	135	130	135	135
	438,8	418,2	383,4	396,5	393	402	403
	146,3	139,4	127,8	132	131	134	134,3
Getreide 1—4	589,2	521,2	542	513,4	520	526	527,8
Gegenüber 1894				+ 4 %	— 1,6 %	— 0,2 %	+ 0,9 %	+ 1,2 %.

	1893	1894	1895	1895 Dezember	1896 März	1896 April	1896 Mai
5. Hopfen 1 kg Nürnberg, Lagerbierth.	4,0	3,5	2,1	1,9	1,4	1,4	1,4
6. Kartoffeln 1000 kg Berlin, Speise=	38,3	37,1	41,6	31,3	28,3	29,2	30,83
Breslau, Speise=	30,1	29,5	29,9	24	24	20	24
	68,4	66,6	71,5	55,3	52,3	49,2	54,83
	34,2	33,3	35,7	27,6	26,1	24,6	27,4
7. Schlachtvieh 100 kg Berlin, Rinder	99,5	109,6	109,6	106,7	100,5	105,3	101,8
„ Schweine	109	101,8	90,1	86,5	80,5	80	76,4
„ Kälber	95,3	99,1	104	106	100	100,5	93,6
„ Hammel	80,3	96,5	100,8	104,5	85	89,8	89,8
	384,1	407,0	404,5	403,7	366,0	375,6	361,6
8. Butter 100 kg Berlin, Hofbutter Ia.	208,5	205,3	194,2	210,5	192,5	180	174,8
„ Landbutter	172,2	161,3	163,6	163,7	161	155	151
	380,7	366,6	357,8	374,2	353,5	335	325,8
	191	183	179	187	177	167,5	162,9
9. Rohzucker 100 kg Magdeburg I.	31,1	24,3	21,2	22,4	26,6	26,9	25,8
Stettin I.	33	25	21,6	23	27	28	26,5
	64,1	49,3	42,8	45,4	53,6	54,9	52,3
	32,0	24,6	21,4	22,7	27	27,4	26,1
10. Spiritus 10000 l% Hamburg mit Faß.	23	19,1	18,8	16,6	16,3	16,5	16,75
Berlin ohne „	34,7	31,5	34,7	32,5	33,3	33,4	33,87
	57,7	50,6	53,5	49,1	49,3	49,9	50,62
	28,8	25,3	26,7	24,5	24,6	24,9	25,31
11. Rüböl 100 kg Berlin	48,5	42,8	45,4	45,9	44,8	44,4	45,2
12. Rindshäute 100 kg München	57,7	56,7	70,9	70	70	70	62
13. Wolle 10 kg Berlin, norddb. Schäferei	23,2	21,6	22,3	23,2	24,0	24	23
Übrige Landwirtschaftliche Produkte 5—13	803,4	791,8	808	806,5	760,9	759,8	734,9
Gegenüber 1894				+ 2%	+ 1,85%	— 4%	— 4,1%	— 7,2%
Landwirtsch. Produkte zusammen	1392,6	1313	1350	1319,9	1280,9	1285,8	1262,7
Gegenüber 1894				+ 2,8%	+ 0,5%	— 2,5%	— 2,1%	— 3,9%

II. Industrielle Produkte.

	1893	1894	1895	1895 Dezember	1896 März	1896 April	1896 Mai
14. Eisen 10,000 kg							
Breslau, Puddelroh- (ab Werk)	502	493	483	510	570	600	600
Dortmund, Puddelroh= (ab Werk)	467	456	470	470	490	500	520
	989	949	953	980	1060	1100	1120
	485	475	476	490	530	550	560
15. Blei 100 kg							
Halberstadt, Harzblei.	19,5	19,1	20,8	22,5	21,9	21,6	21,9
16. Kupfer 100 kg							
Berlin, Mansfelder	101,6	90,3	98,8	103	105	105,5	106,5
Frankfurt, Deutsches	95	85,8	93,2	94	100	99	100
	196,6	176,1	192,0	197	205	204,5	206,5
	98,3	88	96	98,5	102,5	102,3	103,2
17. Zink 100 kg							
Hamburg, Schlesisches	38	34,3	31,9	30,7	31	33	35,25
18. Steinkohlen 10 000 kg							
ab Werk { Dortmund, Förderkohle	64	69	74	75	75	80	80
Breslau, Gaskohle	89	89	89	92	92	86	86
Düsseldorf, Gaskohle	97	104	105	105	105	105	105
Berlin, westf. Gaskohle	207	207	207	207	203	202,5	202,5
	457	469	475	479	475	473,5	473,5
	114	117	119	120	119	118,4	118,4
Zusammen	754,8	733,4	742,7	761,7	804,4	825,3	838,75
Gegenüber 1894				+1,05°/₀	+ 3,9°/₀	+ 9,7°/₀	+12,5°/₀ +14,3°/₀
Sa. Sa. Einheimische Waren	2147,4	2046,4	2092,7	2081,6	2085,3	2111,1	2101,45
				+ 2,3°/₀	+ 1,7°/₀	+ 1,9°/₀	+ 3,1°/₀ + 2,7°/₀

B. Ausländische Waren.

	1893	1894	1895	1895 Dezember	1896 März	1896 April	1896 Mai
19. Kaffee 100 kg unverz. Bremen, Santos	165,4	163,4	157,3	155,5	141	141	139,5
20. Thee 10 kg unverz. Hamburg, Souchong	20,6	20	20	19,6	19,6	19,6	19,6
21. Reis 100 kg unverz. Bremen, Rangoon	19,4	18,7	17,2	16	17,4	17,0	17
22. Pfeffer 10 kg unverz. Bremen, Singapore	5,6	4,6	4,6	4,4	4,6	4,7	4,67
23. Schmalz 100 kg unverz Bremen, amerik.	103	79,4	68,6	59,7	58,5	55,8	52,13
24. Rohtaback 100 kg unverz. Bremen, Brasil.	76	65,7	61,7	62	70	78	86
Sa. 19—24 Genußartikel	390,0	343,8	329,4	317,2	311,1	316,1	318,90
Gegenüber 1894				— 4,2°/₀	— 7,7°/₀	— 9,5°/₀	— 8,1°/₀ — 7,3°/₀

	1893	1894	1895	1895 Dezember	1896 März	1896 April	1896 Mai
25. Zinn 10 kg Hamburg, Banca	19,2	15,4	13,7	13,2	13,3	13,1	13,1
26. Petroleum 1000 kg unverz. Hamburg, amerikanisch.	98	100	136	137	120,5	115,7	115,2
27. Häute 100 kg Bremen, Ochsenhäute Buenos-Ayres	134,7	118	169,8	170	170	160	160
28. Wolle 1 Zentner Bremen, Buenos-Ayres	157	146	137	142	155	153,4	152
29. Baumwolle 100 kg Bremen, Good Comra	76,6	60,6	59,4	70,6	65,5	66	65,96
30. Baumw.-Garn 100 kg München-Gladbach, Water 12	133	116	116	128	128	126	125
31. Kattun 500 m München-Gladbach	115	98	97	110	108	105	102,5
32. Rohseide 1 kg Krefeld, Ital. 18 20	59	39,3	44,3	49	44	43	43
33. Hanf Lübeck, Petersburger	51	57,2	57,7	57,5	58	58	58
Sa. 28—33 Textilstoffe	591,6	517,1	511,4	557,1	558,5	551,4	546,46
Gegenüber 1894				— 1°/₀	+ 7,7°/₀	+ 8°/₀	+ 6,6°/₀	+ 5,7°/₀
Sa. Sa. Ausländische Waren	1244,5	1103,3	1161,3	1194,5	1174,4	1156,3	1153,7
Gegenüber 1894				+ 5,3°/₀	+ 8,3°/₀	+ 6,5°/₀	+ 4,8°/₀	+ 4,5°/₀
Sa. Ausländische Waren	1244,5	1103,3	1161,3	1194,5	1174,4	1156,3	1153,7
Heimische industrielle Produkte	754,8	733,4	742,7	761,7	804,4	825,3	838,75
Sa. Sa.	1999,3	1836,7	1904,0	1956,2	1978,8	1981,6	1992,45
Getreide	589,2	521,2	542	513,4	520	526	527,8
übrige landwirtsch. Produkte	803,4	791,8	808	806,5	760,9	759,8	734,9
Sa. Sa. Sa.	3392	3150	3254	3276	3260	3267,4	3255,15
Gegenüber 1894				+ 3,3°/₀	+ 4°/₀	+ 3,4°/₀	+ 3,7°/₀	+ 3,3°/₀

A. Einheimische Waren. 1—18.

I. 13 Landwirtschaftliche Produkte.

1. Getreide. 1—4. Roggen, Weizen, Gerste, Hafer.

1893	1894	1895	Dezember 1895	März 1896	April 1896	Mai 1896
589,2	521,2	542	513,4	520	526	527,8
		+4%	—1,6%	—0,2%	+0,9%	+1,2%

2. Andere landwirtschaftliche Produkte. 5—13.

804,3	791,8	808	806,5	760,9	759,8	734,9
		+2%	+1,85%	—4%	—4,1%	—7,2%

Sa. I:

1392,6	1313	1350	1319,9	1280,9	1285,8	1262,7
		+2,8%	+0,5%	—2,1%	—2,5%	—3,9%

II. Industrielle Produkte. Eisen, Blei, Kupfer, Zink, Steinkohlen. 14—18.

754,8	733,4	742,7	761,7	804,4	825,3	838,75
		+1,05%	+3,9%	+9,7%	+12,5%	+14,3%

Sa. Einheimische Waren:

2147,4	2046,4	2092,7	2081,6	2085,3	2111,1	2101,45
		+2,3%	+1,7%	+1,9%	+3,1%	+2,7%

B. Ausländische Waren. 19—33.

I. Genußartikel. 19—24.

390	343,8	329,4	317,2	311,1	316,1	318,9
		—4,2%	—7,7%	—9,5%	—8,1%	—7,3%

II. Textilstoffe 28—33.

591,6	517,0	511,4	557,0	558,5	551,4	546,46
		—1%	+7,7%	+8%	+6,6%	+5,7%

Sa. Ausländische Waren (inklusive 25—27, Zinn, Petroleum, Häute):

1244,5	1103,3	1161,3	1194,5	1174,4	1166,3	1153,7
		+5,3%	+8,3%	+6,5%	+4,8%	+4,5%

Sa. Sa. A. und B.:

3392	3150	3254	3276	3260	3267,4	3255,2
		+3,3%	+4%	+3,49%	+3,7%	+3,3%

Es scheint uns an der Zeit zu sein, uns von den in England auf=
gestellten Preisberechnungen endlich zu emanzipieren. In London verfolgt seit
längerer Zeit Sauerbeck für 45 und der englische Ekonomist für 25 Artikel
die Preisbewegung von Monat zu Monat und von Jahr zu Jahr.

Diese Preisberechnungen leiden aber beide an dem Fehler, daß sie auf
die verschiedene Wichtigkeit der Waren keine Rücksicht nehmen. Da wichtige
und unwichtige Artikel — erstere meistens zu kleinen Preismaßen — gleich=
gerechnet werden, so ist das Bild der Preisbewegung nur ein unvollkommenes,
ja sogar unrichtiges. Diesen Fehler haben wir in unseren Tabellen ver=
mieden, indem die wichtigeren Waren mit entsprechend höheren Zahlen an=
gesetzt wurden.

Sodann aber haben wir die einheimischen und die ausländischen Waren
getrennt, um so die für unsere eigene Volkswirtschaft wichtige Preisbewegung
erkennen zu können. Die Tabelle ist den monatlichen Nachweisen über den
auswärtigen Handel entnommen.

Das Jahr 1894 bedeutet den bisherigen Tiefpunkt der Preise, wir
haben daher dasselbe zu unseren Vergleichen als Ausgangspunkt genommen.
Während der Ekonomist und Sauerbeck und ebenso Conrad — in seinen
Jahrbüchern 1896 S. 602 ff. — zu niedrigeren Preisen für 1895 gelangen,
ergibt unsere Tabelle für 33 Waren, welche der Wichtigkeit der einzelnen
Artikel mehr gerecht wird, für 1895 eine leichte Preiserhöhung — um 3,3 %,
für Dezember 1895 eine solche von 4 %, für März 1896 eine solche von
3,49 %, für Mai um 3,3 %.

Die einheimischen landwirthschaftlichen Produkte ergeben
für 1895 eine kleine Preiserhöhung, doch ist dieselbe im März 1896 bereits
wieder verschwunden, sie sind im März um 2,5 % gesunken, im Mai um
3,9 %. — Weizen und Roggen, Zucker, Rüböl, Häute und Wolle sind im
Preise gestiegen, die übrigen Produkte dagegen gefallen.

Die 5 Bergwerksprodukte haben sämtlich ihre Preise erhöhen
können, und dies trifft für Fertigwaren in noch höherem Grade zu, wie
nebenbei bemerkt sei.

Im ganzen haben die 18 einheimischen Produkte eine kleine Preis=
steigerung erfahren, die aber nur auf Rechnung der Bergwerksprodukte zu
setzen ist.

Von den 15 ausländischen Waren sind die 6 Genußartikel —
Kaffee, Thee, Reis, Pfeffer, Schmalz, Rohtabake — im Mai um 7,3 % ent=
wertet, während die Textilstoffe — Wolle, Baumwolle, Rohseide, Hanf,
Kattun — im März eine Preissteigerung von 8 %, im Mai um 5,7 % auf=
zuweisen haben.

Von den übrigen 3 ausländischen Waren ist Zinn gefallen, Petroleum
dagegen und Häute bedeutend gestiegen.

Im ganzen sind ausländische Waren gegenüber 1894 bis März 1896 um 6,5 % im Preise erhöht, bis Mai um 4,5 %.

Demnach ist bei einheimischen landwirtschaftlichen Produkten — mit Ausnahme der oben genannten —, bei ausländischen Genußartikeln und Zinn eine Preisminderung zu konstatieren, bei den übrigen Waren dagegen eine Preiserhöhung.

Lippert & Co. (G. Pätz'sche) Buchdr., Naumburg a S.